Studies In the Sermon on the Mount

산상설교

(하)

Studies In the Sermon on the Mount

산상설교
(하)

마틴 로이드 존스 지음

문창수 · 안광현 옮김

베드로서원

서 문

　이 책은 제가 웨스트민스터 교회에서 목회할 때 주일 오전 예배 때 산상보훈에 관해서 설교했던 60편을 모은 것입니다. 이 책을 출판하게 된 한 가지 이유가 있습니다. 많은 사람들이 산상설교를 책으로 출판해 달라는 부탁을 더 이상 저버릴 수가 없었기 때문입니다.

　저의 설교를 직접 들은 분들이나 교회 간행물을 통해 읽은 분들에게는 이 설교가 어떤 형태로 출판되든 설명이 필요 없겠지만, 그렇지 않은 다른 독자들에게는 설명이 조금 필요할 것입니다.

　이 설교는 속기로 받아 적은 것이므로 거의 수정을 가하지 않은 원형 그대로입니다. 설교 형태를 가감하려는 시도를 일체 하지 않았습니다. 그 이유는 몇 가지가 있습니다.

　현재 교회에 가장 절실히 요구되는 것은 강해설교로 다시 돌아가는 것이라고 저는 확신하고 있습니다. '강해와 설교' 이 두 단어를 모두 강조해야 하지만, 특히 후자를 강조하고 싶습니다.

　'설교'의 목적은 수필이 아니고, 출판하기 위한 것도 아니며, 청중에게 들려져서 즉각 충격을 주는 데 있습니다. 그러므로 설교는 책에서는 찾아볼 수 없고 기대할 수 없는 어떤 특징들을 지니고 있습니다. 따라서 저는 설교를 책으로 출판할 때 이 특징들을 배제시키는 것은 큰 잘못이라고 생각하고 있습니다.

　오늘날 활자화된 대다수 설교의 문제는 원래 교인들에게 들려지기 위한 것이 아니라 읽히기 위해서 지나치게 꾸며지는 것이라고 생각합니다. 이러한 설교들의 맛과 형식은 설교적이라기보다 문학적입니다.

'강해설교'의 또 다른 특징은 단순히 어떤 성구의 해석이나 주석이라는 것에만 있지 않습니다. 본문 해석을 설교로 전달할 때 이것은 하나의 메시지가 되고, 또 한 뚜렷한 형식과 형태를 띠게 되며 더 나아가 항상 그때그때의 상황에 적용되고 연관을 가져야 합니다.

이 책에는 부족한 점도 많으나 이런 점에서 도움이 될 수 있었으면 합니다. 이 책의 본문은 설교형태 그대로입니다. 해석설교에 관심이 없는 분들은 문체상의 결점, 예를 들어 강조하기 위해 '반복된 문체' 소위 '설교 투' 때문에 기분이 상할지도 모르겠습니다. 그러나 저는 이 설교를 있는 그대로, 의도된 그대로 읽어주실 것을 부탁드립니다.

저의 가장 큰 소원은 이 설교들이 강해설교에 대해 새로운 관심을 자극할 수 있기를 바라는 것입니다. 이 책이 활자화된 데에는, 제가 설교할 때 거의 기적적으로 속기로 적어 두었던 허칭스(F. Hutchings) 부인과 저의 큰딸 엘리자베스 캐서우드(Elizabeth Catherwood)의 수고에 힘입었습니다. 수많은 동료 설교자들도 마찬가지겠지만 저에게 있어서도 최선의 청취자인 동시에 가장 혹독한 비평자는 제 아내였다는 점을 인정합니다.

1959년 3월
런던 웨스트민스터 교회에서
마틴 로이드 존스

목차

....

31장

의로운 삶을 살며

"1 사람에게 보이려고 그들 앞에서 너희 의를 행하지 않도록 주의하라 그리하지 아니하면 하늘에 계신 너희 아버지께 상을 받지 못하느니라 2 그러므로 구제할 때에 외식하는 자가 사람에게서 영광을 받으려고 회당과 거리에서 하는 것 같이 너희 앞에 나팔을 불지 말라 진실로 너희에게 이르노니 그들은 자기 상을 이미 받았느니라 3 너는 구제할 때에 오른손이 하는 것을 왼손이 모르게 하여 4 네 구제함을 은밀하게 하라 은밀한 중에 보시는 너의 아버지께서 갚으시리라" 마 6:1-4

산상설교에 대한 고찰은 일반적인 분석과 내용분류로부터 시작됨을 상권 개관 및 분석부분에서 말씀드렸습니다. 또한 마태복음 6장부터는 새로운 대목에 이르게 됨을 이미 살펴본 바 있습니다.

지금까지 나눈 내용 첫째 대목(마 5:3-12)은 팔복을 포함하고 있는 기독교인의 올바른 자세에 관한 서술이었으며, 둘째 대목(마 5:13-16)에서는 이렇게 서술된 기독교인이 실제로 세상에 대하여 나타내는 반응과 그에 대한 세상의 반응을 보았습니다. 셋째 대목(마 5:17-48)에서는 하나님의 율법에 대한 기독교인의 관계를 다루었습니다. 상권 마지막 부분은 율법에 대한 적극적인 바른 해석이며, 이것을 바리새인과 서기관들의 거짓된 해석과 대조하여 설명하면서 격려와 함께 끝을 맺습니다.

이제부터 다루는 넷째 대목 마태복음 6장에서는 하나님 아버지에 대한 언급이 거듭 반복 강조되고 있음을 발견하실 것입니다. 지금까지 우리는 기독교인의 특성을 살펴보았으며, 기독교인이 사회에서 어떻게 처신해야 하며 하나님이 기독교인에게 무엇을 기대하시며 요구하시는가를 상기하였습니다. 본문 마태복음 6장에서 계속 강조되고 있는 중요한 것은 기독교인은 모든 행실을 하나님 앞에서 행한다는 점입니다. 또한 마태복음 6장은 우리의 생활 전반을 살피면서 두 가지 측면으로 분류하여 설명합니다. 이것은 매우 놀라운 일입니다. 왜냐하면 궁극적으로 볼 때 이 세상에서 기독교인의 생활은 두 가지 측면을 가지고 있기 때문입니다.

그 첫째 측면은 마태복음 6장 1절에서 18절까지인데 신앙생활 곧, 영혼의 수양과 양육, 경건, 예배, 생활상의 종교적인 모든 면과 하나님에 대한 우리의 직접적 관계와 관련되는 모든 것을 포함합니다. 물론 이것만이 세상에서 기독교인의 삶에 있어서 유일한 요소는 아닙니다.

기독교인은 이것에 의해 자기가 이 세상에 속해 있지 않고, 그가 하나님의 자녀라는 것과 비가시적인 하늘나라의 시민이라는 것을 상기하게 됩니다. 기독교인은 이 세상에서 나그네입니다. 기독교인은 하나님과 동행하고 있는 사람입니다. 그러나 이 세상에 속해 있기에 이 세상의 영향을 받기 쉽습니다. 결국 기독교인은 세상을 통과해서 걸어가게 되어 있습니다.

두 번째는 19절에서 6장 끝 절까지인데 생활 일반에 대한 기독교인의 관계를 포함하고 있습니다. 즉 음식과 음료와 의복과 거처에 대해 염려하는 사람으로서, 가정과 양육해야 할 자녀를 갖고 있는 생활인으로서, 성경이 말씀하는 '이 세상 근심'에 영향을 받기 쉬운 사람으로서 기독교인의 생활에 대한 관계를 포함하고 있습니다.

이렇게 마태복음 6장은 기독교인의 삶의 종교적인 면과 세속적인 면 두 가지를 다루고 있습니다. 주님은 이 두 가지 면을 과제로 삼아 상당히 자세하게 취급하셨습니다. 기독교인은 이 두 가지 면에 모두 교훈을 필요로 하고 있습니다. 어떤 사람이 개심하여 기독교인이 되는 순간 그의 모든 문제가 해결되며, 모든 난제가 사라져 버린다고 상상하는 것 이상으로 큰 오류는 없습니다. 기독교인의 삶은 난제로 가득하며, 함정과 올가미로 가득합니다. 우리에게 성경이 필요한 것도 이 때문입니다. 우리 주님이 주신 이 자세한 교훈은 존 번연이나 기타의 기독교인들이 고전에서 매우 조심스럽게 지적한 바와 같이 이 세상에서의 기독교인의 삶이 여러 가지 문제로 에워싸여 있는 삶이라는 사실입니다.

기독교들의 앞에는 이 세상에서 다른 사람들과 함께 삶을 영위함에 있어 발생하는 함정들이 있기 마련입니다. 여러분이 자신의 체험을 분석해 보면 이 점을 발견하실 것입니다. 더욱이 하나님 백성들의 전기를 읽어보면 수다한 역경에 빠져든 사람이 많았으며, 때로 자기 자신이 비참하고 불행한 상태에 있음을 발견하고는 기독교인 삶에서의 기쁨과 행복의 경험을 상실한 사람이 많음을 아실 것입니다. 까닭은 기독교인의 2가지 특성 중 한 가지 면이나 또는 다른 면을 등한히 했기 때문입니다.

마태복음 6장은 탐사성이 매우 강한 장(章)이며 더 나아가 매우 고통스러운 장이라고 말할 수 있습니다. 저는 가끔 이 장은 성경 전체에서도 읽기가 가장 난처한 부분 가운데 하나라고 생각할 때가 있습니다.

이 마태복음 6장은 우리를 자세히 조사하고 시험하고 우리 앞에 거울을 들이대며 우리에게 피할 길을 허용하지 않습니다. 마태복음 6장 이상으로 겸손과 자기 비하를 촉진하도록 짜놓은 장은 없을 것입니다. 하지만 이것 때문에 하나님께 감사합니다. 기독교인은 항상 자기를 아는 일에 열심이어야 합니다. 제가 거듭 하나님께 감사드리는 까닭은 자기의 진짜 모습을 바로 본 사람만이 그리스도에게로 달려가 자아의 흔적을 없애고 기독교인의 생활과 삶을 망쳐놓는 모든 것들을 그에게서 깨끗이 불태워 제거할 수 있는 하나님의 성령으로 충만하기를 모색하는 경향이 있기 때문입니다.

여기서도 마태복음 5장에서처럼, 어떤 의미에서 바리새인의 가르침과 부분적으로 대조되는 가르침을 주셨습니다. 우리 주님께서 "너희 의가 서기관과 바리새인보다 더 낫지 못하면 결코 천국에 들어가지 못하리라"(20절)라고 말씀하셨을 때 이것에 대한 대목에서 우리는 서기관과 바리새인의 가르침과 기독교인의 삶을 지배하는 가르침을 비교 검토한 바 있습니다. 여기에서는 일반적인 교훈보다는 실제 생활 곧 경건을 포함하여 우리의 신앙생활상의 행실과 처신 등에 더욱 강조점이 주어졌다 하겠습니다.

마태복음 6장 1절 말씀이 2절에서 18절까지의 메시지에 대한 서론 역할을 함을 발견하게 됩니다. 산상설교의 완벽한 배열을 주목해 보면 참으로 놀랍습니다. 음악을 애호하며 교향곡을 분석하는 일에 관심을 가지는 사람들은 여기에 그보다 더욱 놀라운 것이 있음을 보게 될 것입니다.

주제가 진술되고 이어 분석이 오고, 분석에 이어 특정 주제와 악절(樂節) 이른바 여러 가지 '동기'(leitmotif)가 나오며, 마침내 모든 것이 모여들고, 결미(結尾)에서 한데 모이기까지 전개됩니다. 우리 주님은 여기서 이와 유사한 방법을 사용하십니다. 주님은 첫 절에서 기독교인의 신앙생활을 지배하는 일반원리를 설정하시고 나서 구제, 기도, 금식에 관한 3가지 실례를 우리에게 주십니다. 우리가 어떤 사람의 신앙생활을 분석해 본다면 오직 이 세 부분으로만 분류될 수 있을 뿐임을 발견하게 될 것입니다. 즉 구제를 행하는 방법과 기도 생활 곧 하나님과 접촉하는 생활의 성격과 육을 억제하는(mortify) 방법입니다.

주님은 마태복음 5장에서 주님의 율법해석에 있어서 하나의 일반원리로 설정하신 바를 실례로써 설명하고 계십니다. 여기서는 개정역(Revised Version)이 흠정역(Authorized Version)보다 더 나은 것 같습니다. 흠정역은 "Take heed that ye do not your alms before men(너희는 사람들 앞에서 구제를 행하지 않도록 조심하라)." 그런데 개정역은 "Take heed that ye do not your righteousness(혹은 your piety) before men, to be seen of them, else ye have no reward with your Father which is in heaven(너희는 사람들에게 보이기 위해 그들 앞에서 너희 의를 행하지 않도록 조심하라. 그렇지 않으면 하늘에 계신 너희 아버지께로부터 상이 없으리라)." 여기서는 원문 비평학적으로 접근이 필요한데, 두 번째 번역이 더 좋은 것은 의심할 여지가 없습니다.

훌륭한 주석가들이 모두 '구제'보다 '의'로 해야 한다는 것에 일치하고 있습니다. 구제는 하나의 특정 실례인 것이고, 주님은 여기 1절에서 포괄적 원칙을 설정하는 것에 관심을 가지셨습니다. '의'란 말은 의로운 삶의 세 가지 면을 지배하고 있습니다. 우선 의(혹은 경건)를 보기로 하고, 다음으로 의의 여러 가지 양태를 고찰하겠습니다.

일반원칙이란 "사람에게 보이려고 그들 앞에서 너희 의를 행하지 않도록 주의하라 그리하지 아니하면 하늘에 계신 너희 아버지께 상을 받지 못하느니라"입니다. 이것을 여러 개의 보조 원리의 형태로써 고찰해 보겠습니다. 보조 원리 중 첫째 원칙은 "기독교인 생활의 미묘한 성격"입니다. 기독교인의 삶은 항상 균형과 평형을 이루어야 합니다. 기독교인의 삶은 자기모순의 인상을 주는 삶입니다. 이는 상호 배타적인 두 가지를 동시에 취급하고 있는 것처럼 보이기 때문입니다.

우리는 산상설교를 읽다가 이런 구절에 오게 됩니다. "이같이 너희 빛이 사람 앞에 비치게 하여 그들로 너희 착한 행실을 보고 하늘에 계신 너희 아버지께 영광을 돌리게 하라!"(마 5:16). 그런 다음 본문 1절에 "사람에게 보이려고 그들 앞에서 너희 의를 행하지 않도록 주의하라 그리하지 아니하면 하늘에 계신 너희 아버지께 상을 받지 못하느니라"가 나옵니다. 어떤 사람은 이 구절들을 보고 "자, 나는 어떻게 해야 합니까? 제가 문을 닫고 골방에서 기도해야 할 때 제가 얼굴을 닦고 기름을 바르며 제가 금식하지 않고 있다는 모양을 띤다면, 이런 일을 다른 사람들이 어떻게 알 수 있으며 내 속에 있는 이 빛을 그들이 어떻게 볼 수 있겠습니까?"라고 말할 사람이 있을 것입니다.

하지만 이것은 명백히 표면적인 모순에 지나지 않습니다. 여러분은 첫째 진술이 어떤 것인지 주목하시기를 바랍니다. "이같이 너희 빛이 사람 앞에 비치게 하여 그들로 너희 착한 행실을 보고 하늘에 계신 너희 아버지께 영광을 돌리게 하라." 다시 말하면 여기에는 모순이 없습니다. 우리는 이 두 가지를 모두 동시에 행하라는 요청을 받고 있습니다.

기독교인은 다른 사람들이 그를 보고, 그의 삶의 본질을 보고 하나님께 영광을 돌릴 수 있는 삶을 살아야 합니다. 동시에 기독교인은 자기의 시선을 끌기 위해 이런 일을 해서는 안 된다는 것을 항상 기억해야 합니다. 기독교인은 사람들에게 보이려고 애를 써서는 안 됩니다. 이 균형은 미묘한 것이므로 우리는 이쪽 극단으로나 혹은 저쪽 극단으로 치달리는 경향이 있습니다. 기독교인들은 자기를 크게 과시하거나 겉치레를 도모하거나 혹은 수도사나 은둔자가 되는 과오를 범하는 경향이 있습니다.

여러분이 교회사의 긴 이야기를 보면 이 큰 갈등이 계속되어 오고 있음을 발견하실 것입니다. 그들은 자랑삼아 드러내었거나, 자아와 자기 영광화를 너무 두려워한 나머지 자신들을 세상에서 격리시킨 사람들도 있습니다. 하지만 여기서 우리는 이 두 가지 극단을 모두 피하라는 요청을 받고 있습니다.

기독교인의 삶은 미묘한 삶이요, 민감한 삶입니다. 하지만 성령의 인도를 받아 기독교인의 생활에 올바로 접근한다면 균형을 유지할 수 있습니다. 기독교인은 자기에게 주의를 끌어야 할 사람인 동시에 자기에게 주의를 끌어서는 안 되는 사람이라는 사실을 잊지 맙시다. 이 점은 우리가 앞으로 읽어나감에 따라 더 분명히 밝혀질 것입니다.

둘째 보조 원리는, "궁극적인 선택은 항상 자아를 기쁘게 하는 것과 하나님을 기쁘시게 하는 것 중에서 양자택일"하는 것입니다. 이 말은 매우 초보적인 소리로 들릴지 모르겠습니다. 하지만 다음과 같은 이유 때문에 이것을 강조해야 할 필요가 있어 보입니다. "사람에게 보이려고 그들 앞에서 너희 의를 행하지 않도록 주의하라."고 했으므로, 그렇다면 "선택은 사람들을 기쁘게 하는 것과 하나님을 기쁘시게 하는 것 중 양자택일임이 분명하다."라고 생각하는 사람이 있을지도 모릅니다.

그러나 나는 그것이 그러한 선택을 의미하는 것이 아니라고 말씀드립니다. 궁극적 선택은 자아를 기쁘게 하는 것과 하나님을 기쁘시게 하는 것과의 선택입니다. 우리가 주위 사람들을 기쁘게 하는 유일한 이유는 우리 자신을 기쁘게 하는 것입니다. 우리가 그들을 기쁘게 하고 싶어 하는 것은, 우리가 그렇게 할 때 그들이 우리를 더 훌륭한 사람으로 생각할 것이기 때문입니다. 다시 말하면, 우리는 우리 자신을 기쁘게 하고 있으며 자기만족에만 관심을 가지고 있습니다. 여기서도 죄의 음흉한 성격이 나타나고 있습니다. 그처럼 비이기적인 것으로 보이는 것이 사실은 단지 이기주의의 매우 교활한 형태일 가능성이 있습니다.

우리 주님에 의하면 이렇게 귀착이 됩니다. 즉 인간은 천성으로 하나님의 칭찬보다는 사람의 칭찬을 더 원한다는 것입니다. 사람의 칭찬을 바람에 있어 그가 진짜로 관심을 가지는 것은 자기에 대한 타인의 좋은 여론인 것입니다. 결국 이 문제는 이렇게 귀착이 됩니다. 우리는 우리 자신을 기쁘게 하고 있거나 아니면 하나님을 기쁘시게 하고 있거나 둘 중의 하나라는 것입니다. 이것은 우리 자신을 분석하고 자기 행위의 동기를 분석해 보는 순간 여러분은 전적으로 동의하게 될 것입니다.

셋째 보조 원리는 "이생에서 우리에게 가장 중요한 일은 우리와 하나님에 대한 관계를 자각하는 일"입니다. 사람들이 이런 말을 하려고 하면 대개는 변명을 합니다만, 분명히 말씀드리지만, 우리의 모든 실패의 가장 큰 원인은 하나님에 대한 우리의 관계를 번번이 잊어버린다는 데 있습니다.

주님은 그것을 이렇게 표현하십니다. 우리 생애의 최고 목적은 하나님만을 기쁘시게 하며, 하나님만을 항상, 그리고 매사에 기쁘시게 하는 것이어야 한다는 것을 깨달아야 하겠다는 것입니다. 여기서 우리 주 예수 그리스도 삶의 모습에서 현저한 특징을 보게 됩니다. 주님은 전적으로 하나님을 위하여 사셨습니다. 주님은 자기가 하신 말씀이 자기 스스로 하신 말씀이 아니요, 그가 행하신 일은 아버지께서 그에게 하라고 주신 일이었다고까지 말씀하셨습니다. 주님의 온 생애는 하나님을 영화롭게 하는 일에 바쳐졌습니다. 주님은 결코 자기를 생각하시지 않았습니다. 주님은 남의 일에 참견하고 나서지도 않았습니다.

우리가 그분에 대해서 듣는 말은 "상한 갈대도 꺾지 아니하고 꺼져가는 등불 심지도 끄지 아니하신다"는 말씀입니다. 주님은 언성을 높이시지도 않았습니다. 어떤 의미에서 주님은 자기를 나타내시지 않고 감추려 하셨습니다. 우리는 그가 숨겨지실 수가 없었다는 말을 듣습니다. 하지만 주님은 항상 이렇게 자기를 숨기려고 애쓰셨습니다. 주님에게는 자기를 과시하는 일이 전혀 없었습니다. 주님은 전적으로 항상 오로지 하나님의 영광만을 위하여 사셨습니다.

주님은 또 "너희가 서로 영광을 취하고 유일하신 하나님께로부터 오는 영광을 구하지 아니하니 어찌 나를 믿을 수 있느냐? 이것이 너희에게 문제가 되는 것이다." 주님은 결국 "너희는 사람에게 너무 관심을 가지고 있다. 너희에게 하나님의 영광과 존귀를 위해 골똘히 하는 눈이 있다면 모든 것이 좋을 것이다."라고 말씀하신 셈입니다.

이 문맥에서 둘째로 기억해야 할 점은 우리가 항상 하나님 앞에 있다는 것입니다. 하나님은 우리의 모든 행동을 보시며 우리의 온갖 생각을 보십니다. 여러분의 책상 위나 벽 위에 성구를 걸어놓고 싶으시다면, "주께서 나를 감찰하시나이다"보다 더 좋은 구절이 없을 것입니다. 하나님은 무소부재하십니다. "사람에게 보이려고 그들 앞에서 의를 행하지 않도록 주의하라." 왜 그렇습니까? "그리하지 아니하면 하늘에 계신 너희 아버지께 상을 받지 못하느니라"이기 때문입니다. 하나님은 이것을 모두 보십니다. 하나님은 여러분의 마음을 아십니다. 여러분은 다른 사람들을 속일 수 있습니다. 여러분은 자신이 전혀 이기적이 아니라고 다른 사람들을 설득할 수는 있습니다. 하지만 하나님은 여러분의 마음을 아십니다. "너희는 사람 앞에서 스스로 옳다 하는 자들이나 너희 마음을 하나님께서 아시나니 사람 중에 높임을 받는 그것은 하나님 앞에 미움을 받는 것이니라"(눅 16:15)라고 주님은 어느 날 오후 바리새인들에게 말씀하셨습니다. 그런데 이 말씀이 우리의 삶에 기본원칙이 됩니다. 성결하고 성화된 삶을 살며, 또 살려고 애쓰는 데 있어 우리에게 이것을 상기하는 일보다 더 좋은 방법이 없다고 저는 느낍니다.

아침에 잠에서 깨어날 때 우리는 하나님 앞에 있음을 즉각 상기해야 합니다. "이 하루를 통해서 내가 행하고 시도하고 생각하고 상상하는 모든 것은 하나님이 보시는 앞에서 행하려고 한다. 하나님은 모든 것을 보신다. 하나님은 모든 것을 아신다. 내가 행하거나 시도하려는 것 중 하나님께서 모르시는 것은 하나도 없다."를 기억해야 합니다. "주께서 나를 감찰하시나이다." 우리가 항상 이 말씀을 명심한다면 우리의 삶을 혁신하게 될 것입니다. 어떤 의미에서, 경건생활에 관해 쓰인 책들 가운데 이것에 집중한 책이 많습니다. 여러분은 로렌스 형제가 쓴 《하나님의 임재의 실천(The Practice of the Presence of God)》이란 유명한 책을 기억하실 것입니다. 제가 이 책을 권장하지는 않지만, 그 책 원칙만은 여러분에게 추천합니다.

우리가 이런 삶을 충분히 살고자 원한다면 우리 자신을 훈련해야 하며 자기 자신에게 충고하여야 한다는 것을 배워야 합니다. 하나님은 모든 것을 보시고 모든 것을 아십니다. 우리는 하나님의 눈에서 피할 수 없습니다. 시편을 기록한 사람들은 이것을 모두 알고 있었으며, 사람들이 절망 가운데서 "내가 주의 영을 떠나 어디로 가며 주의 앞에서 어디로 피하리이까? 내가 하늘에 올라갈지라도 거기 계시며 스올에 내 자리를 펼지라도 거기 계시니이다 내가 새벽 날개를 치며 바다 끝에 가서 거주할지라도 거기서도 주의 손이 나를 인도하시며 주의 오른손이 나를 붙드시리이다"(시 139:7-10)라고 했습니다.

이 점을 기억한다면 우리의 위선과 자기 아첨은 사라질 것이며, 우리가 다른 사람들보다 우월하다고 느낌으로써 죄를 짓는 모든 일들이 사라져버릴 것입니다. 우리가 하나님으로부터 피할 수 없다는 원칙은 중요합니다. 자아냐, 하나님이냐의 이 궁극적 선택의 문제에서 하나님은 우리에 관한 모든 것을 아신다는 것을 항상 기억해야 합니다. "지으신 것이 하나도 그 앞에 나타나지 않음이 없고 우리의 결산을 받으실 이의 눈앞에 만물이 벌거벗은 것 같이 드러나느니라"(히 4:13). 하나님은 혼과 영과 및 관절과 골수를 찔러 쪼개기까지 하십니다(히 4:12). 하나님 앞에서 숨겨질 수 있는 것은 없습니다. 우리는 이것을 명제로 삼고 시작해야 합니다.

우리 모두가 이것을 실천한다면 부흥이 즉각 시작될 것입니다. 이것이 교회 생활과 개인 생활을 얼마나 다르게 만들겠습니까? 온갖 구실과 허풍을 생각해 보시며, 우리들 속에 있는 하잘것없는 일들을 생각해 보십시오. 하나님이 보고 계시며, 하나님이 이것을 모두 아시며, 이것을 모두 기록하고 계심을 우리가 조금이라도 인식한다면, 이것이 성경의 가르침입니다. 이것이 성경을 설교하는 성경의 방법입니다. 그렇습니다. 우리가 항상 하나님 존전에 있음을 인식하는 것이 성경적입니다. 이것을 참으로 인식하고 시작하는 사람은 곧 그리스도와 그의 십자가로 도피해서 성령으로 충만케 해달라고 탄원하게 될 것입니다.

넷째 보조 원리는 보상과 관련되어 있습니다. 주님은 1절과 4절에서 하나님이 주시는 보상을 구하는 것이 옳다는 점을 지적하고 계십니다. 주님은 "그리하지 아니하면 하늘에 계신 너희 아버지께 상을 받지 못하느니라"라고 하십니다. 만일 여러분이 옳은 일을 하신다면 "은밀한 중에 보시는 너희 아버지께서 갚으시리라"인 것입니다.

신약성경의 가르침 중 하나님을 보고자 소원하는 것은 좋은 일임을 우리에게 가르쳐주시는데 이것이 '수품 보눔'(Summum Bonum; 至高善)입니다. "마음이 청결한 자는 복이 있나니 그들이 하나님을 볼 것임이요." 보상은 있어야 하는 것입니다. 보상은 합법적인 의욕이며 거룩한 포부입니다.

우리는 주님에 관해서 이런 말을 듣게 됩니다. "그는 그 앞에 있는 기쁨을 위하여 십자가를 참으사 부끄러움을 개의치 아니하시더니"(히 12:2)라고 말입니다. 우리는 또 모세에 관해서 그가 하나님의 백성과 함께 고난받기를 더 좋아한 것은 상주심을 바라보았기 때문이라는 말씀을 봅니다(히 11:25-26). 또한 히브리서 11장에 기록된 사람들은 왜 그런 삶을 살았습니까? 그들은 "터가 있는 성을 바라고"(히 11:10) 있었기 때문입니다. 그들은 저 궁극적인 목표를 바라보았던 것입니다.

신약성경은 '보상의 심판'이 있을 것이라고 가르칩니다. "우리가 다 반드시 그리스도의 심판대 앞에 나타나게 되어 각각 선악 간에 그 몸으로 행한 것을 따라 받으려 함이라"(고후 5:10)인 것입니다. 그러므로 우리는 보상 문제에 관심을 가져야 합니다. 우리의 욕구가 성결을 원하는 것이며, 하나님과 함께 있기를 원하는 보상을 원하는 한에서는 잘못된 것이 없습니다.

보상에 관한 둘째 문제는 이것입니다. 즉 사람으로부터 보상을 구하는 사람들에게는 하나님께로부터 보상이 없다는 것입니다. 이것은 무서운 말씀입니다. "사람에게 보이려고 그들 앞에서 너희 의를 행하지 않도록 주의하라 그리하지 아니하면 하늘에 계신 너희 아버지께 상을 받지 못하느니라." 여러분이 어떤 점 때문에 사람들로부터 보상을 받는다면 여러분은 하나님으로부터는 아무것도 받지 못할 것이기 때문입니다.

이 점을 다음과 같이 매우 솔직하게 표현해 보겠습니다. 만일 제가 이 복음을 설교할 때 사람들이 나의 설교를 어떻게 생각할까에 관심을 갖는다면 그것으로 내가 설교에서 받을 것은 다 받은 셈이 되며, 하나님으로부터는 아무것도 받지 못할 것입니다.

이것은 절대적인 말씀입니다. 여러분이 사람들로부터 보상을 구한다면 여러분은 그것을 받으실 것입니다만 그것이 여러분이 받는 모든 것이 될 것입니다. 여러분의 신앙생활을 이 선언에 비추어서 차근차근 살펴보시고, 과거에 여러분이 행한 선행을 모두 생각해 보십시오. 하나님으로부터 여러분에게 올 보상이 얼마나 되겠습니까? 이것은 우리를 두렵게 합니다.

이번에는 주님께서 구제에 관해 하신 말씀을 간단히 살펴보겠습니다. 이것은 필연적으로 우리가 지금까지 설정해 온 원칙들로부터 귀결됩니다. 구제는 두말할 것도 없이 사람들을 도와주는 것, 곧 돈과 시간과 기타 사람들에게 도움이 되는 모든 것으로 필요한 사람을 도와주는 것을 의미합니다. 구제에 잘못된 것은 이것을 공포하는 것에 있습니다. "그러므로 구제할 때에 … 너희 앞에 나팔을 불지 말라." 그들은 물론 실제로 나팔을 불지는 않았습니다. 구제를 잘못하는 사람은 구제를 드러내며 주의를 끄는 사람입니다. 이것이 행해지는 교활한 방법들 중 그 실례 하나를 들겠습니다.

저는 하나님께로부터 어떤 일을 하라고 부름을 받았다고 느낀 어떤 부인을 기억하고 있습니다. 그분은 하나님께서 이 일을 하라고 소명 받음을 느꼈답니다. 그분은 이 일을 예배를 통하여 시작하기로 결정하였고, 저는 그 예배에 설교할 특권을 받았습니다. 예배순서의 광고 시간이 되자 이 선량한 부인은 10여 분간 청중들에게 이 사업이 전적으로 신앙노선을 따라 행해져야 하며 모금을 해서는 아니 되며 자기는 모금이나 기타 이와 같은 일들을 좋게 생각하지 않는다고 말했습니다. 이 말은 제가 듣던 중 가장 효과가 큰 모금 호소로 생각되었습니다. 저는 그분이 부정직한 사람이라고 말하려는 것은 아닙니다만 하지만 그분은 매우 우려되는 종류의 사람이었습니다.

우리도 두려워하는 가운데, 이 같은 유형의 일을 무의식적으로 하게 될 가능성이 있습니다. 우리는 이런 일들을 공포하지 않는다고 말은 하면서도 넌지시 이런 일들을 공포하고 있지는 않습니까? 저는 선교사역을 할 때 개심한 사람들의 숫자를 공포하는 것을 좋게 생각하지 않습니다. 하지만 결국 주님께서 영광을 받으셔야 하는데 사람들이 그 숫자를 알지 못한다면 그들이 어떻게 하나님께 영광을 돌릴 수 있겠습니까?"라고 말하거나, 혹은 "저는 저의 연차 모임에서 이렇게 길게 보고하는 것을 좋게 생각하지 않습니다. 하지만 하나님이 영광을 받으셔야 하는데, 이것을 하지 않는다면 사람들이 어떻게 하나님께 영광을 돌릴 수 있겠습니까?"라고 말하는 유형의 사람들을 저는 알고 있습니다.

여러분과 나는 그 교활함을 알 수 있습니다. 이것은 그릇된 방법이요 그 결과는 이것입니다. 진실로 "너희에게 이르노니 그들은 자기상을 이미 받았느니라." 사람들은 "얼마나 멋집니까, 얼마나 놀랍습니까, 굉장합니다. 안 그렇습니까?"라고 들 칭찬하는 말들을 합니다. 그들은 이미 그들의 칭찬과 상을 받았습니다. 그들은 하나님으로부터는 아무것도 받지 못할 것입니다. 그들은 그들의 보상을 받았기 때문입니다. 얼마나 가련한 사람들입니까?

그럼 올바른 방법은 어떤 것입니까? "너는 구제할 때에 오른손이 하는 것을 왼손이 모르게 하여 네 구제함을 은밀하게 하라 은밀한 중에 보시는 너의 아버지께서 갚으시리라"(3-4절). 다른 말로 하면 여러분이 하고 있는 것을 어떤 형태, 어떤 형식으로든 다른 사람들에게 알리지 말라는 것입니다. 그 뜻은 분명합니다. 하지만 그것을 여러분 자신에게도 말하지 말라는 말씀은 어렵습니다.

여러분은 자기를 선전하는 일을 멸시할 수 있습니다. 여러분은 그 일을 물리쳐 버릴 수 있습니다. 하지만 만일 이것이 여러분으로 하여금 "나는 그와 같지 않은 것을 하나님께 감사한다."라고 말하게 한다면 여러분은 즉시 바리새인이 됩니다. 바리새인들은 바로 이렇게 말했던 것입니다. "하나님이여, 나는 다른 사람들 곧 토색, 불의, 간음하는 자들과 같지 아니하고 (특히) 이 세리와도 같지 아니함을 감사하나이다"(눅 18:11)라고 말입니다.

주님은 여러분 앞에 나팔을 불어 그것을 세상에 공포하지 말라고 말씀하시는 데서 그치지 않은 것을 주목하십시오. 이것을 여러분 자신에게도 고해서는 안 되는 것입니다. 여러분의 왼손은 여러분의 오른손이 하고 있는 것을 알지 못해야 합니다. 다시 말하면 그것을 은밀히 행한 후에 그것을 장부에 이렇게 기록해서는 안 된다는 것입니다. 그래서 우리 주님은 결국, "이런 일을 기록한 영적인 장부들을 간수하지 말라. 너희 생활의 손익계산서를 간수하지 말라. 이런 의미의 일기를 쓰지 말라. 이런 것은 모두 잊어버려라. 너희는 하나님께 감동을 받고 성령의 인도하심을 받는 대로 일들을 하여라. 그런 다음 그 일들일랑 모두 잊어버려라."라고 말씀하신 셈입니다.

이것을 어떻게 실천할 수 있겠습니까? 오직 한 가지 답은 우리가 우리 자신에 대해서는 생각할 여유가 없을 정도로 하나님을 사랑해야 한다는 것입니다. 다시 말하면, 우리가 이 가르침을 실천하고자 원할진대 갈보리 언덕 위에서 죽으신 그리스도를 바라보고, 그분의 생애와 그분이 견디시고 당하신 모든 일을 생각해 보아야 한다는 것입니다. 그리고 그분을 바라볼 때 그분이 우리를 위해 행하신 일을 깨달아야 합니다. 그 결과는 영광스럽습니다. 우리 주님은 그 결과를 이렇게 표현하셨습니다. "너희는 기록을 해서는 안 된다. 기록은 하나님이 하신다. 하나님은 모든 것을 보시며 그것을 모두 기록해 두신다. 하나님은 너희에게 공중 앞에서 보상하실 것이다."라고 말입니다.

마태복음 25장에 나오는 주님의 말씀을 기억하십니까? "내가 … 목마를 때에 마시게 하였고 … 내가 옥에 갇혔을 때에 와서 보았느니라." 이에 그들이 대답할 것입니다. "우리가 어느 때에 이런 일을 했습니까? 우리가 이런 일을 했는지 우리는 모릅니다."라고 말입니다. 주님은 "너희가 그 일들을 하였느니라. 그 일들이 여기 책에 기록되어 있느니라."라고 대답하실 것입니다.

주님은 장부들을 보관하고 계십니다. 주님은 "너는 이것을 모두 은밀하게 행했으나 나는 너를 공중 앞에서 보상하겠다. 내가 이 세상에서 너를 공중 앞에서 보상하지 아니할지 모르나 네가 살아있는 것처럼 확실하게 그날에 너에게 공중 앞에서 보상하겠다. 그때는 모든 사람의 비밀이 드러나겠고, 큰 책이 펼쳐질 것이며, 온 세계 앞에 최후 선언이 있을 것이다. 네가 하나님의 영광을 위해 행한 모든 것이 세부에까지 선포되고 공포될 것이고, 너는 명예와 존귀와 영광을 받을 것이다. 그리고 나는 너에게 잘하였도다. 착하고 충성된 종아 … 네 주인의 즐거움에 참여할지어다."라고 말씀하실 것입니다.

우리 모두 눈을 들어 이 궁극적인 것을 바라봅시다. 우리는 항상 하나님 존전에, 하나님 앞에 있음을 기억합시다. 그리고 하나님을 기쁘시게 하는 삶만을 살아갑시다.

32장

기도하는 법

"5 또 너희는 기도할 때에 외식하는 자와 같이 하지 말라 그들은 사람에게 보이려고 회당과 큰 거리 어귀에 서서 기도하기를 좋아하느니라 내가 진실로 너희에게 이르노니 그들은 자기 상을 이미 받았느니라 6 너는 기도할 때에 네 골방에 들어가 문을 닫고 은밀한 중에 계신 네 아버지께 기도하라 은밀한 중에 보시는 네 아버지께서 갚으시리라 7 또 기도할 때에 이방인과 같이 중언부언하지 말라 그들은 말을 많이 하여야 들으실 줄 생각하느니라 8 그러므로 그들을 본받지 말라 구하기 전에 너희에게 있어야 할 것을 하나님 너희 아버지께서 아시느니라"마 6:5-8

이번 장에서는 경건한 신앙생활의 행위에 관한 주님의 가르침을 구체적으로 설명하는 두 번째 실례입니다. 주님은 마태복음 6장 1절에서 "사람에게 보이려고 그들 앞에서 너희 의를 행하지 않도록 주의하라 그리하지 아니하면 하늘에 계신 너희 아버지께 상을 받지 못하느니라"라고 말씀하셨습니다.

구제에 관한 문제에 이어 하나님께 기도하는 문제, 곧 하나님과 교통하고 교제하는 문제인 이 대목은 성경 전체에서도 가장 깊이 있고 우리의 교만을 꺾는 대목입니다. 하지만 우리는 이 대목의 요점과 가르침을 빠뜨리고 이것이 바리새인들을 폭로하고 위선자를 질타하는 글이라고 보는 경향이 많습니다. 우리는 이것을 읽고, 바리새인들처럼 자기 자신에게 주의를 끄는 자기 과시적인 유형의 사람을 연상하곤 합니다. 그리하여 이 말씀을 우리 자신과는 아무 상관이 없고, 요란스러운 위선을 폭로하는 것이라 간주해 버리고 맙니다. 하지만 이렇게 하면 여기에서 가르치신 요점을 모두 빠뜨리게 됩니다. 이 대목은 죄가 사람의 영혼에 남긴 무서운 결과를 강력하게 폭로하는 것이요, 특히 자아와 자긍의 죄를 노출시키는 것이 주된 가르침입니다.

주님께서 여기서 보여주시는 바와 같이, 죄는 우리를 따라다니며 심지어 하나님 앞에 이르기까지 따라오는 것입니다. 죄는 우리가 하나님으로부터 멀리 떠나 있을 때 우리를 공격하고 괴롭히는 존재일 뿐만이 아닙니다. 죄는 너무 무서운 것이므로 죄는 우리를 천국 문까지 따라올 뿐 아니라 할 수만 있으면 천국 안으로까지 따라 들어오려 하는 것이 죄의 기원에 관한 성경의 가르침이 아닙니까? 죄는 땅에서 시작된 것이 아닙니다. 사람이 타락하기 전에도 타락이 있었습니다.

사탄은 천국에 구하던 완전하고 영리한 일종의 천사였습니다. 사람이 타락하기 전에도 천사는 타락해 있었습니다. 이것이 주님이 가르치신 진수입니다. 이것은 죄의 가공스런 성격을 무섭게 폭로하는 내용입니다. 죄를 행동의 관점에서만 생각하는 것처럼 잘못된 것은 없습니다. 죄에 관한 성경의 가르침의 본질은 죄는 본질적으로 하나의 성향이라는 것입니다.

죄는 마음의 상태입니다. 죄는 궁극적으로 자기 경배요, 자기 아첨이라고 요약할 수 있습니다. 주님은 이 자기 아첨의 경향이 하나님 앞에까지 우리를 따라 들어오는 것을(이것은 나에게는 놀랍고 무서운 것입니다) 보여주십니다. 우리가 하나님을 예배하고 있다고 우리를 설득하려 애쓸 때마저도 사실은 우리 자신을 예배하고 있을 때가 있습니다.

우리의 성격 및 체질 속에 들어온 죄는 우리의 전 존재를 너무 오염시키므로 사람이 가장 고상한 형태의 활동에 종사하고 있을 때에도 여전히 죄와 싸워야 할 전투를 갖고 있는 셈입니다. 여러분이 사람에 대해 볼 수 있는 가장 고상한 모습은 그가 무릎을 꿇고 하나님을 섬기고 있는 모습일 것이라는 데 항상 동의하시리라 생각합니다. 이것은 인생 최고의 업적이요, 사람의 가장 고귀한 활동입니다. 그런데 주님에 의하면 그럴 때조차도 죄는 우리와 함께 있으며 우리를 공격하고 있다는 것입니다.

우리는 죄가 누더기를 걸치고 삶의 시궁창에 빠져있는 것을 보는 식으로 죄를 생각하는 경향이 있습니다. 하지만 이것은 죄의 본질이 아닙니다. 죄의 참 모습을 보고, 죄를 제대로 이해하기 위해서는 어떤 위대한 성도나 경건하고 헌신적인 사람을 보아야 합니다.

하나님 앞에 무릎을 꿇고 있을 때의 그를 보십시오. 거기에서도 죄가 그 자체를 드러내어 나서고 있습니다. 그가 자기 자신에 대해 생각하며, 자기 자신에 대해 흐뭇하고 유쾌하게 생각하며, 사실은 하나님이라기보다는 자기 자신을 예배하려는 유혹을 받습니다. 이것이 바로 죄의 참 모습입니다.

여러분은 죄의 본질을 보아야 합니다. 이것을 다르게 표현하면, 만일 여러분이 사탄과 그의 활동과 성격에 대해 그 무언가를 이해하고 싶으면 여러분은 삶의 밑바닥으로 가시면 안 됩니다.

여러분이 사탄에 대해 무언가를 알고 싶으면 우리 주님께서 40주 40야를 보내신 광야로 가십시오. 사탄이 바로 하나님의 아들을 시험하고 있는 것을 보는 곳에 사탄의 참 모습이 있습니다. 죄는 우리를 따라 하나님 앞에까지 들어오는 존재입니다. 이것을 분석하기 전에 또 다른 예비적 고찰을 해보겠습니다. 만약 이런 사람의 모습이 우리 자신의 무력함과 절망과 우리의 철저한 사악함을 납득시켜주지 못한다면, 만약 이 모습이 우리로 하여금 구원 문제에 있어 하나님 은혜의 필요와 용서와 중생과 새 성품이 필요함을 보여주지 못한다면, 우리에게 죄를 확신시켜 줄 것은 아무것도 없을 것입니다.

여기서 우리는 중생이 절대 필요함에 대한 신약성경 교리의 강력한 논거를 봅니다. 왜냐하면 죄는 성향의 문제요, 우리 속에 너무 깊이 뿌리박고 있는 치명적인 것으로 우리 일부가 되어 있으므로 우리를 따라 하나님 앞에까지 따라 들어

오는 것입니다. 그러므로 죽음과 무덤을 넘어 영원 세계에서 하나님 앞에 영원히 거하는 당신 자신을 응시해 보십시오. 중생은 필수적인 요소가 아니겠습니까? 이 단계를 지나 비록 우리가 거듭나고 새 생명과 새 성품을 받았더라도 우리에게는 이 교훈들이 아직 필요하다고 말할 수 있습니다. 이것은 비기독교인(자연인)에 대한 교훈이 아니라 기독교인들에 대한 우리 주님의 교훈입니다. 이것은 다시 태어난 사람들에게 하신 주님의 경고입니다. 기독교인들마저도 기도와 헌신에 있어서 바리새인들의 이 위선의 죄를 범하지 않도록 조심해야 합니다.

그러면, 첫째로 흔히 '주기도'라 부르는 것을 고찰하기 전에 기도하는 법을 대략적으로 생각해 보겠습니다. 주님이 몇몇 구절에서 가르치신 대로 이른바 기도에 대한 서론을 살펴보겠습니다. 이 주제에 접근하는 최선의 방법은 두 부분으로 구분하는 것입니다. 기도에는 거짓된 방법과 참된 방법이 있습니다. 주님은 이두 가지를 모두 다루고 계십니다.

거짓된 기도 방법이 문제가 되는 것은 그 접근방법이 잘못되어 있기 때문입니다. 이 방법은 기도를 받으실 분보다도 기도하는 사람 자신에게 주의를 집중합니다. 이것이 문제입니다. "너희는 기도할 때에 외식하는 자와 같이 하지 말라 그들은 사람에게 보이려고 회당과 큰 거리 어귀에 서서 기도하기를 좋아하느니라"(5절)라고 말씀하십니다. 그들은 회당에서 제일 눈에 띄는 곳에 서 있었습니다. 그들은 사람들 앞에 서 있었습니다. 여러분은 성전에 기도하러 간 바리새인과 서기관에 대한 주님의 비유를 기억하실 것입니다(눅 18:9-14). 주님은 거기서도 똑같은 것을 지적하시고 있습니다.

바리새인은 할 수 있는 한 제일 눈에 잘 띄는 곳에 바짝 앞으로 나와서 기도했다고 주님은 말씀해 주십니다. 한편 세리는 너무 부끄럽고 뉘우침으로 가득하여 "멀리 서서" 감히 눈을 들어 하늘을 쳐다보지도 못하고 다만 가슴을 치며 "하나님이여 불쌍히 여기소서 나는 죄인이로소이다"라고 하며 울부짖었습니다. 이렇게 주님께서는 여기서도 바리새인들이 회당과 길모퉁이 등 가장 눈에 잘 띄는 곳에 서서 사람에게 보이려고 기도한다고 말씀하십니다. "내가 진실로 너희에게 이르노니 그들은 자기 상을 이미 받았느니라."

주님은 그들이 길모퉁이에서 기도하는 것은 이와 같은 어떤 이유 때문이라는 것입니다. 성전에 가는 길목에 서서 기도하는 사람은 자기는 그토록 독실한 인물이므로 성전에 도착하기까지 기도를 기다릴 수 없노라는 인상을 주고 싶어 안달인 사람이라는 것입니다. 같은 이유로 그가 성전에 도착해서는 가능한 제일 눈에 잘 띄는 곳으로 나아갑니다.

둘째 장면은 이렇게 표현되었습니다. "(너희는) 기도할 때에 이방인과 같이 중언부언하지 말라 그들은 말을 많이 하여야 들으실 줄 생각하느니라." 이 두 장면을 합쳐보면 이렇게 기도를 통하여 하나님께 접근하는 데에는 두 가지 주된 과오가 있음을 보게 됩니다. 첫째 과오는, 바리새인의 관심은 기도하는 자기 자신에게 있다는 것입니다. 그리고 둘째 과오는, 내 기도의 효험이 기도의 분량이나 특이한 기도 자세에 달려있다고 생각한다는 점입니다.

이 두 과오를 개별적으로 살펴보겠습니다. 이것은 각양각색의 방법으로 나타날 수 있습니다. 가장 중요하고 근본적인 문제는 그런 사람은 다른 사람들에게 기도하는 사람으로 알려지려 안달한다는 것 자체로써 이미 잘못된 것입니다. 사람은 자기 자신에 관심을 가져서는 안 됩니다. 이 상태는 우리가 하려고 하는 모든 것의 가치를 손상시키고 해치게 될 것입니다.

이 과정의 다음 단계는, 이것이 적극적이며 실제적인 욕망이 되어 그가 기도하는 것이 다른 사람들에게 보이기를 바라게 되는 단계입니다. 이것은 매우 미묘하고 교활한 것입니다. 20세기 초에 산상설교에 관한 매우 잘 알려진 책을 쓴 사람이 있었습니다. 그는 기도 문제에 있어서 이러한 경향의 위험이 그가 알지도 못하는 사이에 어떻게 오는가를 지적했습니다. 그러나 내가 이 주석가의 전기를 읽고 있을 때 다음과 같은 흥미 있는 진술을 보게 된 것을 기억합니다. 성스러움을 설명하기에 열심이었던 나머지 이것을 이렇게 예시하였습니다. 어떤 사람이 이 방에서 저 방으로 걸어갈 때 갑자기 복도에서 무릎을 꿇고 기도하다가는 다시 가던 길을 걸어가곤 했다는 것입니다. 이것이 이 전기 작가에게는 이 특정인의 성스러움과 독실함의 증거로 보였던 모양입니다.

제가 말하려는 것을 더 설명할 필요는 없다고 봅니다. 바리새인들에게 문제가 되었던 것은 그들이 성전에 갈 때까지 기다릴 수가 없었다는 인상을 주려고 애썼다는 것입니다. 그들은 기도하기 위해 길모퉁이에 서 있어야 했습니다. 속이 들여다보이고 눈에 띄는 것이었습니다. 그렇습니다. 그러나 만일 여러분이 집 안 복도에서 무릎을 꿇는다면 이것은 놀라운 일입니다. 주님의 가르침을 기초로 볼 때 이 사람이 무릎을 꿇지 않고 차라리 그가 복도를 따라 걸어가면서 하나님께 기도를 드렸다면 그가 더 위대한 성도가 되었을 것을 여러분에게 보여주고 싶습니다. 이렇게 하는 것 역시 무릎 꿇는 것만큼이나 신실한 기도가 되었을 것이며 그 아무도 이것을 보지 못했을 것입니다. 이것은 얼마나 교묘한 것입니까? 이런 짓을 범하지 말도록 경고하고 있는 바로 그 사람이 자기 스스로 이것을 범하고 있었습니다. 우리 각자 자기를 점검해 봅시다.

이것의 또 다른 매우 교묘한 형태는 다음과 같습니다. 이런 사람이 자기 자신에 대하여 "물론 저는 이 방에서 다른 방으로 갈 때 복도에서 무릎을 꿇지는 않겠습니다. 저는 길모퉁이에 서지도 않겠습니다. 저는 성전이나 회당에서 나를 시위하지는 않겠습니다. 저는 항상 은밀한 중에 기도하겠습니다. 우리 주님은 "너는 기도할 때에 골방에 들어가 문을 닫고…"라고 말씀하셨습니다. 저의 기도는 항상 은밀한 기도가 되게 할 것입니다."라고 말하는 사람이 있을지 모릅니다. 그러나 그가 은밀하게 기도하는 것을 모든 사람이 알 수 있는 방법으로 은밀히 기도하는 방법도 있을 수 있습니다. 왜냐하면 그가 그처럼 많은 시간을 기도하면서 보냄으로써 자기가 위대한 기도의 사람이라는 인상을 주기 때문입니다. 저는 지금 가공스러운, 꾸며낸 이야기를 하고 있지 않습니다.

저는 제가 그러지 않기를 하나님께 바랄 뿐입니다. 여러분이 문을 닫고 골방에 있을 때 여러분에게는 어떤 생각이 떠오릅니까? 혹시 여러분이 거기 있음을 다른 사람들이 알고 있다는 생각을 하십니까? 이것은 옛적 바리새인들의 수다스럽고 확연한 방법에서나 볼 수 있는 일이라고 생각하는 고정관념을 우리는 제거해 버려야 합니다. 이것은 아무리 교묘하게 숨겨진 형태일지라도 그들과 똑같은 행위입니다. 물론 이런 일들에 지나치게 세심해서는 안 됩니다. 그러나 이 위험은 너무 교묘하므로 우리는 이것을 항상 명심해야 합니다.

저는 어떤 회의에 참석했던 사람에 관하여 이야기하는 것을 들은 기억이 있습니다. 그들은 그가 회담이 끝난 후 항상 인사도 없이 살짝 빠져나가 다른 사람들을 피하여 높은 바위 위에 올라가서는 무릎을 꿇고 기도하는 것을 보았다고 크게 감탄하며 말하던 것을 기억합니다. 그렇습니다. 그 선한 사람이 그렇게 한 것은 확실합니다. 또 그분을 비판하는 것은 제가 할 일이 아닐 것입니다. 그러나 저는 거기에 오르려는 그 큰 노력 속에 우리 주님께서 여기에 탄핵하시는 바로 이것이 조금 섞여있는 것이 아닌지 생각해 봅니다.

별난 행동은 무엇이든 궁극적으로 그 자체에 주의를 환기하는 경향이 있습니다. 만일 제가 길모퉁이에 서 있는 것이 아니라 한적한 바위 위의 사람으로서 유명하게 된다면 저는 나 자신에게 주의를 환기할 필요가 있습니다. 이것을 좀 더 파고들어가 봅시다. 이것이 취하는 또 다른 형태는, 존경과 경외심으로 하나님께 접근하기보다 거기에 있는 사람들에게 감명을 주려는 욕망에서 공중 앞에 기도하는 일입니다. 이것은 무서운 죄입니다. 저는 이 모든 약점이 소위 '아름다운 기도'라고 하는 것에 적용되는 것이 아닌지 망설여지기도 합니다. 저는 이 문제로 저 자신과 자주 논쟁을 해오고 있는 이유 때문에 자신 있게 말씀드리기가 어럽습니다.

저는 기도가 항상 아름다워야 하는 것인지 스스로 물어봅니다. 기도의 형식에 주의를 기울이는 사람에 대해서는 제가 유쾌한 감을 느끼지 못한다는 말씀입니다. 저는 이것이 크게 쟁점이 되고 있는 문제임을 인정합니다. 하나님께 바쳐지는 것은 무엇이나 아름다워야 하며, 따라서 말씨와 용어의 선택 배열 및 억양에 세심해야 한다고 말하는 사람들이 있습니다. 하나님께 아무리 아름다운 것을 드린다 해도 오히려 부족하다고 그들은 말합니다. 이 논법에 어떤 힘이 있는 것을 인정합니다. 그러나 이것은 기도가 궁극적으로 나의 아버지와의 이야기요, 대화요, 교제이기에 전적으로 부정되어야 합니다.

사람은 자기가 사랑하는 사람에게는 말씨와 어휘 등등에 주의를 기울이는 등 완벽하고 세련된 태도로 말하지 않는 법입니다. 참된 교제와 친목에는 본질상 자연스러운 것이 있기 마련입니다. 이 때문에 저는 소위 강단기도문을 신뢰하지 않습니다. 이것이 궁극적으로 우리가 여기서 취급할 수 없는 훨씬 더 큰 문제점들에 기초를 두고 있는 것은 물론입니다. 저는 그저 여러분이 고려해 보시도록 문제를 제기하는 것뿐입니다.

그러나 여기서의 통제 원칙은 기도하는 사람의 전 존재는 하나님께 골똘해야 하며, 하나님께 집중되어야 하며, 기타 모든 것은 잊어버려야 한다는 것입니다. 교인들이 우리의 아름다운 기도에 감사하기를 기대하지 말고 그렇게 할 때 괴로워해야 합니다. 공중기도는 잠잠히 기도하는 사람들과 큰 소리로 기도하는 사람이 서로를 의식하지 못하는 상태가 되어야 하겠고, 기도의 날개를 타고 하나님의 존전에 실려 가는 식이 되어야 합니다. 여러분이 이 점에서 18세기와 19세기를 대조해 보시면 무슨 뜻인지 알 것입니다.

우리는 18세기의 위대한 전도자들의 기도 기록을 많이 가지고 있지 않습니다. 그러나 19세기의 소위 강단 거인들의 인기 있는 기도의 기록을 많이 가지고 있습니다. 꼭 이것 때문에 교회에 변화가 생겼는지는 확실하지 않으나, 이것이 오늘 같은 영성의 부족과 교회 상태를 가져왔습니다. 오늘의 교회는 번드르르하고 겸손하고 위엄 있게는 되었으나, 소문난 예배자들은 무의식적으로 그들 자신에게 마음이 사로잡혀 살아계신 하나님과 교통 중에 있는 사실을 망각하였습니다. 이것은 매우 미묘한 일입니다.

이 잘못된 접근방법과 관련되는 둘째 문제는 우리가 기도 형식이나 기도에 소비하는 기도의 분량 또는 시간의 길이에 주의를 집중할 때 일어납니다. "(너희는) 기도할 때에 이방인과 같이 중언부언하지 말라 그들은 말을 많이 하여야 들으실 줄 생각하느니라"라고 주님은 말씀하십니다.

여러분은 '중언부언'이란 용어의 의미를 익히 아실 것입니다. 기도 윤당(輪堂, 기도문이 들어 있는 빙글빙글 도는 북)이 동방 여러 나라에서 아직도 실시되고 있는 것을 볼 수 있습니다. 이런 경향은 염주를 세는 로마 가톨릭에서도 볼 수 있습니다. 그러나 다시 말씀드리지만, 이것은 훨씬 더 교묘한 방법으로 우리에게 다가옵니다.

시간을 정하고 기도하는 것을 크게 중요시하는 사람들이 있습니다. 어떤 의미에서 시간을 정하고 기도하는 것은 좋은 것입니다. 그러나 만일 우리의 관심사가 기도하는 일 자체보다 정해진 시간에 기도하는 것에 기울어진다면 우리는 기도하지 않는 것이 차라리 낫습니다. 우리는 일상의 기계적 절차를 따르는 습관에 쉽게 빠져 우리가 실제로 하고 있는 것을 잊어버리기가 쉽습니다. 이슬람 교인들이 그날의 정해진 시간에 무릎을 꿇는 것처럼, 시간을 정해 기도하는 많은 사람들이 정해진 시간에 하나님께 달려가지만 만일 누군가가 그들을 방해하면 그들은 불끈 화를 내며 정해진 시간에 무릎을 꿇어야 하는 것입니다. 객관적으로 볼 때 이것은 얼마나 어리석은 일입니까!

이것은 정해진 시간의 문제가 아닙니다. 여기서 우리는 교묘한 위험은 다른 방법으로 정체를 드러냄을 보게 됩니다. 예를 들어, 위대한 성자들은 기도로 하나님 앞에서 항상 많은 시간을 보냈습니다. 그러므로 성자가 되는 길은 기도로 하나님 앞에서 많은 시간을 보내는 것이라고 생각하는 경향이 있습니다. 그러나 성자에게 있어 중요한 점은 그가 기도로 많은 시간을 보냈다는 데 있지 않습니다. 성자는 자기가 하나님 앞에 있음을 알았습니다. 기도는 그의 생활이 되었고, 기도 없이는 살 수가 없었습니다. 성자는 시간의 길이를 기억하는 일에는 관심이 없었습니다. 이렇게 정해진 기도에 묶이기 시작하는 순간 이것은 기계적으로 되고 만사를 파멸시켜 버리게 되는 것입니다.

이 문제에 대해서 주님은 "그들은 자기 상을 이미 받았느니라"라고 말씀하십니다. 그들은 무엇을 요구했습니까? 그들은 사람들의 칭찬을 원했고 그것을 받았습니다. 마찬가지로 오늘 그들은 위대한 기도의 사람들로 말해지며 멋지고 아름다운 기도를 드린 사람들로 말해집니다. 그렇습니다. 그들은 이것을 모두 받았습니다. 그러나 가련하게도 이것이 그들이 받은 모두였습니다. "내가 진실로 너희에게 이르노니 그들은 자기 상을 이미 받았느니라." 그들의 사망 기사는 그들을 기도의 문제에 있어 놀라운 사람들로 말해줄 것입니다. 그러나 문장 하나를 제대로 꿰맞출 수는 없으나 고통 중에 하나님께 울부짖는 가련하고 애끓는 영혼은 하나님께 도달하여 상을 받을 것입니다.

이처럼 올바른 기도 방법이 있습니다. 그 비결을 다시 말씀드리면 그것은 접근 방법 여하에 달려있습니다. 이것이 주님 가르침의 본질입니다. "너는 기도할 때에 네 골방에 들어가 문을 닫고 은밀한 중에 계신 네 아버지께 기도하라 은밀한 중에 보시는 네 아버지께서 갚으시리라 또 기도할 때에 이방인과 같이 중언부언하지 말라 그들은 말을 많이 하여야 들으실 줄 생각하느니라. 그러므로 그들을 본받지 말라 구하기 전에 너희에게 있어야 할 것을 하나님 너희 아버지께서 아시느니라"(6-8절). 무슨 뜻입니까? 우리가 어느 곳에서 기도하든 중요한 것은 우리가 하나님께 접근하고 있다는 것을 인식해야 하겠다는 것입니다. 이것이 중요한 것입니다.

다행히도 우리 주님은 자세한 교훈을 주셨습니다. 주님은 이것을 다음과 같이 말씀하셨는데 배제의 과정입니다. 내가 하나님께 접근하고 있음을 인식하고 있다는 것을 분명히 하도록 나는 어떤 것들을 배제해야 한다는 것입니다. 나는 골방에 들어가야 합니다. "너는 기도할 때에 네 골방에 들어가 문을 닫고 은밀한 중에 계신 네 아버지께 기도하라." 그런데 이것은 무슨 뜻입니까?

이 말씀이 기도 모임을 모두 금지하는 말씀이라고 어리석게도 확신하려는 사람들이 있습니다. 그들은 말하기를 "저는 기도 모임에 가지 않습니다. 저는 은밀히 기도합니다."라고 말입니다. 그러나 이 말씀은 기도 모임을 금하신 말씀이 아닙니다. 이 말씀은 공중 앞에서 기도하는 것을 금하심이 아닙니다. 왜냐하면 이것은 하나님의 가르치심이요 성경에서 권장하고 있기 때문입니다. 기도 모임이 성경에 기록되어 있습니다. 기도 모임은 교회의 본질이요, 생명입니다. 주님께서 금하시는 것은 이것이 아닙니다.

여기의 원칙은, 우리가 공석에서 기도하든 은밀히 기도하든 우리가 배제해야 할 것들이 있다는 것입니다. 여기에 그 몇 가지가 있습니다. 다른 사람들을 배제하고 잊어버립니다. 그런 다음 여러분 자신을 배제하고 여러분 자신을 잊어버립니다. 이것이 "네 골방에 들어가라"라는 의미입니다. 여러분은 바쁜 길거리에서 혼자 걷거나, 집안의 이 방에서 저 방으로 건너갈 때도 골방에 들어가실 수 있습니다. 여러분은 하나님과 교통하실 때 골방에 들어가며 아무도 여러분이 무엇을 하고 있는지 알지 못합니다. 그리고 공석(公席)의 기도일 경우에도 이와 똑같은 일이 있을 수 있습니다. 강단에 올라갈 때 제가 애써 하려는 것은 어떤 의미에서 회중을 잊어버리는 일입니다. 저는 그들에게 기도하거나 설교하지를 않습니다. 저는 그들에게 말하지 않습니다. 저는 하나님께 말씀드립니다. 저는 기도로 하나님께 인도합니다. 그러므로 저는 사람들을 배제하고 사람들을 잊어버립니다.

그렇습니다. 그렇게 하고 나서 나 자신을 배제하고 나를 잊습니다. 우리 주님이 우리에게 하라고 말씀하시는 것도 이것입니다. 내가 자아와 나에 관한 생각으로 충만하여, 나의 기도를 자랑하는 것이라면 내가 골방에 들어가 문을 닫아거는 것이 하나도 가치가 없습니다. 차라리 길거리에서 기도하는 것이 낫습니다. 그렇습니다. 다른 사람들은 물론 나도 나를 배제해야 합니다.

나의 마음은 전적으로 하나님을 향해서만 열려져야 합니다. 시편 기자와 함께 저는 말씀드립니다. "일심으로 주의 이름을 경외하게 하소서 주 나의 하나님이여 내가 전심으로 주를 찬송하리이다"(시 86:11-12). 이것이 바로 기도의 본질입니다. 기도할 때 우리는 하나님께 아뢰고 있음을 일부러 상기해서 다른 사람들과 자아는 배제되고 못 들어오게 잠가버려야 합니다.

다음 단계는 인식의 단계입니다. 배제한 후에 인식이 있어야 합니다. 무엇을 인식한다는 것입니까? 우리가 하나님 앞에 있음을 인식한다는 것입니다. 무슨 뜻입니까? 하나님이 누구시며, 하나님이 어떤 분이신가를 인식해야 합니다. 말을 입 밖에 내기 전에 항상 이렇게 해야 합니다. 우리는 스스로 이렇게 말해야 합니다. "나는 지금 전능하시고, 절대자이시며, 영원하시고 높고 크시며, 불이신 두려우신 분이시며 빛이시며, 그에게는 어둠이 조금도 없으신 하나님, 절대자이시고 거룩하신 하나님을 뵙기 위한 것이다. 내가 지금 하고 있는 일은 이것이다."라고 말입니다.

이것을 상기하고 이것을 모두 인식해야 합니다. 그러나 무엇보다 우리 주님은 이것에 추가하여 그가 우리의 아버지 되심을 인식해야 한다고 주장하십니다. "너는 문을 닫고 은밀한 중에 계신 네 아버지께 기도하라. 은밀한 중에 보시는 네 아버지께서 갚으시리라." 이것이 아버지와 아들의 관계입니다.

"너희가 구하기 전에 너희에게 있어야 할 것을 하나님 너희 아버지께서 아시느니라." 이것을 깨달을 수 있다면! 이 전능하신 하나님이 주 예수 그리스도를 통하여 우리의 아버지 되심을 깨닫기만 한다면! 우리가 과연 그의 자녀요, 기도할 때마다 어린아이가 자기 아버지에게 가는 것과 같음을 깨닫기만 한다면! 하나님은 우리에 관한 것을 모두 아십니다. 하나님은 우리가 아뢰기 전에 필요한 것을 모두 아십니다. 아버지가 자식을 돌보고 아이를 보살피고 아이에게 관심을 가지며 아이에게 필요한 것을 앞질러 걱정하는 것처럼 하나님은 예수 그리스도 안에 있는 모든 사람에게 그렇게 하십니다.

하나님은 우리가 복 받기를 원하는 것 훨씬 이상으로 우리에게 복을 주시고자 하십니다. 하나님은 우리에게 주목하십니다. 하나님은 우리에 대한 계획을 갖고 계십니다. 하나님은 우리에 대해 큰 뜻을 갖고 계십니다. 경외심을 가지고 말씀드리지만, 이것은 우리의 최상 최고의 생각과 상상을 초월합니다. 하나님이 우리의 아버지이심을 기억해야 합니다. 크고 거룩하시고 전능하신 하나님이 우리 아버지이십니다. 하나님이 우리를 돌보십니다. 하나님이 우리의 머리카락을 낱낱이 세신 바 되십니다. 하나님을 떠나서 우리에게 될 수 있는 것은 아무것도 없다고 하나님은 말씀하셨습니다.

다음에는 바울이 에베소서 3장에서 그토록 영광스럽게 표현한 말씀을 기억해야 합니다. 하나님은 우리가 구하는 것 이상으로 또는 생각하는 것 이상으로 더욱 넘치게 주실 수 있는 분이라고 말입니다. 이것이 참된 기도 관념이라고 주님은 말씀하십니다.

여러분은 가서 그 수레바퀴(기도문이 들어있는 빙글빙글 도는 북)를 돌리지 마십시오. 여러분은 염주를 세지 마십시오. 여러분은 "나는 기도로 몇 시간을 보내야 한다. 내가 그렇게 하기로 결정했으니 그렇게 해야 하겠다."라고 말하지 마십시오. 복을 얻는 길은 기도로 온밤을 보내는 데 있다고, 사람들이 그렇게 하지 않으려 하기 때문에 복을 기대할 수 없다고 말하지 마십시오. 우리는 기도에 대한 이 기계적 관념을 제거해야 합니다. 무엇보다 앞서 해야 할 것은 하나님이 누구시며, 어떤 분이시며, 하나님에 대한 우리의 관계가 어떤 것인지 인식하는 일입니다.

끝으로 우리는 신뢰를 가져야 합니다. 단순한 어린아이의 신뢰를 가지고 와야 합니다. 어린아이와 같은 믿음이 필요합니다. 하나님이 참으로 우리의 아버지시라는 확신이 필요합니다. 하나님은 우리가 어떤 한 가지에 대하여 예민함과 관심과 욕망을 보여주는 것을 기뻐하십니다. 곧 하나님은 우리가 "의에 주리고 목마르며" 이것을 구하라고 말씀하십니다.

하나님은 우리에게 "기도하고 낙망하지 말라"고 하십니다. "쉬지 말고 기도하라"고 하십니다. 그렇습니다. 그러나 이것이 기계적으로 중언부언을 뜻하는 말씀은 아닙니다. 이것은 우리가 말을 많이 하여야 들으시리라는 뜻이 전혀 아닙니다. 이것은 내가 기도할 때 하나님이 나의 아버지시요, 하나님은 나에게 복 주시기를 기뻐하시며, 내가 받으려는 것 훨씬 이상으로 주실 준비가 되어 계시며, 항상 나의 행복에 관심을 가지신다는 뜻입니다.

하나님이 나와 내가 구하는 것, 내게 가장 좋은 것 사이에 서 계신다는 이런 생각일랑 제거해야 합니다. 우리는 하나님을 그리스도 안에서 최고로 좋은 것을 사주셨고, 그리스도 안에서 그의 충만하심으로 복 주시려 기다리시는 아버지로 보아야 합니다. 그러므로 우리는 배제하며, 인식하며, 신뢰하는 가운데 우리의 구하는 바를 하나님께 아룁니다. 우리가 아뢰기 전에 하나님은 이 모든 것을 아신다는 사실을 알고 말입니다.

어린아이가 와서 "아버지가 항상 이렇게 해주신다."라고 말하는 것보다는 어린아이가 어떤 것을 거듭 구함을 모든 아버지가 기뻐하며, 아버지가 직접 접촉을 좋아하기 때문에 어린아이가 계속 와주는 것을 좋아하는 것처럼, 하나님은 우리가 그의 앞에 오기를 바라십니다. 그러나 의심하는 마음으로 와서는 안 됩니다. 하나님은 우리가 받으려는 것 훨씬 이상으로 주실 준비가 되어 있음을 알아야 합니다. 그 결과는 "은밀한 중에 보시는 네 아버지께서 공석에서 갚으시리라"가 될 것입니다.

어린아이의 단순함과 믿음과 신뢰로 하나님을 아버지로 알고 이것을 갖고만 있다면 하나님의 복이 우리에게 쏟아져 내려오기 시작할 것이며, 너무 압도해 와서 우리는 디 엘 무디처럼 하나님의 복은 거의 우리의 육체가 감당할 수 있는 것 이상이라는 느낌이 될 것이며, "하나님, 이제 그만 멈추소서."라고 부르짖게 될 것입니다.

하나님은 구하는 것 이상으로 또는 생각하는 것 이상으로 더욱 넘치게 주실 수 있습니다. 이것을 믿읍시다. 그런 다음 단순한 신뢰로서 하나님께 나아갑시다.

"16 금식할 때에 너희는 외식하는 자들과 같이 슬픈 기색을 보이지 말라 그들은 금식하는 것을 사람에게 보이려고 얼굴을 흉하게 하느니라 내가 진실로 너희에게 이르노니 그들은 자기 상을 이미 받았느니라 17 너는 금식할 때에 머리에 기름을 바르고 얼굴을 씻으라 18 이는 금식하는 자로 사람에게 보이지 않고 오직 은밀한 중에 계신 네 아버지께 보이게 하려 함이라 은밀한 중에 보시는 네 아버지께서 갚으시리라" 마 6:16-18

이제는 의의 문제에서 우리가 처신해야 할 방법에 대하여 우리 주님께서 주신 세 번째 사례를 고찰해 봅니다. 제34장과 35장에서 기도에 관한 주님의 가르침을 자세히 연구하겠습니다. 특히 '주기도'라 불리는 대목을 살펴보겠습니다. 하지만 이에 앞서 우리는 의에 대한 이 세 가지 특정 사례를 마음속에 분명히 간직해야 할 것으로 보입니다.

여러분은 산상설교의 이 대목에서 주님이 의에 대한 문제를 논하신 것을 기억하실 것입니다. 주님은 이미 기독교인의 생활, 곧 그의 사상과 생활에 대한 일반적 태도를 서술하신 바 있습니다. 그러나 여기서는 기독교인의 행위를 좀 더 보게 됩니다. 우리 주님의 일반 진술은 이와 같습니다. "사람에게 보이려고 그들 앞에서 너희 의를(혹은 경건을) 행하지 않도록 주의하라 그리하지 아니하면 하늘에 계신 너희 아버지께 상을 받지 못하느니라."

앞서 이미 지적했듯이 우리 기독교인의 생활을 크게 세 가지로 분류할 수 있음을 주님께서 보여주셨는데, 첫째로 우리가 다른 사람들에게 선을 행하는, 곧 구제하는 것이 있습니다. 둘째로 하나님과 우리의 친밀한 관계의 문제, 곧 우리의 기도 생활이 있습니다. 셋째는 금식의 관점에서 고찰할 훈련의 문제입니다.

주님이 금식에 대해 여기서 말씀하시는 것이 우리의 영적 생활 훈련의 문제에도 똑같이 적용됨을 인식하는 것이 중요합니다. 많은 사람들 그리고 하나님과 저 자신과 접촉을 갖는 이 세 가지 접촉 관계를 타인에 대한 처신과, 하나님에 대한 헌신과, 저 자신에 대한 처리 방법의 세 가지로 분류할 수 있겠습니다.

세 번째 분류가 말씀드리려는 내용이지만 우선 몇 가지를 말씀드리고 나서 금식에 관한 본문에 접근하겠습니다. 복음을 설교함에서 뿐 아니라 복음에 대한 접근방법과 복음에 관한 우리의 사고에는 항상 강조의 변화를 필요로 합니다.

진리는 하나이며 항상 동일한 것이지만 그 다양성으로 인해서, 인간성이 죄의 결과를 받음으로 인해서, 교회사의 어느 특정 시대는 진리의 어느 특정한 면을 특별히 강조할 필요를 갖게 됩니다. 이 원칙은 성경 자체에서 발견됩니다.

제사장들과 선지자들 사이에서 구약에 큰 반목이 있었다고 우리로 믿게 하려는 사람들이 있습니다. 곧 행함을 강조한 사람들(제사장들)과 신앙을 강조한 사람들(선지자들) 사이에 큰 불화가 있었다는 것입니다. 그러나 반목이 없었고 두 사이에 모순도 없었는데 진리의 어떤 특정한 면을 잘못 강조한 사람들만이 있었습니다. 그들은 교정받을 필요가 있었습니다. 제가 말씀드리는 요점은 제사장적 요소의 강조가 성행되고 있을 때에 특별히 필요했던 것은 예언적 요소의 강조라는 점입니다. 그리고 선지자적 요소가 지나치게 강조되고 있을 때는 균형을 잡아 백성들에게 제사장적인 면을 상기시키고 강조해야 할 때라는 것입니다.

여러분은 신약성경에서도 같은 일이 일어난 것을 알 수 있습니다. 야고보와 바울 사이에 궁극적인 모순은 없습니다. 이 두 사람의 가르침에서 서로 모순된다고 말하는 소리는 신약성경에 대한 피상적 견해에 지나지 않습니다. 이 두 사도는 서로 모순되는 것이 아니라, 그들이 처한 환경 때문에 성령의 인도를 받아 진리의 다른 면을 강조하였던 것입니다.

야고보는 그 대상을 주 예수 그리스도를 믿으면 만사가 좋으며 다른 것에는 조금도 염려할 필요가 없다고 말하는 경향이 있는 사람들을 다루고 있음이 분명합니다. 그런 사람들에게 말해줘야 할 것은 한 가지뿐인데 "행함이 없는 믿음은 죽은 믿음이니라"입니다. 그러나 여러분이 만일, 자기네가 행하는 것에 항상 주의를 끌며, 그들이 행위를 강조한다면 믿음의 이 위대한 면과 요소를 강조해야 하는 것입니다.

저는 이 시대를 보면서 많은 것을 생각하게 됩니다. 그 까닭인즉 금식의 문제에 있어서는 특히 복음주의자들에게는 우리의 생활에서 거의 사라졌기 때문입니다. 우리는 금식을 얼마나 자주, 어느 정도로 생각하고 있습니까? 금식이 우리의 기독교 생활과 신앙생활의 훈련에 있어서 어떤 영향력을 끼치고 있습니까? 우리는 도대체 금식을 해본 적이 있는지 의아스럽습니다.

사실 이 주제는 우리의 생활에서 아예 떨어져 나간 것이 아닌가 합니다. 그 원인은 소위 가톨릭교회의 가르침에 대한 하나의 반사작용임이 분명합니다. 금식에 대한 가톨릭의 교훈은 온갖 다양한 형태로 나타나 있습니다. 가톨릭의 가르침은 그것이 영국 계통의 가톨릭 교훈이든, 로마 계통의 가르침이든 또는 어느 계통이든 항상 금식 문제에 큰 비중을 둡니다. 반사작용은 항상 너무 지나친 경향이 있습니다. 이 경우 금식에 대한 가톨릭의 잘못된 강조를 싫어한 나머지 우리는 다른 편 극단으로 치달려 금식을 아예 고려조차 하지 않는 경향이 있습니다.

우리 대다수가 금식 문제를 신중하게 고려해 본 적조차 없는 것도 이 때문이 아닙니까? 그러나 저는 금식이 복음주의자들 사이에 점차 중요시되고 있는 주제라는 징후를 느끼고 있습니다. 우리가 통과하고 있는 이 시대를 사람들이 심각하게 고려하기 시작하고, 많은 사람이 부흥과 각성을 찾기 시작함에 따라 금식의 문제는 점점 더 중요시되고 있습니다. 그런데 여기 산상설교에서 금식 문제가 우리 앞에 직면해 있습니다. 저는 우리에게 금식 문제를 소홀히 하는 경향이 있음을 감안하여 주님이 강조하신 노출중적인 이 특정 문제점을 다루기 전에 좀 더 일반적인 방법으로 살펴보는 것이 옳고 유익할 것으로 생각합니다.

그래서 이 문제를 다음과 같이 접근해 보겠습니다. 기독교인의 생활에서 금식은 어떤 위치를 점하고 있습니까? 성경의 가르침에 의하면 금식은 어디서 연유합니까? 금식은 구약에서 가르치고 있습니다. 모세 율법 아래서 이스라엘 사람들은 일 년에 한 번씩 금식하라는 명령을 받았습니다. 이 명령은 이스라엘 국가와 그 백성에게 영원히 구속력을 갖고 있었습니다.

여기에 대하여 국가의 어떤 위급사태 때문에 백성들 자신이 금식을 몇 번 더 지정한 사실이 성경에 있습니다. 그러나 하나님께서 직접 명령하신 금식은 일 년에 한 번뿐이었습니다. 신약에 오면 바리새인들이 일주일에 두 번씩 금식한 사실을 보게 됩니다. 그들은 하나님께 그런 명령을 받지 않았으면서도 그렇게 했습니다. 그리고 이것을 그들 종교의 중요한 부분으로 삼았습니다. 어떤 부류는 성경보다 지나치는 경향이 있었습니다. 바리새인들의 경우가 이러합니다.

주님의 가르침을 살펴보면, 주님께서 금식을 직접 가르치시지는 않았으나 간접적으로 가르치신 것이 분명합니다. 마태복음 9장에서 주님께서 특별히 금식에 관해 질문받은 기록을 봅니다. "그 때에 요한의 제자들이 예수께 나아와 이르되 우리와 바리새인들은 금식하는데 어찌하여 당신의 제자들은 금식하지 아니하나이까 예수께서 그들에게 이르시되 혼인집 손님들이 신랑과 함께 있을 동안에 슬퍼할 수 있느냐 그러나 신랑을 빼앗길 날이 이르리니 그 때에는 금식할 것이니라"(14-15절). 이 말씀에는 금식에 대해 암시된 가르침이 아주 분명하다고 생각합니다. 주님은 "너는 금식할 때에 머리에 기름을 바르고 얼굴을 씻으라"고 하셨습니다. 그러므로 금식은 예수님이나 교인들을 위해 옳으며 좋은 것으로 간

주된 것이 분명합니다. 그리고 주님께서 마귀에게 시험받으시며 광야에 계실 때 40주 40야를 금식하신 것을 우리는 기억합니다.

초대 교회 시대를 살펴보면 사도들도 금식을 실천한 것을 보게 됩니다. 바울과 바나바를 제1차 전도여행에 파송할 때 안디옥 교회는 얼마 동안 기도하고 금식한 후에야 그들을 파송했습니다. 초대 교회는 중요한 계기나 중대한 결정에 직면하였을 때마다 항상 기도는 물론 금식하였던 것으로 보입니다.

사도 바울은 자기와 자기 삶을 언급하는 가운데 '자주 금식 중에' 있었던 것을 말씀하였습니다. 금식이 그의 삶에 중요한 부분이었음은 분명합니다. 그런데 본문 비평에 관심이 있는 사람들은 마가복음 9장 29절에 주님께서 "기도(와 금식) 외에 다른 것으로는 이런 종류가 나갈 수 없느니라" 하신 말씀을 평가하려고 합니다. 최상의 문서와 사본에 따르면 '금식'이란 말이 여기 들어 있어서는 안 된다고 하는 견해가 바른 견해인 것 같습니다.

그러나 이것은 중요하지 않은 사소한 문제입니다. 왜냐하면 신약성경에는 금식의 타당성과 가치를 명백히 가르치는 다른 교훈이 있기 때문입니다. 그리고 우리가 그 이후 교회사를 살펴보면 이것과 정확히 같은 것을 보게 됩니다. 모든 시대에 걸쳐서 하나님의 성도들은 금식을 좋게 생각했을 뿐 아니라 실천했습니다. 이것은 프로테스탄트 개혁자들에게도 그러했고, 웨슬리 형제와 윗필드에게 있어서도 그러했습니다. 그리고 위대한 중국인 크리스천 흐시(Hsi) 목사가 어떤 새로운 어려움이나 특별한 문제에 부딪쳤을 때에는 예외 없이 일정기간 동안 기도는 물론 금식을 한 사실을 기억하실 것입니다.

하나님의 백성들은 금식이 옳을 뿐 아니라 어떤 상태 아래서는 매우 가치 있고 크게 중요하다는 것을 느껴왔습니다. 그러면 이상 말씀드린 것이 역사적 배경일진대, 우리는 이것에 좀 더 직접 접근하여 이렇게 질문해 보아야 합니다. 정확히 말해서 "금식은 무엇인가? 금식의 목적은 무엇인가?"라고 말입니다. 궁극적으로 금식이 육신과 영의 관계에 대한 이해에 기초를 둔 것이라 함은 의심할 바 없습니다.

사람은 육신과 마음(mind=지정의)과 영(spirit)으로 되어 있으며 서로에 대하여 상호 밀접한 작용을 합니다. 그러므로 금식은 신체와 정신과 영의 특이한 관계에서 고려해야 하기 때문에 금식의 의미는 영적 목적을 위하여 음식을 금하는 것을 뜻하는 것입니다.

이것이 성경적 금식관입니다. 성경적 금식관은 어떤 영적 이유와 목적 때문에 사람들이 음식을 금하기로 결정하는 것이기에 신체적인 금식과는 구별되어야 합니다. 이것은 매우 중요한 점이기에 부정적 형식으로도 표현해 살펴보겠습니다.

저는 최근에 이 주제에 관한 기사를 읽은 적이 있는데 그 기사를 쓴 분은 고린도전서 9장 27절에 나오는 "내가 내 몸을 쳐 복종하게 함은"이란 말씀에 대하여 언급하면서 이것이 금식의 한 가지 실례라고 하였습니다. 하지만 저는 이 말씀은 금식과는 아무 상관이 없고 신앙생활 훈련의 일부라고 말하고 싶습니다. 여러분은 항상 몸을 쳐 복종시켜야 합니다. 그러나 항상 금식해야 할 것을 의미하지는 않습니다.

금식은 평범한 것이 아니라 예외적인 것이요, 사람이 가끔 특별한 목적을 위해 하는 것인 반면 훈련은 영속적이요, 영구적입니다. 그러므로 저는 "내가 내 몸을 쳐 복종하게 함은"이나 "땅에 있는 지체들을 죽이라"는 구절은 금식을 가리키는 뜻으로 받아들일 수 없습니다. 바꿔 말하면 음식의 절제는 금식이 아닙니다. 음식의 절제는 몸 훈련의 일부입니다. 몸을 쳐 복종하게 하는 것은 매우 유익합니다. 그러나 이것은 금식을 의미하는 것이 아닙니다. 금식은 어떤 특별한 이유나 특이한 처지를 맞아 기도나 명상이나 하나님을 찾는 것과 같은 어떤 특별한 목적을 위해서 음식을 금하는 것을 의미합니다.

이 문제의 결론을 위해서는 금식은 음식과 음료 문제에만 제한되어서는 안 된다는 말을 덧붙이고 싶습니다. 금식에는 어떤 영적 목적을 위하여 그 자체로써 정당하고 합당한 것을 금하는 것까지를 포함해야 합니다. 신체에는 그 자체로 옳고, 정상적이며, 완전히 합당하지만 어떤 처지를 당하여 특별한 이유 때문에 억제해야 할 기능들이 있습니다. 이것이 금식의 정의입니다.

금식의 방법을 다루기에 앞서 금식 문제를 어떻게 보며, 어떻게 접근해야 하는 가를 먼저 살펴보겠습니다. 결국 금식의 문제는 그릇된 방법과 옳은 방법이 있는데 먼저 그릇된 방법부터 소개합니다.

만일 금식 그 자체를 하나의 목적으로 만든다면 성경의 가르침과는 거리가 멉니다. 예를 들어서 "자, 나는 기독교인이 되었기 때문에 일 년 중 아무 날과 아무 때에는 금식해야 하겠다. 금식은 기독교의 일부이기 때문이다."라고 한다면, 금식을 하지 않는 것이 좋습니다. 이 같은 금식 행위의 특별한 요소는 금식이 끝나는 동시에 바로 사라져 버리기 때문입니다.

우리는 기도문에도 이와 유사성이 있음을 보았습니다. 사람들이 할 수만 있으면 그들의 생활에서 기도를 위해 어떤 특별한 때를 정하는 것은 유익합니다. 그러나 계획표를 작성하여 매일 아무아무 시에 계획표에 맞추기 위해서 기도해야 한다면 이것은 잘못된 방법입니다. 금식에 있어서도 이와 같습니다. 금식에도 기도와 같은 방법으로 접근하는 사람들이 있습니다. 그러나 그들이 해야 할 것과 해서는 안 될 것이 정확히 무엇인가를 듣고 싶어 하고 어떤 규칙과 형식에만 관심을 가져서는 안 됩니다. 일 년 중 어떤 일정 기간에 음식을 금하거나 적게 먹는 일 등등입니다. 이것에는 아주 교묘한 위험이 도사리고 있습니다. 우리가 그것을 단순히 행하기 위한 목적으로, 또는 규칙이나 기계적 방법으로 행한다면 성경의 가르침을 전적으로 깨뜨리는 것이 됩니다.

금식 그 자체를 하나의 목적으로 보아서는 안 되는 것입니다. 여기에 덧붙여야 할 것이 있습니다. 금식을 우리의 훈련 일부로 보아서는 안 된다는 것입니다. 어떤 사람들은 일주일에 하루는 아무것도 먹지 않는 것이 유익하다거나, 일 년 중 일정 기간에는 어떤 것들을 금하는 것이 유익하다고 말하는 사람들이 있습니다. 그것을 훈련의 관점에서 볼 때 유익하다고 말하는 것입니다. 그러나 훈련은 영속적인 것이요, 훈련은 영구적인 것입니다.

우리는 항상 우리 자신을 훈련해야 합니다. 그러므로 금식을 훈련 과정의 일부에만 한정하는 것은 잘못입니다. 금식은 하나님을 향한 기도나 묵상과 강렬한 중재 등 영적으로 보다 높은 영역에 도달하기 위해 하는 것입니다.

금식에 대한 또 하나 다른 잘못된 방법은 금식으로부터 직접적, 즉각적 결과를 기대하기 때문에 금식하는 사람들도 있습니다. 다시 말하면 그들은 일종의 기계적 금식관입니다. 그들은 소위 '자동판매기'식 금식관을 가지고 있습니다. 자동판매기에 동전을 넣고 버튼을 터치하면 그 결과를 얻는 것처럼 그들의 금식관이 이러합니다.

여러분이 어떤 유익을 얻으려면 금식하라고 그들은 말합니다. 여러분이 금식을 하면 그 결과를 얻는다는 것입니다. 이러한 그들의 태도는 금식에만 국한되지 않습니다. 기도를 이런 식으로 보는 사람들도 많습니다. 그들은 "어떤 사람들이 어느 때 철야기도회를 가지기로 어떻게 결정했던가? 어떻게 그들이 밤새 잠 한숨 안 자고 내내 기도를 계속하였던가? 그 결과로 어떻게 부흥이 일어났던가?" 하는 기록을 읽습니다. 그래서 그들은 철야기도회를 가지기로 결정하고 뒤이어 부흥이 일어나기를 기대합니다. "우리는 기도하기 때문에 부흥이 일어나야 한다."라고 말입니다.

어떤 사람들은 말하기를 여러분이 만일 어떤 조건들에 순종하기만 하면 복을 받을 것이며 즉각적, 직접적 결과가 있을 것이라고들 말합니다. 그런데 성경 어디에서도 이것이 금식이나 다른 어느 것과도 관계되어 있음을 발견하지 못하였습니다. 직접적 결과를 위해 금식해서는 안 됩니다.

얼마 전 금식을 하나님으로부터 복을 얻는 최선, 최고의 방법의 하나로 생각하는 사람들의 기사를 본 적이 있습니다. 유감스럽게도 제가 위에서 언급한 이런 과오를 범한 것으로 보이는 기사입니다. 사람들은 그들의 생활을 기록하며 "당신도 알다시피 나의 기독교 생활은 항상 피상적이요 비참하게 보이는 생활이었습니다. 나는 참으로 행복한 적이 없었습니다. 나의 생활은 일련의 기복이 있는 생활이었던 것 같습니다. 나는 기독교인이었습니다. 그러나 내가 알고 있는 다른 사람들이 갖고 있는 것을 갖고 있는 것 같지 않았습니다. 이렇게 된 지가 수년이나 되었습니다. 집회란 집회는 모조리 다녀보았습니다. 이 주제에 관한 책들도 모조리 읽었습니다. 그러나 복을 받은 것 같지가 않습니다. 그럴 때 금식의 중요성을 강조한 교훈에 접하게 되었습니다. 나는 금식했습니다. 그리고 복을 받았습니다."라고 말하는 사람들이 있습니다. 그렇게 말한 다음 "당신도 복을 받고 싶거든 금식하시오."라는 권면이 뒤따릅니다. 이것은 가장 위험한 교리로 생각됩니다. 영적 생활에서 이 같은 소리를 해서는 안 됩니다. 이런 복은 자동적으로 오는 것이 아닙니다. 우리가, 내가 이것을 하기 때문에 그것을 얻었다고 말하는 순간 이것은 우리가 복을 조종하고 있다는 뜻이 됩니다. 이것은 하나님의 최종적, 궁극적 승리에 대한 위대한 교리를 범하는 것입니다. 금식을 복의 수단으로 옹호해서는 안 됩니다.

또 다른 실례로 십일조 문제를 생각해 봅시다. 십일조에는 매우 타당한 성경적 근거가 있습니다. 그러나 십일조 문제를 이렇게 가르치는 사람들이 많습니다. 즉 어떤 사람이 여러 가지 일들이 그에게는 잘 풀리지가 않습니다. 아닌 게 아니라 그의 사업에서 금전상으로도 어려움을 겪고 있습니다. 그럴 때 십일조의 가르침에 접하여 십일조를 시작합니다. 그러자 즉시 큰 기쁨이 그의 생활에 홍수처럼 밀려옵니다. 그뿐이 아닙니다. 그의 사업 역시 성공하기 시작합니다.

저는 이렇게 쓴 책들을 실제로 보았습니다. 즉 "여러분이 번영하고 싶으면 십일조를 시작하시오."라고 말입니다. 다시 말하면 "십일조를 하십시오. 그러면 그 결과가 따라올 것입니다. 복 받기를 원하면 십일조를 하시오."라고 말입니다. 이것도 금식 문제와 같은 것입니다. 이런 가르침은 모두 비성경적입니다. 아니 비성경적이라기보다 더 해롭습니다. 이것은 하나님의 영광과 위엄을 떨어뜨립니다. 그러므로 금식을 직접 복을 얻기 위한 수단이나 방법으로 옹호하거나 몰두하거나 실천해서는 안 됩니다. 금식의 가치는 직접적이 아니라 간접적인 것입니다.

끝으로 생각할 것은 육적인 것을 영적인 것과 혼동하지 않도록 조심하는 것입니다. 금식을 해온 사람들의 기록을 읽어보면 그들이 육적인 것의 경계선을 넘어 영적인 영역으로 들어간다는 느낌이 듭니다. 그들은 처음 3, 4일의 고통을 겪은 후, 특히 제5일 이후에는 비상하게 맑은 정신상태가 됨을 서술하였으며, 그들은 가끔 이것이 마치 순전히 영적인 것인 양 서술을 해버립니다. 그러나 저는 이것을 이렇게 말할 수 있습니다. 기독교인이 아니면서 일정 기간 금식하는 사람들도 변함없이 이런 일을 증언하고 있다고 말입니다. 순전히 육적인 것이든, 신체적 차원에서 하는 것이든 금식이 적절히 행해지는 한, 사람의 몸에 유익한 것이란 점에는 의심의 여지가 없습니다. 맑은 정신과 두뇌와 이해력이 여기서 결과한다는 점에는 의심의 여지가 없습니다. 그러나 육적으로 설명되는 것을 영적인 것으로 돌리지 않도록 매우 조심해야 합니다.

그럼 금식에 대한 옳은 방법을 살펴보겠습니다. 금식은 항상 목적에 대한 수단으로 간주해야 하고, 목적 그 자체로 보아서는 안 됩니다. 금식이란 영적 이유로 해서 마지못해하거나 이끌릴 때에 한해서 해야 할 것입니다. 금식은 금요일이나 사순절(Lent)이나 다른 어느 때에 금식하기 때문에 해야 할 것은 못 됩니다. 신앙생활에 있어서 어떤 일정 기간에만 훈련해서는 안 됩니다. 어느 때든 나를 훈련해야 합니다. 그리고 금식은 내가 어떤 강한 영적 목적에 열중해 있을 때, 규칙에 얽매어서가 아니라 하나님께 예배를 드릴 때, 내 몸 전체를 집중할 필요가 있다고 느끼고, 성령의 인도를 받는다고 느껴질 때가 바로 금식할 때입니다. 이것이 올바른 방법의 금식인 것입니다.

"금식할 때에 너희는 외식하는 자들과 같이 슬픈 기색을 보이지 말라 그들은 금식하는 것을 사람에게 보이려고 얼굴을 흉하게 하느니라"(16절). 외식하는 그들은 얼굴을 씻거나 머리에 기름을 바르거나 하지 않았습니다. 그들 중 더러는 그 이상으로 나아가 얼굴을 볼품사납게 만들고 머리에 재를 뿌렸습니다. 그들은 자기네가 금식하고 있는 사실에 주의를 끌고 싶어졌습니다. 그래서 비참하고 불행하게 보이게 했습니다. 누구나 그들을 보고 말하기를 "아, 저분은 금식 기간을 보내고 있다. 그는 드물게 영적인 사람이다. 그를 봐. 그가 하나님께 헌신하기 위해 희생하며 고통당하는 것을 봐."라고 합니다.

우리 주님은 그 뿌리와 가지를 모두 정죄하셨습니다. 자기가 행하고 있는 것을 공포하거나 그것에 주의를 끄는 것은 주님께 철저하게 비난당할 일입니다. 기도의 경우가 그러합니다. 구제의 경우도 그렇습니다. 이것은 정확히 같은 원칙입니다. 여러분이 하고 있는 것들을 선포하면서 나팔을 불어서는 안 됩니다. 기도할 때 길모퉁이나 회당의 우뚝한 곳에 서서는 안 되는 것처럼 여러분은 금식하고 있는 사실에 주의를 끌어서는 안 됩니다.

그러나 이것은 금식에만 국한된 문제가 아닙니다. 우리 기독교 생활 전체를 망라하는 원칙이 됩니다. 이것은 경건의 모양과 경건한 태도로 가장하는 것을 정죄하는 것입니다. 찬송을 부르는 것도 하나님께 드려야 하는데 사람들에게 보이려고 발꿈치를 세우고 얼굴을 치켜세우는 행위가 있습니다.

여러분에게 옷 입는 문제에 대해 생각해 보시고 관심을 가질 수 있도록 질문을 하나 드립니다. 이 문제는 두 견해 사이에 머뭇거리는 나를 발견합니다. 내 마음 속에는 다른 사람들과 다르게 옷을 입었던 초기 퀘이커교도들(Quakers)의 습관을 이해할 뿐 아니라 동시에 좋아하는 것이 많습니다. 그들은 기독교인과 비기독교인, 교회와 세상 사이의 차이를 보여주고 싶어 했습니다.

그러나 불행하게도, 다른 면이 있는데 "옷을 보고 그 사람을 안다."는 말이 반드시 사실은 아니라는 것입니다. 옷을 보아 그 사람을 어느 정도 아는 것은 사실입니다. 그러나 완전히는 모릅니다. 바리새인들은 특별한 옷을 입었고 "그 차이는 경문 띠를 넓게" 하였습니다(마 23:5). 그러나 이것이 그들의 의를 보장해 주는 것은 아닙니다. 성경은 궁극적으로 이것이 기독교인이 비기독교인과 다르게 되는 방법은 아니라고 가르칩니다. 그 차이를 보여주는 것은 내가 어떤 존재냐 하는 것입니다.

그러면 옳은 길은 무엇이겠습니까? 첫째는, 가능한 한 바리새인들처럼 별나게 극단적으로 나가는 것을 의도하지 않는다는 것입니다. 우리 주님이 "너는 금식할 때에 머리에 기름을 바르고 얼굴을 씻으라 이는 금식하는 자로 사람에게 보이지 않고 오직 은밀한 중에 계신 네 아버지께 보이게 하려 함이라"라고 말씀하기 때문이라고 생각하는 사람이 많습니다. 그들은 "우리는 얼굴을 흉하게 해서는 안 될 뿐 아니라 금식하고 있는 사실을 감추기 위해 힘써야 하며 그 반대의 인상을 주어야 한다."라고 말합니다. 그러나 이것은 오해입니다. 얼굴을 씻고 머리에 기름을 바르는 것에는 특별한 점이 없는 것입니다. 여기서 주님께서 말씀하시는 의미는 "너희는 금식할 때 자연스러워라."라는 것입니다.

이것을 다음과 같이 적용할 수 있습니다. 자기네가 기독교인이므로 비참하게 보이는 것을 너무 두려워하거나, 어리석은 자들이라고 여겨질 것을 너무 두려워하여 극단적으로 다른 편으로 치우쳐 가는 사람들도 있습니다. 그들은 말하기를 "기독교인이 되는 것은 시대에 뒤떨어지는 것과는 거리가 멀며 명랑하고 행복하게 되는 것이라는 인상을 주어야 한다. 우리는 그 반대편 극단으로 나가야 한다."라고 말입니다. 그래서 그들은 우중충해지는 것과 정반대 방향으로 나갑니다. 그 결과 그들은 시대에 뒤떨어져 옷을 입는 사람들만큼이나 잘못되게 됩니다.

우리 주님의 원칙은 항상 이와 같습니다. "다른 사람들을 아예 잊어버려라. 슬프게 보이는 것을 피하려고 얼굴을 찡그리지 말라. 너희 얼굴을 잊어버려라. 너 자신을 잊어버려라. 다른 사람들을 전적으로 잊어버려라. 다른 사람들의 여론에 대한 이런 관심은 잘못이다. 네가 만드는 인상이 어떤 것인가를 염려하지 말라. 너 자신을 전적으로 하나님께 드려라. 하나님과 하나님을 기쁘시게 하는 일에만 관심을 가져라."라고 말입니다.

우리의 관심사가 진정 하나님을 기쁘시게 하고 그의 이름을 영화롭게 하는 것이라면 우리는 이런 여러 가지 일들에 어려움이 없을 것입니다. 그가 자기를 잊고 자기 몸을 하나님께 드렸다면, 신약성경은 그가 이 모든 것을 하나님의 영광을 위해 할 것이기 때문에 그 사람은 먹고 마시고 옷 입는 방법을 스스로 알 것이라고 말해줍니다. 그런 사람의 보상은 안전하고 확실하게 보장되어 있습니다. 그의 보상은 엄청날 것입니다. "은밀한 중에 보시는 네 아버지께서 갚으시리라." 중요한 것 한 가지는 우리가 하나님과 올바르게 되고 하나님을 기쁘시게 하는 일에 관심을 갖는 일입니다. 이것에 관심을 갖는다면 나머지는 하나님께 일임해도 좋습니다. 하나님은 보상을 수년간 보류하실 가능성도 있지만 결국 우리는 보상을 받을 것입니다. 세상은 우리가 어떤 사람들인가를 모르더라도 하나님은 아십니다. 그리고 저 큰 날에 온 세계 앞에서 보상이 선언될 것입니다. "은밀한 중에 보시는 네 아버지께서 갚으시리라."

'사람들이 너를 주목하지 않고, 너를 사랑하지 않고, 너를 칭찬하지 않아도 주님은 너를 주목하시고, 사랑하시고, 칭찬하신다.'

34장

너희는 기도할 때 이렇게 기도하라

"그러므로 너희는 이렇게 기도하라 하늘에 계신 우리 아버지여 이름이 거룩히 여김을 받으시오며" 마 6:9

이제 34장부터 기도에 관한 주님의 가르침을 살펴보겠습니다. 앞에서 주님이 경건 문제를 다루시면서 사람에게 보이려고 회당과 거리에 서서 기도하는 위선자처럼 되지 않도록 이미 경고하신 것을 기억하실 것입니다.

주님은 중언부언하는 것과 기도의 크기나 분량만으로는 아무런 유익을 가져오지 못할 것이라고 말씀하셨습니다. 주님은 동시에 그들이 은밀히 기도해야 할 것과, 다른 사람들이 그들을 어떻게 생각할 것인지 관심을 갖지 말며, 기도에서 중요한 것은 다른 사람들을 배제할 것과 자기 자신들을 닫고 하나님에 대한 관계에 집중해야 한다고 말씀하셨습니다. 그래서 주님은 "너희는 이렇게 기도하라."고 말씀하시며 기도의 방법에 대하여 교훈을 주셨습니다.

우리는 여기서 기독교인의 생활과 관련해서 가장 중요한 주제 하나와 대면하게 되는데 기도는 우리에게 있어서 영혼의 가장 숭고한 활동이라는 것입니다. 사람은 무릎을 꿇고 하나님과 얼굴을 대할 때 가장 위대하며, 가장 숭고하다고 하겠습니다. 물론 구제도 훌륭한 일이며 고상한 활동입니다. 하나님의 인도하심을 느끼는 사람, 그 인도하심에 호응하는 사람, 그리하여 이 세상에서 동료 인간들을 돕는 사람은 선한 사람입니다. 또 각양 형태의 금식도 매우 고상하고 고귀한 행동입니다. 하지만 여러분이 기도에 몰입된 사람을 보시면 이런 일들은 무색해집니다. 사람이 하나님께 말할 때 그는 그의 정점에 있는 셈입니다. 진정한 기독교인의 진상을 우리의 기도생활처럼 분명히 말해주는 것은 없습니다.

기독교인의 생활에서 우리가 행하는 다른 어느 것도 기도보다는 쉽습니다. 구제하기는 그렇게 어렵지 않습니다. 기독교인이 아닌 사람들도 자선의 참 정신을 갖고 있을 수 있습니다. 관대한 성품과 정신을 타고나는 사람도 있습니다. 이런 사람에게 구제는 그리 어려운 일이 아닙니다. 이것은 자기 훈련의 문제 곧 어떤 것들은 삼가고 어떤 의무와 임무는 떠맡는 것에도 적용이 됩니다.

기도하는 것보다 강단에서 이와 같이 설교하는 것은 훨씬 더 쉬움을 하나님은 아십니다. 기도가 궁극적인 판단기준 시금석(試金石)이 된다는 것은 의심할 바 없습니다. 사람이 하나님께 말할 수 있기보다는 다른 사람에게 말하는 것이 훨씬 쉬운 것이기 때문입니다. 그러므로 궁극적으로 사람이 은밀히 자기를 검토할 때, 하나님 앞에 홀로 있을 때에 그의 영적 생활의 진상을 발견하게 되는 것입니다. 공중기도로 회중을 인도하는 사람에게 있는 위험은 그가 하나님보다는 오히려 회중에게 말하는 것이 되기 쉽다는 점을 2장에서 살펴본바 있습니다.

그러나 우리가 하나님 앞에 홀로 서있을 때에는 이런 일은 불가능합니다. 그러므로 영적인 의미에서 우리가 서 있는 곳이 어디인지를 참으로 알 수 있는 것은, 우리가 다른 사람들과의 활동 영역과 외적 관계를 떠나 하나님과 홀로 대면하게 되었을 때라는 것입니다. 기도는 영혼의 가장 숭고한 활동일 뿐 아니라 우리의 영적 상태를 시험하는 궁극적인 판단기준입니다.

이것을 다르게 표현해 보겠습니다. 지금까지 세상에 알려져 있는 가장 성자다운 사람들의 특징은, 그들이 은밀한 기도에 많은 시간을 보냈을 뿐 아니라 그것을 즐거워했다는 것을 발견하실 것입니다.

이것은 여러 세기를 통하여 하나님 백성들의 체험에서 나타났습니다. 세례 요한이 자기 제자들에게 기도하는 법을 가르쳤던 사실이 복음서에 기록되어 있습니다(눅 11장). 그들은 기도의 교훈 필요를 느꼈던 것입니다. 그래서 요한은 그의 제자들에게 기도하는 법을 가르쳤습니다. 예수님의 제자들도 정확히 같은 필요를 느꼈습니다. 그들은 어떤 오후에 주님께 와서 "세례 요한은 그의 제자들에게 기도하는 법을 가르쳤습니다. 주여, 우리에게도 기도하는 법을 가르쳐 주소서." 라고 말했습니다. 제자들은 주님이 "새벽 아직도 밝기 전에"(막 1:35) 일어나 기도하러 산에 올라가시며, 온 밤을 기도로 보내시는 것을 보았습니다. 그들은 가끔 "주님은 무엇을 기도하시는가? 라고 스스로 물었을 것이 틀림없습니다. 그들은 이렇게도 생각했을 것입니다. '나는 이삼 분 기도하고 나면 할 말이 없어지는데 주님으로 하여금 기도를 길게 끌어내게 하는 것은 무엇일까? 주님께서 이렇게 쉽고 여유 있게 기도하시도록 하는 것은 무엇일까?' 그래서 제자들은 "주여, 기도하는 법을 가르쳐 주옵소서."라고 했던 것입니다. 여러분도 기도생활에 갈증을 느끼고 참으로 기도가 무엇인지를 점점 더 알고 싶어 한 적이 있습니까? 그렇다면 고무적인 징조입니다.

이것이 우리에게 가장 필요한 것입니다. 우리가 기독교인의 삶에서 가장 큰 복들을 점점 더 놓치는 것은, 우리가 올바로 기도하는 법을 알지 못하기 때문입니다. 그러므로 우리는 기도하는 법을 배워야 할 필요가 있습니다. 그리고 무엇을 기도해야 하는지도 배워야 할 필요가 있습니다. 우리가 '주기도'를 고찰하면서 시간을 보내야 하는 것은, '주기도'는 기도하는 법과 무엇을 기도하는가에 대한 예수님의 완전한 교훈이기 때문입니다.

이것이 핵심입니다. 그러므로 저는 주기도에 담긴 우리 주님의 가르침을 그저 단순히, 우리 주님이 끈덕지게 설명하며 애쓰시는 몇몇 큰 중심 원칙들로 생각되는 것을 강조하려고 합니다. 주기도문은 자주 많은 논란의 주제가 되어왔습니다. 여러 가지 이유로 공중예배 때에 이 기도를 외우는 일을 거부하는 사람들도 있습니다. 이것을 교리적인 근거에서 반대하며, 주기도는 은혜의 영역이 아니라 율법 영역에 속하는 것이며, 기독교인들과는 아무 상관이 없다고 생각하는 사람들도 있습니다. 그들은 죄를 용서하는 것과 관련된 내용에 오면 문제에 부딪치게 됩니다.

이 간구 대목에 올 때 그들은 말하기를 이곳의 용서는 우리의 용서에 따라 좌우되는 것 같으며 따라서 이것은 율법이지 은혜가 아니라고 주장하는 것입니다. 예비적 진술을 말씀드리면 첫째로 이 기도는 하나의 모범적 기도(a pattern prayer)임에 틀림이 없다는 것입니다. 우리 주님이 이 기도를 소개하신 방법이 이 점을 보여줍니다. "그러므로 너희는 이렇게 기도하라." 결국 주님은, 너희가 하나님께 기도하려 할 때 너희는 이렇게 기도해야 한다고 말씀하신 셈입니다. 그리고 놀랍고 비상한 일은 이 기도가 기도의 원칙을 모두 포함하고 있다는 사실입니다. 여러분이 주기도에 덧붙일 것이 하나도 없으며 미흡한 것이 하나도 없다는 말에는 이견이 없는 것이 사실입니다. 그렇다고 우리가 기도할 때 단순히 주기도 만을 반복하며 이 자리에 머물러서라는 뜻은 아닙니다. 왜냐하면 이것은 주님에게 있어서도 그렇지 않았기 때문입니다.

주님은 기도로 많은 밤들을 새웠습니다. 위대한 성도들의 생애를 보면 그들이 기도로 몇 시간씩 보낸 것을 보실 수 있습니다. 요한 웨슬리는 "매일 적어도 네 시간씩 기도하지 않는 기독교인을 자기는 변변찮게 생각한다."고 말하곤 했습니다.

그러므로 주기도가 전부를 포함하는 포괄적인 기도이며, 하나의 완전한 요약이라고 말하는 것은 모든 원칙이 포함되어 있다는 뜻입니다. 주기도에는 기도의 뼈대가 들어 있습니다. 설교하는 일을 예로 들어 생각해 보겠습니다. 저는 제 앞에 몇 가지 문안(notes)을 놓고 있지 완전한 형태의 설교문을 놓고 있지는 않습니다. 저는 그저 몇몇 표제들, 곧 강조해야 할 원칙들만을 놓고 있습니다. 그러나 저는 단순한 원칙을 선언하는 것에 머물지 않습니다. 저는 그 원칙을 해설하고 풀어봅니다. 주기도도 이렇게 보아야 하겠습니다. 기도의 원칙이 여기에 모두 들어 있기 때문입니다.

여러분은 어떤 성도가 드린 가장 긴 기도를 보고도 그 기도가 주기도 속에 들어 있는 원칙으로 간추려질 수 있음을 발견하게 될 것입니다. 무엇이든 여기에 덧붙일 원칙은 필요가 없습니다. 요한복음 17장에 기록되어 있는 우리 주님의 대제사장적 기도를 예로 들어봅시다. 여러분이 이 기도를 원칙의 관점에서 분석해 보면 이것이 모형 기도인 주기도의 원칙으로 축소시킬 수 있음을 발견하실 것입니다.

주기도는 모든 것을 포함합니다. 우리가 해야 할 모든 것은 이 원칙들을 취하여 사용하고 확대하고 우리의 모든 간구를 이 원칙들 위에 기초해야 한다는 것입니다. 우리는 이런 방법으로 접근해야 합니다. 그리고 주기도를 이런 식으로 보실 때 여러분은 성경 전체에서 주기도보다 더 놀라운 것은 없다고 한 성 어거스틴과 마틴 루터와 기타 많은 성도들의 말에 동의하실 것입니다. 그 간결성, 곧 주님께서 주기도를 요약하신 방법, 불과 몇 개의 문장으로 모든 것을 압축하신 그 간결함은, 말씀하신 이가 다른 분이 아닌 바로 하나님의 아들이시라는 사실을 분명히 선언해 주고 있습니다.

또 하나 다른 진술로 넘어가 보겠습니다. 이것은 제가 이 산상설교를 고찰하면서 줄곧 강조하는 진술입니다. 산상설교는 그 당시의 제자들과 유대인들만을 위한 것이 아닙니다. 산상설교는 지금의 기독교인과 모든 시대의 기독교인들을 위한 것이며, 모든 기독교인들에게 항상 적용되어 왔습니다. 우리는 기독교인의 율법에 대한 관계와 관련해서 제5장의 가르침으로 우리 자신을 판단해야 했던 것처럼, "너희는 이렇게 기도하라"는 말씀을 대면해야 합니다. 주님은 그 당시 주님 주변에 있던 사람들에게 말씀하셨던 것처럼 오늘의 우리에게도 정확히 말씀하십니다. 이미 살펴본 대로 우리의 기도가 주기도의 특정 모형과 형식에 일치하지 않는다면 그것은 참된 기도가 아닙니다. 공중예배의 한 순서로서의 주기도를 외우는 일과 관련해서 의문을 품는 사람이 많을지 모릅니다. 물론 이 점에 있어서는 견해 차이로 토론의 여지가 있다고 봅니다. 그러나 주기도의 이 특수 형식을 우리가 아무리 자주 상기해도 오히려 부족한 감이 있을 것 같습니다. 제가 개인의 사사로운 기도에서는 무엇을 잊어버리든 상관없겠지만, 주기도를 기도하는 한 저는 어쨌든 모든 원칙을 포함시키고 있는 셈입니다. 물론, 제가 주기도를 기계적으로 반복하지 않고 마음으로부터 기도한다는 조건으로 말입니다.

다음으로는 주기도가 '예수의 이름으로'란 말이 붙어있지 않으며, 특히 그리스도의 이름으로 드려지는 기도가 아니기 때문에 주기도를 문제 삼는 사람들이 있습니다. 기독교인들은 항상 예수의 이름으로 기도해야 하므로 주기도는 기독교인들을 위한 기도가 될 수 없다고 말합니다. 하지만 이 부분에 대하여 말씀드리자면 지금까지 살펴본 대로, 우리 주님은 사람과 하나님에 대한 관계를 항상 지배해야 할 원칙들만을 설정하셨습니다.

주님은 이 지점에서 이 관계에 대한 사항을 모조리 말씀하시는 데는 관여하시지 않으셨고 후에 우리 주님은 그의 생활과 가르침에서 자기 이름으로 기도하는 것에 대해서 명쾌하게 밝혀 드러내어 가르치셨습니다. 하지만 주기도에서도 주의 이름으로 기도하는 것이 암시되어 있음은 확실합니다. 그리스도 안에 있는 사람이 아니면 "하늘에 계신 우리 아버지"라고 말할 수 있는 사람이 없습니다. 그러므로 이것이 처음부터 암시되어 있는 셈입니다.

주 예수 그리스도께서 그의 백성들에게 가르치신 이 놀라운 기도보다 더 고귀하고 고상한 기도는 없다고 거듭 말씀드립니다. 주님께서 주기도를 가르치신 것은 그의 백성들이 나머지 여생동안 주기도를 기계적으로 반복하는 것이 아니라 "내가 기도할 때 내가 항상 기억해야 할 것들이 있다. 나는 함부로 기도를 시작해서는 안 된다. 내가 하고 있는 것이 무엇인지도 생각해 보지 않고 즉각 입을 벌려서는 안 된다. 단순히 어떤 충동이나 느낌에 이끌려서는 안 된다. 내가 항상 유의해야 할 것들이 있다. 여기에 나의 기도를 위한 뼈대가 있다."라고 말하게 하는 것임을 기억해야 합니다. 그러므로 주기도를 헐뜯어 말하는 것이 참된 복음주의의 각인(刻印)이요, 품질보증서로 생각할 사람은 우리 중 한 사람도 없을 것이라 믿습니다. 동시에 다른 사람들과 주기도를 외우기를 거부하여 영적 교만의 죄를 범하는 사람은 우리 중에는 한 사람도 없을 것이라 믿습니다. 주님은 여기서 주님 자신이 어떻게 기도하셨는가를 이 사람들에게 말씀하고 계셨으며 이것이 주님의 방법이었으며, 이것이 주님께서 항상 의중에 두셨던 것입니다. 그러므로 우리가 주기도의 궤도를 따라서 기도하는 것보다 더 크고 고귀한 것이 있을 수 없다는 사실을 인식해야 합니다. 그러므로 주기도를 율법에 구애되는 것으로 생각하여 물리치거나 우리가 은혜 시대에 살기 때문에 주기도의 범위를 초월해있다고 생각해서는 안 되는 것입니다.

주기도를 분석해 보면 은혜로 충만해 있음을 발견하실 것입니다. 이미 살펴본 대로 과연 하나님의 법은 은혜로 충만해 있습니다. 우리 주님은 모세의 율법을 풀이해오셨으며, 주기도를 영적으로 이해할 때 주기도에 은혜가 충만해 있음을 보여주셨으며, 아무도 마음속에 하나님의 은혜를 갖고 있지 못하면 주기도를 바로 이해할 수 없음을 깨닫게 하셨습니다.

이제는 기도하는 법과 무엇을 위해 기도할 것인가를 간단히 살펴보겠습니다. 첫째 문제와 관련해서 올바른 접근법이 매우 중요함을 다시 상기하게 됩니다. 이것이 성공적인 기도를 이해하는데 열쇠가 되기 때문입니다. 사람들은 너무나 자주 "자네가 알다시피 말이야, 나는 기도를 하고 또 했는데 아무 일도 일어나지 않았어. 나는 평안을 찾은 것 같지가 않아. 나는 기도에서 아무 만족도 얻지 못한 것 같아."라고 말을 하곤 합니다. 그들의 문젯거리는 대부분, 기도에 대한 그들의 접근법이 잘못되었으며, 그들이 하고 있는 것이 무엇인지를 인식하지 못하였다는 사실입니다.

우리가 하는 기도에는 너무 자기중심적 경향이 있으므로 하나님 앞에 무릎을 꿇을 때 우리는 우리들 자신과 우리의 문젯거리와 난처한 일들만을 생각합니다. 그래서 기도에서 이런 문제들을 즉시 말하기 시작합니다. 그러나 아무 일도 일어나지 않습니다. 우리 주님의 가르침에 의하면 아무 일도 일어날 것이라 기대해서는 안 됩니다. 이것은 하나님께 접근하는 길이 아닙니다. 기도를 하기에 앞서 잠시 잠잠히 하고 기다려야 하는 것입니다.

로마 가톨릭이든 프로테스탄트이든 수 세기를 통하여 영적 생활의 위대한 교사들은 기도의 제일 단계는 언제나 회상에서부터 시작했다는 것에는 일치를 보고 있습니다. 하나님께 기도할 때는 손을 입에 가져다 대어야 한다는 말에는 일리가 있습니다. 욥에게 문제가 되었던 것도 이것이었습니다. 욥은 비참한 중에 많은 말을 하고 있었습니다. 욥은 자기 느낌을 거침없이 표현하고 있었습니다. 그러나 그 책(욥기) 끝에 가서 하나님께서 거의 맞닿을 만큼 접근하여 욥을 대하기 시작하여 자기를 욥에게 계시하시고 나타내셨을 때 욥이 어떻게 했습니까? 그가 할 일은 한 가지뿐이었습니다. 욥은 "나는 미천하오니 무엇이라 주께 대답하리이까 손으로 내 입을 가릴 뿐이로소이다"(욥 40:4)라고 했습니다. 여러분에게는 이상하게 보일지 모르지만, 여러분은 아무것도 말하지 않고 기도를 시작해야 합니다.

이 일의 어려움을 저는 압니다. 우리는 사람에 지나지 않습니다. 그래서 절박한 우리의 처지, 근심, 염려, 걱정거리, 고뇌, 터질듯한 마음 등으로 억눌림을 당합니다. 이런 것들로 너무 충만하여 우리는 어린아이들처럼 즉시 입을 열어 기도를 시작합니다. 그러나 만일 여러분이 하나님과 접촉하고 싶다면, 그리고 만일 여러분이 신변에 그의 영원하신 팔을 느끼고 싶다면 잠깐 손을 여러분의 입에 가져다 대십시오. 잠시 동안 멈추어 여러분이 하려는 일을 상기하십시오. 참된 기도의 본질이 9절의 두 마디 "우리 아버지"에서 찾아볼 수 있음을 아십니까?

여러분의 상태가 어떠하든 마음속으로부터 '나의 아버지'라고 말할 수 있다면, 어떤 의미에서 여러분의 기도는 이미 응답받았다고 할 수 있습니다. 애석하게도 우리에게 결여되어 있는 것은 하나님에 대한 우리의 관계의 인식인 것입니다.

다음과 같이 다른 방법으로 표현할 수 있습니다. 기도는 항상 우리에게 도움이 되기 때문에 기도하는 것은 유익한 일이라 믿는 사람들이 있습니다. 이 사람들은 여러 가지 심리적 이유를 제시합니다. 이것이 성경이 알려주고 있는 기도가 아님은 물론입니다. 기도는 우리 자신을 잊고, 하나님의 임재를 의식하고 하나님께 아뢰는 것을 의미하는 것입니다. 그리고 또 다른 사람들도 있습니다. 비상한 수준의 영성을 갖고 있다는 사람들입니다. 그들은 참된 기도생활의 각인(刻印)이요, 기도에 있어 여유와 유창함의 품질보증서가 되는 매우 간략하고 요점에 딱 들어맞아야 하고 그저 단순히 어떤 특수한 요구를 해야 하는 것이 있다고 말합니다. 이것도 기도에 대한 성경의 가르침에 맞지 않는 생각입니다.

구약성경과 신약성경에 기록된 위대한 기도들을 예로 들어보겠습니다. 위대한 기도들 가운데, 어떤 간구를 단순히 하나님께 알리고 그것으로 끝나는 이런 '장사꾼 식'의 기도는 하나도 없습니다. 성경에 기록되어 있는 기도는 어느 것이나 하나님을 부르는 말(invocation)로 시작됩니다. 사정이 얼마나 절박한가는 중요하지 않습니다. 기도하는 사람들이 여하한 난국에 처해 있는가도 중요하지 않습니다. 그들은 변함없이 경배와 찬양과 하나님을 부르는 말로 시작하고 있습니다.

다니엘서 9장에 놀랍고 위대한 실례 하나가 있습니다. 그 선지자는 무서운 곤경 가운데서 하나님께 기도하고 있습니다. 그러나 간구를 가지고 기도에 즉시 뛰어들지 않습니다. 그는 하나님을 찬양함으로 시작합니다. 난처한 예레미야가 망할 것이 분명한 나라의 땅 한 귀때기를 사야 한다는 요구에 직면했을 때, 그는 이것을 이해할 수가 없었습니다. 이것이 그에게는 온통 잘못으로 보였기 때문입니다. 그러나 그는 이 하나의 문제 때문에 하나님 앞에 급히 뛰어들지 않습니다.

그는 하나님을 경배함으로 시작했던 것입니다.

여러분은 성경에 기록된 모든 기도에서도 이와 같은 점을 발견하실 것입니다. 요한복음 17장에 기록된 예수님의 대제사장적 기도에서 이것을 볼 수 있습니다. 빌립보 사람들에게 써 보낸 편지에서 기도를 어떻게 했는지도 기억하실 것입니다. 바울은 "아무것도 염려하지 말고 다만 모든 일에 기도와 간구로, 너희 구할 것을 감사함으로 하나님께 아뢰라"(빌 4:6)라고 했습니다. 이것이 순서입니다. 간구를 시작하기에 앞서 항상 하나님을 부르는 말로 시작해야 합니다.

저는 '우리 아버지'란 말씀의 의미를 좋아합니다. 이것을 하나의 교의적(敎義的) 형식을 띠어 다음과 같이 표현하겠습니다. "'우리 아버지'라고 말할 수 있는 사람들은 주 예수 그리스도를 참으로 신앙하는 사람들뿐이다."라고 말입니다. '우리 아버지'를 자신 있게 말할 수 있는 사람들만이 팔복에 충실한 사람들입니다. 오늘에 와서 이것이 인기가 없는 교리임을 저도 압니다. 그러나 이것은 성경의 교리입니다.

어떤 사람들이 "그러나 우리가 그의 소생이라"고 말했을 때 바울은 무슨 뜻으로 말했습니까? 이 말은 '우리가 모두 하나님의 자녀요, 하나님은 만인의 아버지라는 뜻이 아닙니까?'라고 말입니다. 그러나 여러분이 이 구절을 분석해 보면, 바울은 사도행전 17장에서 하나님을 만물과 만인의 창조주로 말하고 있는 것을 발견하실 것입니다.

참으로 하나님의 자녀 된 사람은 주 예수 그리스도 안에 있는 사람들뿐입니다. 입양(入養)에 의해서만 하나님의 자녀가 됩니다. 우리는 '진노의 자녀'로, '마귀의 자식들'로, '이 세상의 자녀'로 태어났습니다. 하나님의 자녀가 되기에 앞서 이 영역에서 끌어내어 다른 영역으로 옮겨져야 합니다. 그러나 주 예수 그리스도를 참으로 믿고 의지한다면 우리는 하나님의 자녀로 입양되어 "양자의 영을 받았으므로 우리가 아빠 아버지"(롬 8:15)라 부르게 되는 것입니다.

세상에 속한 사람은 이 교리를 좋아하지 않습니다. 이 사람들은 우리가 모두 하나님의 자녀라고 말합니다. 하지만 그의 마음속으로는 하나님을 향해 원망합니다. 그리고 절망 가운데서 하나님께 기도할 때 이 사람은 자기 아버지께 말하고 있다는 자신감이 없습니다. 하나님은 자기에게 대적하는 분이라는 감을 느끼는 것입니다. 그는 하나님의 부성을 이야기는 하면서도 양자의 영을 받지 못했습니다. 이것을 아는 사람은 그리스도 안에 있는 사람들뿐입니다.

그래서 우리 주님이 '우리 아버지'라고 말씀하실 때 주님은 분명히 기독교인들을 생각하고 계셨으며, 주기도가 기독교인의 기도라고 제가 말씀드리는 것도 이런 까닭에서입니다. '우리 아버지'라고 말할 수는 있어도, 문제는 그가 이 말을 의식하고 있는가, 그가 이 말을 믿고 체험하는가가 중요합니다. 모든 사람의 신앙고백의 궁극적 기준은 그가 확신과 자신을 가지고 "나의 아버지 나의 아버지"라고 말할 수 있는가 하는 것입니다.

하나님이 여러분의 하나님이 되십니까? 하나님을 참으로 여러분의 아버지로 아십니까? 그리고 기도로 하나님께 나아올 때 여러분은 아버지께로 온다는 감을 가지십니까? 이것이야말로 여러분이 하나님의 자녀가 되었다는 사실을 인식할 수 있는 최선의 방법이라고 주님은 말씀하십니다. 하나님께서 주 예수 그리스도를 통하여 여러분에게 하신 일로 인하여 이것이 주님의 이 가르침 속에 함축되어 있습니다. 주님께서 우리를 위해 하시려는 모든 것, 곧 주님께서 자기 사람들을 위해 가능하게 하시는 모든 것을 주님은 암시하고 예기(豫期)하십니다. 제자들은 그 뜻을 이해하지 못했습니다. 그러나 주님은 이것이 기도하는 방법이요, 이렇게 기도해야 한다고 말씀하십니다. 그러나 주님께서 즉시 이어 "하늘에 계신"을 추가하신 것을 주목하게 됩니다. 이것은 참으로 놀라운 일입니다. "하늘에 계신 우리 아버지"라고 말입니다. 이 두 구절은 항상 합쳐져야 합니다. 다음과 같은 이유 때문입니다. 우리의 부성관(父性觀)은 가치가 저하될 때가 많았으므로 항상 정정되어야 했습니다. 바울 사도가 그의 서신에서 가장 인상적인 어구를 얼마나 자주 사용하셨는지 주목해 보셨습니까? 바울은 "하나님 우리 주 예수 그리스도의 아버지"에 대해서 말씀하고 있습니다. 이것은 매우 의미심장합니다. 이것은 우리 주님께서 여기서 말씀하시는 것에 주의를 환기하고 있습니다. '우리 아버지', 그렇습니다. 그러나 가치가 저하된 부성관념 때문에 주님은 "하늘에 계신 우리 아버지", "하나님 우리 주 예수 그리스도의 아버지"라고 서둘러 말씀하십니다. 우리가 모시는 아버지는 이런 분이십니다.

그러나 애석하게도, 세상에는 부성관념을 사랑의 관념으로 생각하지 않는 사람들이 많습니다. 주정꾼이요, 아내를 때리는 잔인한 짐승과 같은 아버지를 가진 어린 소년을 상상해 봅시다. 이 어린 소년은 항상 부당한 매질과 발로 차임을 당하는 것 외에는 인생의 아무것도 알지 못합니다. 그는 주려 죽을 지경인데 아버지가 모든 돈을 자기와 자기 정욕을 위해 쓰는 것을 봅니다. 이것이 그의 부성관입니다. 만일 여러분이 그 아이에게 하나님이 그의 아버지라고 하고 그런 상태에 내버려 두면 아무 도움이 못 될 것입니다. 이 가련한 소년은 필연코 잘못된 부성관념을 가질 것입니다. 그러므로 우리 인간의 사악한 부성관은 항상 교정을 요하는 것입니다.

우리 주님은 "하늘에 계신 우리 아버지"라고 말씀하시며, 바울은 "하나님 우리 주 예수 그리스도의 아버지"라고 말씀합니다. 바울은 결국, 그리스도를 믿는 사람은 누구든 놀라운 아버지를 가지고 있다고 말씀한 셈입니다. 하나님은 그런 아버지이시며 우리 주 예수 그리스도의 아버지이십니다. 우리가 하나님께 기도하며 하나님을 아버지라 부를 때 그분이 "하늘에 계신 우리 아버지"시라는 것과 아울러 우리가 하나님의 위엄하심과 광대하심, 전능하심을 상기하며 연약함과 철저한 낮아짐으로 하나님 앞에 무릎을 꿇어야 합니다. 하나님이 여러분의 모든 것을 알고 계심을 기억하십시오. 성경은 말씀하기를 "우리의 결산을 받으실

이의 눈앞에 만물이 벌거벗은 것같이 드러나느니라"(히 4:13)라고 합니다. 그리고 가끔 여러분이 하나님 앞에 갑자기 뛰어들어 무언가를 원한다면, 또는 여러분이 범한 죄의 용서를 위해 기도한다면 하나님은 이것을 모두 보시고 아십니다.

다윗은 시편 51편을 쓸 때 마음속의 고통 중에 "주께서는 중심이 진실함을 원하시오니"(6절)라고 말한 것은 놀라운 일이 아닙니다. 하나님께 복 받기를 원하시면 여러분은 절대 정직해야 하며, 하나님께서 모든 것을 아심을 인식해야 하며, 하나님으로부터 숨겨진 것은 하나도 없음을 알아야 합니다. 그리고 하나님은 처벌하실 권리와 복 주실 권리를 모두 가지고 계심을 기억하십시오. 하나님은 구하실 수도 있고 파멸하게 하실 수도 있습니다. 과연, 전도서를 기록한 그 지혜자가 표현한 대로 하나님께 기도할 때 "하나님은 하늘에 계시고 우리는 땅에 있음"을 기억해야 하는 것은 매우 중요합니다.

그런 다음 하나님의 성결과 공의와 절대적 의를 기억하십시오. 히브리서 저자가 우리가 하나님께 접근할 때마다 "경건함과 두려움으로 하나님을 기쁘시게 섬길지니 우리 하나님은 소멸하는 불이심이라"(히 12:28-29)라고 말씀한 것을 기억합시다.

주님은 기도하는 방법은 이것이라고 말씀하십니다. 이 두 진리를 분리시키지 말고 이 두 가지를 함께 취해야 합니다. 여러분은 전능하시고 영원하시고 복되고 거룩하신 하나님께 접근하고 있음을 기억하십시오. 그리고 하나님이 그리스도 안에서 여러분의 아버지가 되신 것을 기억하십시오. 하나님이 전지하시다는 뜻은 아버지가 자기 자식의 모든 것을 알듯이 여러분의 모든 것을 아신다는 뜻입니다. 하나님은 자녀에게 유익한 것이 무엇인지 아십니다. 이 두 가지를 함께 취하십시오. 하나님은 전능하심 가운데 여러분을 거룩한 사랑으로 보시며, 여러분에게 필요한 모든 것을 아십니다. 하나님은 여러분의 모든 탄식을 들으시며 영원하신 사랑으로 여러분을 사랑하십니다. 하나님은 여러분의 행복과 기쁨과 번영을 가장 원하고 계십니다.

다음에는 이것을 기억하십시오. 하나님은 "우리가 구하는 것 이상으로 또는 우리가 생각하는 것 이상으로 더욱 넘치게 주실 수 있는 분"이심을 기억합시다. 하나님은 '하늘에 계신 여러분의 아버지'로서 여러분이 복 받기 원하시는 것 훨씬 이상으로 여러분에게 복 주시려 열심이십니다. 하나님의 전능하신 능력에는 한도가 없습니다. 하나님은 하늘의 모든 복으로 여러분에게 복 주실 수 있습니다. 하나님은 이 모든 복을 그리스도 안에 놓으셨고, 여러분을 그리스도 안에 넣으십니다. 그러므로 우리의 삶은 하나님의 모든 영광과 은혜의 부귀로 부요해질 수 있습니다.

이것이 기도하는 방법입니다. 여러분이 간구를 시작하기에 앞서, 일용할 양식을 구하기에 앞서, 그 무엇을 구하기에 앞서, 여러분이 하늘에 계신 여러분의 아버지, 우리 주 예수 그리스도의 아버지, '나의 하나님', '나의 아버지' 앞에 있음을 반드시 인식하시기 바랍니다.

35장

기도와 경배

"9 그러므로 너희는 이렇게 기도하라 하늘에 계신 우리 아버지여 이름이 거룩히 여김을 받으시오며 10 나라가 임하시오며 뜻이 하늘에서 이루어진 것 같이 땅에서도 이루어지이다" 마 6:9-10

35장에서는 주기도의 두 번째 단계를 말씀드리겠습니다. 먼저 "하늘에 계신 아버지"는 하나님을 부르는 기도의 첫머리이며 다음으로는 "이름이 거룩히 여김을 받으시오며 나라가 임하시오며 뜻이 하늘에서 이루어진 것 같이 땅에서도 이루어지이다. 오늘 우리에게 일용할 양식을 주시옵고, 우리가 우리에게 죄지은 자를 사하여 준 것 같이 우리 죄를 사하여 주시옵고, 우리를 시험에 들게 하지 마시옵고 다만 악에서 구하시옵소서" 등등 여러 가지 간구가 나옵니다.

간구의 내용이 여섯 개인가 일곱 개인가에 대하여 성경주석의 권위자들 사이에 많은 논란과 논쟁이 있어 왔습니다. 논쟁의 핵심은 마지막 진술 "악에서 구하시옵소서"가 독립된 별개의 간구인가, 아니면 앞 간구의 일부로서 "시험에 들게 하지 마시옵고 악에서 구하시옵소서"로 보아야 하는가에 달려있습니다. 다행히도 이것이 우리에게는 중대한 문제가 되지는 않습니다.

중요한 것은 주 기도에 간구가 여섯 개인가 일곱 개인가를 결정하는 것에 있지 않고 간구의 순서를 주목하는 데 있습니다. 처음의 세 간구 "이름이 거룩히 여김을 받으시오며, 나라가 임하시오며, 뜻이 하늘에서 이루어진 것 같이 땅에서도 이루어지이다"라는 하나님의 영광과 관계가 있으며, 그 외의 간구는 우리들과 관계되어 있습니다. 처음의 세 간구에 '당신의(Thy)'란 단어가 포함되어 있으며 모두 하나님과 관련되어 있는 것을 주목하실 것입니다(Hallowed be Thy name. Thy Kingdom come. Thy will be done on earth…). "우리에게"란 말은 그 뒤에 가서야 나옵니다. "오늘 우리에게 일용할 양식을 주시옵고 우리가 우리에게 죄지은 자를 사하여 준 것 같이 우리 죄를 사하여 주시옵고 우리를 시험에 들게 하지 마시옵고 악에서 구하시옵소서." 중요한 것은 간구의 순서이지 그 수가 아닙니다. 처음 세 간구는 하나님과 하나님의 영광에 관심을 가지며 오로지 하나님과 하나님의 영광만을 위한 기도입니다.

이제 매우 중요한 또 다른 면인 비율적 측면에서 살펴보겠습니다. 하나님과 관련된 우리의 소원과 간구가 우선해야 할 뿐 아니라, 간구들의 절반은 하나님과 그의 영광에 속해 있고 그 나머지만이 우리들의 필요와 문제점들을 취급하고 있다는 데에 주목해야 합니다. 물론 우리가 성경의 숫자에 너무 치중한 나머지 환상에 빠지게 되는 경향이 있다면 위험하기도 하겠지만, 적절한 관심은 필요합니다. 처음 '세 가지' 간구는 하나님에 대한 것이며, 삼위일체의 세 인격을 암시하고 있습니다.

다음으로 네 번째 간구가 나오는데 여기서 우리는 4라는 숫자에 주목할 필요가 있습니다. 4는 항상 땅의 수이며, 인간적인 모든 것을 말합니다. 요한계시록에 보면 하늘에 네 짐승이 나오는데 7은 3과 4를 결합한 수로서 항상 완전수를 나타냅니다. 여기서 땅에 대한 하나님의 관계와 사람을 다루시는 하나님을 보게 됩니다. 이것이 주기도에서도 적용될지 모르지만, 우리 주님께서 이 놀라운 점들을 나타내시기 위해 주기도를 이렇게 특별히 구성하셨을 가능성이 있습니다. 그러나 이것을 증명할 방법은 없습니다. 하지만 어쨌든 중요한 점은 우리는 우리 자신의 간구로 출발해서는 안 된다는 것입니다. 이 원칙은 우리의 간구가 최고 수준에 도달할 때마저도 적용됩니다. 영혼 구원을 위한 우리의 관심마저도, 말씀을 전파하는 일에 하나님의 복을 구하는 우리의 관심마저도, 우리에게 가깝고 소중한 사람들이 참된 기독교인들이 되었으면 하는 우리의 관심마저도, 첫 자리, 첫 번 위치에 와서는 결코 안 됩니다.

그것이 우리의 병이든, 전쟁이든, 재난이든 혹은 우리에게 들이닥친 무서운 문제이든 이런 것은 중요하지 않습니다. 즉 그것이 무엇이든, 우리 주님께서 가르치신 순서를 보지 못해서는 안 됩니다. 우리 자신과 우리에게 필요한 것들을 생각하기에 앞서, 심지어 다른 사람들을 위한 우리의 관심사에 앞서, 하나님과 그의 영광과 명예에 대한 이 지대한 관심사로 시작해야 합니다. 기독교인의 생활과 관련해서 그 중요성에 있어 이것을 능가하는 원칙은 없다고 하겠습니다.

그러나 이 원칙의 영역에서 우리는 과오를 범할 때가 너무 많습니다. 원칙에 관해서 너무 잘 알고 있어서 그밖에 우리에게 필요한 것은 상세한 것에 대한 교훈뿐이라고 생각해 버리는 경향이 있습니다. 사실은 그와 정반대입니다. 우리가 만약 이렇게 참된 의미의 기원으로 기도를 시작하기만 한다면, 그리고 만약 우리가 하나님 앞에 있으며 영원하시고 전능하신 하나님이 살아계셔서 우리의 아버지로서 우리를 돌보아 주시고 우리가 그의 복을 받을 수 있는 것 이상으로 우리에게 복 주시고 사랑으로 감싸주실 준비가 되어 있음을 상기하기만 한다면, 우리는 그 순간 이 점을 알지 못하고 드리는 모든 기도를 합친 것보다도 더 많은 것을 성취할 것입니다.

다행히도 우리 주님은 우리의 연약함을 아시며 우리가 교육받을 필요가 있음을 아셨습니다. 그래서 주님은 이 원칙을 피력하셨을 뿐 아니라 이 원칙들을 우리를 위해 세 가지로 구분해 주셨습니다. 그 첫째 간구가, "이름이 거룩히 여김을 받으시오며"입니다. 우리는 지금 하나님 앞에 있음과 그분이 우리 아버지 되심을 인식해야 합니다. 그러므로 이것이 우리의 첫째가는 소원이요, 간구여야 한다고 주님은 말씀하십니다.

이제 낱말들을 간략하게 살펴보겠습니다. "거룩히 여김"이란 말은 '신성하게 한다. 존경한다. 거룩하게 한다. 거룩하게 유지한다.'는 뜻입니다. 그러면 "이름"이란 무엇을 나타냅니까? 이 이름은 그 당시 유대인들이 흔히 하나님을 가리키는 방법으로 사용하였습니다.

옛적 유대인들에 대해 우리가 뭐라고 말하든, 그리고 그들의 실수가 얼마나 크든 간에 어쨌든 그들에게도 한 가지 칭찬받을 만한 점이 있었습니다. 곧 하나님의 위대하심과 장엄하심과 거룩하심에 대한 그들의 감각입니다. 그들이 이 같은 의식을 갖고 있었기에 '여호와'란 이름을 사용하지 않는 것이 그들의 습관이 되었음을 여러분은 기억하실 것입니다. 그들은, 바로 그 이름, 말하자면 그 글자들이 너무 거룩하고 신성한 데 반하여 그들은 너무나 작고 보잘것없는 것으로 느껴졌기 때문에 감히 그 이름을 부르지 못했던 것입니다.

그들은 하나님을 가리켜 '그 이름'이라 했으니, 이는 '여호와'란 실제 용어를 피하기 위함이었습니다. 그러므로 여기서 '그 이름'은 하나님을 의미하며, 이 간구의 목적은 하나님이 존경을 받으시며, 거룩히 여김을 받으시며, 하나님의 이름과 그 이름이 표시하고 나타내는 모든 것이 사람들에게 영화롭고, 온 세계를 통해서 거룩히 여김을 받기 위한 소원을 표시하는 것으로 볼 수 있습니다. 그러나 구약성경의 가르침에 비추어서 이것을 조금 더 상세하게 설명하면 '이름'은 하나님에 대한 모든 것과 하나님에 대해 계시된 모든 것을 의미합니다. 이것은 하나님의 모든 속성, 하나님과 하나님에 관한 모든 것, 하나님께서 이미 행하셨고, 지금 행하고 계신 모든 것을 의미하는 것입니다.

하나님께서 이스라엘 백성들에게 여러 가지 이름을 통해 자기를 나타내신 것을 기억하실 것입니다. 하나님은 당신 자신에 대하여 '엘' 또는 '엘로힘'이란 용어를 사용하셨는데, 이것은 하나님의 '힘', '능력'을 의미합니다. 그가 이 이름을 사용하실 때 이스라엘 백성들에게 그의 힘과 지배와 능력에 대한 힌트를 주고 계셨던 것입니다. 뒤에 가서 하나님은 크고 놀라우신 '여호와'란 이름으로 자기를 계시하셨습니다. 이 이름은 '스스로 계시는 분' 또는 'I am that I am', 곧 영원히 자존하시는 것을 의미합니다. 그러나 하나님께서 자기를 서술하시는 데 있어 다른 이름들도 사용하셨습니다. 곧 '주께서 준비하실 것이다(여호와 이레)', '병 고치시는 주(여호와 라파)', '깃발이신 주(여호와 닛시)', '우리의 화평이신 주(여호와 샬롬)', '우리의 목자이신 주(여호와 라아)', '우리의 의이신 주(여호와 치드케누)', '주께서 나타나시다(여호와 삼마)' 등등입니다.

구약성경을 읽으실 때 이렇게 여러 가지 용어가 다양하게 사용된 것을 발견하실 것입니다. 하나님은 자기에 대하여 이 여러 가지 이름을 주심으로써 자기를 나타내셨고, 그의 성품과 존재와 성격과 속성을 인류에게 계시하셨습니다. 어떤 의미에서 '이름'은 이 모든 사항들을 표상합니다. 우리 주님은 여기서 온 세계가 이렇게 해서 하나님을 알 수 있도록, 우리로 기도하게 가르치고 계시며, 온 세계가 이와 같이 하나님을 영화롭게 하기 위해 우리를 기도하도록 가르치십니다. '이름'은 하나님의 명예와 영광을 바라는 강렬하고 깊은 소원의 표현인 것입니다.

이것을 요한복음 17장의 대제사장적 기도에서 완전히 찾아볼 수 있습니다. 여기서 주님은 "내가 … 아버지를 이 세상에서 영화롭게 하였사오니 … 세상 중에서 내게 주신 사람들에게 내가 아버지의 이름을 나타내었나이다"(4, 6절)라고 말씀하셨습니다. 주님은 항상 자기 아버지의 영광에 관심을 가지셨습니다. 예수님은 "나는 나의 영광을 구하러 온 것이 아니요 나를 보내신 이의 영광을 구하러 왔다."라고 하셨습니다. 이 이름들을 제외하고 그리스도의 지상 생활을 제대로 이해할 수는 없습니다. 주님은 아버지께 속하는 영광 곧 "창세전에 내가 아버지와 함께 가졌던 영광"을 아셨습니다. 주님은 이 영광을 일찍이 보셨으며 이 영광을 아버지와 함께 가지셨습니다. 주님은 하나님의 영광 의식으로 충만하셨으며, 주님의 한 가지 소원은 인류가 이 영광을 아는 것이었습니다.

이 세상은 하나님에 대해서 얼마나 많은 관심을 갖고 있습니까? 여러분의 신관(神觀)을 성경의 가르침으로 시험해 보신다면 제가 말씀드리는 뜻을 한 눈에 이해하실 것입니다. 우리는 하나님의 크심과 능력과 위엄 의식마저도 결여되어 있습니다. 사람들이 하나님을 논하는 것을 들어보십시오. 그들이 사용하는 용어가 어떠한지 주목해 보십시오. 옛적 유대인들의 관례로 돌아갈 것을 권장하려는 것은 아닙니다. 저는 그들이 너무 지나쳐 나아갔다고 생각합니다.

그러나 우리 모두가 하나님의 이름을 사용하는 방식을 보노라면 놀랍습니다. 우리가 변함없이 복되시고 영원하시며 절대하시고 전능하신 하나님에 관해 말하고 있다는 사실을 분명히 인식하고 있지 못한 것입니다. 그 이름을 사용할 때마다 발에서 신발을 벗어야 한다는 말에는 일리가 있습니다. 우리는 하나님의 선하심과 하나님의 친절하심과 섭리를 얼마나 하찮게 평가하고 있습니까? 그런데 시편기자는 하나님을 반석으로, 우리의 평화로, 우리를 인도하시는 목자로, 우리의 의로, 그리고 우리를 떠나지도 버리지도 않으실 변함없는 분으로 찬양하는 것을 얼마나 기뻐했습니까?

이 간구는 바로 이것을 의미합니다. 온 세상이 하나님을 제대로 알 수 있도록 우리 모두 불타는 열정을 가져야 합니다. 이것과 관련해서 놀랍고 하는 흥미 있는 표현이 구약성경에 표현되어 있습니다. 시편기자는 시편 34편에서 '높이는 일'에 모든 사람이 합세하기를 권면합니다. 얼마나 이상한 관념입니까? 시편기자는 "나와 함께 여호와를 광대하시다 하며 함께 그의 이름을 높이세"(3절)라고 말입니다. 이것은 아주 모순되게 보입니다. 하나님은 영원하시며, 자존자시며, 모든 자질에 있어 절대적이며, 완전하십니다. 연약한 인간이 그러한 분을 어떻게 높일 수 있겠습니까? 터무니없고 아주 우스꽝스럽습니다. 그러나 시편기자가 이 말을 사용한 방식을 인식한다면 그 의미를 정확히 알게 됩니다. 시편기자는 우리가 하나님의 크심에 보탬이 될 수 있다는 뜻으로 말하지 않았습니다. 왜냐하면, 이것은 불가능한 일이기 때문입니다. 그는 이 하나님의 크심이 사람들에게 크게 나타날 수 있게 하는데 관심을 가진다는 뜻으로 말한 것입니다. 우리는 이처럼 이 세상에서 사람들 사이에 하나님의 이름을 높일 수 있게 되는 것입니다. 우리는 말로, 우리의 생활로 하나님의 크심과 영광과 그의 영화로운 속성들을 반영함으로써 하나님의 이름을 높일 수 있습니다.

이것이 이 간구의 의미입니다. 이것은 온 세상이 애모와 존경과 찬양과 경배와 영예와 감사로 하나님 앞에 머리를 숙일 수 있었으면 하는 불타는 소원을 의미합니다. 이것이 최고 소원이 되고 있습니까? 기도할 때마다 이것이 항상 우리 마음에 맨 먼저 떠오르는 것이 되고 있습니까? 환경이야 어떠하든 항상 이렇게 되어야 함을 여러분에게 상기시키고 싶습니다. 우리의 기도 중 철저하게도 무가치한 것들이 얼마나 많은지 알게 되는 것은 이런 방법으로 볼 때입니다.

여러분이 하나님께 올 때 절망적인 상태와 처지에 있더라도, 여러분의 생각과 마음속에 어떤 큰 근심이 있을지라도, 주님은 잠깐 멈추고 이것을 상기하고 인식하라고 말씀하신 셈입니다. 즉 너희의 가장 큰 소원은 내 안에서, 나를 통해서 너희 아버지가 되신 이 놀라우신 아버지께서 사람들에게 영광을 받으시고, 경배를 받으시고, 높임을 받으셔야 한다고 말씀하십니다. "이름이 거룩히 여김을 받으시오며." 우리가 앞서 살펴본 대로 이것은 이미 땅 위에 일찍이 살다 간 하나님의 모든 참 성도들의 기도에서 항상 그리했습니다. 그러므로 하나님의 복을 알고자 열망하며, 우리의 기도가 쓸모 있고 가치가 있어야 하겠다는 데 관심을 가진다면 이 순서를 따라야 합니다.

이것은 구약성경에 여러 번 반복된 한 어구로 모두 표현되어 있습니다. 즉 "여호와를 경외하는 것이 지식의 근본이라"(잠 1:7)는 것입니다. 이것이 시편기자가 도달한 결론입니다. 동시에 잠언을 기록한 지혜자의 결론이기도 합니다. 참 지혜가 무엇인지 여러분이 알고 싶으면, 평화와 기쁨을 가지고 싶으면, 여러분이 가치 있게 살다가 죽기를 원하면, 그리고 이 세상의 삶과 관련해서 여러분이 지혜를 원하신다면 여기에 그것이 있습니다. '여호와를 경외하는 것'말입니다. 이것은 비겁한 두려움을 의미하지 않습니다. 경건하고 공손한 경외를 의미합니다. 그러므로 하나님을 알고 싶고, 하나님께 복을 받고 싶으면 하나님을 예배함으로 시작해야 합니다.

우리는 "이름이 거룩히 여김을 받으시오며"라고 해야 하겠고, 우리 자신에 관한 염려를 입 밖에 내기에 앞서 우리의 한 가지 소원은 하나님이 사람들에게 알려지셔야 함을 하나님께 아뢰어야 하겠다는 것입니다. 하나님께 "경건함과 두려움으로" 접근해야 합니다. "우리 하나님은 소멸하는 불"이시기 때문입니다.

두 번째 간구는 "(그) 나라가 임하시오며"입니다. 이 여러 간구에는 논리적 순서가 있음을 주목해야 합니다. 각 간구는 일종의 불가피한 신적 필연성으로 서로 이어져 있습니다. 우리는 하나님의 이름이 사람들에게 거룩히 여김을 받으실 것을 간구함으로 시작했습니다. 그러나 이 기도를 드리는 순간, 그의 이름이 거룩히 여김을 받지 못하고 있다는 사실을 상기하게 됩니다. 그래서 즉각 이런 질문이 제기됩니다. "왜 모든 사람이 이 신성한 이름 앞에 허리를 구부리지 않는가? 어째서 이 지구상의 모든 사람이 하나님 앞에서 겸손해지고 하나님을 예배하고 하나님을 사모하고 그의 이름을 공포하는 것에 관심을 갖지 않는가?"라고 말입니다. 그 해답은 물론 죄 때문입니다. 천국 이외에 또 한 나라가 있는데, 흑암의 나라인 사탄의 나라입니다.

기독교 백성들로서 우리의 소원은 하나님의 이름이 영화롭게 되는 것입니다. 그러나 우리가 이 간구로 시작하는 순간 이러한 반대세력이 있음을 인식하며 악에 관한 성경의 가르침을 상기하게 됩니다. 세상에는 이 세상 신(神)이 있습니다. 악의 나라인 흑암의 나라가 있습니다. 이 나라는 하나님과 그의 영광과 영예를 대적하고 있습니다. 그러나 하나님은 사탄이 당분간 세상에 들어와 세상을 정복하여, 온 인류가 사탄의 지배 아래 있지만 하나님께서 그분의 권리를 주장하셔서 이 세상과 모든 나라를 다시 그분의 영화로운 나라로 변화시키려 하심을 계시하시기를 기뻐하셨습니다.

구약성경을 일관해서 하나님 나라(혹은 하늘나라)의 도래에 대한 약속과 예언들이 있습니다. 우리 주님께서 여기 땅위에 계셨을 때 세계역사의 그 특정의, 결정적인 시점에서 이 문제가 사람들의 생각의 중심에 자리 잡고 있었습니다. 세례요한은 "회개하라, 천국이 가까이 왔느니라"는 메시지를 설교하고 있었습니다. 그는 백성들에게 천국의 도래에 대비하라고 했습니다. 그리고 우리 주님이 전도를 시작하셨을 때도 정확히 같은 것을 말씀하셨습니다. "회개하라, 천국이 가까이 왔느니라." 제자들에게 이 특정 기도를 드리라고 가르치시면서 주님께서 이 점을 의중에 두셨던 것이 분명합니다. 그 역사적 시점에서 주님은 제자들에게 이 하나님의 나라가 점점, 그리고 속히 임하도록 기도하라고 가르치고 계셨습니다. 그러나 이 기도는 종말이 올 때까지 모든 시대의 기독교인들에 대해서도 똑같이 해당됩니다.

우리는 그 나라에 관한 가르침을 이렇게 요약할 수 있습니다. 하나님의 나라는 하나님의 통치를 의미하며, 하나님의 법과 지배를 의미한다고 말입니다. 천국을 이런 식으로 볼 때 그 나라는 세 가지로 간주될 수 있음을 알 수 있습니다. 첫번째 의미에서 그 나라는 이미 임하였습니다. 주님은 "내가 하나님의 성령을 힘입어 귀신을 쫓아내는 것이면 하나님의 나라가 이미 너희에게 임하였느니라"(마 12:28)라고 말씀하셨습니다.

주님은 결국 이렇게 말씀하신 셈입니다. "하나님의 나라는 지금 여기에 있다. 나는 지금 이 능력과 이 주권과 이 위엄과 이 통치를 행사하고 있다. 이것이 하나님 나라이다."라고 말입니다. 그러므로 한 가지 의미에서 하나님의 나라는 그때 임하였습니다. 동시에 하나님의 나라는 이 순간에 여기, 주님께 복종하는 모든 마음과 삶에, 그를 신앙하는 모든 사람들 속에 있습니다. 하나님의 나라는 교회에 나타나 있고, 참된 기독교인 된 모든 사람들의 마음속에 있습니다.

그리스도는 자기 백성 속에서 다스리십니다. 그러나 그의 나라가 여기 지구상에 서게 될 날이 오려 하고 있습니다. "예수께서 햇빛이 비치는 모든 곳에서 통치하시는 날"이 머지않아서 오게 되어 있습니다. 성경의 모든 메시지는 이 날을 고대하고 있습니다. 그리스도는 이 나라를 기초하고 세우시고 가져오시기 위하여 하늘에서 땅으로 오셨습니다. 주님은 지금도 이 일에 손대시고 계시며 이 임무가 완성될 때인 종말까지 손대실 것입니다. 바울에 의하면 그때에야, 주님께서 이 나라를 하나님 아버지께 바칠 것인데 "이는 하나님이 만유의 주로서 만유 안에 계시게 하심이라"인 것입니다.

그러므로 우리의 간구는 실로 이것에 도달하게 됩니다. 즉 하나님과 그리스도의 나라가 사람들의 마음속에 임할 수 있도록 우리는 큰 뜻과 의욕을 품어야 한다는 것입니다. 이 나라가 우리들 마음에서 확장되어야 하겠다는 소원을 가져야 합니다. 그의 나라가 우리들 마음속에 임하는 것은 우리가 그분을 경배하고 우리 삶을 그분께 양도하고, 그분의 인도를 받는 정도에까지 나아가는 것이기 때문입니다. 우리는 그 나라가 다른 사람들의 생활과 마음속에서 확대되는 것을 열망해야 합니다. 그러므로 "나라가 임하시오며"라고 기도할 때 우리는 복음의 성공과 복음의 영향력과 능력을 위해 기도하는 셈입니다. 우리는 사람들의 회심을 위해 기도하는 셈입니다. 우리는 하나님의 나라가 세계 모든 곳에 오늘 임하기를 기도하는 셈입니다. 그러므로 "나라가 임하시오며"는 포괄적인 선교기도인 것입니다.

그러나 이 간구는 그 이상으로 나아감을 의미합니다. 즉, 우리가 "하나님의 나라가 임하기를 바라보고 간절히 사모하고 있음"(벧후 3:12)을 나타내는 기도입니다. 하나님께 적대하는 모든 것과 악과 잘못이 최종적으로 뿌리 뽑힐 날을 기다리고 있음을 의미합니다. 이것은, 주님께서 다시 돌아오시고 그에게 적대하는 모든 것이 불 못에 던져지고, 이 세상 나라들이 우리 하나님과 그리스도의 나라가 될 때를 동경하는 마음을 가져야 함을 의미하는 것입니다.

'당신의 나라가 임하옵소서. 오 하나님이시여. 당신의 통치를 시작하소서. 오 그리스도시여. 당신의 철장(鐵杖)으로 죄의 횡포를 깨뜨리소서.'

이 간구의 의미가 요한계시록 끝머리에 완벽하게 표현되어 있습니다. "아멘, 주 예수여 오시옵소서", "성령과 신부는 '오라' 하고 말씀하십니다." 주님은 우리가 우리 자신에게 필요한 것과 소원을 생각하기 전에 하나님의 이름이 모든 것 위에 영화로워지고, 높임을 받을 수 있기 위해 우리 속에 하나님의 나라가 임했으면 하는 이 불타는 의욕을 가져야 할 것을 강조하고 계십니다.

셋째 간구인 "뜻이 하늘에서 이루어진 것 같이 땅에서도 이루어지이다"는 설명이 필요 없을 줄 압니다. 둘째 간구가 첫째 간구의 논리적 결론이 되는 것처럼, 이것은 둘째 간구로부터 나오는 일종의 논리적 결론입니다. 사람들 가운데 하나님 나라의 임하심의 결과는 하나님의 뜻이 사람들 가운데서 이루어질 것이라는 것입니다. 하늘에서 하나님의 뜻은 항상 완벽하게 이루어집니다. 우리는 성경에서 하늘나라에 대한 어떤 희미하고 몽롱한 모습만을 보게 됩니다. 그러나 하늘나라의 특징이 되는 것은 모든 사람, 모든 만물이 하나님을 기다리고 있으며, 그의 이름을 영화롭게 하며 높이려 열망하는 것임을 충분히 알고 있습니다. 말하자면 주님의 사자들은 그의 명령에 활동할 준비를 다 갖추고 기다리고 있습니다.

하늘나라에서는 모든 소원 중에서도 최고의 소원은 하나님의 뜻을 행하는 것이요, 이렇게 함으로써 하나님을 찬양하고 경배하는 것입니다. 여기서 다시 우리는 그 나라가 오심을 기다리고 있는 셈입니다. 왜냐하면 하나님의 나라가 여기 땅 위에서 사람들 가운데 서기까지 이 간구는 결코 성취되거나 허락되지 않을 것이기 때문입니다. 그때에 가서야 하나님의 뜻이 하늘에서 이루어진 것같이 땅에서도 이루어질 것입니다. 그때에 "의가 있는 곳인 새 하늘과 새 땅"이 임할 것입니다. 그때에는 하늘나라와 땅이 하나가 될 것이며, 세상은 변화되고 악은 세상에서 불타 없어질 것이며, 하나님의 영광이 모든 것 위에 비칠 것입니다.

그런데 이 말씀에서 우리는 기도를 시작하는 방법에 대한 가르침을 받습니다. 이 몇몇 간구들은 기도를 시작할 때 항상 드려야 할 간구입니다. 이 간구들을 다음과 같이 요약할 수 있습니다. 우리의 최고 최상의 의욕은 하나님의 명예와 영광을 위한 의욕이 되어야 하겠다는 것입니다. 오해받을 위험을 무릅쓰고 다음과 같이 제시합니다. 즉 이것을 위한 우리의 의욕은 영혼의 구원을 위한 의욕보다 더욱 커야 한다는 것입니다. 우리가 영혼들을 위해 기도를 시작하기 전에도, 우리가 하나님 나라의 확장과 전파를 위해 기도를 시작하기 전에도, 하나님의 영광의 선포를 위한 압도적인 욕구가 있어야 하겠고, 모든 사람은 하나님 존전에서 겸손해져야 합니다.

이것을 다음과 같이 표현할 수 있습니다. 우리의 생각을 괴롭히고 근심케 하는 것이 무엇입니까? 우리가 세상에서 보는 바 죄의 나타남 때문입니까? 아니면 사람들이 하나님을 경배하지 않고 영화롭게 하지 않는다는 사실 때문입니까?

주님은 이 의욕을 너무 크게 느끼신 나머지 이것을 요한복음 17장 25절에서 이렇게 표현하셨습니다. "의로우신 아버지여 세상이 아버지를 알지 못하여도 나는 아버지를 알았사옵고 그들(제자들)도 아버지께서 나를 보내신 줄 알았사옵나이다." 주님은 결국 이렇게 말씀하신 셈입니다. 즉 "의로우신 아버지여, 여기에 비극이 있습니다. 여기에 나를 혼란케 하고, 나를 슬프게 하는 것이 있습니다. 세상은 아버지를 알지를 못하고 있습니다. 세상은 아버지를 가혹한 율법을 주신 자로 생각합니다. 세상은 아버지가 세상을 적대하고 세상에 폭군으로 항상 군림하는 분으로 생각합니다. 거룩하신 아버지여, 세상은 아버지를 알지 못하고 있습니다. 세상이 아버지를 알았더라면 아버지를 그와 같이 생각할 수 없습니다."라고 말입니다.

　이것은 얼마나 놀라운 기도입니까? 이와 같은 기도가 기독교인들을 위한 기도가 아니라, 그의 제자들과 앞으로 올 세대의 유대인들만을 위한 기도라고 말하는 사람들은 얼마나 어리석습니까? 어떤 의미에서 우리는 지금까지 전혀 올바로 기도해 본 일이 없다는 감을 느끼시지 않습니까? 이것이 기도입니다. "하늘에 계신 우리 아버지, 이름이 거룩히 여김을 받으시오며." 이제는 우리도 이 깊은 간구의 의미에 도달하여야만 합니다. 이 기도, 이 간구, 곧 "이름이 거룩히 여김을 받으시오며"를 여러분은 바로 기도해 본 적이 있습니까? 우리가 이 점에 바르다면 나머지 간구가 뒤이어 우리에게 축복으로 올 것입니다. "(당신의) 나라가 임하시오며 뜻이 하늘에서 이루어진 것 같이 땅에서도 이루어지이다." 우리는 주님께로 돌아서서 "주여, 우리에게 기도를 가르치소서."라고 물을 필요가 없습니다. 주님께서 이미 가르쳐 주셨습니다. 주님께서 이 모범기도에서 그토록 명백히 가르쳐주신 원칙을 실천하기만 하면 되는 것입니다.

36장

기도와 간구

"11 오늘 우리에게 일용할 양식을 주시옵고 12 우리가 우리에게 죄 지은 자를 사하여 준 것 같이 우리 죄를 사하여 주시옵고 13 우리를 시험에 들게 하지 마시옵고 다만 악에서 구하시옵소서 (나라와 권세와 영광이 아버지께 영원히 있사옵나이다 아멘) 14 너희가 사람의 잘못을 용서하면 너희 하늘 아버지께서도 너희 잘못을 용서하시려니와 15 너희가 사람의 잘못을 용서하지 아니하면 너희 아버지께서도 너희 잘못을 용서하지 아니하시리라" 마 6:11-15

주기도를 설교하려는 사람은 누구나 큰 어려움에 부딪칩니다. 주기도를 설교하는 것은 외람된 일이라고 말하는 데는 일리가 있습니다. 그러나 우리는 주기도의 말씀을 마음으로부터 반복하여 묵상하며 고찰해야 합니다. 왜냐하면 이 말씀 자체가 모든 것을 말해주고 있기 때문입니다. 우리는 모두 연약하고 오류에 빠지기 쉬우며 사악한 피조물이므로 이 말씀들을 분석해보고 우리를 강화시킬 필요가 있습니다.

이제 주기도의 마지막 대목(11-15절)을 살펴보겠습니다. 주기도에 간구가 셋인지 넷인지는 이견이 있지만 저는 세 가지로 분류합니다. 마지막 세 번째 간구는 우리 자신과 우리 자신에게 필요한 것인 욕구와 관계가 있습니다. 이유는 주님이 15절에서 사용하신 단어들로 미루어 보아서 알 수 있습니다. 주님은 'and'라고 말씀하시는데 이 말은 각기 새 간구를 도입하는 말입니다. "우리를 시험에 들게 하지 마시옵고 악에서 구하시옵소서." 간구가 네 개 있다면 이와 같이 읽어야 할 것입니다. "우리를 시험에 들게 하지 마시옵고, 또 우리를 악에서 구하시옵소서." 주님의 'but' 용법으로 보아 이것은 두 개의 각도 혹은 두 개의 다른 면에서 드려진 한 가지 간구를 나타내는 것 같습니다.

이 세 가지 간구를 설명하기 전에 총괄적인 서론부터 말씀드립니다. 그 첫째는 이 간구들의 포괄성과 관련되어 있습니다. 우리에게 크게 필요한 모든 것이 이 간구들 속에 요약되어 있습니다. "오늘 우리에게 일용할 양식을 주시옵고", "우리가 우리에게 죄 지은 자를 사하여 준 것같이 우리 죄를 사하여 주시옵고", "우리를 시험에 들게 하지 마시옵고 악에서 구하시옵소서." 우리의 전체의 삶은 이 세 간구 속에서 찾아 볼 수 있습니다.

주기도가 말할 수 없이 놀라운 것은 이렇게 작은 문단속에 우리 주님은 신자 생활의 모든 점을 포함시키신 것입니다. 우리 육신에 필요한 것, 우리 정신에 필요한 것, 우리 영혼에 필요한 것이 포함되어 있습니다. 몸도 기억하신바 되었고, 혼도 기억하신바 되었고, 영도 기억하신바 되었습니다. 이것은 전인, 곧 육신(body)과 혼(soul)과 영(spirit)입니다.

이 세상에서 계속되는 모든 활동을 생각해 봅시다. 조직, 계획, 입법과 기타 활동들을 말입니다. 생존, 이것들은 대부분 사람의 육신 곧 이 인간 세상에서 인간의 목숨과 관련되어 있습니다. 또 다른 영역, 곧 대인관계의 영역이 있습니다. 혼은 인간이 다른 동료 인간과 접촉을 가지는 실재이며 상호 교통하는 수단이요, 모든 사회생활과 활동을 하는 수단입니다. 이것이 모두 여기에 포함되어 있습니다.

영은 사람을 하나님과 연관시켜 주며 사람에게 그가 티끌 이상의 존재이며, 롱펠로우(Longfellow)가 "너는 흙이라, 흙으로 돌아간다."라고 함은 혼에 대해 말씀된 것이 아니라고 말한 바와 같습니다. 사람은 이렇게 만들어졌습니다. 우리 주님께서 영을 주셨습니다. 우리는 이 간구들의 포괄성 때문에 감명을 받지 않을 수 없습니다. 이것은 우리가 주기도를 상세하게 다루어야 하며, 그렇게 하도록 가르침 받고 있습니다. 우리는 우리의 생활을 기도로 하나님께 가져가도록 가르침 받고 있습니다. 그런데 여기서는 큰 표제들만을 보게 됩니다. 우리 주님은 이 표제들을 주셨고, 우리는 세부를 메우는 것입니다. 그러므로 우리의 모든 간구를 이 표제들 속에 부속시켜야 할 것을 분명히 하는 것은 중요한 일입니다.

둘째로 말씀드릴 것은 이 간구들의 순서입니다. 주기도를 생각하면서 묵상을 할 때 여러분은 얼마나 자주 놀라움을 느끼십니까? 그 순서를 다시 봅시다. "하늘에 계신 우리 아버지여, 이름이 거룩히 여김을 받으시오며, 나라가 임하시오며 뜻이 하늘에서 이루어진 것 같이 땅에서도 이루어지이다." 이것은 놀랍고 고양한 영적 차원입니다. 우리는 이것에 뒤이어 사람의 영혼에 필요한 것이 오고 그리고 이어 혼에 필요한 것이 오고, 맨 마지막에 육신에 필요한 것이 올 것이라고 생각할 것입니다.

그러나 우리 주님은 그렇게 배열하시지 않았습니다. 하나님과 하나님의 영광에 대한 간구에 즉시 뒤이어 "오늘 우리에게 일용할 양식을 주시옵고"라고 말씀하셨습니다. 우리는 이러한 순서가 절대 옳음을 인식하게 될 것입니다. 우리 주님은 지금 우리에게 맨 처음으로 필요한 것은 이 세상에서 우리가 생존을 계속할 수 있어야 한다는 것입니다. 우리는 살아있고 생명을 유지해야 합니다. 그러므로 이 첫째 간구는 우리의 육신에 필요한 것을 취급하고 있으며 우리 주님은 이것으로 시작하셨습니다. 그런 다음 주님은 죄의 오염과 죄책감을 깨끗이 씻어야 할 필요를 다루고 계십니다. 그리고 끝으로 죄와 죄의 세력에서 보호를 받아야 할 필요를 취급하셨습니다. 이것이 사람의 생명을 올바로 보는 방법입니다. 나는 살아있고, 삶을 유지해야 합니다. 그러나 그런 다음에도 나는 죄의식과 나의 삶이 무가치함을 의식하며 이것에서 정결하게 되어야 할 필요를 느껴야 합니다. 그런 다음 장래를 생각하며 앞으로 내가 직면할 일들에서 구원을 받아야 할 필요를 인식해야 합니다.

이것을 다음과 같이 표현할 수도 있습니다. 신체적 의미의 생명, 또는 생물학적 의미의 생명은 모든 것의 기초가 되므로 나는 내 생존을 위해 기도해야 하겠다는 것입니다. 그러나 내가 그렇게 하는 순간, 육신은 나의 생명의 일면에 지나지 않음을 인식하게 됩니다. 다른 또 한 면이 있는 것입니다. 나는 우리 주님이 "영생은 곧 유일하신 참 하나님과 그가 보내신 자 예수 그리스도를 아는 것이니이다"(요 17:3)라고 하신 말씀을 기억합니다. 주님은 또 "내가 온 것은 그들로(양으로) 생명을 얻게 하고 더 풍성히 얻게 하려는 것이라"(요 10:10)고도 말씀하셨습니다. 육신의 생존에 관심을 가지고 나서, 이제 나는 삶을 '삶답게' 만들어 주는 것은 하나님과 동행하며 영적인 교제를 가져야 하는 것임을 배우게 됩니다.

세상에는 여러 가지 모순과 어려움들이 있습니다. 나를 넘어뜨리는 온갖 종류의 일들이 있기 마련입니다. 그러나 요한은 이 모든 것에도 불구하고 "너희 기쁨이 충만하도록" 하기 위해 이 편지를 쓰고 있다고 말씀해 줍니다(요일 1:4). 이 같은 세상이니 나의 기쁨이 어떻게 충만해지겠습니까? 그것은 아버지와 그의 아들 예수 그리스도와 교제를 함으로써 이루어집니다. 이것이 참된 삶입니다.

그러나 이것을 인식하는 순간 나는 그와의 교제를 방해하는 것들이 있음을 압니다. 나는 사악합니다. 그러므로 하나님의 생명을 누리기 위해 죄 용서를 받을 필요가 있습니다. 그리고 하나님과 나의 교제가 회복되었을 때 내게 필요한 것은 이 교제가 중단됨 없이, 나와 주 예수 그리스도 안에서 나의 아버지가 되신 하나님과 사이에 개입되는 것이 없이, 계속 그와의 교제를 누리는 일뿐입니다. 그러므로 일용할 양식과, 죄의 용서, 그리고 나를 다시 죄에 던져 넣을 가능성이 있는 것들에서 지켜주시는 것이 구원받는 것의 순서로 되어 있습니다.

이 모든 것을 요약해 보면 성경 전체에서 주기도처럼 그리고 특히 이 세 가지 간구에서처럼 우리가 하나님께 절대 의존해야 할 것을 명백히 보여주는 곳은 없다고 하겠습니다. 실로 중요한 오직 한 가지는 하나님을 우리가 아버지로 안다는 사실입니다.

지금까지는 총괄적으로 말씀드렸지만, 이제는 세 가지의 간구를 순서대로 간단히 살펴보겠습니다. 우리가 성경의 분석에 관심을 가진다면 '일용할 양식'이란 용어의 의미를 가지고 많은 시간을 보낼 수 있을 것입니다. 이 말씀은 성경 전체에서 가장 난해한 용어의 하나라고 말들 합니다. 이 표현의 정확한 의미는 "오늘 우리에게 필요한 것을 주시오며"입니다. 이 간구는 필수품을 구하는 기도입니다. 양식(Bread)은 생명 유지에 꼭 필요한 것입니다. 이 용어가 음식물에 국한되어서는 안 된다고 말하는 사람들과 저는 같은 의견입니다. 이 용어는 우리에게 필요한 모든 물질, 이 세상에서 사람의 생활에 필요한 모든 것을 포함하는 것입니다.

우주의 창조주이신 하나님, 그의 영원한 나라를 만드시며 종말에 그 나라로 영접하실 하나님, 그 하나님이 여러분과 나에게 필요한 것들인 이 일용할 양식 문제에서 가장 세밀한 문제에 이르기까지 고려하실 준비가 되어 있음은 가장 놀라운 일들의 하나가 아니겠습니까? 주님은 "너희에게는 머리털까지 다 세신 바 되었나니"(마 10:30)라고 하십니다. 내 머리털 하나하나에도 관심을 보이시는 하나님, 나의 비천한 생활의 가장 작고 사소한 일들마저도 영원한 보좌 위에 계신 하나님에게 알려지신바 된다는 것입니다.

이것은 성경에서만 볼 수 있습니다. "뜻이 하늘에서 이루어진 것같이 땅에서도 이루어지이다"란 말씀에서 "오늘 우리에게 일용할 양식을 주시옵고"로 곧 바로 진행되는 것입니다. 그러나 이것이 이사야가 말하는 대로 "지극히 존귀하며, 영원히 거하시며, 거룩하다 이름하는 이"이신 하나님의 방법입니다. 이사야가 말씀해 주는 대로 하나님은 "통회하고 마음이 겸손한 자"와 함께 거하십니다(사 57:15). 이것이 구속(redemption)의 기적이요, 이것이 성육신의 의미입니다. 성육신은 주 예수 그리스도가 여기 땅 위에서 우리를 붙들고 계시고 전능하신 영광의 하나님과 우리를 연결시켜 주신다는 것을 의미합니다. 하나님의 나라, 그리고 나, 일용할 양식! 물론 우리가 기도하는 모든 것은 우리에게 꼭 필요한 절대 필수품이어야 합니다. 사치품이나 지나치게 많은 것을 위해 기도하라고 하시지 않습니다. 이런 것들은 우리에게 약속되어 있지 않습니다. 그러나 필수품은 충분히 받을 것이 약속되어 있습니다.

다윗은 그의 노년에 과거를 회상하면서 "의인이 버림을 당하거나 그의 자손이 걸식함을 보지 못하였도다"(시 37:25)라고 말할 수 있었습니다. 하나님의 약속은 헛되지 않습니다. 그러나 우리의 필수품관이 하나님의 필수품관과 항상 같지는 않습니다. 주님은 우리에게 필요한 것을 간청하라고 말씀하십니다. 그러나 여기서 일견 모순점을 보는 사람들도 있습니다. "매우 좋은 말씀입니다. 그러나 우리가 구하기 전에 하나님께서 아신다면 어째서 우리에게 필요한 것을 하나님께 아뢰어야 합니까? 하나님이 이미 아시는 것들을 어째서 그에게 말씀드려야 합니까?"라고 말입니다. 이것은 기도에 대한 의미의 핵심으로 이끌어 갑니다. 우리가 이런 일들을 하나님께 아뢰는 것은 하나님이 이런 것을 모르시기 때문이 아닙니다. 우리는 기도를 아버지와 자녀의 관계로서 생각해야 합니다. 기도의 가치는 기도가 우리로 하나님과 접촉하고 만남을 유지시켜 주는 데 있습니다.

A. B. 심프슨 박사가 일찍이 사용한 실례 하나는 저에게 큰 도움이 되었습니다. 그는 말하기를 하나님이 우리의 아버지로서 은혜의 큰 선물을 한 덩어리로 주시며, 그것을 우리가 받고 그것으로 계속 살아가는 것으로 생각하는 사람들이 우리들 가운데 너무나 많다고 했습니다. 그는 이어 말하기를 "그러나 사실은 그렇지 않습니다. 이렇게 하면 우리에게 크게 위험하게 될 것입니다. 만일 하나님께서 그의 모든 영광스런 은혜의 선물을 큰 한 덩어리로 주셨다면 우리는 그 선물을 받아 누리며 하나님에 대해서는 모두 잊어버리는 위험에 빠져버릴 것입니다."라고 했습니다. 우리가 이해할 수는 없을지 몰라도 하나님은 우리의 아버지

로서 우리가 그분께 아뢰는 것을 원하시며 좋아하십니다. 하나님은 이 점에서 땅 위의 아버지와 같습니다. 땅 위의 아버지는 자기가 준 선물을 향유하는 일로는 만족하면서도, 받은 선물을 모두 다 써버리고 더 필요할 때까지는 아버지와 대면하지 않는 아들에게는 매우 감정이 상합니다. 그렇습니다. 아버지는 자식이 자기에게 와서 말하는 것을 좋아합니다. 이것이 하나님의 방법입니다.

심프슨 박사는 말하기를, 어떤 아버지가 자기 아들을 위해 은행에 거액을 예치시켜 놓고 아들이 수표를 끊어 한 번에 조금씩만 받을 수 있게 하는 것과 똑같다고 했습니다. 아들은 돈이 필요할 때마다 수표를 끊어야 합니다. 하나님께서 처리하시는 방법이 꼭 이와 같습니다. 하나님은 선물을 한꺼번에 주시지 않습니다. 하나님은 선물을 분할해서 주시는 것입니다. 하나님은 여기 은혜 안에서 보증을 서고 계신 것입니다.

우리가 해야 할 모든 것은 우리의 수표에 서명을 하여 그것을 제출하는 일입니다. 이것이 기도입니다. 기도는 수표를 내어놓은 것과 같습니다. 하나님께로 가서 하나님께서 그 수표를 인수하시고 지불하시도록 구하는 것입니다. 우리가 하나님께로 오는 것을 하나님께서 좋아하신다는 것은 놀랍고 신기한 일입니다. 자존하시며 크신 하나님, 아무에게도 의존하시지 않는 하나님, 영원부터 영원까지 계시며, 모든 것에서 떠나 실재하시는 하나님, 우리가 그의 자녀이기 때문에 우리가 그에게로 오는 것과 그분이 우리의 말을 듣기 좋아하신다는 것은 놀라운 일입니다.

천지를 지으신 하나님, 그리고 별들의 운행을 정하시며, 우리의 혀 짧은 소리를 듣기 좋아하시며 우리의 간구를 듣기 좋아하시는 그 하나님, 하나님은 사랑이시기 때문입니다. 하나님은 우리의 필요한 것을 모두 아시지만, 우리가 일용할 양식을 구하러 그에게 오는 것을 보실 때 이것이 하나님께 큰 기쁨이 되는 것은 이 때문입니다. 또한 한 가지 더 강조해야 할 것은 우리가 하나님께 철저하게 의존해야 함을 인식해야 한다는 것입니다. 비록 일용할 양식이라 할지라도 말입니다.

하나님께서 하시고자만 하신다면, 우리가 일용할 양식을 얻지 못하게 하실 수도 있습니다. 하나님은 해와 그 영향력을 철회하실 수도 있으며, 비를 멈추실 수도 있습니다. 하나님은 땅을 불모지로 만들어서 농부가 최신 농기구와 화학약품을 가지고도 곡식 한 톨도 추수할 수 없게 만드실 수도 있습니다. 하나님께서 하시고자 하시면 수확을 헛되게 할 수도 있습니다. 우리는 완전히 하나님의 손 안에 있습니다. 그런데 이 21세기 최대의 어리석음은 곧 우리가 하나님의 법을 조금 습득했다고 해서 그로부터 독립하여 그와 상관이 없다는데 있습니다.

우리는 하나님 없이 하루도 살 수 없습니다. 하나님께서 지탱하고 유지하시지 않는다면 아무것도 유지하지 못합니다. "오늘 우리에게 일용할 양식을 주시옵고." 우리의 때, 우리의 건강, 우리의 생존이 그의 손 안에 있음을 적어도 하루에 한번 쯤 상기하는 것은 좋은 일이며, 자주 상기할수록 그만큼 더 좋을 것입니다. 양식과 필요한 모든 것은 그로부터 옵니다. 우리는 이렇게 하나님의 은혜와 자비에 의존하고 있습니다.

이제 두 번째 대목을 맞이하게 되는데 이것은 큰 어려움의 원인이 될 때가 많습니다. "우리가 우리에게 죄 지은 자를 사하여 준 것같이 우리 죄를 사하여 주시옵고." 이것에는 두 가지 주된 난제가 있습니다. 기독교인은 용서를 구할 필요가 없다고 생각하는 사람들이 있습니다. 이 사람들은 두 그룹으로 분류됩니다. 그들 중, 기독교인이 용서를 구할 필요가 없다고 하는 사람들은 우리가 믿음으로 의롭다함을 받았기 때문이라고 합니다. 요컨대 우리가 하나님 앞에서 믿음으로 의로워지기 때문이라는 것입니다. "믿음으로 의롭다 하심을 받는다."는 것은 무슨 의미입니까? 이 말은 하나님이 주 예수 그리스도 안에서 우리의 모든 죄를 완전히 처리하셨다는 선언, 곧 우리가 범했고, 앞으로도 범하게 될 우리의 죄를 처리하셨고, 예수 그리스도의 의를 우리에게 전가하시고, 그 안에서 우리를 의롭다고 간주하시고 의롭다고 선언하시는 것입니다. 이것이 믿음에 의한 칭의입니다. 그럴 경우, 즉 우리의 모든 죄가 처리되었다면 내가 용서를 구할 필요가 어디 있느냐고 주장하는 것입니다.

또 어떤 사람들은 그들의 성화관 때문에 용서를 구할 필요가 없다고 말합니다. 그들은 죄가 근절되었으며 완전하며 무죄하다고 가르치는 성결론을 갖고 있습니다. 그러므로 그들에게 있어서는 죄의 용서를 위해 기도하는 것은 잘못인 셈입니다. 그들은 이것을 위해 기도할 필요가 없다고 합니다.

그러나 이것은 오류입니다. 요한복음 13장에서 주님께서 제자들의 발을 씻기실 때 베드로가 "주여, 내 발뿐 아니라 손과 머리도 씻겨 주옵소서."라고 한 것을 기억하실 것입니다. 그때 주님은 "아니다. 이미 목욕한 자는 발밖에 씻을 필요가 없느니라. 온 몸이 깨끗하니라."라고 하셨습니다. 온 몸이 씻음 받은 것은 한 번뿐입니다. 이것이 칭의입니다. 그러나 칭의를 받고 나서도 우리가 이 세상을 통과할 때 죄의 때가 묻고 더러워집니다. 이것은 기독교인 누구에 대해서나 마찬가지입니다. 우리가 용서받은 사실을 알아도 우리는 특정한 죄와 허물에 대해서 여전히 용서받을 필요가 있습니다.

기독교인이 믿음으로 살아갈지라도 죄에 빠져들 가능성이 있음을 요한일서 1장에 간략하게 진술되어 있습니다. 그러면 이것에 대해 어떻게 해야 합니까? 요한은 "죄를 자백하라"고 말씀합니다. "만일 우리가 우리 죄를 자백하면 그는 미쁘시고 의로우사 우리 죄를 사하시며 우리를 모든 불의에서 깨끗하게 하실 것이요"(요일 1:9)인 것입니다. 요한은 비신자들에게 말씀하고 있지 않습니다. 이것은 신자들에게 보내는 편지입니다.

"우리가 우리에게 죄 지은 자를 사하여 준 것 같이 우리 죄를 사하여 주시옵고"라고 기도할 수 있는 사람은 어떤 사람입니까? 그는 '우리 아버지'라고 말할 권리를 이미 갖고 있는 사람입니다. 그리고 '우리 아버지'라고 말할 권리를 갖고 있는 사람은 그리스도 예수 안에 있는 사람뿐입니다. 이 기도는 '자녀들의 기도'입니다. 이것은 모두를 위한 기도가 아니라 주 예수 그리스도 안에서 하나님의 자녀가 된 사람들만을 위한 기도입니다. 이것은 아버지에 대한 자식의 관계이며, 우리가 아버지에 대해 죄를 범했거나 아버지를 슬프게 한 것을 인식하는 순간 그것을 자백하고 용서를 구하며, 용서받은 것을 확신한다는 것입니다.

성화되었으므로 용서를 구할 필요가 없다고 주장하는 사람들에 의해서 우리는 사도 요한의 서신으로부터 "만일 우리가 죄가 없다고 말하면 스스로 속이고 또 진리가 우리 속에 있지 아니할 것이요"(요일 1:8)라는 사실을 배웁니다. 자기 마음이 검은 것을 알지 못하고 자기의 이론에만 관심을 가지는 사람들은 자기를 제대로 점검하지 않는 사람입니다. 위대한 성도일수록 죄의식과 내부의 죄를 더 크게 느끼는 법입니다.

"우리가 우리에게 죄지은 자를 사하여 준 것 같이 우리 죄를 사하여 주시옵고"라는 간구에서 두 번째 큰 난제를 보게 됩니다.

기독교인들이 이러한 기도를 해서는 안 된다고 말하는 사람들이 있습니다. 그들은 말하기를 그렇게 하면 율법으로 되돌아가는 것이라고 주장합니다. 이 기도는 예수님의 말씀을 실제로 듣고 있던 그 당시 사람들에게만 적용되며, 이 기도는 미래의 '왕국시대'에 살게 될 사람들에게만 다시 적용될 것이라고 말합니다. "내가 다른 사람들을 용서하니 나를 용서해주소서."라고 기도하게 될 사람들은 이 사람들뿐이라는 것입니다. 이들은 주기도에는 "예수의 이름으로"란 어구가 없다고 주장하면서 "속죄 내용의 진술이 없으니 그러므로 주기도는 기독교인들에게 적용되지 않는다."라고 말하는 것입니다. 우리는 이것에 대해 어떻게 말해야 합니까?

성경 본문에는 "우리가 우리에게 죄 지은 자를 사하여 주기 때문에 우리의 죄를 용서하소서."라고 되어 있지 않다는 점입니다. 성경 본문은 "우리가 우리에게 죄지은 자들을 용서한다는 사실을 근거로 해서 우리를 용서하소서."로 되어 있지 않습니다. 본문은 도리어 '~ ~같이' 즉 "우리가 우리에게 죄지은 자를 사하여 준 것 같이"로 되어 있습니다.

이것을 다음과 같이 살펴보겠습니다. 주기도는 "예수의 이름으로 기도합니다"란 말이 없기 때문에, 그리고 속죄가 특별히 언급되어 있지 않기 때문에 복음에 포함되어 있지 않다고 말하는 이론을 예로 들어봅시다. 그렇다면 이 사람들은 탕자 비유를 다시는 사용하지 말아야 합니다. 탕자 비유는 속죄를 말하고 있지 않기 때문입니다. 탕자 비유는 "그리스도의 이름으로 기도합니다."와 같은 뜻을 조금도 담고 있지 않습니다. 이 비유는 그저 아버지 하나님의 놀라운 모습을 주고 있습니다. 이 비유는 단순히, 아들이 돌아왔고, 아버지는 그의 모든 잘못을 남김없이 너그럽게 용서해 주었고, 아버지의 사랑을 그에게 소나기처럼 퍼부었다고만 말합니다. 그러나 탕자 비유나 이 간구에 대해서 그와 같은 태도를 가지는 것은 아주 우스꽝스럽고도 비극적입니다. 이 비유가 핵심적인 큰 진리 하나와 관련되어 있는 것처럼, 우리 주님은 여기서 용서의 필요를 우리에게 상기시켜 주시며 용서의 사실을 확증하는 것에 관심을 두고 계신 것입니다. 주님은 여기서 용서의 방법이나 절차 따위에는 탕자의 비유에서 만큼이나 별 관심이 없으십니다. 우리는 성경을 전체로 받아들여야 하겠고 성경을 성경으로 비교해야 합니다.

사람들이 엄격한 법적 근거에 따라 용서받았던 때가 있었다는 이 관념, 혹은 장차 어느 때에는 사람들이 하나님 앞에서 엄격한 법적 근거 아래 있게 될 것이며, 그들이 다른 사람을 용서할 때 그들도 용서받을 것이라는 이 관념을 한번 생각해 봅시다. 그것은 그런 사람들이 결코 용서를 받지 못할 것이라는 의미인 것입니다. 바울은 말씀하기를 율법은 모든 사람을 정죄한다고 했습니다. "의인은 없나니 하나도 없으며"(롬 3:10), "모든 사람이 죄를 범하였으매 하나님의 영광에 이르지 못하더니"(롬 3:23)인 것입니다. 온 세계는 하나님 앞에 죄를 범하여 정죄를 받고 있습니다. 십자가 위의 주 예수 그리스도의 죽음을 떠나서 하나님께 용서를 받을 수 있는 사람은 앞으로 오는 '왕국시대'나 다른 어느 시대에도 결코 한 사람도 없을 것입니다.

앞으로 오는 왕국시대에 엄격한 법적 근거로 용서를 받을 것이라거나 혹은 어느 시대에나 그와 같은 근거로 용서를 얻어내리라는 이 이론은 얼마나 모순된 것입니까? 그리스도 이전이나 이후나 어느 때를 막론하고 용서를 받는 오직 한 길은 십자가에 달리신 예수 그리스도를 통하는 길뿐입니다. 그 안에서 얻는 구원의 길은 '창세전에' 작정된 것이며 이 사실이 이 말씀과 성경의 이와 유사한 모든 구절에 함축되어 있습니다. 우리는 성경을 함께 취급하며, 성경을 성경으로 비교하는 법을 배우며, 우리 주님은 단순히 아버지와 자식의 관계에 관심을 갖고 계심을 인식해야 합니다. 주님께서 이 구절에서 속죄론을 설명하실 필요는 없었습니다. 주님은 생애 마지막에 주님께서 가르치셔야 했으나 그들이 감당할 수 없는 진리들이 있다고 말씀하신 일이 있습니다. 여기에 용서의 길에 관한 진리가 함축되어 있습니다.

우리는 이렇게 잘못 인도를 받아서는 안 됩니다. 이곳의 교훈을 마태복음 18장의 청지기 비유에서 명백히 가르친 것을 볼 수 있습니다. 거기서 그 청지기는 주인에게 용서를 받았으나 자기에게 빚진 동료를 용서하려고 하지 않았습니다. 이것은 여러분과 제가 용서를 받은 증거는 우리가 다른 사람들을 용서해 주는 데서 나타남을 의미하는 것입니다. 우리의 죄를 하나님께 용서받고도 다른 사람을 용서해 주지 않겠다고 생각한다면 우리는 과오를 범하는 것입니다. 만일 여러분이 어느 누구에 대해서 용서하기를 거부한다면 여러분은 용서받은 일이 없다고 말씀드리고 싶습니다. "우리가 우리에게 죄 지은 자를 사하여 준 것 같이 우리 죄를 사하여 주시옵고." 그러므로 우리는 이와 같이 기도할 권리가 있습니다. 하나님께 기도하는 가운데 "오 하나님, 당신이 나를 위해 해주신 그것 때문에 제가 다른 사람들을 용서한 것같이 나를 용서하옵소서. 제가 구하는 모든 것은 당신께서 이와 같은 모양으로 저를 용서해 주옵소서."하는 것입니다. "제가 행하는 모든 것이 불완전하기 때문에 같은 정도로 용서해 주옵소서."하는 것은 아닙니다. 같은 모양으로라고 하는 것은 당신이 저를 용서하신 것같이 저도 다른 사람들을 용서하고 있다는 것입니다. "주 예수 그리스도께서 내 마음속에서 해주신 것 때문에 그의 십자가로 제가 다른 사람들을 용서해 준 것같이 저를 용서해 주옵소서."라고 아뢰십시오.

이 간구는 속죄로 가득 차 있으며 하나님의 은혜로 충만해 있습니다. 우리 주님이 이 간구를 반복하신 점을 보아서 이것이 얼마나 중요한지를 알게 됩니다. 주기도를 끝내시고 나서, 주님은 바로 뒤에서(14-15절) "너희가 사람의 잘못을 용서하면 너희 하늘 아버지께서도 너희 잘못을 용서하시려니와 너희가 사람의 잘못을 용서하지 아니하면 너희 아버지께서도 너희 잘못을 용서하지 아니하시리라"고 하셨습니다. 이 일은 절대적인 것이며 불가피한 것입니다. 참 용서는 사람의 마음을 깨뜨립니다. 그는 다른 사람을 용서해야 합니다. 그러므로 우리가 용서를 위한 이 기도를 드릴 때 우리는 이렇게 우리들 자신을 시험해 보는 셈입니다. 우리 마음속에 용서가 없다면, 우리가 용서를 모른다면 우리의 기도는 진짜가 아니며 참된 것이 아니며 효과가 없습니다. 하나님께서 우리들 자신에게 정직할 수 있고, 주기도에 있는 이 간구들을 결코 기계적으로 되풀이하지 않도록 우리에게 은혜 주시기를 간구합니다.

이제 주기도의 마지막 간구에 대해서 말씀드리겠습니다. "우리를 시험에 들게 하지 마시옵고 악에서 구하시옵소서." 이 간구는 우리가 사탄에게 유혹을 받는 상황 속에 빠져 들어가지 않도록 기도한다는 것입니다. 하나님께서 행하시거나 행하시지 마셔야 할 것을 우리가 하나님께 지시한다는 뜻이 아닙니다. 하나님은 그의 자녀들을 시험(test) 하십니다.

하나님께서 하셔야 할 것과 하셔서는 안 될 것을 하나님께 감히 요구할 수 없습니다. 하나님은 우리가 영광의 세계를 위해 준비함에 있어 많은 훈련이 필요함을 아십니다. 그러나 그것이 하나님께 지시할 수 있다는 것을 의미하지는 않지만, 만일 하나님의 거룩한 뜻과 일치된다면, 유혹에 빠져 넘어지기 쉬운 상황 속에 우리를 집어넣으시지 않도록 하나님께 요구해도 무방하다는 뜻입니다. 그것은 하나님께서 시험(temptation)에서 우리를 지켜주시기를 요구해야 하겠다는 뜻입니다. 주님께서 끝에 가서 "시험에 들지 않게 깨어 기도하라"(마 26:41)고 말씀하실 때의 의미도 이것입니다.

여러분에게 위험하게 될 상황들이 있기 마련입니다. 깨어 기도하며 시험에 들지 않도록 지켜야 합니다. 그리고 이와 함께 이 간구의 또 다른 뜻이 있습니다. 곧 악에서 구하심을 받기 위해 기도한다는 것입니다. 이것을 '악한 자로부터'라고 말하는 사람들도 있습니다. 그러나 그렇게 하면 그 의미를 제한하게 된다고 생각됩니다. 왜냐하면 여기 '악'이란 말은 사탄뿐 아니라 모든 유형의 악을 포함하기 때문입니다. 우리는 사탄과 사탄의 간계에서 구원받을 필요가 있습니다. 그러나 우리의 마음속에도 악이 있습니다. 그러므로 이러한 마음의 악에서도, 세상의 악에서도 구원받을 필요가 있습니다. 우리는 이 모든 것에서 구원받을 필요가 있습니다. 이것은 커다란 요구요, 포괄적인 간구입니다.

왜 악에서 보호받아야 하겠다고 기도해야 합니까? 하나님과의 교제가 결단코 깨어져서는 안 되는 크고 놀라운 이유 때문입니다. 만일 어떤 사람이 단순히 거룩하게 되기만을 원한다면 그에게는 무언가 잘못된 것이 있습니다. 우리의 최고 의욕은 하나님과 올바른 관계를 가지며 하나님을 알며 하나님과 부단한 교제를 가져야 하겠다는 것입니다. 우리가 주기도를 하는 것은 이 때문입니다. 즉 우리와 하늘에 계신 우리 아버지의 광채와 영광과 그 사이에 아무것도 들어와서는 안 된다는 것입니다. "시험에 들게 하지 마시옵고 악에서 구하시옵소서." 그런 다음 일종의 추신이 있는 것을 기억하실 것입니다. "나라와 권세와 영광이 아버지께 영원히 있사옵나이다." 이 구절은 어떤 구역(舊譯)들에는 들어 있고, 어떤 역본들에는 없습니다.

우리 주님이 이 구절을 이곳에서 실제로 말씀하셨는지 아니하셨는지 우리는 확실히 모릅니다. 그러나 주님께서 그렇게 하셨든 아니하셨든 이 구절은 매우 적절하다고 생각합니다. 이런 기도, 이런 말씀을 대면한 후에 또 무슨 말을 할 수 있겠습니까? 오직 최종적 감사와 송영이 있어야 합니다.

우리에게 필요한 것들과 하나님에 대한 의존과 그분에 대한 관계를 생각할 때 "악에서 구하시옵소서"라고 말하면서 끝을 맺을 수는 없습니다. 시작할 때처럼 끝날 때도 하나님을 찬양하면서 끝나야 합니다.

우리의 영성의 크기를 측정하려면 우리의 기도에서 찬양과 감사의 분량을 측정하면 됩니다. "나라와 권세와 영광이 아버지께 영원히 있사옵나이다." 우리의 일용할 양식이 보장되어 있습니다.

우리는 지옥에서, 사탄에게서, 우리 자신과 기타 모든 것에서 지킬 수 있는 분을 우리 아버지로 모시고 있습니다. "나라와 권세가 아버지의 것이로소이다." 우리에 관한 한 아버지의 영광이 영원히 영원히 있어야 하겠고, 또 있을 것입니다. 아멘.

37장

세상의 보물과 천국의 보물

"19 너희를 위하여 보물을 땅에 쌓아 두지 말라 거기는 좀과 동록이 해하며 도둑이 구멍을 뚫고 도둑질하느니라 20 오직 너희를 위하여 보물을 하늘에 쌓아 두라 거기는 좀이나 동록이 해하지 못하며 도둑이 구멍을 뚫지도 못하고 도둑질도 못하느니라" 마 6:19-20

우리는 이제 산상설교의 중요한 주제인 아버지로서의 하나님에 대한 기독교인의 관계인 마태복음 6장 19절에 이르렀습니다. 여기서 주님은 이 세상 사건에 개입하시고 세상의 관심사와 긴장을 느끼시는 아버지로서의 하나님에 대하여 관계를 맺고 이 세상에서 삶을 살아가는 기독교인의 중대 문제인 세상이라는 문제를 소개하십니다.

성경에 '세상'이란 표현이 어떤 의미로 사용되었습니까? 이 말은 자연세계와 우주와 또는 사람들의 집단만을 의미하지 않습니다. 이 말은 인생을 바라보는 눈과 심성을 의미하며, 사물을 보는 방법, 삶의 전체를 보는 방법을 의미합니다.

기독교인이 다루어야 할 가장 교묘한 문제들 중 하나는 세상에 대한 관계의 문제입니다. 우리 주님은 기독교인이 되는 것은 쉬운 일이 아님을 자주 강조하셨습니다. 주님 자신도 이 세상에 계실 때 마귀에게 시험을 받으셨습니다. 주님도 이 세상의 세력과 교묘함에 직면하셨습니다. 우리 기독교인에게도 마찬가지입니다. 우리가 혼자, 사사로이 있을 때 우리에게 마주쳐 오는 공격 그리고 기독교인이 세상 속으로 나아갈 때 당하는 공격들 앞에서 주님의 명령을 주목해야 합니다. 이 세상은 여러분을 거꾸러뜨리기 위해 최선을 다할 것이며, 여러분의 영적 생활을 황폐시키기 위해 온 힘을 다할 것입니다. 그러므로 매우 조심하며 방심하지 말아야 합니다. 이것이 믿음의 싸움이기에 여러분은 하나님의 전신갑주 (whole armour)가 필요합니다. 이것을 입지 않으면 격파당하기 때문입니다. "우리는 혈육을 가진 인간들을 상대로 싸우는 것이 아닙니다." 이것은 피할 수 없는 대단한 싸움입니다.

세상으로부터 오는 이 공격 혹은 세속에 대한 유혹은 대체로 두 가지 주된 형태를 띠고 있다고 주님은 가르치십니다. 첫째로는 세상을 적극적으로 사랑하는 것이며. 둘째로는 근심이나 혹은 근심과 관련해서 염려의 영이 있습니다. 주님은 이 둘이 모두 똑같이 위험함을 알려주십니다.

주님은 19절에서 24절까지 세상을 사랑하는 문제를 다루시며, 25절에서 6장 마지막 절까지는 세상과 세상 생활과 세상 모든 사건과 관련해서 근심과 염려에 정복당하는 문제를 다루십니다. 여기서 우리는 주님이 하늘 아버지에 대한 우리 관계의 관점에서 양면의 문제를 다루고 계심을 기억해야 합니다. 그러므로 모든 것을 지배하는 이 큰 원칙을 잊어서는 안 됩니다. 이 가르침을 규칙이나 규약의 차원으로 축소시키지 않도록 매우 조심해야 합니다.

이생의 염려와 사건들 때문에 너무 근심한 나머지 세상에서 벗어나야 하겠다는 사람들이 있습니다. 그래서 그들은 수도원 속에 밀폐되어 수도자가 되며 또는 고독한 암자에서 은둔자로 살아갑니다. 그러나 이것은 성경의 어느 가르침에서도 찾아볼 수 없는 거짓된 견해입니다. 성경에서 우리는 세상에서 살아가면서 세상을 극복하는 법을 보기 때문입니다.

우리 주님은 무엇보다도 그의 가르침에 있어서 하나의 법, 곧 하나의 큰 원칙을 설정하셨습니다. 주님은 율법을 진술하시며, 원칙을 주시고, 그런 다음 친절한 말씀으로써 우리에게 그 이유를 알려주시며, 우리에게 큰 도움이 되고 우리를 강화시킬 논거를 공급해 주셨습니다.

여기에 이 명령이 있습니다. "너희를 위하여 보물을 땅에 쌓아 두지 말라 … 너희를 위하여 보물을 하늘에 쌓아 두라." 이것은 명령입니다. 동시에 권면입니다. 그리고 그 나머지는 그 이유와 설명입니다. "너희를 위하여 보물을 땅에 쌓아 두지 말라 거기는 좀과 동록이 해하며 도둑이 구멍을 뚫고 도둑질하느니라. 오직 너희를 위하여 보물을 하늘에 쌓아 두라 거기는 좀이나 동록이 해하지 못하며 도둑이 구멍을 뚫지도 못하고 도둑질도 못하느니라." 이 권면은 이중으로 되어 있지만, 하나의 권면입니다. 즉 부정적인 것과 긍정적인 것입니다.

예수께서 이 진리를 이렇게 표현하셨으므로 우리에게는 구실이 있을 수 없습니다. 만일 기독교인들 중 심판 날에 보상을 받을 때 매우 빈약한 보상을 받는다고 해서 누구도 구실을 대지 못할 것입니다.

주님은 부정적으로 "너희를 위하여 보물을 땅에 쌓아두지 말라"고 하셨습니다. 무슨 뜻입니까? 무엇보다 이것을 돈과 관련해서만 해석하는 것을 피해야 합니다. 그렇게 생각하는 사람들이 많았습니다. 그리고 이것을 오직 부자들에게만 주신 진술로 간주한 어리석은 사람들도 많았습니다. 이것은 모든 사람에게 하신 말씀입니다. 주님은 "너희를 위하여 돈을 쌓아두지 말라"고 하시지 않고 "너희를 위하여 보물을 쌓아 두지 말라"고 말씀하십니다. '보물'은 매우 큰 용어요, 포괄적인 말입니다. 이 말은 돈도 포함하며 돈보다 더 중요한 것을 의미합니다. 여기서 주님께서 관심을 가지시는 것은 소유물이라기보다는 우리의 소유물에 대한 우리의 태도입니다. 돈을 얼마나 갖고 있느냐가 아니라 그가 자기의 부에 대해 어떻게 생각하느냐, 부에 대한 그의 태도가 어떠한가 하는 것입니다. 부를 소유하는 것이나 부 그 자체에는 나쁜 것이 하나도 없습니다. 매우 나쁘게 되는 것은 부에 대한 그의 관계입니다. 그리고 이것은 돈 주고 살 수 있는 모든 것에 있어서도 마찬가지입니다.

이것은 이 세상에서 삶의 자세 문제입니다. 우리 주님은 여기서, 오직 이 세상에만 속하여 있는 것들로부터 그들의 주된 만족을 얻는 사람을 다루고 계십니다. 주님의 이 경고를 달리 표현한다면, 사람이 그의 포부와 관심과 소망을 이 세상에 국한시킨다는 것입니다. 이렇게 보면 이것은 단순히 돈의 소유라는 것보다 훨씬 큰 주제가 됩니다. 가난한 사람들에게도 부자들만큼 땅 위에 보물을 쌓아 두지 말라는 이 권면이 필요합니다. 우리는 모두 어떤 모양, 어떤 형태로든 보물을 갖고 있습니다. 돈이 아닐 수도 있습니다. 남편일 수도 있고, 아내나 자녀일 수도 있습니다. 그리고 실제 가치나 금전상의 가치는 매우 적을지라도 우리가 갖고 있는 은사일 가능성도 있습니다. 어떤 사람에게는 그의 집이 보물인 사람도 있습니다. 집을 자랑스럽게 여기고 여러분의 집과 가정을 위해서 사는 것의 위험성이 여기에 다루어지고 있습니다. 그것이 무엇이든, 혹은 그것이 아무리 작은 것이든 그것이 여러분에게 모든 것을 의미한다면 그것이 곧 보물이요, 여러분은 그것을 위해 살고 있는 것입니다. 이것이 바로 우리 주님께서 경고하시는 위험입니다.

이것은 주님께서 '땅에 보물'이라 하신 것의 의미를 우리로 하여금 짐작하게 해줍니다. 그 내용이 거의 끝없이 많은데, 돈을 사랑하는 것뿐 아니라, 명예, 지위, 신분, 불법, 그리고 그것이 무엇이든 이생이나 이 세상에서 끝나버리고 마는 것에 대한 사랑 등 끝이 없습니다. 이런 것들이 우리의 보물이 되지 않도록 경계해야 합니다.

그러면 사람들은 땅 위에 보물을 '어떻게' 쌓습니까? 그 의미에 대해서 일반적인 징후들만을 말씀드리면 부를 부로써 저장하고 축적하는 삶을 의미할 수도 있습니다. 이렇게 하는 사람들이 많습니다. 그러나 이것은 더욱더 광범위한 의미를 가집니다. 우리 주님의 명령은 이 세상에만 집중해 있는 것들을 피하라는 의미를 띠고 있습니다. 지금까지 살펴본 대로 이것은 포괄적인 성격을 띠고 있습니다. 이것은, 그들이 부귀나 금전에는 조금도 관심이 없을지라도, 결국 전적으로 세속적인 것들에 관심을 가지는 사람들에게도 적용됩니다. 우리가 지금 고찰하고 있는 바로는 이것들로 인해 영적인 생활에서 애석하게도 중대한 실수를 범하는 사람들이 있습니다. 그들이 금전의 유혹을 받지 않을 수는 있으나 신분이나 지위의 유혹을 받을 수 있습니다. 마귀가 그들에게 와서 어떤 물질적인 뇌물을 제공한다면 그들은 그것을 비웃을 것입니다. 그러나 마귀가 간교하게 와서 그들의 기독교 사역과 관련된 어떤 높은 지위를 제공한다면 자신들을 설득하여 그것을 시인하고 받아들입니다. 그러면 곧 그들의 영적 권위와 능력에 점차적인 쇠퇴가 눈에 띄기 시작합니다.

하나님의 교회에서 승진이란 것이 매우 정직하고 신실하긴 하되 이 위험을 막지 못한 사람들에게 끝없는 해를 주어왔습니다. 그들은 그렇게 하는 것을 알지도 못한 채 땅 위에 보물을 쌓고 있었습니다. 그들의 관심은 하나님을 기쁘시게 하고, 그의 영광을 위해 일한다는 한 가지 생각에서 그 사실을 알지도 못한 채 그들 자신에게로, 그들 자신의 일에 몰두하는 것으로 갑자기 방향을 전환한 것입니다.

이런 식으로 사람은 땅 위에 보물을 쌓을 수 있으며, 이 일은 너무 교묘해서 선량한 사람들마저도 사람의 가장 큰 원수가 될 수 있습니다. 교인들로 말미암아 파멸당한 설교자들이 많습니다. 교인들의 칭찬, 한 인간으로서의 그 설교자에 대한 그들의 격려는 하나님의 사자로서의 그를 거의 파멸시켜 버립니다. 그래서 땅에 보물을 쌓는 죄를 짓게 되는 것입니다. 그는 거의 무의식적으로 교인들의 좋은 여론과 칭찬을 받으려는 욕망의 조정을 받는 경향이 있습니다. 그리고 이런 일이 발생하는 순간 그는 땅에 보물을 쌓는 셈입니다. 이러한 예는 끝없이 많습니다. 저는 이 놀라운 명령 "너희를 위하여 보물을 땅에 쌓아 두지 말라"의 범위를 조금 보여드리려고 하는 것뿐입니다.

"너희를 위하여 보물을 하늘에 쌓아 두라"는 명령의 적극적 면을 보겠습니다. 여기의 이 가르침을 이해하는 데 도움이 되는 구절이 두개 있습니다. 첫째는 누가복음 16장에 있습니다. 거기서 주님은 자기 지위를 날쌔고 영리하게 이용한 불의한 청지기의 경우를 다루고 계십니다. 주님이 그것을 이렇게 요약하신 것을 기억하실 것입니다. "불의의 재물로 친구를 사귀라 그리하면 그 재물이 없어질 때에 그들이 너희를 영주할 처소로 영접하리라"(9절)라고 말씀하셨습니다. 주님은 이 세상의 자녀들은 자기 세대에 있어서는 빛의 자녀들보다 더 지혜롭다고 가르치셨습니다. 그들은 그들 자신의 목적에 철저합니다. 우리 주님은 결국, "나는 이것을 원칙으로 삼아 너희에게 적용하려고 한다."라고 말씀하신 셈입니다. 여러분에게 돈이 있다면 여기 이 세상에 계실 때 사용하십시오. 그러면 여러분이 영광에 이르실 때, 그 돈으로 은혜 입은 사람들이 거기서 여러분을 영접할 것입니다.

사도 바울은 디모데전서 6장 17-19절에서 이것을 해석하고 있습니다. "네가 이세대에서 부한 자들을 명하여 마음을 높이지 말고 정함이 없는 재물에 소망을 두지 말고 오직 우리에게 모든 것을 후히 주사 누리게 하시는 하나님께 두며 선을 행하고 선한 사업을 많이 하고 나누어주기를 좋아하며 너그러운 자가 되게 하라 이것이 장래에 자기를 위하여 좋은 터를 쌓아 참된 생명을 취하는 것이니라." 다시 말씀드리면, 네가 부귀의 복을 받으려면 다음 세상을 위한 예금이 되도록 이 세상에서 부귀를 사용하라는 뜻입니다.

예수님은 마태복음 25장 마지막 부분에서 똑같은 것을 말씀하고 있습니다. 거기서 주께서 굶주리실 때 먹을 것을 주고 주께서 옥에 갇혔을 때 방문한 사람들에 대해 말씀하고 있습니다. 그들은 "우리가 어느 때에 주께서 주리신 것을 보고 음식을 대접하였으며 목마르신 것을 보고 마시게 하였나이까 … 어느 때에 병드신 것이나 옥에 갇히신 것을 보고 가서 뵈었나이까?"(37-39절)라고 물었습니다. 그

때 주님께서 "너희가 여기 내 형제 중에 지극히 작은 자 하나에게 한 것이 곧 내게 한 것이니라"(40절)고 하셨습니다. 이런 선행을 함으로 여러분은 하늘에 예치하고 있는 셈입니다. 거기서 여러분은 보상을 받으실 것이며, 주님의 기쁨에 참여하게 될 것입니다.

이 원칙을 주님은 변함없이 강조하고 계십니다. 주님은 그 젊은 관리와 만나신 후에 제자들에게 이렇게 말씀하셨습니다. "재물이 있는 자는 하나님의 나라에 들어가기가 얼마나 어려운지 낙타가 바늘귀로 들어가는 것이 부자가 하나님의 나라에 들어가는 것보다 쉬우니라"(눅 18:24-25)라고 하셨습니다. 심령이 가난하게 되는 것을 불가능하게 하는 것은 이렇게 부귀에 의존하는 것과 치명적인 자신감입니다. 또한 주님께서 말씀하신바 "썩을 양식을 위하여 일하지 말고 영생하도록 있는 양식을 위하여 하라"(요 6:27)고 하신 이 말씀은 하늘에 보물을 쌓아 두라는 것과 같은 뜻입니다.

이것을 어떻게 실천에 옮깁니까? 첫째로 할 일은 삶에 대하여 올바른 견해를 가지는 일입니다. 그리고 특히 '그 영광'에 대하여 올바른 견해를 가지는 것입니다. 이 원칙은 우리가 시작할 때 다룬 원칙입니다. 결코 놓쳐서는 안 될 위대한 사실은 이생에서 우리는 나그네에 지나지 않는다는 것입니다. 우리는 하나님의 눈앞에서, 하나님 쪽으로, 우리의 영원한 소망을 향하여 이 세상을 통과하고 있습니다. 이것이 그 원칙입니다. 우리가 자신에 대해 이렇게 생각한다면 어떻게 잘못될 수 있겠습니까? 그렇게 되면 모든 것의 자리가 바로 잡힐 것입니다.

히브리서 11장에서 가르치신 원칙도 이것입니다. 저 막강한 사람들, 저 믿음의 영웅들은 오직 한 가지 목적만을 갖고 있었습니다. 그들은 "보이지 아니하는 자를 보는 것 같이 하여"(27절) 행하였습니다. 그들은 "땅에서는 외국인과 나그네로" 일컬어졌으며, 그들은 "하나님이 계획하시고 지으실 터가 있는 성"(10절)을 향하여 나아가고 있었습니다. 그래서 하나님께서 아브라함을 불러내셨을 때 그는 응답했습니다. 또 하나님께서는 애굽 궁전에 있던 모세에게도 향하셔서 그에게 그 모든 것을 버리고 떠나 40년간 비참한 목자가 되라고 명령하셨습니다. 모세는 복종하였으니 "이는 상 주심을 바라"(26절)보았기 때문입니다.

아브라함으로 하여금 자기의 사랑하는 아들인 이삭을 희생시킬 준비를 하게 한 것은 무엇이었습니까? 다른 믿음의 영웅들로 하여금 그들이 한 일들을 하게끔 준비시킨 것은 무엇입니까? 그것은 그들이 "더 나은 본향 곧 하늘에 있는 것"을 사모했기 때문입니다(16절).

우리는 항상 이 큰 원칙으로 시작해야 합니다. 우리가 나그네로서, 우리 아버지께로 가는 하나님의 자녀로서 이 세상에서 우리 자신에 대한 올바른 견해를 가진다면 우리의 은사와 우리의 소유에 대하여 올바른 견해를 즉각 가지게 될 것입니다. 돈이나, 지성이나, 우리 자신이나, 우리 인격이나 혹은 우리가 갖고 있는 은사 등은 중요하지 않습니다. 세상 사람들은 이런 것을 모두 소유하고 있다고 생각합니다. 그러나 기독교인들은 "나는 이런 것들의 소유자가 아니다. 나는 그저 빌려 쓰고 있는 것에 지나지 않는다. 그저 관리인에 지나지 않는다."라고 말함으로 시작합니다. 그러는 즉시 큰 의문이 일어납니다. "나는 이것들을 하나님의 영광을 위해서 어떻게 사용할 수 있을까? 내가 만나야 할 분은 하나님이시다. 하나님은 나의 영원한 심판자시요, 나의 아버지이시다. 나에게 복으로 주신 이 모든 것에 대하여 나는 하나님께 결산해야 한다. 그러므로 이것들을 어떻게 사용해야 할지 조심해야 하겠다. 나는 하나님을 기쁘시게 하기 위해서 모든 일을 하나님께서 나에게 명하시는 대로 해야 하겠다."라고 말하게 되는 것입니다.

이제 하늘에 보물을 쌓을 수 있는 방법을 말씀드리겠습니다. 그 방법은 내가 이 세상에서 나의 삶을 내가 어떻게 보는가 하는 문제로 되돌아갑니다. 내가 살아가는 이 세상살이는 되돌아갈 수도 없고 다시 오지도 않는 한갓 이정표라는 것을 나는 매일 나 자신에게 말하고 있는가? 나는 이동용 장막을 "본향을 향해 또 하루 전진해서 치고 있는가?' 이것은 내가 늘 상기해야 할 큰 원칙이 됩니다. 곧 나 자신을 위해서가 아니라 하나님의 목적을 위해서 여기에 남겨진 하늘 아버지의 한 자녀라고 늘 상기해야 합니다.

세상에 온 것도 내가 선택해서 온 것이 아닙니다. 이 모든 것에는 하나의 목적이 있습니다. 이 세상에서 살 수 있는 이 큰 특권을 주신 이는 하나님이십니다. 하나님께서 은사를 주셨으므로 어떤 의미에서는 이 모든 것이 나의 것이기도 하지만, 궁극적으로는 바울이 고린도전서 3장 끝에서 보여준 바와 같이 하나님의 것임을 인식해야 합니다. 그러므로 하나님을 위해 한 사람의 관리인으로, 보관자와 청지기로서 나를 인식하며 이런 것들에 집착하지 말고 내 생활과 생존의 중심이 되지 말아야 합니다. 이렇게 할 때 나는 꾸준히 안전해지며, 나를 위해 '보물을 하늘에' 안전하게 쌓는 것이 됩니다.

주님은 우리를 위해 하늘에 보물을 쌓아두라고 말씀하셨습니다. 성도들은 그들을 기다리고 있는 영광의 실재를 믿었습니다. 그들은 거기에 이르기를 소망했으며 그들의 한 가지 의욕은, 이 영광의 실재를 완전하고 충만한 형태로 누리는 것에 있었습니다. 우리도 그들의 행렬을 따라가며 같은 영광을 누리기를 열망한다면 주님의 말씀에 귀를 기울여야 합니다.

"너희를 위하여 보물을 땅에 쌓아 두지 말라 … 너희를 위하여 보물을 하늘에 쌓아두라."

38장

하나님이냐, 재물이냐

"19 너희를 위하여 보물을 땅에 쌓아 두지 말라 거기는 좀과 동록이 해하며 도둑이 구멍을 뚫고 도둑질하느니라 20 오직 너희를 위하여 보물을 하늘에 쌓아 두라 거기는 좀이나 동록이 해하지 못하며 도둑이 구멍을 뚫지도 못하고 도둑질도 못하느니라 21 네 보물 있는 그 곳에는 네 마음도 있느니라 22 눈은 몸의 등불이니 그러므로 네 눈이 성하면 온 몸이 밝을 것이요 23 눈이 나쁘면 온 몸이 어두울 것이니 그러므로 네게 있는 빛이 어두우면 그 어둠이 얼마나 더하겠느냐 24 한 사람이 두 주인을 섬기지 못할 것이니 혹 이를 미워하고 저를 사랑하거나 혹 이를 중히 여기고 저를 경히 여김이라 너희가 하나님과 재물을 겸하여 섬기지 못하느니라" 마 6:19-24

앞장에서 주님께서 "너희를 위하여 보물을 땅에 쌓아 두지 말라 … 너희를 위하여 보물을 하늘에 쌓아두라"는 명령을 하셨습니다. 주님은 우리가 이 세상에서 그렇게 살아야 하며 우리가 갖고 있는 모든 것, 곧 우리의 소유물, 은사, 재능, 혹은 성향을 그렇게 사용해야 하며, 이렇게 해서 하늘에 보물을 쌓게 되는 것이라고 말씀하고 계십니다.

그리고 이렇게 명령하신 다음 우리가 이렇게 해야 할 이유를 말씀하셨는데 여기서 복되신 주님의 놀라우신 은혜를 발견하게 됩니다. 주님은 우리에게 이유를 말씀하실 필요가 없었습니다. 주님은 명령하실 자격이 있기 때문입니다. 그러나 전능하신 분이지만 부끄러움을 무릅쓰고 우리의 연약함을 입으시고 우리를 도우러 오셨고, 우리가 그의 명령을 수행해야 할 이유를 주셨습니다. 주님은 논리적인 명제를 통하여 세밀하게 일러주셨습니다. 주님께서 이렇게 하심은 우리를 돕고자 열망하실 뿐 아니라 주님께서 다루고 계신 주제의 사회적 중대성 때문인 것이 틀림없습니다. 그리고 이 말씀은 불신자들이 아닌 기독교인들에게 하신 말씀임을 다시 기억해야 합니다. 기독교인들에게 주신 경고인 것입니다. 여기서 세속 혹은 세속정신과 세상의 모든 문제를 다루고 있지만 이것을 바깥 세상에 있는 사람들의 관점에서 생각해서는 안 됩니다. 이 같은 말씀들이 우리가 기독교인이기 때문에 우리와는 아무 관계가 없다는 생각처럼 치명적이고 비극적인 것은 없습니다. 이것은 오늘의 모든 기독교인들에게 가장 절박한 말씀입니다.

세상은 너무 교묘하고 세속은 침투성이 너무 강하므로 우리 모두 이것을 범하고 있으면서도 그 사실을 알지 못할 때가 많습니다. 우리는 세속을 어떤 특별한 것, 다시 말하면 우리가 범하지 않는 것들을 항상 의미하는 것으로 보는 경향이 있습니다. 그러므로 이것이 우리와 상관이 없다고 주장을 합니다. 그러나 세속은 침투성이 강하며 어떤 것들에만 국한되지 않습니다. 세속적인 것이란 삶에 대한 하나의 태도인 것입니다. 이것은 전반적인 관점의 문제이며, 또 이것은 너무 교묘해서, 앞서 살펴본 바와 같이 가장 성스러운 것들 속에까지 들어올 수 있는 것입니다.

여기서 잠깐 본론에서 조금 벗어나 정치적 관심의 견지에서 이 주제를 살펴보겠습니다. 특히 예를 들어 총선거 때를 보면 결국 사람들의 진짜 관심사는 "땅에 보물을 쌓아두는 일"에 관심을 갖고 있습니다. 그들은 모두 보물에 관심을 갖고 있습니다. 사람들이 말하는 내용을 들어보거나, 그들이 본성을 무심코 드러내는 것과, 그들이 범하는 세속성과 자신들을 위하여 땅에 보물을 쌓는 것을 관찰해 보면 얻는 바가 매우 많습니다.

우리 자신을 시험하는 또 다른 방법은 아주 단순하고 정직하게 "왜 우리가 그 특정 의견을 주장하는가?"를 자문하는 방법입니다. "우리의 진정한 관심사는 무엇인가? 우리의 동기는 무엇인가? 우리가 자기 자신에게 정직하고 진실할 때, 우리가 갖고 있는 이 특정 정견의 이면에는 무엇이 있는가?" 이 질문에 정직하게 임한다면 거기에는 그들이 관심과 흥미를 가지는 그 어떤 땅의 보물들이 있음을 발견할 것입니다.

다음으로 적용할 수 있는 기준은 이것입니다. 즉 "우리의 감정이 어느 정도로 개입되어 있는가? 우리의 신랄함이 어느 정도이며 격렬함과 분노와 경멸과 격정이 어느 정도인가?" 이 기준을 적용해 보십시오. 그러면 우리의 감정이 거의 한결같이 땅에 보물을 쌓으려는 관심사로 촉발된다는 사실을 발견하실 것입니다.

마지막 기준은 다음과 같습니다. 즉 우리는 이런 것들을 일종의 초연함과 객관성으로 보고 있는가 하는 것입니다. "이런 것들에 대한 우리의 태도는 어떠한가? 우리 자신을 본능적으로 나그네로, 이 세상의 단순한 체류자로 생각하는가?" 체류자이므로 세상에 있는 동안만 이런 것들에 관심을 두는 것은 옳습니다. 이런 관심사는 물론 옳습니다.

이것은 우리의 의무입니다. 그러나 우리의 궁극적인 자세는 어떻습니까? 이 관심사의 지배를 받고 있습니까? 아니면 이것에서 초연하여 이것을 객관적으로, 잠깐 있다가 없어질 것으로, 우리 생활과 생존의 본질에 속하는 것은 아닌 것으로, 우리가 이 세상을 통과할 때 잠깐 동안만 관심을 가지는 것으로 간주합니까? 우리가 이러한 질문을 우리들 자신에게 물어야 하는 까닭은 주님의 이 명령을 우리가 듣고 있는가를 확실히 해야 하기 때문입니다.

이상으로 우리가 땅에 보물을 쌓고 있는지 하늘에 보물을 쌓고 있는지를 매우 쉽게 발견할 수 있는 몇 가지 방법을 말씀드렸습니다.

그러면 "너희를 위하여 보물을 땅에 쌓아두지 말라."는 어째서입니까? "거기는 좀과 동록이 해하며 도둑이 구멍을 뚫고 도둑질"하기 때문입니다. 하지만 내가 왜 하늘에 보물을 쌓아 두어야 합니까? "거기는 좀이나 동록이 해하지 못하며 도둑이 구멍을 뚫지도 못하고 도둑질도 못하기" 때문입니다. 주님은 세상의 보물이 오래가지 못한다고 말씀하십니다. 세상의 보물은 덧없는 것이요, 지나가는 것이요, 하루살이 같은 것입니다. 저는 이 땅 어디서나 변화와 부패를 봅니다. "땅에서는 좀이 먹고 녹이 슬어 못쓰게 되며…" 우리가 좋아하든 싫어하든 이 모든 것에는 부패의 요소가 있습니다. 좀과 동록이 모든 것에 스며있어 파괴하고 있습니다. 영적으로 이것을 다음과 같이 표현할 수 있습니다. "이런 것들은 결코 만족을 줄 수 없다. 항상 잘못된 것이며 항상 부족한 것이 있다."라고 말입니다. 어떤 사람들은 어떤 의미에서 그들이 바라는 것을 모두 갖고 있는 것 같으나, 그들은 여전히 또 다른 것을 원합니다. 행복은 돈 주고 살 수 없는 것입니다.

그러나 좀과 동록의 결과를 영적으로 보는 또 다른 방법이 있습니다. 물질적인 것들에만 부패의 요소가 있는 것이 아닙니다. 이런 것들은 싫증을 내는 경향이 있습니다. 우리가 항상 새로운 것들에 대해 이야기를 하고 새것들을 찾는 것도 이 때문입니다.

유행은 변합니다. 우리가 어떤 것들에 잠시 동안은 매우 열광적일 수 있으나 그것들은 곧 관심을 잃게 합니다. 나이가 들어감에 따라 이런 것들로 우리가 만족하지 못하는 것도 사실이 아닙니까? 노인들은 대체로 젊은이들이 좋아하는 것을 좋아하지 않으며 젊은이들 역시 마찬가지입니다. 나이가 들어감에 따라 이것들은 달라집니다. 거기에 좀과 녹의 요소가 있습니다.

한 걸음 더 나아가 이것을 보다 강하게 표현하면 이것들 속에는 불순한 것이 있다고 말할 수 있습니다. 이것들은 모두 감염되어 있습니다. 여러분이 온갖 방법을 다 해보아도 불결을 제거할 수는 없습니다. 좀과 녹이 거기에 있는 이상 화학약품을 쓴다고 해서 부패 과정을 멈출 수는 없습니다. 베드로는 이것과 관련해서 놀라운 것을 말씀하고 있습니다. "이로써 그 보배롭고 지극히 큰 약속을 우리에게 주사 이 약속으로 말미암아 너희가 정욕 때문에 세상에서 썩어질 것을 피하여 신성한 성품에 참여하는 자가 되게 하려 하셨느니라"(벤후 1:4). 이 속세의 물건들은 모두 부패성이 있습니다.

그러므로 마지막으로 알아야 할 사실은 이것들이 멸하여 없어질 것은 불가피하다는 것입니다. 가장 아름다운 꽃도 가지에서 꺾어내는 순간 시들기 시작합니다. 그리고 얼마 안 있어 내던져집니다. 이생과 이 세상의 모든 것이 다 그렇습니다. 그것이 무엇인가는 중요하지 않습니다. 그것은 지나가는 것이며 모두 사라져버립니다.

생명을 가진 것은 무엇이나 죄의 결과로 이 과정 곧 '좀과 녹이 스는' 과정의 지배를 받고 있습니다. 사물에는 구멍이 나기 마련이며 소용이 없어지게 되며 마침내는 지나가며 아주 썩어버리고 맙니다. 가장 완전한 신체도 마침내는 무너지고 깨어져서 죽습니다. 가장 아름다운 용모도 부패의 과정이 지나감에 따라 어떤 보잘 것 없어집니다.

가장 눈부신 재능들도 시들어버리고 맙니다. 위대한 천재도 질병의 결과로 섬망상태(뇌의 장애로 오는 정신착란 상태)에서 횡설수설할 수도 있습니다. 사물들이 아무리 놀랍고 아름답고 영광스럽다 해도 모두 썩어 없어집니다. 이생의 모든 실패 가운데도 가장 서글픈 것은 진선미를 숭배하는 철학자들의 실패입니다. 완전한 선이란 것은 없기 때문이며, 순수한 선도 없기 때문이며, 최고의 진리에도 악과 죄와 거짓의 요소가 있기 때문입니다. "땅에서는 좀이 먹고 녹이 슬어"인 것입니다.

주님께서 "그렇다. 도둑이 구멍을 뚫고 도둑질하느니라"고 하십니다. 이런 것들에만 머물러서는 안 됩니다. 이런 것이 너무 분명한데도 우리는 이것을 알아보는 일에 너무 둔합니다. 이생에는 많은 도둑이 있어 항상 위협하고 있습니다. 그런데 우리는 집안에 들어앉아서 안전하다고 생각합니다만 도둑이 뚫고 들어와 살살이 뒤지고 약탈해갑니다. 기타 약탈자들인 질병, 사업상의 손실, 산업의

붕괴, 전쟁, 그리고 죽음이 있습니다. 우리가 이 세상에서 붙들고 있는 것이 무엇인가는 중요하지 않습니다. 이 도둑들이 우리를 항상 위협하여 마침내는 그것을 우리로부터 탈취해 가버립니다. 그것은 금전뿐만이 아닙니다. 그것은 여러분에게 소중한 사람일 수도 있고 여러분의 위안이 되어 주는 사람일 수도 있습니다. 우리는 도둑을 예방할 수 없습니다. 그러므로 주님은 우리의 상식에 호소하시어 속세의 보물들이 오래가지 못함을 상기시켜 주십니다. "어디서나 변화와 부패를 보게 되는 것입니다."

그러면 다른 면 곧 긍정적인 면을 보겠습니다. "너희를 위하여 보물을 하늘에 쌓아두라 거기는 좀이나 동록이 해하지 못하며 도둑이 구멍을 뚫지도 못하고 도둑질도 못하느니라." 이 말씀은 놀랍고 영광으로 충만합니다. 베드로는 이것을 한 구절로 표현했습니다. 그는 "썩지 않고 더럽지 않고 쇠하지 아니하는 유업을 잇게 하시나니 곧 너희를 위하여 하늘에 간직하신 것이라"고 했습니다(벧전 1:4). 바울은 "보이는 것은 잠깐이요 보이지 않는 것은 영원함이라"(고후 4:18)라고 했습니다. 하늘의 것들은 멸하여지지 않는 것이므로, 도둑이 뚫고 들어와 도둑질할 수 없습니다. 어째서입니까? 하나님께서 우리를 위해 간직해두시기 때문입니다. 하나님이 보관인이 되시기 때문에 불가능한 것입니다.

영적 위안물들은 상하지 않습니다. 난공불락의 장소에 간직되어 있기 때문입니다. "내가 확신하노니 사망이나 생명이나 천사들이나 권세자들이나 현재 일이나 장래 일이나 능력이나 높음이나 깊음이나 다른 어떤 피조물이라도 우리를 우리 주 그리스도 예수 안에 있는 하나님의 사랑에서 끊을 수 없으리라"(롬 8:38, 39). 더욱이 거기에 불순한 것은 없습니다. 부패하는 것은 아무것도 들어오지 못합니다. 거기에는 죄나 부패의 요소가 없습니다. 그곳은 영생과 영원한 빛의 영역입니다. 사도 바울의 표현에 의하면 주님은 "아무도 가까이 가지 못할 빛에 거하십니다"(딤전 6:16). 천국은 생명과 빛과 순수한 영역이며 죽음에 속하는 것이나 더

럽거나 오염된 것은 거기에 들어갈 수 없습니다. 천국은 완전합니다. 영과 혼의 보물들은 그 나라에 속하여 있습니다. 주님은 거기에 보물을 쌓으라고 말씀하십니다. 좀이나 녹이 슬지 않고 도둑이 뚫고 들어와 도둑질할 수 없기 때문입니다.

그런데 왜 이것들을 실천하지 않으며 그것에 입각해서 살지를 않습니까? 이것들이 모두 어떻게 될 것인지 알면서도 왜 땅에 보물을 쌓는 것입니까? 천국에는 순수함과 기쁨, 거룩함과 영원한 복이 있음을 알면서도 왜 거기에 보물을 쌓지 않는 것입니까? 그러나 우리 주님은 이것에 머무르시지 않습니다. 주님의 두 번째 논거는 천국에서가 아니라 땅에 보물을 쌓는 영적 위험에 기초하고 있습니다. 영적 의미에서 주님께서 우리에게 경고하신 것은 이 세상 것들이 우리에게 주는 무시무시한 지배력과 세력이라는 것입니다.

주님께서 사용하신 용어를 주목하면 "네 보물 있는 그 곳에는 네 마음도 있느니라"(21절)라고 하셨습니다. 마음! 그렇습니다. 그런 다음 주님은 24절에서 "한 사람이 두 주인을 섬기지 못할 것이니"라고 하셨습니다. '섬긴다'는 말씀에 주의해야 합니다. 이 용어는 이것들이 우리에게 행사하는 무서운 지배력에 깊은 인상을 주기 위해 사용하신 표현이 풍부한 용어입니다. 이것에 주의하지 않는 한 우리를 지배하게 될 세속이라는 이 가공할 세력의 지배를 받을 수밖에 없습니다. 그런데 세속성은 세력이 강력할 뿐만이 아니라 매우 교활하기도 합니다. 세속성이 대다수 사람들의 생활을 통제하고 있습니다.

여러분은 그 교활한 변화를 보셨습니까? 사람들이 이 세상에서 성공하고 번영할 때 그들에게 일어나는 변화 말입니다. 이런 일이 영적인 사람들에게는 일어나지 않습니다. 그러나 영적인 사람이 아닐 경우 이 일은 변함없이 발생합니다. 이상주의가 중년층이나 노년층에서가 아니라 일반적으로 젊은이들과 관련되는 것은 어째서입니까? 사람들이 나이가 듦에 따라 냉소적인 경향이 있는 것은 어째서입니까? 인생에 대한 고귀한 태도가 왜 쇠퇴해버립니까? 우리가 모두 '땅의 보물'의 희생이 되기 때문입니다.

여러분이 주시해 보면 그것을 사람들의 생활에서 볼 수 있을 것입니다. 전기들을 읽어보십시오. 많은 젊은이들이 밝은 비전을 안고 출발을 합니다. 그러나 매우 교묘하게(그가 무서운 죄에 빠진다는 것이 아닙니다.) 영향을 받습니다. 그는 대학 재학 때에 본질적으로 세속적인 철학에 영향을 받습니다. 그것이 극도로 지적인 것일지는 몰라도 그의 영과 혼에 아주 중요한 그 무엇을 상실하게 하는 것입니다. 그가 여전히 매우 좋은 사람일지는 모르며 더구나 바르고 지혜로울지는 모릅니다. 그러나 그가 이제는 처음 그대로의 사람은 아닌 것입니다. 그 무언가를 잃어버린 것입니다. 그렇습니다. 이 지배력, 이 세력이 우리를 정복하여 우리는 그 노예가 되어 버립니다.

더 나아가 우리를 지배하고 있는 이 무서운 위험은 전 인격에 영향을 준다고 주님은 말씀하십니다. 우리의 일부뿐만 아니라 전 인간에 영향을 줍니다. 주님께서 처음 하신 말씀은 '마음'입니다. 명령의 말씀을 설정하시고 나서 주님은 "네 보물이 있는 그 곳에는 네 마음도 있느니라"라고 하셨습니다. 이것들은 감정과 애착심과 우리의 모든 감수성을 지배하고 정복합니다. 우리 성품의 모든 부분이 이것들에 완전히 지배를 받으므로 우리가 이것들을 사랑하게 되는 것입니다.

요한복음 3장 19절을 보십시오. "그 정죄(심판을 받았다는 것)는 이것이니 곧 빛이 세상에 왔으되 사람들이 자기 행위가 악하므로 빛보다 어둠을 더 사랑한 것이니라." 우리는 이것들을 사랑합니다. 그것들을 좋아하는 듯 가장하지만, 사실은 사랑하고 있는 것입니다. 이것들이 우리를 깊이 움직이고 있는 것입니다.

다음으로 말씀드릴 것은 이것들이 매우 간교하다는 것입니다. 이것들은 마음을 지배할 뿐만이 아니라 정신까지 지배하는 것입니다. 주님은 이것을 이렇게 정의하셨습니다. "눈은 몸의 등불이니 그러므로 네 눈이 성하면 온 몸이 밝을 것이요 눈이 나쁘면 온 몸이 어두울 것이니 그러므로 네게 있는 빛이 어두우면 그 어둠이 얼마나 더하겠느냐"(22, 23절)라고 말입니다. 이 눈에 대한 묘사는 사물을 바라보는 방법을 실례를 들어 서술한 주님의 방법인데 주님에 의하면 성한 눈과 나쁜 눈이 있습니다. 성한 눈은 사물을 있는 그대로 보는 신령한 사람의 눈입니다. 이 사람의 눈은 맑아서 사물을 정상적으로 봅니다. 그러나 '나쁜 눈'은 이중으로 보이는 눈, 곧 수정체가 맑지 못한 눈입니다. 안개와 기타 불투명한 물체가 끼면 사물이 흐릿하게 보이듯 이런 눈은 나쁜 눈입니다. 이것은 어떤 편견, 정욕과 욕망의 영향을 받은 눈입니다.

그런데 본문은 사람들을 혼란하게 한 적이 많았는데 이 말씀을 문맥에 맞춰 취하지 않았기 때문입니다. 우리 주님은 이 표현에서 보물을 쌓는 문제를 다루고 있습니다. 보물이 있는 곳에 마음도 있음을 보여주시고 나서, 주님은 마음뿐 아니라 정신까지 있다고 말씀하십니다.

이 원칙을 좀 더 세밀히 살펴보겠습니다. 우리의 생각이 얼마나 많이 땅의 보물에 영향을 받고 있는지를 주목하는 것은 놀라운 일이 아닙니다. 땅의 보물을 사랑함에 의한 이 같은 시력의 혼미는 도덕적으로도 우리에게 영향을 주는 것입니다.

우리가 행하는 어떤 것이 사실은 부정직한 것이 아니라고 설명하는 일에 우리는 얼마나 영리합니까? 어떤 사람이 유리창을 깨뜨리고 보석을 훔친다면 그는 도둑입니다. 그러나 내가 나의 소득세를 조작하여 속인다면…! 이것은 절도가 아님이 확실하다고 말하며 모든 것이 적절하며 괜찮다고 핑계하며 자신을 합리화하여 버립니다. 궁극적으로, 이런 일을 하는 데는 한 가지 이유가 있을 뿐인데, 그것은 우리가 세상의 보물을 사랑하기 때문입니다. 이 세상의 보물들은 감성(heart)은 물론 지성(mind)까지도 지배합니다. 우리의 견해와 윤리관이 이것들의 지배를 받는 것입니다.

그러나 이보다 더 고약한 것은 우리의 종교관 역시 이런 것들의 지배를 받고 있다는 사실입니다. "데마(Demas)는 나를 버렸다."고 바울은 기록했습니다(딤후

4:10). 어째서입니까? "이 세상을 사랑했기 때문입니다." 봉사하는 일에서도 이것은 얼마나 자주 눈에 뜨입니까? 우리가 알아차리지는 못하겠지만, 이것이야말로 우리의 행동을 결정하는 요인인 것입니다. "너희는 방탕함과 술취함과 세상 걱정으로 마음을 둔하게 하는 일이 없도록 하고 늘 조심하여 뜻하지 않은 때에 그 날이 덫과 같이 너희에게 임하지 않도록 하라. 그 날이 온 땅 위에 사는 모든 사람에게 임할 것이기 때문이다. 장차 일어날 이 모든 일을 면하고 또 인자 앞에 설 수 있기 위하여 언제나 깨어 기도하라"(눅 21:34-36).

우리의 정신을 둔하게 하고 맑게 생각할 수 없게 만드는 것은 악한 행동뿐만이 아닙니다. 이 세상 근심, 생활에의 안주, 우리의 삶과 가정생활을 즐김이나 우리의 지위나 위안물들 역시 폭식이나 폭음과 똑같이 위험한 것입니다. 따져보면 사람들이 이 세상에서 구하는 소위 지혜라는 것이 땅의 보물에 대한 염려 이외에 아무것도 아니라는 것은 의심할 바가 없습니다.

그러나 마지막으로 이것들은 감성, 지성을 지배할 뿐 아니라 의지에도 영향을 줍니다. 주님은 "한 사람이 두 주인을 섬기지 못할 것이니"라고 하셨습니다. '섬긴다'는 말을 입 밖에 내는 순간 우리는 의지의 영역 곧 행동 영역에 들어가게 됩니다. 이 말씀이 얼마나 논리적인가를 주목하실 것입니다. 우리의 행동은 우리 생각의 결과입니다. 그러므로 우리의 생활과 의지를 결정하는 것은 우리의 생각인 것이며, 이것은 우리의 보물이 있는 곳, 곧 우리의 마음에 의해 결정되는 것입니다.

그러므로 다음과 같이 요약할 수 있습니다. "세상 보물들은 세력이 너무 강하므로 사람의 전 인격을 지배한다."라고 말입니다. 이것이 사람의 감성과 의지를 지배합니다. 세상 보물은 사람의 영과 혼과 전 존재에 영향을 줍니다. 어느 생활 영역을 보든 간에 이것들이 거기에 있음을 발견하게 될 것입니다. 사람은 누구나 세상 보물의 영향을 받습니다. 이것은 곧 위험이 됩니다. "한 종이 두 주인을 섬기지 못한다. 한 편을 미워하고 다른 편을 사랑하거나 또는 한 편을 중히 여기고 다른 편을 경히 여길 것이기 때문이다. 너희가 하나님과 재물을 겸하여 섬기지 못한다." 이 문제는 매우 엄숙한 것이요, 성경에서 자주 취급된 이유도 이 때문입니다. 이 명제가 진리인 것은 분명합니다.

두 가지가 모두 우리에게 전체주의적 요구를 합니다. 세속 일들은 전 인격을 지배하며 어디서나 우리에게 영향을 줍니다. 이것들은 우리의 온전한 헌신을 요구합니다. 우리로 하여금 전적으로 그것들만을 위해 살기를 바라는 것입니다. 그렇습니다. 그러나 하나님도 그러하십니다. "네 마음을 다하고 목숨을 다하고 생각을 다하고 힘을 다하여 주 너의 하나님을 사랑하라." 반드시 물질적 의미에서만이 아니라 기타 의미에서 주님은 우리 모두에게 "가서 네 소유를 팔아 가난한 자들을 주라. 그리고 와서 나를 따르라.", "아버지나 어머니를 나보다 더 사랑하는 자는 내게 합당하지 아니하고 아들이나 딸을 나보다 더 사랑하는 자도 내게 합당하지 아니하며"(마 10:37)라 하셨습니다. 이것은 전체주의적 요구입니다.

24절에서 이것을 다시 봅시다. "한 편을 미워하고 다른 편을 사랑하거나 또는 한 편을 중히 여기고 다른 편을 경히 여길 것이기 때문이다." 이것은 양자택일의 문제입니다. 이것이냐 저것이냐 입니다. 이 점에서 타협은 완전히 불가능합니다. "너희가 하나님과 재물을 겸하여 섬기지 못하느니라"인 것입니다. 이것은 너무 교묘해서 오늘 이 시점에 이것을 완전히 놓쳐버리는 사람들이 많습니다. 우리들 가운데 '무신론적 유물주의'에 대해 맹렬하게 반대하는 사람들이 많습니다. 그러나 우리가 이것의 반대자들이라고 해서 너무 행복에 겨워하지 않도록 다음 사실을 인식해야 합니다. 무릇 모든 유물주의는 무신론적이라고 성경은 말씀하기에 하나님과 재물을 겸하여 섬길 수 없습니다. 그러므로 만일 유물주의 철학이 우리를 지배하고 있다면 우리가 무슨 소리를 하든지 우리는 신의 존재를 부인하는 자들이 됩니다.

종교적 언어를 말하는 무신론자들이 많습니다. 그러나 주님은 여기서, 무신론적 유물주의보다 더 고약한 것은 신을 존경하는 것이라고 생각하는 유물주의입니다. "그러므로 네게 있는 빛이 어두우면 그 어둠이 얼마나 더하겠느냐!" 자기가 하나님에 관해 이야기한다고 해서, 하나님을 믿는다고 말한다 해서, 가끔 예배 장소에 간다고 해서, 신을 공경한다고 생각하지만, 사실은 땅의 것들을 위해 사는 이 사람, '이 사람의 어둠'이 얼마나 심하겠습니까?

구약성경(열왕기하 17장 24-41절)에 이것의 완전한 실례가 있습니다. 앗수르 사람들이 어떤 지역을 점령하고 그들은 자기 백성을 그 지역에 정착시켰습니다. 앗수르 사람들은 물론 하나님을 섬기지 않았습니다. 그런데 사자들이 와서 그들의 재산을 파괴했습니다. 그들은 이렇게 말했습니다. "왕께서 사마리아 여러 성읍에 옮겨 거주하게 하신 민족들이 그 땅 신의 법을 알지 못하므로 그들의 신이 사자들을 그들 가운데에 보내매 그들을 죽였사오니 … 앗수르 왕이 명령하여 이르되 너희는 그곳에서 사로잡아 온 제사장 한 사람을 그곳으로 데려가되 그가 그곳에 가서 거주하며 그 땅 신의 법을 무리에게 가르치게 하라"라고 했습니다. 그래서 그들은 그렇게 했습니다. 그런 다음 만사가 잘 되리라고 생각했습니다. 그러나 성경의 기록은 다음과 같습니다. "이와 같이 그들이 여호와도 경외하고 … 자기의 신들도 섬겼더라." 얼마나 무서운 일입니까! 이것은 저를 놀라게 합니다.

우리가 무엇을 말하는가는 중요하지 않습니다. 마지막 날에 "주여, 주여, 우리가 이러저러한 일을 하지 않았습니까?"라고 말할 사람이 많을 것입니다. 그러나 주님은 그들에게 "나는 너희를 도무지 알지 못한다.", "나더러 주여, 주여 하는 자마다 하늘나라에 들어가는 것이 아니라 하늘에 계신 내 아버지의 뜻을 행하는 자라야 들어갈 것이다." 여러분은 누구를 섬기고 있습니까? 이것이 문제입니다. "하나님이냐, 재물이냐"입니다. 결국 하나님의 이름을 부르지만, 이러저러한 모양으로 재물을 섬기는 것보다 하나님께 더 큰 모욕은 없습니다. 이것은 무엇보다 가장 무서운 일입니다. 이것은 하나님께 최대의 모욕입니다. 우리 모두 얼마나 쉽게 얼마나 무의식적으로 이 죄에 빠질 수 있습니까?

저는 어떤 설교자가 한 이야기를 기억하고 있습니다. 어느 날 목장에 갔다가 마음에 큰 기쁨을 안고 들어와 아내와 가족에게 암소가 송아지 두 마리, 곧 붉은 놈과 흰 놈을 낳았다는 소식을 전한 농부의 이야기입니다. 그는 말했습니다. "나는 갑자기 이 송아지들 중 하나를 주님께 바쳐야겠다는 생각과 충동을 느꼈소. 우리는 이 두 놈을 잘 길러서 때가 되면 그 중 한 마리를 팔아서 그 수익금을 저축하고 또 한 마리는 팔아서 주님의 사업을 위해 바칩시다." 그의 아내는 어느 놈을 주님께 바치겠느냐고 그에게 물었습니다. 남편은 대답하기를 "지금 그 문제로 걱정할 필요는 없어. 그놈들을 똑같이 취급했다가 때가 오면 내가 말한 대로 합시다."라고 했습니다.

몇 달 뒤에 그 농부는 매우 비참하고 불행한 모습으로 부엌에 들어왔습니다. 아내가 무슨 일이냐고 묻자 그는 대답하기를 "나쁜 소식이야, 주님의 송아지가 죽었소."라고 했습니다. 그의 아내는 "그러나 당신은 어느 것이 주님의 송아지인지 결정짓지 않았잖아요."라고 말했습니다. 남편은 "아, 나는 항상 흰 놈으로 정하고 있었는데 그놈이 죽었단 말이야."라고 했습니다. 이 이야기를 듣고 웃으실지 모르겠습니다. 그러나 웃지 마시기 바랍니다. 죽는 것은 언제나 주님의 송아지입니다. 금전 사정이 어려워질 때 우리가 맨 처음으로 아끼는 것은 헌금인 것입니다. '언제나'라고 말하면 심한 말이 될지 모르겠습니다. 그러나 이것이 사실인 사람들이 적지 않습니다. 그리고 우리가 좋아하는 것들은 맨 마지막에 지출되는 것입니다. "너희가 하나님과 재물을 겸하여 섬기지 못하느니라." 우리가 좋아하는 것들이 하나님과 우리 사이에 들어오는 경향이 있습니다.

이것들에 대한 태도가 궁극적으로 하나님에 대한 우리의 태도를 결정합니다. 우리가 하나님을 믿으며, '주여, 주여'라고 부른다는 단순한 사실이 그 자체로서 우리가 하나님을 섬기며, 우리가 하나님의 절대적 요구를 인정하며, 우리 자신을 기쁘게 서슴지 않고 굴복시킨다는 증거는 아닙니다. 각자 자신을 검토해 보시기 바랍니다.

39장

죄의 속박

"19 너희를 위하여 보물을 땅에 쌓아 두지 말라 거기는 좀과 동록이 해하며 도둑이 구멍을 뚫고 도둑질하느니라 20 오직 너희를 위하여 보물을 하늘에 쌓아 두라 거기는 좀이나 동록이 해하지 못하며 도둑이 구멍을 뚫지도 못하고 도둑질도 못하느니라 21 네 보물 있는 그 곳에는 네 마음도 있느니라 22 눈은 몸의 등불이니 그러므로 네 눈이 성하면 온 몸이 밝을 것이요 23 눈이 나쁘면 온 몸이 어두울 것이니 그러므로 네게 있는 빛이 어두우면 그 어둠이 얼마나 더하겠느냐 24 한 사람이 두 주인을 섬기지 못할 것이니 혹 이를 미워하고 저를 사랑하거나 혹 이를 중히 여기고 저를 경히 여김이라 너희가 하나님과 재물을 겸하여 섬기지 못하느니라" 마 6:19-24

본문(마태복음 6장 19-24)에서는 세상의 보물과 천국의 보물에 관한 문제에 대하여 주님께서 말씀하신 직접적이며 명시적인 교훈을 다루고 있었습니다. 그러나 여기서 끝낼 수가 없는 이유는 또 다른 뜻이 들어있기 때문입니다. 본문에는 간접적인 가르침, 암시적인 가르침도 있습니다. 그런데 주님은 이 문제의 실제적인 면에 관심을 가지십니다. 이 실제 문제에 대해 우리에게 경고를 하시면서 또한 주님은 가장 중요한 교리를 부수적으로 다루고 계십니다.

이것을 다음과 같이 표현할 수 있습니다. 왜 이 교훈이 필요한가, 성경에 이 같은 유형의 경고가 가득한 것은 어째서인가? 라고 말입니다. 그 해답은 죄와 그 결과 때문입니다. 우리가 이와 같은 구절을 읽으면서 아연실색하는 데에는 일리가 있습니다. 사람들은 "나는 기독교인이다. 나는 사물에 대해 새로운 견해를 갖게 되었다. 그러므로 나는 이 교훈이 필요하지 않다."라고 이렇게 말하는 경향이 있습니다. 그러나 우리는 이것의 필요함을 알고 있습니다. 우리들은 모두 각양각색의 모양으로 이것의 공격을 받고 있을 뿐 아니라 지배를 받고 있는 것입니다. 이 점을 설명해 줄 수 있는 것은 한 가지가 있을 뿐인데 곧 죄와 그 무서운 세력과 그것이 인류에게 끼친 결과입니다. 그러므로 여기서 우리는 주님이 가르침을 풀이하시면서 명령을 주시고, 그 이유를 진술하시며, 이것에 곁들여 죄와 그죄가 사람에게 끼치는 영향에 대해 많이 말씀하고 계심을 볼 수 있습니다.

먼저 주목해야 할 것은, 죄는 사람의 정상적 균형과 정상적 기능에 어지럽고 혼란한 결과를 가져온다는 사실입니다. 사람을 세 가지 부분으로 하나님이 만드셨는데, 곧 육신(body)과 지성(mind)과 영(spirit), 또는 육신과 혼(soul)과 영이라고도 할 수 있습니다. 가장 귀중한 것은 영입니다. 그 다음으로 혼이요, 그 다음이 육신입니다. 육신에 어떤 잘못이 있다는 것이 아니라 이것이 올바른 순서라는 것입니다.

죄의 결과는 사람의 정상적 기능에 전적으로 혼란을 가져왔습니다. 하나님께서 사람에게 주신 최고의 선물이 어떤 의미에서 지성의 선물이라는 것은 의심할 바 없습니다. 성경에 의하면 사람은 하나님의 형상대로 만들어졌습니다. 그리고 사람에게 있어 하나님의 형상을 닮은 부분이 지성, 곧 생각하고 추리하는 능력임은 의심할 바 없습니다. 특히 최상의 감각인 영적 감각으로 사고한다는 점입니다. 그러므로 사람은 다음과 같은 기능을 하게 되어 있었음이 분명합니다. 사람의 지성은 사람이 소유하고 있는 최고의 기능이며 성향(propensity)이므로 항상 첫째가 되어야 한다고 말입니다.

사물은 지성에 의해 분석합니다. 그런 다음 감정이라고도 하고, 감성이라고도 하고, 느낌이라고도 하는 하나님께서 사람에게 주신 감수성이 따라옵니다. 그런 다음 셋째로 의지라고 하는 다른 기능, 곧 우리가 이해한 일들, 우리가 이해의 결과로 소원하는 일들을 실천에 옮기는 능력이 옵니다. 하나님께서 사람을 이런 모양으로 만드셨고, 이런 까닭에 그런 기능을 만드셨으며, 이런 까닭에 그런 기능을 하는 것입니다. 사람은 이해를 하도록, 또 그 이해한 것의 지배를 받고 조정을 받도록 되어 있었습니다. 사람은 자기에게 가장 좋고 가장 참된 것으로 이해하는 것을 사랑해야 했고, 그런 다음 그 모든 것을 실천하고 실행해야 했습니다. 그러나 타락과 죄의 결과로 그 질서와 균형이 어지러워졌습니다.

여러분은 주님이 이 사실을 여기에서 어떻게 표현하셨는지 주목하십니다. 주님은 그의 교훈을 이렇게 설정하십니다. "너희는 자신을 위하여 재물을 땅에 쌓아두지 말라. 땅에는 좀이 먹고 녹이 슬어 못 쓰게 되며 도둑이 뚫고 들어와 도둑질한다. 그러므로 너희 재물을 하늘에 쌓아 두라. 거기는 좀이 먹거나 녹이 슬거나 해서 못 쓰게 되는 일이 없고 도둑이 뚫고 들어와 도둑질하지도 못한다. 너희의 재물이 있는 곳에 너희의 마음(heart)도 있는 것이다." 여기서는 마음이 처음에 왔습니다. 그런 다음 지성으로 나아가서 "눈은 몸의 등불이니 그러므로 네 눈이 성하면 온 몸이 밝을 것이요 눈이 나쁘면 온 몸이 어두울 것이니 그러므로 만일 네 속에 있는 빛이 어두우면 그 어둠이 얼마나 심하겠느냐?"라고 하십니다.

마음이 첫째요, 지성은 둘째요, 의지는 세 번째입니다. 왜냐하면 "한 종이 두 주인을 섬기지 못한다. 한편을 미워하고 다른 편을 사랑하거나 또는 한편을 중히 여기고 다른 편을 경히 여길 것이기 때문이다. 너희가 하나님과 재물을 겸하여 섬기지 못한다."이기 때문입니다.

땅의 보물과 소유물이 사람의 전 인격 곧 마음과 지성과 의지를 지배하고 조종하는 경향이 있음은 앞서 이미 고찰한 바 있습니다. 우리는 순서에 관심을 가질 필요가 없습니다. 그러나 여기서는 우리 주님께서 설정하신 그 순서에 큰 관심을 가질 필요가 있습니다. 여기서 주님은 본성에 있어 우리 모두에 대한 단순한 진리를 말씀하시기 때문입니다. 사람은 죄와 타락의 결과로 이제는 그의 지성과 이해의 지배를 받지 않고 있습니다. 사람은 자기의 욕망과 감정과 정욕의 지배를 받고 있습니다. 이것이 성경의 가르침입니다. 이리하여 사람이 그 자신의 최고 기능의 지배를 받지 않고 다른 것, 곧 종속적인 기능의 지배를 받는 무서운 곤경 속에 있음을 봅니다. 이것을 증명하는 성경 구절이 많습니다. 요한복음 3장 19절을 예로 들어봅시다. "심판을 받았다는 것은(이 심판은 인류의 최종 심판) 빛이 세상에 들어왔건만"입니다.

그렇다면 사람에게 문제 되는 것은 무엇입니까? 사람은 이것을 믿지 않습니까? 사람은 이것을 받아들이지 않습니까? 그렇습니다. "심판을 받았다는 것은 빛이 세상에 들어왔건만 사람들은 자기들의 행실이 악하기 때문에 빛보다 어둠을 더 좋아했다는 것을 뜻한다."인 것입니다.

환언하면 사람은 그의 지성으로 삶을 바라보는 대신 욕망과 감정을 가지고 바라봅니다. 사람은 어둠을 더 좋아합니다. 사람은 그의 머리 대신 마음의 조종을 받습니다. 우리는 이것에 대해 매우 분명히 해야 합니다. 중요한 것은 사람이 감정이나 욕망의 '지배'를 받아서는 안 되겠다는 것입니다. 이것은 죄의 결과입니다.

사람은 그의 지성의, 그의 이해력의 지배를 받아야 하는 것입니다. 그러나 불신자들은 그들의 지성이 아니라 그들의 마음과 편견의 지배를 받는 것입니다. 자기들 자신을 지적으로 정당화시키려는 그들의 정교한 시도는 마음의 불경(不敬)을 은폐하려는 시도 이외에 아무것도 아닙니다. 그들은 지적 위치를 구축함으로써 자기들의 삶을 정당화하려 애쓰고 있습니다. 그러나 진짜 문제는 그들이 욕망과 정욕의 지배를 받는다는 것입니다.

그들은 지성을 통하여 진리에 접근하지 않고 마음으로부터 오는 이 모든 편견을 가지고 진리에 접근합니다. 시편 기자가 완벽하게 표현한 대로 "어리석은 자는 그의 마음에 이르기를 하나님이 없다 하는도다"(시 14:1)라고 말입니다. 불신자는 항상 이런 소리를 합니다. 그리고 그가 이런 소리를 하는 이유도 이와 같습니다. 그런 다음 그는 자기 마음에서 하고 싶은 말을 정당화시킬 지적인 이유를 찾으려고 애를 씁니다. 주님은 여기서 이것을 명백히 상기시켜 주십니다.

이 속세의 것들을 탐하는 것은 마음입니다. 사악한 사람 속에 있는 마음은 너무 강력하여 그의 생각과 이해력을 지배합니다. 사람은 자기를 엄청 큰 지성으로 생각하고 싶어 합니다. 과학자들은 이렇게 주장하는 것을 좋아할 때가 많습니다. 그러나 과학자들은 가장 편견이 많은 사람일 때가 더러 있습니다.

그들의 일부는 자기의 이론을 지지하기 위해 사실을 왜곡시킬 준비가 되어 있습니다. 그들은 그들의 책에서 어떤 관념은 이론에 지나지 않는다고 말하면서 서두를 뗍니다. 그러나 몇 쪽 뒤에 가서 그 관념을 하나의 사실로 언급하는 것을 발견하실 것입니다. 이것은 마음의 작용이지 지성의 작용이 아닙니다. 이것은 죄와 그 결과로 인한 최대의 비극 중 하나입니다. 첫째로 이것은 그 순서와 균형을 뒤엎어 버립니다. 최고 최상의 선물이 보다 열등한 선물에 종속된 것입니다. "네 보물 있는 그 곳에는 네 마음도 있느니라"(마 6:21).

죄의 둘째 작용은 몇몇 아주 중요한 점들에서 사람의 눈을 멀게 하는 일입니다. 지성이 제어를 받지 않는다면 필연코 일종의 맹목이 따르게 마련입니다. 이것에 대한 사도 바울의 표현은 다음과 같습니다. "만일 우리의 복음이 가리었으면 그것은 망하는 자들에게 가리어진 것입니다. 그들이 믿지 않는 것은 이 세상의 신이 그들의 생각을 어둡게 하여 하나님의 형상인 그리스도의 영광스러운 복음의 빛을 보지 못하게 한 까닭입니다."(고후 4:3, 4). 죄의 작용이 이와 같습니다. 그리고 죄는 이 일을 마음을 통해서 합니다. 주님께서 이 짧은 문단에서 이 원칙을 실례를 들어 어떻게 설명하시는가 보실 수 있습니다. 죄는 사람의 마음을 어둡게 하여 완전히 분명한 일들을 보지 못하게 합니다. 그러므로 그것이 그처럼 분명해도 죄에 빠진 사람은 보지를 못합니다.

세상의 보물 문제를 예로 들어봅시다. 앞장에서 세상 보물들의 일부를 살펴본 바 있습니다만 사람들은 그들의 외관을 자랑합니다. 그러나 용모는 추해지게 되어 있습니다. 사람들은 어느 날엔가는 죽을병이 들어 죽게 되어 있으며, 부패가 시작될 것입니다. 이 일은 필연적으로 일어나게 되어 있습니다. 그러나 사람들은 외관을 자랑하면서 이것 때문에 하나님에 대한 그들의 신앙을 희생시켜 버립니다.

이것은 돈에도 적용됩니다. 죽을 때 우리는 돈을 갖고 갈 수 없습니다. 이것이 단순한 진리임을 인정해야 합니다. 그러나 기독교인 아닌 사람들은 모두 반대의 가정을 가지고 사는 경향이 있습니다. 그들은 서로에 대하여 질투와 시기심이 많습니다. 그들은 이것들, 곧 끝장나게 되어 있고 그들이 뒤에 남기고 떠나야만 할 이것들 때문에 모든 것을 희생시킬 것입니다.

진짜 상황은 너무도 분명하지만, 그들은 분명한 것을 보지 못하는 것 같습니다. 사람이 가만히 앉아 "자, 나는 오늘 여기 이 세상에 살고 있다. 그러나 나에게 앞으로 어떤 일이 생기려는가? 나의 장래는 어떻게 될까?"라고 자문한다면 그는 이렇게 답하지 않을 수 없을 것입니다. "나는 수십 년간 이렇게 계속 살 가능성도 있고 그렇지 못할 가능성도 있다. 그러나 이 삶이 끝나게 되어 있음은 확실하다. 이 세상 삶에는 끝이 있기에 나는 죽게 되어 있다. 그리고 나는 내 집과 사랑하는 아들과 내 소유물들을 두고 떠나야 한다. 이 모든 것을 뒤에 두고 이것들 없이 가야 한다." 우리는 단순한 이 사실을 압니다. 그러나 얼마나 자주 이것을 인식하며 살고 있습니까? 우리의 삶이 이 명백한 진리를 의식하며 이 의식의 조종을 받는 삶을 살고 있습니까? 그 대답은 "그렇지 않다"는 것입니다. 그 이유는, 사람의 지성을 눈멀게 하여 절대 명백한 것을 보지 못하게 하는 죄 때문입니다. "변화와 부패를 어디서나 보겠네."라고 찬송을 부릅니다. 변화와 부패를 보긴 하면서도 그 의미를 파악하지를 못하는 것 같습니다.

이와 같이 죄는 우리 눈을 어둡게 하여 사물에 대한 우열의 가치를 보지 못하게 합니다. 시간과 영원을 예로 들어봅시다. 우리는 시간의 피조물이지만 영원으로 가게 되어 있습니다. 시간과 영원의 중요성을 비교할 도리는 없습니다. 시간은 제한되어 있고 영원은 끝없고 완전무결합니다. 그러나 우리는 이것의 상대적 가치를 인식하지 못합니다.

우리가 시간에 속해 있는 것들에 몰두하며, 영원한 것들을 전적으로 무시하지 않습니까? 우리가 소유하며 근심하고 허둥거리는 모든 것은 시간이라는 매우 짧은 세계에 속한 것이 아닙니까? 영원하고 끝없는 것들이 있음을 알지만, 우리는 이것들을 조금도 생각하지 않는 것 같습니다. 이것은 죄의 결과입니다. 그래서 우열 상의 가치를 바로 평가하지 못하는 것입니다.

어둠과 빛의 예를 들어봅시다. 빛보다 더 놀라운 것은 없습니다. 빛은 우주에서 가장 경이로운 것 중 하나입니다. 하나님 자신이 빛이시며 "그 안에는 어둠이 조금도 없습니다." 어둠에 속한 행위나, 어둠과 밤의 장막 아래서 일어나는 일들이 어떤 것인지 우리는 압니다. 그러나 하늘나라에는 어둠이 없으며 밤도 없을 것입니다. 거기는 온통 빛이요, 영광뿐입니다. 그러나 빛과 어둠의 우열의 가치를 평가하는 일에 우리는 얼마나 둔합니까? "빛이 세상에 왔으되 사람들이 자기 행위가 악하므로 빛보다 어둠을 더 사랑한 것이니라."입니다.

기독교를 떠난 생활은 세상 사람의 관점에서 평가됩니다. 사람은 중히 여김을 받아야 할 존재입니다. 그의 존재, 그의 행복을 중히 여겨야 합니다. 기독교인이 아닌 사람들은 모두 사람을 위해서, 즉 자기 자신과 그들과 같은 다른 사람들을 위해서 살고 있습니다. 그러는 한편 하나님은 잊히고 무시당하고 있습니다. 이것이 죄의 영향을 받은 온 인류의 삶의 특징인 것은 분명합니다. 하나님께 등을 돌려대기를 서슴지 않으며 "나는 아플 때나 죽을 때가 되어 침상에 누워서 하나님께로 향하겠다. 그러나 지금은 나를 위해 살고 있다."라고 말하는 셈입니다. 우리의 지성은 우열 상의 가치에 눈이 멀어 있습니다. 세상의 부귀와 세상 재물과 지위, 신분을 탐하며, 하나님의 양자 곧 그리스도와 공동 상속자가 되는 것보다, 온 세상의 상속자가 되는 것보다, 이 모든 것들을 우선시키는 것입니다. "온유한 자는 복이 있나니 그들이 땅을 기업으로 받을 것임이요." 그러나 사람들은 이것을 생각하지 않으며 탐하지 않으며 눈앞에 닥친 것에 너무 열중해 있습니다.

죄와 악이 사람의 지성을 눈멀게 하는 또 한 면이 있습니다. 죄와 악은 사람의 눈을 멀게 하여, 서로 정반대되는 것을 섞는 일이 불가능함을 보지 못하게 합니다. 사람은 섞여질 수 없는 것들을 섞으려고 항상 애를 씁니다. 더욱 고약한 것은 자기가 그 일에 성공할 수 있다고 자기를 설득한다는 사실입니다. 사람은 이런 타협이 가능하다고 확신하고 있습니다. 그러나 우리 주님은 그렇지 않다고 하십니다. 이것을 철학적으로 진술한다면, 여러분은 아리스토텔레스의 "두 정반대의 것 사이에는 중용이란 것이 없다."라고 하는 그의 공리를 인용할 수 있겠습니다. 정반대되는 것은 역시 정반대되는 것입니다. 여러분은 이 둘 사이에서 중용을 얻지 못할 것입니다. 그런데 여기에 그 실례가 나옵니다. 빛과 어둠은 섞어볼 도리가 없습니다. 이 둘을 섞는다면 빛은 이미 아닙니다. 그렇다고 어둠도 아닙니다.

여러분은 하나님과 재물을 섞을 수 없습니다. 왜냐하면 사람은 두 주인을 섬길 수 없기 때문입니다. "이것이던가, 저것이던가."입니다. "한 편을 미워하고 다른 편을 사랑하거나 또는 한 편을 중히 여기고 다른 편을 경히 여길 것이기 때문입니다." 이 둘은 절대적인 것입니다. 우리에게 맑은 머리로 명확하게 사고할 능력이 있다면 우리는 이 둘을 사실대로 인정해야 합니다. 이 둘은 섞일 수가 없습니다. 그러나 죄에 빠진 인간은 자기의 가상된 영리함으로 두 가지를 하나로, 동시에 보아 버립니다. 그리고 이 이중의 시력 곧 난시 상태를 자랑합니다. 그러나 여기서 우리 주님은 그렇게 될 수가 없다고 말씀하십니다. 정반대되는 두 가지를 동시에 사랑할 수 없습니다. 사랑은 배타적입니다. 사랑은 강요적입니다. 그리고 항상 절대적인 것을 요구합니다.

이것을 바로 인식하지 못함이 오늘 세계의 문젯거리가 아닙니까? 그런데 이것이 세상에서만 두통거리가 되지 않음이 저를 두렵게 합니다. 교회에서도 문젯거리가 되고 있지 않습니까? 하나님의 교회가 어떤 양립될 수 없는 것들을 섞으려고 적지 않은 시간과 애를 써왔습니다. 교회가 영적인 사회일진대 우리는 교회와 세상을 어떤 모양 어떤 형태로든 섞을 수 없습니다. 그 형태야 어떠하든 상관이 없습니다. '세상'이란 말은 엄청나게 큰 죄를 의미하지 않습니다. '세상'은 그것 자체로서 매우 정당한 것들을 의미합니다.

콘스탄티누스 황제 시대 이후로 교회의 파멸이 되어온 것은 교회생활에서의 이 변함없는 타협 때문입니다. 세상과 교회와의 구분을 일단 잃으면 교회는 참된 기독교가 아닙니다. 그러나 하나님께 감사하게도 이 진리를 보고 타협을 거부한 사람들이 있었던 것입니다. 이것만이 교회의 유일한 소망입니다. 우리는 교회를 세속적 방법으로 유지하려 애써왔습니다. 그러니 교회가 이 모양인 것도 놀랄 것이 없습니다. 불가능한 것을 계속 시도하는 한 교회는 계속 이 모양일 것입니다.

우리가 복을 받고 부흥을 보기 시작할 때는 우리가 하나님의 백성이며, 영적 백성이며, 영의 영역 안에 살고 있음을 인정할 때입니다. 세속적 방법을 끌어들일 수는 있습니다. 그리고 성공하는 것 같아 보일지도 모릅니다. 그러나 교회는 개선되지 않을 것입니다. 그렇습니다. 교회는 영적이요, 교회의 영적 생활은 순전히 영적 양태로 양육되고 유지되어야 하는 것입니다.

죄의 또 다른 결과는, 사람이 섬김을 받아야 할 것들의 종이 되었다는 것입니다. 이것은 무섭게 비극적인 일입니다. 땅의 세속적인 것들이 우리의 신이 되는 경향이 있습니다. 우리는 이것들을 섬기고 사랑하고 있습니다. 우리 마음은 이것들에 홀려 있습니다. 이것들은 사람에게 도움이 되고, 사람이 세상에 있는 동안 삶을 즐길 수 있도록 하나님께서 사람에게 주신 것입니다. 이것들 곧 음식, 의복, 가족, 친구, 기타 모든 것들은 우리가 즐기라고 주신 것입니다. 이것들은 대부분 하나님의 친절하심과 은혜로우심의 표현입니다. 하나님은 우리가 이 세상에서 행복하고 즐거운 삶을 누릴 수 있도록 이것들을 주셨습니다. 그러나 죄 때문에 그것의 노예가 되었습니다.

우리는 각양 욕망의 지배를 받고 있습니다. 하나님은 우리에게 욕망을 주셨습니다. 굶주림, 갈증, 성(性)은 하나님이 만드신 것입니다. 그러나 사람이 이것들의 지배를 받는 순간 그 노예가 되어 버립니다. 얼마나 큰 비극입니까? 사람은 그가 마음대로 처분하도록 작정했던 것들을 숭배하고 있습니다. 사람을 섬기도록 작정되었던 것들이 그의 주인이 된 것입니다. 죄야말로 얼마나 가공스럽고 몸서리쳐지는 존재입니까? 그러나 죄의 마지막 결과는 죄가 사람을 전적으로 파멸시킨다는 점입니다. 이것이 성경의 처음부터 끝까지의 가르침입니다.

에덴동산에서 뱀을 통해 생명 속에 들어온 이것은 우리를 최종적으로 파멸시키는 일 이외에는 아무것도 관심이 없습니다. 마귀는 자기의 전체로서 하나님을 미워합니다. 마귀는 오직 한 가지 목적, 한 가지 야심을 품고 있습니다. 그것은 하나님이 만드시고 그의 기뻐하시는 모든 것을 파멸시키고 못 쓰게 하는 일입니다. 마귀는 사람과 세상을 파멸시키는 일에 특별히 몰두한다는 것입니다. 죄가 어떻게 사람을 파멸시킵니까? 여기 본문에 그 대답이 있습니다. 좀과 녹이 슬고 도둑이 구멍을 뚫고 훔치는 땅에서 자기를 위해 보물을 쌓고 난 후에 모든 것 중 가장 강력한 대적인 죽음과 얼굴을 맞대어야 함을 발견하는 것입니다.

그런 다음 이것들을 위해 살아온 이 비참한 인간은 별안간 자기가 아무것도 가지지 못한 것을 발견합니다. 벌거벗은 영혼 이외에는 모든 것을 박탈당한 자기를 발견하게 되는 것입니다. 이것은 철저한 파멸입니다. "사람이 온 세상을 얻고도 자기 목숨을 잃으면 무엇이 유익하겠느냐?" 죄가 마침내 인도하는 곳은 이곳입니다. 이것을 증명하는 성구가 많이 있습니다. 누가복음 16장 19-31절을 보십시오. 아주 완벽합니다. 이것은 이해와 상식의 문제입니다. 우리의 지성을 이것에 적용할 필요가 있습니다.

여러분이 이 순간 목표하며 중하게 여기는 것들, 여러분의 생활에 중요한 모든 것을 생각해 보십시오. 그런 다음 이 단순한 질문을 자문해 보십시오. "죽을 때 나는 이것들을 얼마만큼 가지고 갈 수 있는가?"라고 말입니다. 이것이 평가 기준입니다. 죽음의 강에서, 이 강 너머로 여러분은 이것들을 얼마나 가져갈 수 있겠습니까? 죄는 끝에 가서 사람에게 아무것도 남기지 아니하는 최종적 파멸입니다.

어떤 의미에서 더욱 고약한 것은, 마지막에 가서 자기가 한평생을 전적으로, 철저하게 악을 행한 것을 발견한다는 것입니다. 주님은 이것을 이렇게 표현하셨습니다. "눈은 몸의 등불이다. 그러므로 네 눈이 성하면 온 몸이 밝을 것이요 네 눈이 나쁘면 온 몸이 어두울 것이다. 그러므로 만일 네 속에 있는 빛이 어두우면 그 어둠이 얼마나 심하겠느냐?"라고 말입니다. 이 말씀이 그 장면을 보여주고 있습니다.

앞서 살펴본 대로 몸의 등불은, 어떤 의미에서 지성, 곧 이해력, 곧 하나님께서 사람에게 주신 비상한 기능입니다. 죄와 악의 결과로, 그리고 미움과 색욕과 격정과 욕망의 지배를 받기 때문에 이 최상의 도구가 왜곡된다면 그 어둠이 얼마나 크겠습니까? 이보다 더 고약하고 더 무서운 일이 또 있겠습니까?

이것을 다음과 같이 볼 수 있습니다. 지금까지 말씀드렸고 우리가 익히 잘 아는 대로 오늘날의 사람은 자기가 그 지성의 인도를 받고 있음을 믿지 않을 뿐만이 아닙니다. 그는 그 지성과 이해 때문에 하나님을 거부합니다. 그는 종교를 비웃고 세속적 생활관을 탄핵하는 사람들을 비웃습니다. 그는 현재를 위해 삽니다. 중요한 것은 한가지인데 곧 합리적인 생활관이라 믿고 있습니다. 그는 이것을 증명해 보이고 만족해하며 자기가 그 지성의 인도를 받는다고 확신해 버립니다.

사람은 자기 속에 있는 빛이 어둡게 된 것을 깨닫지 못합니다. 사람은 자기의 기능이 죄 때문에 엉망이 된 것을 보지 못합니다. 사람은 각양의 세력이 자기 지성을 통제하고 독을 먹여 마취시킴을 보지 못합니다. 그래서 자유롭게, 합리적으로 작용하지를 않습니다. 그러나 그는 이것을 끝에 가서야 보게 될 것입니다. 끝에 가서 그는 옛적 탕자처럼 정신이 들게 될 것입니다. 갑자기 그는 자기가 신뢰하던 것들이 어둠이며, 그를 그릇 인도하였고 자기가 모든 것을 상실한 것을 볼 것입니다. 그 속에 있는 빛은 어둠이었습니다.

이 모든 것을 누가복음 16장의 자색 옷과 고운 베옷을 입은 부자와 나사로의 이야기에서 볼 수 있습니다. 그 사람은 날마다 자기를 정당화시키며 "모두 괜찮아."라고 했습니다. 그러나 죽어 지옥에서 자기를 발견한 후에 그는 갑자기 이 사실을 보았습니다.

그는 자기가 한평생 바보였음을 보았습니다. 그는 아브라함에게 사정해서 같은 짓을 하고 있는 자기 형제들에게 누군가를 보내달라고 했습니다. 그는 자기 속에 있던 빛이 어둠이었고 그것이 매우 큰 어둠이었던 것을 발견했습니다. 이 것은 사탄의 가장 간교한 행위의 하나입니다. 사탄은 사람을 설복시켜, 그가 하나님을 부정함으로써 합리적이라고 믿게 하고 있습니다. 그러나 앞서 몇 번이나 살펴본 대로 실제로 일어나고 있는 일은 사탄이 그를 색욕과 욕망의 동물로 만들고 있으며, 그는 지성이 눈멀고 그의 눈이 이제는 성하지 않다는 것입니다. 모든 것 가운데서도 가장 위대한 기능이 악용된 것입니다.

여러분의 지성을 믿지 마십시오. 그것을 믿는다면 여러분에게 가장 큰 위험이 될 것입니다. 그러나 여러분이 진정한 기독교인이 되면 여러분의 지성은 다시 중심이 잡히고 여러분은 합리적 존재가 됩니다. 기독교 신앙을 눈물 짜는, 달콤하고 감상적인 물건으로, 민중의 아편으로, 순전히 감정적이며 비합리적인 것으로 생각하는 것 이상으로 비극적인 환각은 없습니다.

로마서 6장 17절에서 사도 바울은 참된 기독교 신앙관을 완벽하게 진술했습니다. "이제는 여러분이 전해 받은 가르침에서 찾은 진리를 마음을 다하여 순종하였습니다." 교리가 그들에게 전파되었고 그들이 교리를 보게 되었을 때 그들은 교리를 좋아했고, 믿었고, 실천했습니다. 그들은 하나님의 진리를 무엇보다 지성으로 받았습니다. 진리는 지성으로 받아야 합니다. 성령은 마음을 맑게 하실 능력이 있습니다. 이것이 개심(conversion)입니다. 이것은 중생의 결과로 일어나는 것입니다. 지성이 악과 어둠의 편벽에서 구출 받은 것입니다. 지성은 진리를 보고 다른 무엇보다도 그것을 사랑하며 원합니다. 바로 이것입니다. 사람이 생애 마지막에서 자기가 한평생 전적으로 악을 일삼아 왔음을 발견하는 일보다 더 큰 비극은 없습니다.

　그가 전적으로 바보짓을 하였고, 가상된 빛에 의하여 오도되었음을 발견하고 자기가 하나님의 생명밖에 있으며 그의 진노 아래 있음도 발견하는 것입니다. "너희가 하나님과 재물을 겸하여 섬기지 못하느니라." 그러므로 사람이 죽기까지 이생에서 재물을 섬겼다면 그는 죽음 너머에서 하나님 밖에 있음을 발견할 것입니다. 그는 하나님을 섬기지 않았습니다. 그래서 성경에 의하면, 그에 대해서 할 말은 딱 한 가지 있는데 "하나님의 진노가 그에게 있을 것이다"(요 3:36)라는 것입니다. 그가 위하고 살아온 모든 것이 가버렸습니다. 거기 영원 세계에서 그는 하나님, 곧 사랑이시며 은혜로우시며 정다우신 하나님을 대면해야 하는 벌거벗은 하나의 영혼입니다.

　사람의 머리카락까지 세시는 하늘 아버지가 그에게는 낯선 분입니다. 그는 이세상에서 하나님이 없을 뿐 아니라 영원한 세계에서도 하나님 없이, 소망 없이, 비참과 회한과 비통과 후환의 영원 세계를 대하고 있습니다. 죄는 전적으로 손실인 것입니다. 여러분이 하나님을 섬기기 위해 살고 있지 않다면, 이것이 여러분의 운명이 될 것입니다. 어느 누구도 이런 운명이 되지 않기를 기도합니다.

여러분이 이것을 피하고자 원한다면 하나님께로 가서 여러분이 세상 것들을 섬겨왔으며 여러분을 위해 땅에 보물을 쌓아 온 것을 고백하십시오. 그리고 무엇보다 지성을 밝혀주고, 이해력을 맑게 하고, 성한 눈으로 만드시어 우리로 진리, 곧 죄에 관한 진리와 그리스도의 피로 구원받는 오직 한 길을 볼 수 있게 하는 성령으로 가득 채워주시도록 구하십시오.

죄의 왜곡과 오염에서 구원받는 방법을 보여줄 수 있고, 하나님의 일들을 사랑하며, 오직 그만을 섬기며, 하나님의 아들의 모습과 본을 따라 지음을 받은 새 사람이 되는 법을 보여주시는 성령으로 여러분을 충만케 하시도록 구하시길 바랍니다.

40장

염려하지 말라

"25 그러므로 내가 너희에게 이르노니 목숨을 위하여 무엇을 먹을까 무엇을 마실까 몸을 위하여 무엇을 입을까 염려하지 말라 목숨이 음식보다 중하지 아니하며 몸이 의복보다 중하지 아니하냐 26 공중의 새를 보라 심지도 않고 거두지도 않고 창고에 모아들이지도 아니하되 너희 하늘 아버지께서 기르시나니 너희는 이것들보다 귀하지 아니하냐 27 너희 중에 누가 염려함으로 그 키를 한 자라도 더할 수 있겠느냐 28 또 너희가 어찌 의복을 위하여 염려하느냐 들의 백합화가 어떻게 자라는가 생각하여 보라 수고도 아니하고 길쌈도 아니하느니라 29 그러나 내가 너희에게 말하노니 솔로몬의 모든 영광으로도 입은 것이 이 꽃 하나만 같지 못하였느니라 30 오늘 있다가 내일 아궁이에 던져지는 들풀도 하나님이 이렇게 입히시거든 하물며 너희일까보냐 믿음이 작은 자들아" 마 6:25-30

마태복음 6장 25절에서부터는 산상설교의 새로운 대목이 시작됩니다. 이 대목은 마태복음 6장에서 고찰되고 있는 주요 주제인 이 세상을 살아가는 기독교인인 우리와 하나님 아버지와의 관계에 있어서 삶에 대한 주제의 세부항목에 해당됩니다. 그러면 기독교인이 사적 생활과 공적으로 행하는 것, 이 두 가지에 대하여 살펴보고자 합니다.

여러분은 산상설교가 얼마나 실제적인지 아실 것입니다. 산상설교는 사적인 개인생활의 실제를 다루고 있습니다. 내가 행하는 모든 것, 기도생활, 선을 행하려 시도하는 생활, 금욕생활, 헌신, 나 개인의 영적생활의 양육과 수양 등등입니다. 그러나 우리는 이러한 일들에 내 시간의 전부를 보내지는 않습니다. 만약 이러한 일들로 시간을 모두 채운다면 이것은 바로 승려나 은둔자가 되는 경우일 것입니다. 나는 나 자신을 사회로부터 격리시키지 않습니다. 나는 세상에 살며 사업과 여러 가지 일에 종사하고 있으며 그러기에 나를 압박하는 수많은 문제를 가지고 있습니다. 또한 주님은 19절에서 시작되는 둘째 대목에서 우리에게 마주쳐오는 큰 문제는 세속화의 문제임을 상기시켜 주십니다. 이 세속화의 문제는 상존하는 것이며, 항상 우리를 공격하고 있습니다. 이것이 6장 19절에서 6장 끝 절까지의 주제입니다.

이제 둘째 부분인 25절부터 마지막 절까지를 살펴보겠습니다. 이것은 여전히 동일한 주제, 곧 세속화의 위험, 재물의 위험, 현세의 지성과 철학과 생활로 말미암아 패배를 당하는 위험인 것입니다. 앞장에서 살펴본 19-24절과 여기 본문에서의 차이점은, 앞의 부분에서 우리 주님은 주로 땅에 보물을 쌓고 비축하고 저장하며 사는 삶의 위험을 강조하셨고 여기에서는 주님께서 땅에 보물을 쌓는 것에 대해서라기보다는 이것들에 대한 우리의 염려와 근심에 대하여 관심을 갖고 계신 것입니다. 이 두 가지는 물론 다릅니다. 땅에 보물을 쌓는 죄를 범하지 않을지는 몰라도 이것들을 항상 생각하며 항상 이것을 염려하고 곰곰이 생각하기 때문에 속된 마음이 되는 사람들이 많이 있습니다. 이것이 앞서 살핀 것과 주된 차이점입니다.

그러나 이것을 또 다르게 표현할 수 있습니다. 19-24절에서 우리 주님은 주로 부자들, 곧 이 세상 재물에 부요한 사람들, 따라서 재물을 쌓고 축적하는 위치에 있는 사람들에게 말씀하셨다고 말하는 사람들이 있습니다. 그러나 그들은 본장 25절부터 마지막 절까지는 주님이 실제로 가난하거나 부자라고 할 수 없는 사람들, 즉 그럭저럭 수지계산을 맞춰나가는 사람들, 수입에 알맞게 사는 사람들, 생계문제에 직면해야 하며, 본질적인 의미에서 명맥을 유지해나가는 사람들을 더 생각하고 계신다고 주장합니다. 이 사람들에게 찾아오는 주된 위험은 보물을 쌓아두거나 이모저모로 재물을 숭배하는 위험이 아니라, 이것들이 부담이 되고 이것들 때문에 염려하는 위험이라고 하는 것입니다. 여러분이 어느 해석을 취하든 상관없습니다. 둘 다 사실이기 때문입니다. 왜냐하면 이 세상 물질로 근심하고 부담이 되는 것은 부자에게도 가능하기 때문입니다. 그러므로 부자와 가난한 자와의 대조를 강요할 필요가 없습니다. 중요한 것은 보이는 것들, 시간과 이 세상에만 속하는 것들로 압박을 당하고 얽매이는 위험에 대하여 집중적으로 고찰해 보는 일입니다.

여기서 사탄과 죄의 무서운 교활성을 다시 한 번 상기하게 됩니다. 사탄이 그의 궁극적 목적에 성공하는 한 죄가 어떤 형태를 취하는가는 그리 중요하지 않습니다. 여러분이 땅에 보물을 쌓든, 세상일들에 근심을 하든, 사탄에게는 중요하지 않습니다. 그가 관심을 가지는 것은 여러분의 마음이 하나님께 있는 것이 아니라 이것들에 있게 해야 한다는 데 있습니다. 그리고 사탄은 사면팔방에서 여러분을 습격하고 공격할 것입니다. 여러분은 사탄이 앞문으로 들어와서 여러분에게 땅의 보물을 쌓는 것에 대해 말할 때 그를 물리쳐 이겼다고 해서 사탄에게 승리했다고 생각할는지 모릅니다. 그러나 여러분이 알아차리기도 전에 그가 뒷문으로 들어와서 여러분에게 이런 것들에 대한 염려와 근심을 일으키고 있음을 발견할 것입니다.

사탄은 여전히 여러분이 이것들을 바라보게 만들 것이며 그렇게 해서 그는 완전히 만족하게 되는 것입니다. 사탄은 자기를 '광명의 천사'로 가장할 수도 있습니다. 그가 쓰는 방법은 변화무쌍하며 그가 쓰는 수단에는 끝이 없습니다. 그의 유일한 관심사는 우리가 우리의 마음을 하나님께 집중시켜 거기에 붙들어 매어 두는 대신 우리 마음을 이런 세상 것들에 집중하게 하는 일입니다. 그러나 다행히도 우리는 사탄과 그의 방법을 아시는 분의 인도를 받으며, 우리가 사도 바울과 함께 "우리가 그의 계교를 알지 못하는 것이 아니라"고 말할 수 있다면, 그것은 우리가 주 예수 그리스도 자신으로부터 배우고 교훈 받았기 때문입니다. 광야에서 주님께 행한 마귀의 삼중 시험은 얼마나 간교했습니까? "네가 만일 하나님의 아들이어든"이라고 말입니다. 우리도 비슷한 공격을 받고 있습니다. 그러나 감사하게도 예수님은 이 문제에 대해 우리에게 교훈하신 바가 있었습니다. 주님은 경고를 계속하십니다. 주님은 우리가 얼마나 연약한지 아십니다. 주님은 사탄의 세력과 그의 무서운 간교성을 아십니다. 그래서 세밀한 점에까지 언급하십니다.

앞의 제목에서처럼, 여기서 우리는 다시 주님께서 단지 원칙을 설정하거나 명령과 교훈만을 주시는 것으로는 만족하지 않으심을 보게 될 것입니다. 주님께서 이 진리를 우리의 지성 앞에 내어놓으심을 지금 다시 상기하게 됩니다. 주님은 어떤 감정적 분위기만을 낳으시는 데는 관심이 없으십니다. 우리에게 이치를 논하며 밝히십니다. 이것은 우리가 파악해야 할 중요한 문제입니다. 그래서 주님은 "그러므로"란 말씀으로 시작하셨습니다. "그러므로 내가 너희에게 이르노니." 여러분은 주님께서 이 말씀을 반복하신 것을 보십니다. "너희는 먼저 … 구하라." 이 말씀은 여러분이 성한 눈을 가져야 하며, 재물이 아니라 하나님을 섬겨야 한다고 하는 말씀의 또 다른 표현 방법입니다.

어떤 희생을 치르고서라도 이렇게 해야 합니다. 그래서 주님은 이것을 '그러므로'란 말씀으로 시작하시면서 세 번씩 거듭 말씀하셨습니다. "그러므로 내가 너희에게 이르노니 목숨을 위하여 무엇을 먹을까 무엇을 마실까 몸을 위하여 무엇을 입을까 염려하지 말라 목숨이 음식보다 중하지 아니하며 몸이 의복보다 중하지 아니하냐"(25절). 그런 다음 31절에서 다시 말씀하시기를, "그러므로 염려하여 이르기를 무엇을 먹을까 무엇을 마실까 무엇을 입을까 하지 말라." 그런 다음 34절에서 최종적으로 다시 말씀하시기를, "그러므로 내일 일을 위하여 염려하지 말라 내일 일은 내일이 염려할 것이요 한 날의 괴로움은 그 날로 족하니라"라고 하셨습니다.

이 세상에 주 예수 그리스도와 같은 '스승'은 없었습니다! 가르침의 큰 기술은 반복하는 기술입니다. 참된 교사는 한 번 말하는 것으로는 충분하지 못하여 반복할 필요가 있음을 항상 압니다. 주님은 이것을 세 번이나 말씀하셨습니다. 그러나 매번 조금씩 다른 형태로 말씀하셨습니다. 주님의 방법은 매우 흥미 있고 매혹적입니다. 앞으로 진행해 나가면서 이것이 어떤 것인지 정확히 살펴보겠습니다.

그러면 먼저 우리가 해야 할 것은 주님께서 사용하시는 용어, 특히 "염려하지 말라"(Take no thought)라고 하는 표현을 고찰하는 일입니다. 이 말을 오해하여 걸려 넘어지는 사람들이 많았습니다. 흠정영역(AV)에는 이와 같이 되어 있습니다. "Take no thought for your life, what ye shall eat…"(너희가 목숨을 위하여 무엇을 먹을까 걱정을 하지 말라). 그리고 흠정영역은 이 표현을 계속해서 썼습니다. 그러나 물론 "Take no thought"의 진짜 의미는 이 흠정영역이 1611년에 소개된 이후로 변화되어 왔습니다.

권위 있는 성경주석가들에게 들어보면 그들은 'taking thought'가 그 당시엔 '근심한다', '염려하는 경향이 있다'는 의미로 사용된 것을 셰익스피어의 작품에서 발견할 수 있다고 합니다. 그러므로 여기서의 참된 해석은 '염려하지 말라', '근심하지 말라' 또는 '무엇을 먹을까 무엇을 마실까 너희 생에 대하여 걱정하지 말라'는 뜻이어야 합니다. 이것이 이 낱말의 바른 의미입니다.

주님께서 사용하신 이 낱말은 매우 흥미 있습니다. 이 말은 우리를 나누고, 분리하고 어지럽히는 어떤 것을 가리키기 위하여 사용된 단어인데, 신약성경에서 매우 자주 사용되었습니다. 이것과 맞먹는 구절인 누가복음 12장 29절을 보시면 "neither be ye of doubtful mind"(의심하지 말라)라는 표현이 사용된 것을 발견하실 것입니다. 여러 부분과 구획으로 나뉘어 있는 마음(mind, 전체적으로 기능하지 않는 마음)을 말하는 것입니다. 그러므로 이것을 '성한 눈'이 아니다 라고 말하는 것 이상으로는 더 잘 표현할 수 없다고 하겠습니다. 일종의 이중적 시각, 두 방향에서 하나를 동시에 보는 것, 그러므로 아무것도 보지 못한다는 것입니다. 이런 의미에서 근심한다, 염려한다, 'taking thought' 한다는 의미입니다.

이 용어의 의미를 더 잘 설명하려면, 주님께서 마르다와 마리아의 집에 머무신 이야기에서 찾아볼 수 있습니다(눅 10:38-42). 주님은 마르다에게 향하여 꾸짖으셨습니다. "네가 많은 일로 염려하고 근심한다."라고 말입니다. 가련한 마르다는 '마음이 혼란해졌던 것'입니다. 이것이 이 표현의 의미입니다. 마르다는 자기가 어디에 위치하고 있는지, 자기가 원하는 것이 무엇인지 알지 못했습니다. 한편 마리아는 단일 목적, 단일 목표를 갖고 있었습니다. 마리아는 많은 일로 혼란해 있지 않았습니다. 그러므로 우리 주님께서는 땅의 일들, 곧 세상의 일들에 대하여 염려하고 노심초사하며, 또 이런 것들을 너무 바라보는 나머지 하나님을 보지 못함으로써 삶의 주된 목적에서 빗나가는 위험에 대하여 우리에게 경고하고 계십니다. 이중적인 삶, 이러한 거짓된 견해와 이원론의 위험에 대하여 경고하고 계신 것입니다. 주님께서 관심을 가지신 것은 이것이었습니다.

이 지점에서 이것을 부정적으로 표현하는 것이 중요할 것 같습니다. 우리 주님은 여기서, 우리가 이런 것들을 조금도 생각해서는 안 된다고 가르치시지 않습니다. "염려하지 말라"(Taking no thought)는 이런 뜻이 아닙니다. 교회사에는 이것을 문자적으로 취하여 신앙생활은 어떤 의미에서든 미래를 생각하지 말아야 하며 앞날을 위해 조금도 준비해서는 안 된다고 생각한 사람들, 열심은 있으나 그릇되게 나간 사람들이 많았습니다.

그들은 믿음으로만 삽니다. 그들은 오직 '하나님께 기도하며' 내일을 위해서는 아무것도 하지를 않습니다. 그런데 이것은 "염려하지 말라"(Take no thought)란 의미가 아닙니다. 이 말의 정확한 의미가 아니더라도 이 문맥과 신약성경의 다른 곳의 명백한 가르침을 보아서도 그들은 이런 과오에서 벗어났어야 마땅했을 것입니다.

헬라원어의 정확한 지식만이 이 말의 참된 해석에 필수적인 것이 아닙니다. 여러분은 이런 과오에서 벗어나야 합니다. 분명코 여기의 문맥, 우리 주님께서 사용하신 바로 이 실례는 이 사람들의 해석이 잘못된 것임을 틀림없음을 증명하고 있습니다. 주님은 공중의 새에 대한 논법을 펴십니다. 새들이 나무 위에나 장대 위에 걸터앉아 음식이 그들에게 자동적으로 들어오기까지 기다려야 한다고 하는 말은 사실이 아닙니다. 새들은 음식을 위해 바쁘게 찾아다닙니다. 공중의 새들은 바쁘게 활동을 합니다. 그러므로 주님이 이 지점에서 사용하시는 논법은 하나님을 수동적으로 시중들며 아무것도 하지 않는다는 뜻으로 해석할 가능성을 배제합니다.

주님은 농부들이 밭을 갈고 써레질을 하고 씨를 뿌리고 곡식을 거둬 곡간에 들이는 일을 결코 정죄하시지 않습니다. 왜냐하면 사람이 이렇게 이마에 땀을 흘리며 살라는 것이 하나님의 명령이기 때문입니다. 그러므로 이 여러 논법은 실례의 형태로 표현된 것인데 들의 백합화의 실례를 포함하여 백합화가 뿌리를 박고 있는 땅에서 자양분을 어떻게 빨아올리는가 보십시오. 특히 성경의 다른 곳의 가르침에 비추어서 우리는 이 우습고 엉뚱한 해석에서 벗어나야 마땅합니다.

사도 바울은 이것을 데살로니가 사람들에게 보낸 두 번째 편지에서 또렷이 표현했습니다. 그는 "누구든지 일하기 싫어하거든 먹지도 말게 하라"(살후 3:10)고 했습니다. 그때 다소 광신적인 사람들은 말하기를 "주님께서 어느 순간에든 돌아오시게 되어 있으니 우리가 일해서는 안 된다. 우리는 주님의 오심을 기다리며 시간을 보내어야 한다."라고 했습니다. 그래서 그들은 일을 중단했고, 자기네가 특별히 영적인 사람들이라고 생각했습니다.

그들에 대한 바울의 간결한 논평을 소개합니다. "일하기 싫어하거든 먹지도 말게 하라." 삶을 지배하는 몇 가지 기본 원칙이 있기 마련인데, 이 원칙이 그 중의 하나입니다.

이 명령에 대한 해석을 빌립보서 4장 6, 7절의 사도 바울의 위대한 말씀에서 찾아보게 됩니다. 거기서 그는 "아무것도 염려하지 말고 모든 일에 감사하는 심정으로 기도와 간구로써 여러분의 소원을 하나님께 아뢰시오. 그리하면 모든 지각을 초월한 하나님의 평안이 그리스도 예수 안에서 여러분의 마음과 생각을 지켜줄 것입니다."라고 했습니다. 다시 말씀드리지만, 이것은 나태에 대한 금지명령이 아니라 근심과 염려에 대한 경고, 이생에서 항상 우리를 공격하는 이 염려하는 것에 대한 경고인 것입니다.

이 문제가 위험하다는 것에 대해서는 의문이 있을 수 없습니다. 잠시 멈추어 서서 우리 자신을 고찰하고 검토하는 순간 우리는 이 위험에 노출되어 있을 뿐 아니라 이것에 굴복할 때가 허다합니다. 이 세상에서 근심하며 괴로움을 당하며 염려하는 것보다 인류에게 더 자연스러운 일은 없어 보입니다. 어떤 사람들은 이것이 여인들, 특유의 시험(유혹), 특히 가정을 돌볼 책임이 있는 사람들에게 시험이 되는 것이라고 말들 합니다. 그러나 그들에게만 국한되는 것이 아닙니다. 이 위험은 남편이나 아버지 또는 사랑하는 이들과 기타 사람들에게 책임을 지는 모든 사람에게 들이닥치는데, 전 생애를 이런 것들의 압박을 받아 짓눌림을 당하며 보내는 것은 위험한 일입니다. 이것들이 우리를 지배하고 조종하는 경향이 있습니다. 그래서 평생을 이것들에게 사로잡혀 살아가는 것입니다. 우리 주님이 관심을 가지시는 것은 이것입니다. 주님은 너무 심려하셔서 이 경고를 세 번이나 되풀이하고 있습니다.

먼저 주님께서 말씀하신 것을 풀이해 보겠습니다. "목숨을 위하여 무엇을 먹을까 무엇을 마실까 몸을 위하여 무엇을 입을까 염려하지 말라." 여기서 주님은 앞의 대목에서처럼 대략적 진술과 명령으로 시작하십니다. 거기서 주님은 법을 설정하심으로 시작하신 다음 그 법을 지켜야 할 이유를 주셨습니다. 여기서도 정확히 같습니다. 우리는 무엇을 먹을까 무엇을 마실까 몸을 위하여 무엇을 입을까 근심하고 염려해서는 아니 됩니다. 이 말씀이 무엇보다 포괄적인 말씀임은 물론입니다.

주님은 우리의 목숨, 우리의 생존, 우리가 생명을 부지하고 있는 이 몸속의 우리의 존재를 다루고 계십니다. 그러므로 우리의 목숨과 우리의 몸을 고찰하실 때 주님은 이 세상의 우리의 실존과 생명을 고찰하고 계십니다. 주님은 이것을 대략적 의미로 표현하셨습니다. 이것을 인식해야 하는 것은 중요합니다. 이것은 매우 철저한 명령이기 때문입니다. 이것은 우리 생활의 어떤 면들에만 적용되지 않습니다. 이것은 우리의 삶 전체, 곧 우리의 건강, 우리의 기력, 우리의 성공, 기타 우리에게 일어나는 것, 어떤 형태 어떤 모양으로든 우리의 삶을 구성하는 것을 모두 포함합니다. 동시에 전체로써 우리의 몸을 포함하며, 주님의 이 말씀은 우리가 옷이나 이 세상에서 우리 삶의 일부가 되는 이것들의 어느 것에 대해서든 염려해서는 안 된다고 말씀하십니다.

이렇게 주님은 당부를 주시고 난 다음 이것을 준수해야 할 이유를 주시고 나서 이것을 세분하여 말씀하십니다. "목숨이 음식보다 중하지 아니하며 몸이 의복보다 중하지 아니하냐." 이 말씀은 목숨과 몸을 포함합니다. 그런 다음 주님은 이것을 세분하여 목숨을 예로 들어 논증하셨습니다. 그런 다음 몸을 들어 논증을 하셨습니다. 먼저 일반적 논증의 형식을 살펴보기로 합시다. 이것은 매우 인상적이며 중요합니다. 논리학자들은 주님께서 사용하시는 용어가 작은 논증에서 큰 논증으로의 연역에 기초를 둔 것이라고 말합니다. 주님은 결국 "잠깐 기다려라. 너희가 근심하기 전에 이것을 생각해 보아라. 너희 목숨이 음식보다 중하지 아니하냐?"라고 말씀하시는 셈입니다.

주님은 무슨 뜻으로 이렇게 말씀하셨습니까? 이 논증은 매우 심오하고 강력한 논증입니다. 그런데 우리는 이것을 얼마나 잊기를 잘합니까? 주님은 결국 "너희가 근심하고 염려하는 너희의 생명을 생각해 보라. 너희는 목숨을 어떻게 받았느냐? 그것은 어디서 왔느냐?"라고 말씀하신 셈입니다. 그 답은, 두말할 것도 없이 하나님의 선물입니다. 사람은 목숨을 창조하지 못합니다. 사람은 자기 몸을 낳을 수 없습니다. 우리 중 아무도 이 세상에 오기로 결정한 사람은 없습니다. 이 순간 우리가 살아있다는 바로 그 사실은 전적으로 하나님께서 의도하시고 결정하셨기 때문입니다. 목숨 그 자체가 하나의 선물, 곧 하나님께로부터 온 선물입니다. 이 논증은 내가 이것에 결코 염려할 필요가 없다는 것입니다.

물론 나는 밭을 갈고, 씨를 뿌리고, 추수하여 곡간에 들여야 하게 되어 있습니다. 하나님께서 이 세상에서 사람과 그 목숨을 위해 정해 놓으신 일들을 나는 해야 하게 되어 있습니다. 나는 일을 해서 돈을 벌어야 합니다. 그러나 주님께서 하시는 말씀은 갑자기 내 생명을 유지하기에 충분하지 못하기라도 한 것처럼 염려하고 근심할 필요가 없다는 것입니다

나는 여러분에게 매우 흥미롭고 중요한 문제로서의 본 논증이 성경에서 얼마나 자주 사용되고 있는지를 여러분이 연구해 볼 것을 권합니다. 우리는 이것의 완벽한 실례를 로마서 8장 32절에서 봅니다. "자기 아들을 아끼지 아니하시고 우리 모든 사람을 위하여 내주신 이가 어찌 그 아들과 함께 모든 것을 우리에게(은혜로) 주시지 아니하겠느냐?" 이것은 성경에서 매우 흔한 논증 곧 작은 것에서 큰 것으로 전개해 나간 논증입니다. 이것을 항상 주시하며 적용해야 합니다. 생명을 은사로 주신 이가 이 생명을 유지하고 지탱하기 위해 음식을 공급하실 것입니다. 이 논증을 공중의 새로부터 발견할 수 있습니다. 새들은 먹이를 찾아야 합니다. 그러나 새들을 위해 음식을 공급하시는 이는 하나님이십니다. 하나님은 새들을 위해 먹이가 그곳에 있도록 마련하시는 것입니다.

이것은 정확히 우리의 몸에도 적용되는 것은 물론입니다. 몸은 하나님으로부터 온 선물입니다. 그러므로 우리는 아주 행복할 수 있습니다. 여기서 주님이 말씀하시는 성경의 중심 원칙이 하나 오게 됩니다. 오늘날 우리 대다수에게 주된 문제는 우리가 중요한 원칙들을 잊는다는 것이며, 특히 이생에서 누리는 것들이 하나님의 선물이라는 아주 중요한 원칙을 망각하는 일입니다.

예를 들어 생명을 주신 하나님께 여러분은 얼마나 자주 감사합니까? 우리는 과학적 지식을 가지고 생명의 기원과 본질을 이해할 수 있다고 생각하는 경향이 있습니다. 그래서 이것들을 자연법칙상의 인과관계와 필연적인 발전 과정이라는 관점에서 생각해 버립니다. 그러나 이런 모든 이론들은 증명될 수 없는 것이며 가장 중요한 점에서 결함을 드러내는 이론에 불과하다는 사실은 그만두고라도, 성경의 교훈에 대하여 그들이 보여주는 이해 부족은 정말 비극적이요 한심한 일입니다.

생명은 어디서 옵니까? 생명의 기원에 관해서 현대과학자들의 글을 읽어보십시오. 그러면 그들이 이것을 설명할 수 없음을 금방 발견하실 것입니다. 과학자들은 무기물과 유기물과의 넘을 수 없는 한계에 다리를 놓을 수 없습니다. 과학자들은 저마다의 이론을 갖고 있습니다. 그리고 그 이론이라는 것이 이것 이상의 것은 아닙니다.

생명이라 불리는 이 본질은 어디서 왔습니까? 그 기원은 어디서 왔습니까? 만일 여러분이, 생명은 무기질에서 어찌 어찌해서 유기물이 되었다고 말한다면 나는 이렇게 묻습니다. "그 무기물은 어디서 왔습니까?"라고 말입니다. 여기에 오직 만족할 만한 대답은 한 가지가 있을 뿐입니다. 하나님께서 생명의 수여자라는 것입니다. 그러니 이것을 대충 다루어서는 안됩니다. 우리 주님은 우리 개개인에게 깊은 관심을 가지시며, 생명과 존재와 생존을 선물로 주신 이는 하나님이시라는 것을 가르치시고 있습니다. 우리는 단순히 진화적 과정에 의해 생긴

개개인이 아닙니다. 하나님은 우리 한 사람 한 사람에 관심을 가지십니다. 하나님께서 의도하시지 않았다면 우리는 이 세상에 결코 들어오지 못했을 것입니다.

우리는 이 큰 원칙을 올바로 파악해야 합니다. 생명과 음식과 생존을 선물로 주시고, 우리에게 주신 이 모든 신비와 경이를 하나님께 감사하지 못하는 날이 하루라도 있어서는 안 됩니다. 이것들은 오직, 그리고 전적으로 하나님의 선물입니다. 이것을 인식하는 데 실패하면 우리는 다른 모든 데서도 실패할 것입니다.

우리에게 생명과 몸을 주시는 이는 하나님이십니다. 하나님께서 생명을 주셨다면 우리는 다음과 같은 추론을 도출해 낼 수 있습니다. 즉 "우리에 대한 하나님의 목적이 성취될 것이다."라고 말입니다. 하나님이 시작하신 일은 어떤 일이든 결코 미완성 상태로 남겨두시지 않습니다. 하나님께서 시작하신 것, 하나님께서 목적하신 것을 하나님은 확실히 성취하실 것입니다. 이 세상의 우리의 삶을 결코 우연한 것으로 생각해서는 안 됩니다. 그러므로 우리는 목숨과 그 유지와 지탱에 대해 결코 염려해서는 안 됩니다. 폭풍우 한 가운데 있든, 비행기를 타든 결코 염려해서는 안 됩니다.

여러 가지로 잘못된 것 같아 보이는 일들이 많은 것이 사실입니다. 혹은 기차를 탔을 때, 그 선로에서 사고가 있었음을 갑자기 기억할 때도 있습니다. 그러나 우리가 실로 우리 목숨과 몸이 하나님의 선물이라는 이 올바른 관념을 갖는다면 이런 것은 문제가 되지 않습니다. 이 선물은 하나님께로부터 온 것입니다. 만사를 태초에 작정하신 하나님께서 이것들을 이루어나가십니다. 인류에 대한 하나님의 목적과 개개인을 위한 하나님의 목적은 확정되어 있는 것이며 확실한 것입니다.

지금까지 말씀드린 것을 다시 상기해 보겠습니다. 이것은 곧 수십 세기를 일관해 온 하나님의 백성들의 신앙입니다. 이것의 예를 필립 도드리쥐의 위대한 찬송시에서 볼 수 있습니다.

"오, 벧엘의 하나님이시여 당신의 백성이 아직 당신의 손에서 먹여지고 있나이다. 당신은 이 곤고한 순례길에서 우리의 선조를 모두 먹여주셨나이다."

이 시는 궁극적으로 하나님의 주권, 곧 하나님은 우주의 통치자시요, 우리는 하나님께 한 사람 한 사람씩 알려지신바 되고 하나님과 개인적 관계에 있다는 것에 기초를 둔 위대한 논증입니다. 이것이 히브리서 11장에 서술된 위대한 모든 신앙의 영웅들의 믿음이었습니다.

그들이 이해하지 못할 때도 허다했으나 그들은 말하기를 "하나님이 아시며 하나님이 떠맡으신다."라고 했습니다. 그들을 낳으시고 그들을 위해 큰 뜻을 가지시는 하나님께서 그들을 떠나시거나 버리시지 아니하리라는 이 최종적 확신을 그들은 갖고 있었습니다.

이 세상에서 그들의 목적이 완성되기까지 하나님께서 확실히 그들의 모든 여정을 뒷받침하며 인도하실 것입니다. 그리고 그들이 그의 영광의 존전에서 영원히 지나게 될 하늘나라 처소로 그들을 영접하실 것입니다.

"목숨을 위하여 무엇을 먹을까 무엇을 마실까 몸을 위하여 무엇을 입을까 염려하지 말라 목숨이 음식보다 중하지 아니하며 몸이 의복보다 중하지 아니하냐." 이것을 철저히 토론해 보시고, 중요한 원칙들로 시작하시어 필연적인 추론을 도출해 내십시오. 이렇게 하는 순간 근심과 염려와 걱정은 사라질 것이며, 여러분은 하늘 아버지의 자녀로서 영원한 처소를 향하여 평화롭고 고요하게 나아가게 될 것입니다.

41장

공중의 새와 꽃들

"25 그러므로 내가 너희에게 이르노니 목숨을 위하여 무엇을 먹을까 무엇을 마실까 몸을 위하여 무엇을 입을까 염려하지 말라 목숨이 음식보다 중하지 아니하며 몸이 의복보다 중하지 아니하냐 26 공중의 새를 보라 심지도 않고 거두지도 않고 창고에 모아들이지도 아니하되 너희 하늘 아버지께서 기르시나니 너희는 이것들보다 귀하지 아니하냐 27 너희 중에 누가 염려함으로 그 키를 한 자라도 더할 수 있겠느냐 28 또 너희가 어찌 의복을 위하여 염려하느냐 들의 백합화가 어떻게 자라는가 생각하여 보라 수고도 아니하고 길쌈도 아니하느니라 29 그러나 내가 너희에게 말하노니 솔로몬의 모든 영광으로도 입은 것이 이 꽃 하나만 같지 못하였느니라 30 오늘 있다가 내일 아궁이에 던져지는 들풀도 하나님이 이렇게 입히시거든 하물며 너희일까보냐 믿음이 작은 자들아" 마 6:25-30

우리는 본문(마태복음 6장 25-30절)에서 여러 가지로 이 세상일들에 대하여 지나치게 염려하는 우리의 성향 때문에 야기되는 무서운 위험에 대한 주님의 일반적 진술을 고찰하고 있습니다.

우리는 목숨을 위하여 무엇을 먹을까 무엇을 마실까 그리고 우리 몸을 위하여 무엇을 입을까를 염려하는 경향이 있습니다. 전적으로 이런 차원에서 사는 것 같아 보이는 사람들이 너무나도 많은 것을 보노라면 소름이 돋습니다. 그들은 마치 음식과 마시는 것과 의복이 그들의 생활의 전부인 것 같습니다. 그들은 시간의 대부분을 이런 일들을 생각하며, 논하며, 다른 사람들과 토론을 벌이며, 이것들 때문에 논쟁하며 여러 가지 책과 잡지에서 이런 내용을 읽고 있습니다. 오늘의 세계는 우리 모두에게 그런 차원에서 살도록 안간힘을 다하고 있습니다. 서가의 책들을 대충 살펴보십시오. 그러면 이 모든 것들에 어떻게 비위를 맞추고 있는지 보실 것입니다. 세상의 기호가 이와 같습니다. 사람들은 이것들을 위해 살며 갖가지 방법으로 이것들로 염려하고 근심합니다.

우리 주님께서는 이것을 아시고 그 위험을 간파하셨기 때문에 무엇보다 먼저 이 특수한 함정을 피해야 할 총괄적인 이유를 알려주고 계십니다. 그리고 무엇을 먹을까 무엇을 마실까 무엇을 입을까에 대해 염려해서는 안 된다고 경고하시고 나서, 이 문제의 각 면(各面)을 별도로 고찰하시며 진행해 나아가십니다. 그 첫 번째 면은 26절과 27절에서 고찰되었으며 이 세상에서 우리의 생존과 존속, 그리고 우리 생명의 유지 문제를 다루고 있습니다. 여기에 그 논증이 나옵니다. "공중의 새를 보라 심지도 않고 거두지도 않고 창고에 모아들이지도 아니하되 너희 하늘 아버지께서 기르시나니 너희는 이것들보다 귀하지 아니하냐?"어떤 사람들은 27절의 진술이 다음 대목에 속하는 것이라고들 말합니다. 그러나 앞으로 곧 알게 될 이유들 때문에 첫째 대목에 속하는 것이 분명합니다.

음식과 마실 것과 생명 유지의 문제와 관련해서 우리 주님은 우리에게 이중적 논증 혹은 두 개의 주된 논증을 제공하십니다. 첫째 논증은 공중의 새로부터 도출된 것입니다. 이 지점의 논증은 큰 것에서 작은 것으로 진행된 것이 아니라 오히려 그 반대입니다. 주님은 이 명제를 보다 낮은 차원에 설정하시고 나서 이것을 보다 높은 차원으로 이끌어 올리십니다. 무엇보다도 주님은 일반 진술로 시작하시며, 우리의 주변에서 일어나는 자연의 한 장면에서 시작하십니다. "공중에 나는 새를 보라." '보라'라는 낱말이 언제나 강렬한 응시의 의미를 지니는 것은 아닙니다. 주님은 우리 눈앞에 펼쳐져 있는 어떤 것을 그저 바라보라고 요구하고 계실 뿐입니다. 여러분의 눈앞에 무엇이 있는지 보십시오. 이 새들, 곧 공중의 새들입니다. 우리가 이 새들로부터 추론해 낼 수 있는 논증은 어떤 것입니까? 이 새들에게 먹이가 공급되는 것이 분명하다는 것입니다. 새들이 생명을 유지하는 것과 사람이 생명 유지를 위해 받는 방법 사이에는 큰 차이가 있습니다. 새들의 경우에는 먹이가 그것들에게 직접 공급됩니다. 그러나 사람의 경우에는 어떤 과정이 포함됩니다. 사람은 씨를 뿌리고 후에 뿌려진 씨에서 자란 곡식을 거둡니다. 그런 다음 이것을 곳간에 모아 그것이 필요하게 될 때까지 저장합니다.

사람의 방법은 이와 같습니다. 이것은 사람이 타락한 후 하나님께서 사람에게 명령하신 방법입니다. "네가 … 얼굴에 땀을 흘려야 먹을 것을 먹으리니"(창 3:19). 역사의 시발점으로 돌아가서, 파종기와 추수는 사람이 아니라 하나님께서 결정하신 것입니다. 그러므로 파종과 추수와 곳간 안에 비축하는 것은 사람에게 절대 필요한 일입니다. 사람은 이런 방법으로 살게 되어 있습니다. "염려하지 말라"란 명령이, 가만히 앉아 양식이 아침마다 기적적으로 도착할 것을 기대해야 한다는 의미일 수 없는 이유가 여기 있습니다.

이것은 성경적인 것이 아닙니다. 이것을 믿음의 생활이라고 생각하는 사람들은 모두 성경의 가르침을 오해한 것입니다. 그러나 사람은 이런 일들에 대해 염려해서는 안 됩니다. 사람은 날씨가 어떻게 되려나, 그가 곳간에 넣을 것이 있나 없나 의아해하며 하늘을 쳐다보며 시간을 보내서는 안 됩니다. 이것은 주님께서 정죄하시는 일입니다. 사람은 씨를 뿌려야 합니다. 그렇게 하도록 하나님께 명하심을 받고 있습니다. 그러나 수확량을 홀로 증가시키실 수 있는 분이신 하나님만을 의지해야 합니다.

우리 주님은 새들에게로 주의를 끄십니다. 새들이 목숨을 부지하게 하시며, 먹이를 자연을 통해 그들에게 제공하신다는 사실-벌레, 곤충 기타 새들이 먹고 사는 모든 것을 제공하신다는 것-보다 새들에 대하여 더 분명한 사실은 없습니다. 그것은 어디서 옵니까? 그 대답은, 하나님께서 새들을 위해 그것을 제공하신다는 것입니다. 여기에 삶의 단순한 사실이 있습니다. 하나님은 우리에게 이 사실을 보라고 말씀하십니다. 스스로를 위해 먹이를 마련한다든지 뒷날을 위해 대비하지 않는 이 작은 새들은 먹이를 공급받는 것입니다. 하나님께서 돌보시며 보호하시는 것입니다. 하나님께서 그들에게 먹을 것들을 주선하십니다. 하나님께서 그들의 생명이 보존되게 주선하시는 것입니다. 이상은 사실에 대한 단순한 진술에 지나지 않습니다. 우리 주님은 지금 이 사실을 가지고 이로부터 두 가지 매우 중요한 추론을 도출하고 계십니다. 하나님은 그의 일반섭리(general providence)를 통해서, 또 일반섭리 안에서만 짐승과 공중의 새를 이와 같이 다루고 계신 것입니다.

하나님은 그들의 아버지가 아닙니다. "공중의 새를 보라 … (그러나) 너희 하늘 아버지께서 기르시나니." 이것은 매우 흥미 있는 진술입니다. 하나님은 이 세상 만물의 조물주시요, 창조주시며, 보존자이십니다. 하나님은 사람뿐 아니라 온 세상을 일반적 섭리의 배려를 통하여, 그리고 그러한 방법으로만 다루고 계신 것입니다. 여러분은 미묘한 변화, 곧 모든 논증 중에서도 가장 심오한 논증으로 이끄는 어구에 주목해야 합니다. "너희 하늘 아버지께서 (그것들을) 기르시나니." 하나님은 우리의 아버지이십니다. 그리고 우리의 아버지께서 그에게 오직 일반 섭리로만 관계되어 있는 저 새들을 이렇게까지 크게 돌보실진대 하물며 우리에 대한 그의 돌보심은 얼마나 더 커야 하겠습니까? 예를 들어 땅의 아버지도 새나 동물에게 친절할 수 있습니다. 그러나 사람이 단순한 생물을 위한 먹이는 공급하면서 자기 자식들을 등한히 한다는 것은 상상도 할 수 없는 일입니다. 땅의 아버지가 이러할진대 우리 하늘 아버지는 얼마나 더 그러할 것입니까?

여러분은 주님의 추론과 논법을 주목하십시오. 말씀 하나 하나가 중요합니다. 세심하고 치밀하게 주목해야 합니다. 공중의 새들을 섭리하고 돌보시는 하나님으로부터 "너희 하늘 아버지"로의 기묘한 전환을 보십시오. 본문에서 그의 논거를 따르면서 우리는 이 논거가 절대 기본적이며 중대한 것임을 보게 됩니다.

이 세상에서 살아갈 때 우리는 자연에 대한 이와 같은 사실들을 주목하여 관찰합니다. 그러나 우리는 기독교인이기 때문에 보다 깊은 이해를 가지고 이 사실들을 보아야 하며 다음과 같이 말해야 합니다. "아니다. 이런 일들은 도대체가 저절로 일어나는 것이 아니다. 이것들은 많은 현대 과학자들이 우리로 믿게 하려는 것처럼 우연하게 생겨난 것이 아니다. 하나님은 창조자시며, 하나님이 존재하는 모든 만물의 보존자이시다. 하나님이 심지어 새들을 위해서도 먹이를 공급하시며, 새들은 먹이가 있음을 본능적으로 안다. 하나님이 그것이 거기에 있도록 주선하시는 것이다. 하지만 나는 어떠한가? 나는 지금 하나님의 자녀요, 하나님은 나의 하늘 아버지 되신다. "하나님은 나에게 창조주만 되시는 것이 아니라 그 이상인 주 예수 그리스도 안에서, 그를 통해서 내 하나님이요, 아버지이시다."라고 말입니다. 우리 주님에 의하면 우리는 우리 자신에 대하여 이렇게 하는 순간 염려와 근심과 걱정은 아예 불가능하게 됩니다. 이 진리를 우리 마음에 적용하기 시작하는 순간 두려움은 즉시, 반드시 사라지는 것입니다.

이상은 자연에 대한 이 대략적 관찰에서 도출해 낸 첫 번째 추론입니다. 우리는 이 추론을 간직해야 합니다. 우리가 참으로 기독교인이라면 하나님은 우리의 하늘 아버지이십니다. 이것을 추가해 말씀드려야 하는 이유는 우리가 적용하고 있는 것은 모두 기독교인들에게만 적용되기 때문입니다. 우리는 그 이상으로 나아가서 이렇게 말할 수 있습니다. 비록 하나님께서 일반섭리에 따라 전 인류를 다루고는 계시지만 앞장에서 "하나님이 그 해를 악인과 선인에게 비추시며 비를 의로운 자와 불의한 자에게 내려주심이라"(마 5:45)는 말씀을 살펴본 바와 같이, 여기 주님의 이 특정 진술은 하나님의 자녀들 곧 우리 주님이시며 구주이신 예수 그리스도를 통하여 또 그 안에서 하늘 아버지의 자녀 된 사람들만을 위한 것입니다. 하나님을 자기 아버지로 아는 사람은 기독교인 된 사람뿐입니다.

사도 바울은 로마 사람들에게 보내는 편지에서 기독교인 이외에 "아빠 아버지"라 부를 수 있는 사람은 없다고 했습니다(롬 8:15). 성령이 그 속에 내주하시지 않는다면 어느 누구도 하나님을 자기 아버지로 알지 못하며 하나님을 의지할 수도 없습니다. 그러나 우리 주님은 이렇게 말씀하십니다. "여러분이 이런 관계에 있다면, 여러분이 근심하고 염려하는 것이 죄가 됨을 인식해야 한다."라고 말입니다. 하나님은 여러분의 아버지이시기 때문입니다. 하나님이 새들을 돌보신다면 여러분들을 얼마나 더 크게 돌보시겠습니까?

우리 주님은 두 번째 추론을 이와 같이 표현하셨습니다. "너희는 이것들보다 귀하지 아니하냐?" 여기서 이 논증은 다시 작은 것에서 큰 것으로 진행됩니다. 그 의미는 "너희는 공중의 새들보다 얼마나 훨씬 더 귀하냐?"란 뜻입니다. 이것은 사람의, 특히 기독교인의 참 위대함과 그 품위로부터 도출한 논증입니다.

뒤에서 이 논증을 보다 깊은 차원에서 다루겠지만 여기서는 성경의 교리 중 인간론(doctrine of man) 곧 사람의 위대함과 존엄성에 대하여 간략하게 설명하고자 합니다. 세상은 인간의 위대함을 논하며 성경과 그 가르침은 인간성을 천대하고 비하한다고 주장합니다. 그러나 사실은 그 정반대입니다.

사람의 참된 위대함은 성경의 인간관이 약화됨에 따라 사라지는 경향이 있습니다. 왜냐하면 세속적 자연주의 인간관은 하찮은 것이기 때문입니다. 사람은 하나님의 형상대로 만들어졌습니다. 여기에 참 위대함과 존엄이 있습니다. 그러므로 어떤 의미에서 사람은 창조주 하나님을 닮고 있습니다. 우리 주님은 비천하고 낮은 모양으로 오셨지만, 여러분이 사람의 위대함을 볼 때는 그 분을 볼 때인 것입니다. 세상은 위대함과 존엄에 대해 거짓된 관념을 품고 있습니다. 참된 인간관을 발견하려면 시편 8편과 성경의 기타 구절로 향해야 합니다. 하지만 무엇보다 먼저 주 예수 그리스도를 바라보고, '그리스도 안에서' 그의 형상대로 지음 받은 신약성경의 인간상에 주목하시기 바랍니다. 그러면 작은 것에서 큰 것으로 진행해 나가는 이 논증의 적절함을 보실 것입니다.

"너희는 이것들보다 귀하지 아니하냐." 하나님은 이 새들을 돌보십니다. 새들은 가치가 있습니다. 새들은 그가 보시기에 소중합니다. 그러나 "너희 아버지께서 허락하지 아니하시면 그 하나도 땅에 떨어지지 아니하리라"(마 10:29)고 말씀하시지 않았습니까? 이것이 사실이라면 여러분 자신을 보고 여러분이 하나님 앞에 있음을 인식하십시오. 하나님이 여러분을 주 예수 그리스도 안에서 그의 자녀로 보심을 기억하십시오. 여러분은 단번에 그리고 영원히 이런 것들에 대한 염려와 근심과 걱정을 중단하게 될 것입니다.

여러분 자신을 그의 자녀로 볼 때, 여러분은 하나님께서 불가피하게 여러분을 돌보실 것을 아실 것입니다. 그러나 근심의 쓸데없음과 무익함에 기초를 둔 이 첫째 논증에는 둘째 논증이 포함되어 있습니다. 주님의 말씀이 이렇습니다. "너희 중에 누가 염려함으로 그 키를 한 자라도 더할 수 있겠느냐?" 이 논증을 조심스럽게 살펴보아야 합니다. 그러나 먼저 이 진술이 정확히 어떤 뜻인지 결정지어야 하겠습니다.

여기에는 두 가지 의견이 있습니다. '키'란 말의 의미가 무엇인가 묻는다면 대답이 두 개 있음을 발견하게 됩니다. 성경학자들의 절반은 '키'가 높이를 의미한다고 말합니다. 보통 우리가 키라고 하면 높이를 생각하는 것이 정상입니다. 그러나 '키'란 말의 헬라어는 동시에 생명의 길이를 의미하기도 합니다. 이 말은 헬라 고전에서나 성경에서나 두 가지 의미로 사용되었습니다. 그러므로 "헬라원어에서는 무엇이라고 말하느냐?"라고 묻는 것은 소용없는 일입니다. 이 말은 두 가지 의미의 어느 뜻으로도 사용될 수 있는 것입니다. 그러므로 헬라어의 관점에서 결정할 수가 없습니다.

그러면 어떻게 접근해야 합니까? 문맥에서 이 문제를 결정해야 합니다. '자'(cubit)는 무엇입니까? 한 자는 18인치입니다. 이것을 염두에 두고 보면 여기

'키'란 말은 높이를 말하는 것일 리가 없습니다. 우리 주님께서 다시 작은 것에서 큰 것으로 진행시키고 계신다는 이유 때문에 이것은 불가능한 것입니다.

여러분은 키를 18인치나 더하기 위해 염려하는 사람을 상상할 수나 있습니까? 이런 암시는 어리석게도 키가 아닌 생명의 길이를 말씀함에 틀림없습니다. 우리 주님은 "너희 중 이렇게 수고하고 염려하고 근심함으로 생명의 길이를 한 순간이나마 연장할 수 있는 자가 얼마나 되느냐?"라고 말씀하시는 셈입니다.

주님은 여기서 이 세상의 우리 목숨에 관심을 가지시기 때문입니다. 원문의 기록은 "Take no thought for your life"(너희 목숨에 대해 염려하지 말라)입니다. 주님은 몸을 말씀하고 있지 않고, 생존, 목숨의 존속을 생각하고 계십니다. 키 관념을 여기에 도입하는 것은 아주 부적당하게 될 것입니다. 그렇습니다. 사람들은 수명을 연장하고 싶어 하는 것입니다.

주님은 결국 이렇게 말씀하신 셈입니다. "이 문제에 정면으로 대면해라. 너희의 모든 행위로 너희의 대단한 모든 노력으로 너희의 모든 수고와 근심 걱정을 가지고 너희 중 어느 누가 한 순간이나마 수명을 연장할 수 있느냐?"라고 말입니다.

이 질문에 대한 대답은 우리가 그럴 수 없다는 것입니다. 이것은 너무 분명한 사실이지만 우리가 잘 잊고 있는 명백한 진실입니다. 여러 가지로 수명을 연장하려고 시도할는지는 몰라도 이 세상에서 목숨을 연장할 수 없는 것이 사실입니다. 백만장자도 그가 원하는 음식과 음료는 다 살 수 있으나 생명을 연장할 수는 없습니다. "돈이 힘이다."라고 말을 합니다. 여러 면에서 그럴지 모릅니다. 그러나 이 점에서는 그렇지가 않습니다. 백만장자도 생존 문제에 있어서는 가장 비참한 가난뱅이보다 우월한 점이 전혀 없는 것입니다.

그뿐이 아닙니다. 의학지식과 기술로도 목숨을 연장할 수는 없습니다. 그럴 수 있다고 생각한다면 정말 어리석은 사람입니다. 이 일은 하나님께서 정하시는 것입니다. 이런 까닭에 의사들도 당황하고 좌절할 때가 허다한 것입니다. 같은 상태에 있는 것처럼 보이는 두 환자가 동일한 치료를 받았습니다. 한 사람은 회복되고 한 사람은 죽습니다. 그 해답은 무엇입니까? 그 해답은 "아무도 수명에 한 치도 보탤 수가 없다."는 것입니다. 이것은 큰 신비입니다.

현대의 온갖 지식의 발전에도 불구하고 우리 시대는 여전히 하나님 손 안에 있습니다. 그러므로 우리 주님은, 왜 이렇게 법석을 떨고 안달하느냐, 왜 이렇게들 흥분하고 왜 이렇게 근심하며 걱정하느냐고 주장하시는 것입니다.

생명은 하나님으로부터 오는 선물입니다. 하나님이 생명을 일으키시며, 그 종말을 결정하십니다. 그러므로 여러분이 걱정하고 근심하게 되거든 즉시 자세를 바로 잡고 이렇게 말씀하십시오. "나는 삶을 시작하거나 계속하거나 끝낼 수가 없다. 이것은 모두 전적으로 그의 손에 달려 있다. 그러므로 이 큰 문제가 그의 관리 하에 있다면 이보다 덜한 것들을 그에게 일임할 수 있다."라고 말입니다.

여러분은 한 치도 목숨을 연장할 수 없습니다. 그러므로 이런 일들로 근심하는 것이 철저하게 헛되고 시간과 에너지의 낭비임을 인정하십시오. 여러분의 할 일은 씨 뿌리고, 추수하여 곳간에 거두는 일입니다. 그러나 나머지는 하나님 손에 있음을 기억하십시오. 여러분은 시장에서 가장 좋은 씨를 살 수 있을 것입니다. 여러분은 최상품의 써레와 파종에 필요한 것들을 모두 살 수 있을 것입니다. 그러나 하나님이 해와 비를 거두신다면 한 톨도 추수할 수 없을 것입니다. 이 모든 일 배후에는 궁극적으로 하나님이 계십니다. 사람에게 나름의 위치와 할 일이 있습니다. 그러나 증식은 하나님의 손에 있음을 항상 기억해야 합니다. 그리고 이것은 항상 어떤 상황에도 적용됩니다.

이제는 두 번째 문제로 28절에서 시작되는 "너희가 어찌 의복을 위하여 염려하느냐."는 몸과 의복의 문제입니다. "들의 백합화가 어떻게 자라는가 생각하여 보라 수고도 아니하고 길쌈도 아니하느니라 그러나 내가 너희에게 말하노니 솔로몬의 모든 영광으로도 입은 것이 이 꽃 하나만 같지 못하였느니라 오늘 있다가 내일 아궁이에 던져지는 들풀도 하나님이 이렇게 입히시거든 하물며 너희일까 보냐 믿음이 작은 자들아." 이 논증은 다시 작은 것에서 큰 것으로 진행됩니다. 그러나 이번에는 좀 더 강한 용어를 사용하셨습니다. 앞서는 '공중의 새'였습니다. 이번에는 '들의 백합화'가 어떻게 자라는가 "생각하여 보라"는 것입니다. 이런 일들을 묵상하며 보다 깊은 차원에서 고찰해 보라는 뜻임은 물론입니다.

주님은 이 논법을 앞의 논법처럼 표현하셨습니다. 무엇보다도 이 사실들, 곧 들의 백합화, 들꽃, 풀들을 보십시오. 성경학자들은 '백합화'가 무슨 뜻인지 정확히 결정하기 위하여 많은 지면을 할애하고 있습니다. 그러나 주님께서 팔레스타인의 들에 자라고 있던, 그들이 잘 알던 어떤 평범한 풀들을 가리켜 말씀하심이 분명합니다. 주님은 이것들을 보라고, 생각해 보라고 말씀하십니다. "이 풀들은 수고도 아니하고, 길쌈(직조)도 아니한다. 그러나 이 풀들을 보라. 그 경이와 아름다움과 완전함을 보라."고 하십니다. 솔로몬의 모든 영광도 이 꽃 하나만 같지 못하였습니다. 솔로몬의 영광은 유대인들 가운데서 속담처럼 회자되었습니다. 여러분은 구약성경에서 그의 장엄하고 화려함을 읽어보실 수 있습니다. 그의 신기한 의복, 왕과 신하들의 온갖 놀라운 의류, 금으로 싸고 보석이 박힌 가구들과 더불어 백향목으로 만든 궁전 등을 보실 수 있습니다. 그러나 이 꽃들 하나와 비교해 볼 때 그의 모든 영광은 빛을 잃고 하찮은 것이 됩니다. 꽃에는 그 형태와, 무늬와 짜임새와 바탕과 색깔에 있어 사람이 온갖 재간을 갖고도 모방할 수 없는 본질적 자질이 있습니다.

"바람에 날리는 가장 비천한 꽃도
눈물을 흘리기에는 너무나도 깊이 묻혀 있는
사상을 줄 수 있나이다."

'주님께서' 보시는 바가 이와 같습니다. 주님은 하나님의 손을 보십니다. 주님은 완전한 창조를 보십니다. 주님은 전능하신 이의 영광을 보십니다. 이 세상에서 짧은 생존기간 동안에 아마도 어떤 사람의 눈에도 띄지 아니하며 또 "허허벌판에서 그의 향기를 한갓 헛되이 소모하는"듯 작은 꽃잎일지라도 하나님에 의하여 완전하게 옷 입혀지고 있는 것입니다. 이것이 사실입니다. "들풀도 하나님이 이렇게 입히시거든 하물며 너희일까보냐?" 하나님이 들의 꽃에도 이렇게 하신다면 여러분에게는 얼마나 더하시겠습니까?

"오늘 있다가 내일 아궁이에 던져지는 들풀도 하나님이 이렇게 입히시거든 하물며 너희일까보냐?" 얼마나 강력한 논증입니까? 들의 꽃은 잠깐 있다가 지나갑니다. 옛적에는 사람들이 꽃이나 풀을 베어 연료로 사용했습니다. 옛적에 빵을 구울 때 이렇게 했습니다. 우선 풀을 벤 다음 그것을 말려서 아궁이에 넣고 불을 지폈으며 이것은 큰 열을 발생했습니다. 그런 다음 그것을 헤쳐서 빵을 만들 반죽을 넣었습니다. 이것이 평범한 습관이 되었습니다. 주님 당시에도 그러했습니다. 백합화와 풀은 덧없는 것으로 잠깐 있다 없어집니다. 우리는 이것을 얼마나 잘 알고 있습니까. 꽃들이 오늘 그 섬세한 미와 온갖 완전함을 지니고 여기에 있습니다. 그러나 내일이면 모두 이 아름다운 것들이 왔다가 가버립니다.

그러나 여러분은 불멸입니다. 여러분은 시간의 피조물일 뿐 아니라 영원에 소속되어 있습니다. 여러분이 오늘 여기 있다가 진정한 의미에서 내일 가버린다고 하는 말은 사실이 아닙니다. 하나님은 사람의 마음에 "영혼을 심어 놓으셨습니다." 사람은 죽도록 되어 있지 않습니다. "너는 흙이라 흙으로 돌아가리라"는 말은 영혼에 대해 한 말씀이 아닙니다.

여러분은 생래적 존엄과 위대함을 갖고 있을 뿐 아니라 죽음과 무덤 너머에 영원한 실존을 지니게 됩니다. 여러분 자신에 대한 이 같은 진리를 믿을 때 여러분을 만드시고 여러분을 이와 같이 작정하신 하나님께서 이 세상에 사는 동안 여러분의 몸을 소홀히 하시리라 믿을 수 있겠습니까? 물론 아닙니다. "오늘 있다가 내일 아궁이에 던져지는 들풀도 하나님이 이렇게 입히시거든 하물며 너희일까 보냐 믿음이 작은 자들아." 아멘

42장

작은 믿음

"오늘 있다가 내일 아궁이에 던져지는 들풀도 하나님이 이렇게 입히시거든 하물며
너희일까보냐 믿음이 작은 자들아" 마 6:30

"아, 믿음이 작은 자들아"(마 6:30). 여기서 우리는 염려 문제에 관한 주님의 최종
논증을 보게 됩니다. 이것은 의식주와 생존을 위하여 걱정하지 말며, 옷 문제로
우리 몸에 대하여 염려하지 말라는 주님의 경고의 요약이라 말할 수 있습니다.
주님께서 새와 꽃들의 관점에서 풀이하신 상세한 논증의 결론입니다. 결국 주님
은 이렇게 말씀하시는 것 같습니다. "결국은 이런 말이니, 문제의 진짜 원인은 너
희가 새들과 꽃들로부터 명확한 추론을 끌어내지 못하는 데 있다. 그러나 이것
과 함께 분명히 믿음이 없는 점도 문제이다. '아, 믿음이 작은 자들아.' 이것이 문
제의 궁극적 원인이다."라고 말입니다.

여기에서 제기되는 문제는 이것입니다. 즉 우리 주님은 '작은 믿음'이란 말씀을
어떤 의미로 사용하셨습니까? 그 함축된 정확한 의미는 무엇입니까? 주님은 그
들이 믿음이 없다고는 말씀하지 않으신 것을 주목하십시오. 주님은 '작은' 믿음
으로 해서 그들을 꾸짖으십니다. 주님께서 관심을 두시는 것은 그들에게 믿음이
없어서가 아닙니다. 그것은 믿음의 불충분, 곧 그들에게 충분한 믿음이 없다는
사실 때문입니다.

이것은 정확히 무엇을 의미합니까? 이 문제의 올바른 대답은 전 문맥에 세밀한
주의를 기울이는 데 있습니다. 주님이 여기서 서술하시고 꾸짖으시는 사람들은

누구입니까? 그들은 오직 기독교인들뿐이라는 사실을 다시 한 번 상기해야 합니다. 주님은 세상 모든 사람들에게 말씀하시고 있는 것이 아닙니다. 이 말씀은 팔복에 해당이 되는 사람들에게만 하신 말씀입니다. 그러므로 심령이 가난한 사람들, 자신의 죄책감과 죄의식 때문에 애통하는 사람들, 하나님 앞에서 진정 길을 잃고 무력한 자신의 모습을 보는 사람들, 온유하고 따라서 의에 주리고 목마르며, 의가 오로지 주 예수 그리스도 안에서만 얻을 수 있음을 인식하는 사람들에게 베풀어진 말씀인 것입니다. 그러므로 이 말씀은 이와 같이 믿는 사람들에게만 주신 것입니다.

더구나 이것은 주님께서 '너희 하늘 아버지'란 용어를 적용할 수 있는 사람들에 대한 말씀입니다. 하나님은 예수 그리스도 안에 있는 사람들에게만 아버지이십니다. 그는 모든 사람을 만드신 이요, 창조주이십니다. 우리는 이런 의미에서 그의 자손입니다. 그러나 사도 요한이 표현한 대로 하나님의 아들들이 될 권리와 권세를 가지는 사람은 주 예수 그리스도를 믿고 사는 사람들뿐입니다(요 1:12).

주님은 바리새인들에게는 "너희는 너희 아비 마귀의 자식이다."라고 하셨습니다(요 8:44). 여기서도 그러합니다. 주님은 '하나님의 보편적 부성'(universal Fatherhood)과 '인간의 보편적 형제성'에 관한 어떤 막연한 일반 교리를 가르치고 계시지 않습니다.

복음은 사람들을 두 그룹으로 구분합니다. 기독교인들과 기독교인이 아닌 사람들입니다. 예수 그리스도의 복음은 비기독교 세계를 향해서는 할 말이 한 가지가 있는데, 곧 비기독교 세계는 하나님의 진노 아래 있으며, 이 세상에서는 비참과 불행과 전쟁과 전쟁의 소문 이외에는 아무것도 기대할 수 없으며, 비기독교 세계는 결코 참된 평화를 알지 못하리라는 사실입니다. 다시 말하면, 기독교 복음은 세상을 향하여 하나님의 복 받기를 원한다면 주 예수 그리스도를 믿어야 한다고 말씀합니다. 이 세상에는 소망이 없습니다. 기독교인 된 사람들에게만 소망이 있습니다. 이것은 팔복이 적용되는 사람들, 곧 그들이 예수 그리스도 안에서 하나님의 자녀라고 참으로 바른대로 말할 수 있는 사람들만을 위한 메시지입니다. 참으로, 우리가 고찰하는 바로 다음 구절에서 주님은 기독교인들을 이방인들("이는 다 이방인들이 구하는 것이라")과 대조하고 계십니다. 여기서 사람들을 두 가지로 나누고 있음을 봅니다. 곧 '이방인들'과 '그리스도 안에' 있는 사람들, 밖에 있는 사람과 안에 있는 사람들, 하나님의 백성과 하나님의 백성이 아닌 사람들입니다.

이 구절을 이해할 수 있는 방법은 이렇게 두 부류로 구분하는 방법입니다. "우리 주님은 여기서 구원의 믿음만을 갖고 있으며, 그 안에 머물러서 서 버리는 기독교 백성들에 대해서 말씀하고 있다."라고 말입니다. 주님이 관심을 가지시는 것은 이 사람들입니다. 주님이 원하는 바는, 보다 크고 보다 깊은 믿음으로 이끌림을 받아야 하겠다는 것입니다. 이렇게 해야 할 첫째 이유는 구원의 믿음만을 가지고 더 나아가지 않는 사람은 이생에서 많은 것을 빼앗길 것이라는 사실 때문입니다. 그뿐만이 아닙니다. 그들에게 보다 큰 믿음이 없기 때문에 그들은 이생에서 우리들을 공격해 오는 걱정과 염려와 이 살인적인 근심에 더욱 굴복하기 쉽습니다.

주님은 기독교인의 근심은 궁극적으로 항상 믿음이 부족하거나 작은 믿음 때문이라고 말씀하시는 데까지 나아가십니다. 기독교인이 생활과 여기에 부수되는 형편 때문에 낙심하고 패배당하고 지배당할 때 일어나는 근심과 걱정은 항상 믿음이 부족하기 때문입니다.

그러므로 우리가 목표해야 할 것은 보다 큰 믿음입니다. 이 믿음을 획득하는 첫 번째 단계는 '작은 믿음'이 무슨 뜻인지 인식하는 단계입니다. 이것은 31절 "그러므로 염려하여 이르기를 무엇을 먹을까 무엇을 마실까 무엇을 입을까 하지 말라"에서 시작되는 다음의 작은 대목에서 우리 주님의 방법임을 보게 될 것입니다. 주님은 우리의 믿음을 더하게 하는 방법에 대하여 적극적인 교훈을 주십니다. 그러나 이렇게 하시기 전에 우리가 '작은 믿음'의 의미를 정확히 보기를 원하십니다. 부정적인 것으로 시작하여 긍정적인 것으로 계속 나아가시는 것입니다.

우리 주님이 '작은 믿음'으로 서술하신 이 상태는 어떤 상태입니까? 그리고 이것은 어떤 유형의 믿음입니까? 그리고 그 잘못된 점은 무엇입니까? 우선 대략적 정의를 고찰하겠습니다. 이런 유형의 믿음은 대체로 생활의 한 국면에만 국한된 믿음이라고 말할 수 있습니다. 이것은 우리의 영혼 구원의 문제에만 국한되고 그 이상 나아가지 못하는 믿음입니다. 이 믿음은 생활 전체와 삶의 모든 국면으로 확대되지 않습니다. 이것은 우리 기독교인들에게 공통된 병폐입니다.

우리는 성령의 사역을 통하여 깨우침을 받아 우리의 버림받은 상태를 보았습니다. 우리는 죄를 깨달은 바 있습니다. 우리가 하나님 앞에 우리 자신을 정당화시키는 일에 얼마나 철저하게 무력한가를 보았고 구원의 오직 한 길은 주 예수 그리스도 안에 있음을 보았습니다. 주님께서 세상에 오셨고 우리 죄를 위해 돌아가셨고 이렇게 하심으로 우리를 하나님께 화목 시키신 것을 보았습니다. 우리는 주님을 믿고 의지합니다. 그리고 현재와 영원세계와 관련해서 구원의 믿음을 소유하고 있습니다. 이것은 구원의 믿음, 곧 우리를 기독교인들로 만드는 믿음입니다. 그런데 기독교인들은 여기서 멈추어 버리는 일이 많습니다. 믿음은 오직 구원 문제에만 적용되는 것으로 생각되는 모양입니다. 그 결과, 일상생활에서 종종 패배를 당하는 것은 물론입니다. 일상생활에서는 그들과 기독교인이 아닌 사람들 간에 별로 차이점을 찾을 수 없습니다.

그들은 근심하며 염려합니다. 그들은 여러 가지 점에서 세상과 일치하는 생활을 합니다. 그들의 믿음은 궁극적인 구원을 위해서만 유보된 어떤 것인 셈이며, 일상생활의 문제와 이 세상에서의 삶과 관련해서는 아무런 믿음도 갖지 않는 것 같습니다. 주님은 바로 이 일에 관심을 가지십니다. 이 사람들은 하나님을 그들의 아버지로 알게 되었습니다. 그러나 그들은 음식과 마실 것과 옷에 대하여 염려를 합니다. 그들의 믿음은 제한되어 있습니다. 이렇게 작은 믿음을 갖고 있는 것입니다.

우리는 여기서 시작해야 합니다. 여러분이 성경을 읽어보시면 참된 믿음은 생활 전체에까지 확대되는 것이라는 사실을 반드시 확인하게 되실 것입니다. 이것을 히브리서 11장에 있는 위대한 믿음의 용사들에게서 봅니다. 이렇게 표현할 수 있겠습니다. 작은 믿음은 "하나님의 모든 약속을 붙잡지 않는 믿음이다."라고 말입니다. 작은 믿음은 약속의 한 부분에만 관심을 가집니다. 이 믿음은 이런 것들에만 주의를 집중하는 것입니다. 이것을 이렇게 보십시오. 성경을 주의 깊게 살펴보고 하나님께서 하신 여러 가지 약속의 목록을 만들어 보십시오. 그의 약속이 매우 놀랍게 많은 것을 발견하실 것입니다. 베드로는 "보배롭고 지극히 큰 약속"(벧후 1:4)에 대해서 말씀했습니다. 이것은 경이롭고 놀라운 약속들입니다. 우리의 생활에서 하나님의 이 비상한 약속들에 포함되지 않는 면은 없다고 하겠습니다.

이것에 비추어 볼 때 우리 모두 얼마나 죄책이 많습니까? 우리는 이 약속들의 일부를 뽑아내어 이것들에만 주의를 집중하고 다른 약속들은 이러저러한 이유로 보지를 않습니다. 우리는 다른 약속들을 붙잡지를 않습니다. 그 결과 어떤 점들에서는 성공하지만 다른 점들에서는 비참하게도 실패를 하는 것입니다. 이것이 '작은 믿음'입니다.

이것을 다시 조금 다른 각도에서 보겠습니다. 저는 한때 저에게 깊은 영향을 주었고 지금도 주고 있는 한 마디를 기억하고 있습니다. 이 한 마디는 제가 들은 것 중 가장 울림을 주는 진술 중 하나가 아닌가 생각합니다. 그는 말하기를 "우리 많은 기독교인들에게 문제가 되는 것은, 우리가 주 예수 그리스도를 믿긴 해도 사실은 그를 믿지 않는 것이다."라고 했습니다. 그 까닭인즉, 우리가 우리 영혼의 구원을 위하여 그를 믿기는 하는데, 주님께서 이와 같은 것, 곧 하나님께서 우리의 음식과 마실 것과 심지어 의복까지 돌보시려 하심을 말씀하실 때는 그를 믿지 않는다는 것입니다.

주님은 "수고하고 무거운 짐 진 자들아 다 내게로 오라 내가 너희를 쉬게 하리라"(마 11:28)고 말씀하십니다. 하지만 우리는 문제와 염려를 여전히 우리들 자신이 안고 있어서 이것들로 말미암아 압도당하며 좌절당하며 염려를 하게 되는 것입니다. 주님은 우리가 어느 곳에서든 목마르거든 그에게 올 수 있다고 말씀하셨습니다. 그에게 오는 자는 결코 목마르지 않으리라고, 그가 주는 생명의 떡을 먹는 자는 굶주리지 않으리라고 주님은 보장해 주셨습니다. 주님은 우리에게 "영생하도록 솟아나는 샘물"(요 4:14)을 주시겠다고 약속하셨으므로 우리는 결코 목마르지 아니할 것입니다. 그런데 우리는 주님을 믿고 의지하지를 않습니다.

주님께서 이 땅에 계실 때 하신 말씀, 주님 주변에 있던 백성들에게 하신 말씀을 모두 들어봅시다. 이 말씀들은 주님께서 처음으로 말씀하셨을 때와 마찬가지로 오늘의 우리를 위한 말씀입니다. 그리고 신약성경의 서신들에 담긴 놀라운 진술도 모두 마찬가지입니다. 문제는 우리가 그를 믿고 의지하지 않는다는 데에 있습니다. 궁극적으로 이것이 문제입니다. '작은 믿음'은 성경을 있는 그대로 취하여 그대로 살며 적용하는 믿음이 아닌 것입니다.

지금까지는 대체로 '작은 믿음'을 살펴보았습니다. 이제는 상세한 분석적인 방법으로 살펴보겠습니다. 이 주제는 매우 중요하며 실제적인 것이기 때문입니다. 곧 예수 그리스도의 복음을 여러분이 교회에 있거나 묵상하면서 시간을 얼마큼 보내고 있을 때에나 생각해 보는 그 어떤 것에 불과하다고 보는 것보다 더 큰 오류는 없습니다. 그렇습니다. 그의 복음은 생활 전체에 적용되기 때문입니다. 이것을 이와 같이 보기로 합시다. '작은 믿음'은 무엇보다 우리가 환경을 지배하는 대신 환경에 지배를 받는다는 의미라고 말입니다. 이것은 명백한 진술입니다.

여기 이 대목의 묘사는 생활에 지배를 받고 있는 사람들을 묘사합니다. 이 사람들은, 말하자면 먹을 것과 마실 것과 의복과 기타 많은 것들에 대한 큰 염려의 구름 밑에 무력하게 앉아 있습니다. 이것들이 그들을 짓누르고 있고 그들은 그 희생자들입니다.

주님께서 묘사하시는 장면이 이러합니다. 우리는 이것이 사실인지를 알고 있습니다. 여러 가지 일들이 우리에게 일어납니다. 그러는 즉시 우리는 '넉 아웃'당합니다. 이것들에 지배를 당하는 것입니다. 성경에 의하면 이런 일이 기독교인에게는 결코 일어나서는 안 되는 것입니다.

성경의 다른 모든 구절에서 묘사된 기독교인의 묘사는 환경을 초월하는 기독교인의 묘사입니다. 그는 심지어 "환난 중에 기뻐할 수" 있습니다. 금욕적인 꿋꿋한 인내심으로써 환난을 이겨낸다는 뜻이 아닙니다. 그는 낙심하고 풀이 죽거나 훌쩍거리지 않습니다. 속된 표현으로 그저 '억지로 웃으면서 참는' 것이 아닙니다. 그는 환난 중에 기뻐합니다. 참 믿음을 가진 사람만이 이렇게 삶에 초연할 수 있으며 그러한 높은 경지에까지 올라갈 수 있습니다. 성경에 의하면 이 일이 기독교인에게는 가능한 것입니다.

그런데 왜 작은 믿음의 사람은 이런 일들로 지배를 당하고 곤두박질을 당하는 것입니까? 본문에서 주님의 가르침에 의하면 믿음은 근본적으로 사고입니다. 작은 믿음을 가진 사람의 문제는 그가 생각을 하지 않는다는 데 있습니다. 이런 사람은 환경으로 하여금 자기를 위협하게 놓아두는 사람입니다. 삶이란 녀석이 손에 몽둥이를 들고 와서 우리의 머리를 내리치면 우리는 그만 정신이 아찔해지고 좌절당하여 생각을 할 수 없게 됩니다. 이것을 피하는 길은 생각하는 것이라고 주님은 말씀합니다.

주님의 교훈을 연구하며 관찰하며 추론하는 데에 더 많은 시간을 보내야 합니다. 성경은 논리로 가득합니다. 믿음을 아주 신비한 그 무엇으로 생각해서는 안 됩니다. 안락의자에 편히 앉아서 신기한 일들이 일어나기를 기대해서는 안 됩니다. 이것은 기독교인의 믿음이 아닙니다. 기독교인의 믿음은 본질적으로 생각하는 믿음입니다.

새들을 보고 새들에 관해 생각해 보십시오. 그리고 추론을 도출해 내십시오. 풀들을 보고, 들의 백합화를 보고 그것들을 생각해 보십시오. 그러나 대다수 사람들에게 문제가 되는 것은 그들이 생각하려 하지 않는다는 것입니다. 생각하는 대신 앉아서 "내게 무슨 일이 생기려나? 내가 무엇을 할 수 있을까?"라고 묻고 있습니다. 이것은 생각이 부족한 탓입니다. 이것은 항복입니다. 이것은 패배입니다. 주님은 여기서 우리로 기독교인 식으로 생각하고 또 생각해 보라고 강권하십니다.

믿음을 이렇게 정의할 수 있겠습니다. 즉 믿음이란 만사가 그를 때려눕힐 것으로 결정된 것처럼 보일 때, 지성적인 감각을 가지고 끈질기게 생각해 보는 사람이라고 말입니다. 작은 믿음의 사람에게 문제가 되는 것은 자기가 자신의 생각을 통제하는 대신 그의 생각이 다른 것에 의하여 통제를 받고 있다는 것에 있습니다. 이것이 염려의 본질입니다. 여러분이 한밤중에 몇 시간 동안 자지 않고 누워있다면 나는 여러분이 무슨 짓을 하고 있었는지를 말할 수 있습니다. 여러분은 아무개 혹은 아무 일에 대한 한결같은 옛적 가슴 아픈 잡일들을 되풀이하여 생각하고 있는 것입니다. 이것은 다른 무엇이 여러분의 생각을 통제하고 지배한다는 것을 의미합니다. 그리고 이것은 근심이라는 저 비참하고 불행한 상태로 이끌어갑니다. 그러므로 두 번째로 '작은 믿음'을 생각이 부족한 탓으로 정의하거나, 또는 삶에 대하여 분명하고 꾸준하게 생각해 보고 삶을 전체로서 바라보는 대신 삶으로 하여금 우리의 생각을 지배하게 허용하는 것이라고 정의할 수 있습니다.

작은 믿음은, 성경의 진술을 액면대로 받아들여 그것을 철저하게 믿지 못하는 것이라고 말할 수도 있습니다. 만약 갑자기 어려움에 부닥쳐 시련을 받는 사람이 있다면 그는 어떻게 해야 하겠습니까? 그는 성경으로 돌아서서 자기 자신에게 이렇게 말해야 합니다. "나는 성경의 진술을 있는 그대로 정확히 받아들여야 한다."라고 말입니다. 우리 안에 있는 모든 것과 우리 밖에 있는 마귀는 우리가 이렇게 하는 것을 막기 위해 안간힘을 다할 것입니다. 이 진술들은 제자들만을 위한 것이며 우리를 위한 것이 아니라고 말하는 사람들이 있습니다.

앞서 살펴본 대로 산상설교를 제자들과 어떤 미래의 나라에서 살게 될 사람들을 위한 것으로 격하시키려는 사람들도 있습니다. 그리고 오순절을 경험한 최초의 기독교인들에게는 해당이 되지만 오늘의 상황은 변했다고 말하는 사람들도 있습니다. 그러나 나는 이 모든 것을 거부합니다.

우리는 성경을 읽고 우리 자신에게 이렇게 말해야 합니다. "내가 여기서 읽고 있는 것은 모두 나에게 하신 말씀이다. 우리 주님이 바리새인들에게 하신 말씀은 나에게 하시는 말씀이다. 주님께서 그들에게 말씀하신 것과 상통하는 것이 내 속에 있다면 나는 바리새인이다. 이 모든 약속들도 마찬가지로 나를 위한 것이다. 하나님은 변하시지 않는다. 하나님은 이천여 년 전과 똑같으시다. 이 모든 것은 절대적이며 영원하다."라고 말입니다. 그러므로 나는 성경으로 돌아와 이 것을 상기해야 합니다. 나는 성경과 그 가르침을 있는 그대로, 문맥대로 취할 것이며, 또 그것이 나에게 주어지고 있는 말씀인 줄을 알아야 한다는 뜻입니다. 성경을 액면 그대로 받아들이는 법을 배워야 합니다. '작은 믿음'은 우리가 마땅히 해야 할 바를 하지 않는 것을 의미하는 것입니다.

우리의 문젯거리의 절반은, 우리가 믿는 구원론의 의미를 충분히 인식하지 못한다는 사실에 있습니다. 이것이 신약 모든 서신들의 논증입니다. 서신의 첫째 부분은 교리적 진술로 구성되어 있는데, 이것은 기독교인으로서 우리의 신분이 무엇이며 우리가 누구인가를 상기시키기 위한 목적을 갖고 있습니다. 그런 다음 실제적인 둘째 부분이 나옵니다. 이 부분은 항상 첫째 부분에서 추론된 것입니다. 대체로 '그러므로'란 말씀으로 시작되는 것도 이 때문입니다. 주님께서 여기서 말씀하고 계신 것도 정확히 이것입니다. 바로 여기에 먹을 것과 마실 것과 옷에 대해서 염려하는 우리가 있습니다.

우리에게 문제가 되는 것은 우리가 하늘 아버지의 자녀 됨을 인식하지 못한다는 것입니다. 이것을 인식한다면 다시는 결코 염려하지 않게 될 것입니다. 예를 들어 에베소 교인들을 위한 바울의 위대한 기도를 보십시오. 바울은 "너희 마음 (깨달음)의 눈을 밝히사"라고 기도하고 있다고 했습니다. '깨달음'이란 말을 주목하십시오. 무슨 의도이며 무엇을 위한 목적에서입니까? "그의 부르심의 소망이 무엇이며 성도 안에서 그 기업의 영광의 풍성함이 무엇이며 그의 힘의 위력으로 역사하심을 따라 믿는 우리에게 베푸신 능력의 지극히 크심이 어떠한 것을 너희로 알게 하시기" 위함이라고 했습니다(엡 1:18, 19). 바울에 의하면 그들은 이것을 알고 이해해야 할 필요가 있었던 것입니다. 바울의 서신을 하나씩 읽어보십시오. 이런 유형의 진술을 어디서나 발견하실 것입니다.

우리 기독교인들에게 문제는 우리가 하나님의 자녀로서의 신분을 깨닫지 못하며, 우리에 대한 하나님의 은혜로운 목적을 보지 못한다는 것입니다. 하나님의 자녀들은 영광을 받기로 작정되어 있습니다. 하나님의 모든 목적과 약속들은 우리를 위한 것이며 우리와 관련해 작정되었습니다. 우리가 해야 할 한 가지는, 하나님께서 그의 자녀로서의 우리들에 관해 말씀하신 것을 깨닫는 일입니다. 이것을 바로 파악하는 순간 염려는 불가능한 것이 됩니다.

그럴 때 다음과 같은 논리를 적용하게 됩니다. "우리가 하나님과 원수 되었을 때에 그의 아들의 죽으심으로 하나님과 화해하게 되었다면 화해함을 얻은 우리가 지금에 와서 그의 생명으로 구원함을 받는 것은 더욱 확실한 일이 아니겠느냐?"(롬 5:10). 이것입니다. 우리에게 무슨 일이 일어나든 "자기 아들을 아낌없이 우리 모든 사람을 위하여 내주신 그분이 어찌 그와 함께 모든 것을 우리에게 은혜로 주시지 않겠느냐?"라고 말입니다. 바울의 강력한 논증은 계속됩니다. "하나님께서 택하신 자들을 누가 감히 고발하겠느냐?"(롬 8:32, 33). 우리는 여러 가지 문제들과 고통과 슬픔에 직면할 가능성이 있습니다. 그러나 우리는 우리를 사랑해 주시는 그분으로 말미암아 이 모든 일에 있어서 이기고도 남음이 있습니다.

중요한 일은 우리 자신을 그의 자녀로 보는 일입니다. 그러면 이런 논법이 필연적으로 뒤를 따릅니다. 만일 하나님이 풀들을 옷 입히신다면 여러분에게는 얼마나 더 옷 입히실 것입니까? 우리의 하늘 아버지가 새들을 보시고 먹여 기르십니다. 그런데 우리는 그것들보다 훨씬 더 중하지 않습니까? 하나님의 자녀로서의 신분을 깨달아야 합니다. 이것을 바꾸어 말하면, 우리 아버지로서의 하나님이 어떤 분인지 인식해야 한다는 것입니다. 우리는 하나님을 믿습니다. 그러나 하나님께서 우리의 하늘 아버지 되심을 믿고 인식하는 일에 우리는 얼마나 더딥니까? 주님께서 "내 아버지 그리고 너희 아버지"에게로 가심에 대해 말씀하신 적이 있습니다. 그는 그리스도 안에서 우리 아버지가 되셨습니다.

우리는 그분에 관해서 무엇을 배워야 합니까? 여기에 여러분이 고찰해야 할 몇 가지 표제가 있습니다. 먼저 그의 자녀와 관련된 하나님의 불변의 목적을 생각합시다. 저는 이 '불변'이란 말씀을 강조하고 싶습니다. 하나님의 자녀들은 창세전에 어린양의 생명책에 그들의 이름이 써졌습니다. 이것에 우연한 것은 없습니다. 우리가 선택함을 받은 것은 '창세전'이었습니다. 그의 목적은 불변하며 변화가 없습니다. 그의 목적은 우리의 영원한 운명을 정시하고 있습니다. 이것이 성경에서 여러 가지로 한결같이 표현되었습니다. "하나님 아버지의 미리 아심을 따라", "성령으로 거룩하게 되어", "예수 그리스도에게 복종하며" 등등입니다. 사람들이 이와 같은 일들을 믿을 때 그들은 이 세상에서 삶을 매우 다르게 직면할 수 있습니다.

이것이 히브리서 11장의 믿음의 영웅들의 비결이었습니다. 그들은 불변한 하나님의 목적을 이해하였고 따라서 그것이 아브라함이든 요셉이든 또는 모세이든 그들은 모두 고난을 당할 때 미소를 지었습니다. 그들은 하나님께서 그들로 그렇게 하라고 말씀하셨기 때문에, 하나님의 목적이 확실히 이루어져야 함을 알았기에 계속해 나갔습니다.

아브라함은 이삭을 희생제물로 바치라고 요구한 최고의 시험을 받았습니다. 아브라함은 이것을 이해할 수 없었으나 "나는 하나님의 목적이 확실하기 때문에 그것을 행하겠다. 내가 이삭의 목을 베어야 하지만 하나님께서 그를 죽은 자 가운데서 살리실 수 있음을 안다."라고 말했습니다. 하나님의 불변의 목적이여! 하나님은 자기에게 모순된 말씀을 하시지 않습니다. 하나님이 항상 우리들 배후에, 아래에, 사방에 계심을 기억해야 합니다. "그의 영원하신 팔이 네 아래에 있도다"(신 33:27)인 것입니다.

그런 다음 그의 사랑을 생각하십시오. 비극은 우리가 하나님의 사랑을 알지 못한다는 데 있습니다. 바울은 에베소 교인들이 하나님의 사랑을 알게 되도록 그들을 위해 다시 기도했습니다. 어떤 의미에서 요한일서는 그 전체가 이것을 알 수 있도록 쓰인 성경입니다. 우리에 대한 하나님의 사랑을 알고 거기에 의지하기만 했다면(요일 3:16) 우리의 삶은 달라졌을 것입니다. 하나님께서 이미 그리스도 안에서 행하신 것에 비추어 그 사랑의 크심을 증명하기는 얼마나 쉽습니까. 우리는 이미 요한서신에서 로마서까지의 강력한 논증들을 살펴본 바 있습니다. 우리가 아직 죄인 되었을 때 하나님께서 이 크신 일들을 행하셨으니, 그보다 작은 일들을 하시는 데는 얼마나 더하실 것입니까? 이제는 우리를 향하신 하나님의 관심을 묵상해야 합니다.

우리 주님이 새에 관심을 가지신다면 우리에게는 얼마나 더 관심을 가지시겠습니까? 다른 구절에서는 그가 우리의 "머리털까지 다 세신 바 된다"고까지 하셨습니다(마 10:30). 그런데도 우리는 여러 가지로 염려를 합니다. 우리를 향하신 하나님의 사랑과 관심을 알고, 그가 우리에 관한 모든 것을 아시며, 우리 생활의 가장 미세한 면에까지 관심을 가지심을 우리가 안다면 이것을 믿는 사람은 다시 염려하지 않습니다.

이제는 그의 세력과 능력을 생각해 봅시다. '우리의 하나님', '나의 하나님!' 나에게 이런 개인적 관심을 가지시는 나의 하나님은 어떤 분입니까? 그는 하늘과 땅의 창조주이십니다. 그는 존재하는 모든 것의 유지자이십니다. 시편 46편 "그가 땅 끝까지 전쟁을 쉬게 하심이여 활을 꺾고 창을 끊으며 수레를 불사르시는도다"(9절)를 읽고 상기해 보세요. 하나님은 모든 것을 조종하십니다. 그는 이방과 모든 원수를 꺾으실 수 있습니다. 그의 세력은 무한 광대하십니다. 이 모든 것을 응시하면서 우리는 시편 기자의 추론에 동의해야 합니다. 이방에 대해서 그는 이렇게 말씀했습니다. "너희는 가만히 있어 내가 하나님 됨을 알지어다"(10절). 이것을 감상적으로 풀이하여 '가만히 있어'로 해석해서는 안 됩니다. 이것을 우리가 가만히 있으라고 권면하신 뜻으로 보는 사람들이 있습니다. 그러나 그런 뜻이 아닙니다. 그 진의는 "포기하고(굴복하고) 내가 하나님 됨을 인정하라."는 뜻입니다. 하나님은 그에게 적대하는 사람들에게 말씀하시며, "이것이 나의 힘이다. 그러므로 포기하고 굴복하라. 잠잠하여 내가 하나님 됨을 알라."고 말씀하십니다.

이 힘이 우리를 위해 일하심을 알아야 합니다. 에베소 사람들을 위한 바울의 기도에서도 이것을 봅니다. "우리에게 베푸신 능력의 지극히 크심"(엡 1:19). "우리 가운데서 역사하시는 능력대로 우리가 구하거나 생각하는 모든 것에 더 넘치도록 능히 하실 이"(엡 3:20). 이런 진술들에 비추어 볼 때 염려하는 것은 매우 어리석은 일입니다. 염려란 우리가 생각을 하지 않거나, 성경을 읽지 않거나, 읽는다 하더라도 기계적이나 형식적으로 읽거나, 편견에 의해 성경을 액면대로 받아들이지 않기 때문입니다.

마지막으로 생각해야 할 것은, 이 '작은 믿음'은 우리가 아는 것, 그리고 믿는다고 주장하는 것을 생활의 실제 상황이나 세목들에 적용하지 아니하는데 그 궁극적 원인이 있습니다. 이것의 실례는 배에 물이 들어오는데 주님께서는 배의 고물에서 주무시던 때의 일입니다. 바다가 거칠어질 때 제자들이 근심하고 염려하며 "선생님이여, 우리가 죽게 된 것을 돌보지 아니하시나이까?"(막 4:38)라고 했습니다. 이에 대한 주님의 대답은 본 장에서 지금까지 말씀드린 모든 것을 요약해 줍니다. "너희 믿음이 어디 있느냐?"(눅 8:23-25). 주님은 결국 "왜 너희 믿음을 이것에 적용하지 않느냐?"고 말씀하신 셈입니다.

믿음을 갖고 있다고 말하는 것만으로는 충분하지 않습니다. 우리의 믿음을 적용해야 합니다. 구원과 관련된 이 놀라운 믿음을 갖고서도 일상생활의 시련에 부딪칠 때에 훌쩍거리고 울부짖는 것은 빈약한 유형의 기독교인입니다. 우리는 믿음을 적용해야 합니다.

기독교인은 염려할 권리가 없습니다. 그가 만일 염려한다면 작은 믿음의 사람이 되어 자기를 정죄할 뿐 아니라 자기 하나님을 욕되게 하고 그의 복되신 주님께 불충성하는 것이 됩니다. "염려하지 말라." 믿음을 발휘하십시오. 진리를 깨닫고 이 진리를 여러분의 모든 일상생활에 적용하시길 바랍니다.

43장

믿음을 더하소서

"31 그러므로 염려하여 이르기를 무엇을 먹을까 무엇을 마실까 무엇을 입을까 하지 말라 32 이는 다 이방인들이 구하는 것이라 너희 하늘 아버지께서 이 모든 것이 너희에게 있어야 할 줄을 아시느니라 33 그런즉 너희는 먼저 그의 나라와 그의 의를 구하라 그리하면 이 모든 것을 너희에게 더하시리라" 마 6:31-33

본문에서 주님은 '작은 믿음'에 대한 적극적인 접근방법을 제시하십니다. 그런데 그 의미를 깨닫는 것만으로는 충분하지 못합니다. 중요한 것은 보다 크고 보다 대규모의 믿음을 가지는 일입니다.

주님은 '그러므로'란 말씀으로 그의 가르침을 도입하십니다. '그러므로'는 쇠사슬의 고리 한 개 격입니다. "그러므로", "이 모든 것에 비추어서", "무엇을 먹을까 무엇을 마실까 무엇을 입을까 염려하지 말라." 이것은 기본명령의 반복입니다. "이르기를"이란 말씀을 추가하신 것은 내용에 약간 변화가 있음을 의미한다는 견해가 있습니다. 여러분이 기억하다시피 주님이 앞에서는 "그러므로 내가 너희에게 이르노니 염려하지 말라"(25절, Therefore I say unto you, take no thought!)라고 하셨고, 여기서는 "그러므로 염려하여 이르기를"(Therefore take no thought, saying)이라고 하신 점을 그들은 지적하는 것입니다.

이것이 중요한 차이점이라고는 생각하지 않습니다. 첫째 예에서 주님이 염려하는 경향에 대해 대략적 경고를 주고 계셨던 것에 이론은 없습니다. 그러나 여기서는 주님께서 한 단계 더 나아가 결국 "너희는 이것들을 입 밖에 내서도 안 된다. 너희가 이런 것을 생각할 수는 있다. 그러나 입 밖에 내서는 안 된다.”라고 말한 셈이라고 하는 데는 이론이 있습니다. 사실이든 아니든 이것이 중요하지 않은 이유는 여전히 변함없이 요점이 동일하기 때문입니다. 주님은 여기서 우리 믿음을 증가시키는 적극적 방법을 보여주시며, 다시 논증의 형태로 표현하십니다. 주님은 단순히 진술과 선언으로 끝나시지 않습니다. 주님은 우리에게 이 진술들의 이치를 밝혀주십니다. 이 얼마나 놀라운 은혜입니까! “이는”, “너희 하늘 아버지께서(for)”란 말씀을 보십시오. “이는 다 … 아시느니라.” 그러므로 우리가 해야 할 일은 그의 논증을 따르는 일입니다. 이 지점에서 우리가 고려하도록 삼대 요점이 제시되었는데, 이 원칙을 파악하고 이해한다면 이것은 필연적으로 보다 큰 믿음으로 인도할 것입니다.

주님이 이 주제를 다루는 솜씨는 참으로 놀라운데 주님의 논증은, 우리가 기독교인으로서 이방인들과 달라야 한다는 것입니다. 그가 그렇게 시작하신 것도 이 때문입니다. 주님께서 이 진술을 괄호 속에 넣으신 것을 여러분이 주목해 보면 “이는 다 이방인들이 구하는 것이라.” 이 얼마나 강력하며 중요한 진술입니까? 형식은 부정적이지만 매우 적극적인 결과를 가져오는 것입니다.

믿음의 증가를 원하거든 여러분이 우선 깨달아야 할 것은 먹을 것과 마실 것과 입을 것에 대해 염려하고 근심하는 것은 어떤 의미에서 꼭 이방인들처럼 되는 것이란 점입니다. 주님은 이것을 무슨 뜻으로 말씀하셨습니까? ‘이방인’이란 말은 물론 ‘이교도’를 의미합니다. 유대인은 하나님의 택한 백성입니다. 그들은 하나님의 말씀과 하나님에 대해 특별한 지식을 갖고 있었습니다. 그 외 다른 사람들은 이교도로 서술되었습니다. 그러므로 이 말씀을 분석하고 그 의미를 정확히 인식해야 하겠습니다. 이 진술은 내가 먹는 것과 마시는 것과 옷 입는 것과 이 세상에서 내 삶의 문제들, 그리고 부족한 것들로 염려하고 근심한다면, 그리고 이런 것들이 나와 내 삶을 지배한다면, 나는 이교도와 같이 살고 행동한다는 뜻입니다.

　이교도는 하나님으로부터 계시를 받지 못한 백성, 그러므로 신(神)지식을 갖고 있지 못한 백성들입니다. 이것은 이스라엘 자손들을 기타 모든 백성들과 구별되게 한 것입니다. 바울은 로마서 3장 2절의 이 문제에 관한 논중에서 "그들이 하나님의 말씀을 맡았음이니라"라고 했습니다. 하나님은 아브라함과 기타 개인들의 경우를 통하여 유대인들에게 자신에 대한 특별계시를 주셨을 뿐 아니라, 특히 율법과 선지자들의 위대한 가르침을 통해서도 그러한 특별계시를 주신 것입니다.

　이교도들은 이것에 대해 몰랐습니다. 그들은 이 특별계시를 갖지 못했고 하나님에 대한 지식도 갖지 못했습니다. 그들은 구약성경을 갖지 못했습니다. 그러므로 하나님을 알 수 있는 수단을 갖지 못했습니다. 이것이 이교도들에 관한 중요한 점입니다. 그들은 "하나님이 세상을 이처럼 사랑하사 독생자를 주셨으니 이는 그를 믿는 자마다 멸망하지 않고 영생을 얻게 하려 하심이라"(요 3:16)를 알지 못했습니다. 그들은 "보배롭고 지극히 큰 약속"(벧후 1:4)들과 하나님께서 이 세상에서 자기 백성에게 주신 여러 가지 보증을 하나도 몰랐습니다.

　더 나아가 이방인들은 사람에게 일어나는 일들을 두 가지 주된 방법 중의 한 가지 방법으로 보았습니다. 그들 중에는 이 세상의 모든 일은 우연 발생적이라 믿는 사람들이 있습니다. 이 견해는 '우연발생설'로 알려져 있는데, 여러 가지 일들이 까닭 모르게 발생하며, 다음에 무슨 일이 일어날지는 아무도 모른다고 가르칩니다. 이것을 쥴리언 헉슬리 박사와 같은 사람들이 가르쳤으며 오늘날 상당히 두드러진 인생관으로 알려져 있습니다. 또 한 가지 견해는 흔히 '운명론'이라 불리는 것으로서 이것에 대한 극단의 반대 견해입니다. 이 견해는 일어나게 되어 있는 일은 반드시 일어날 것이라고 가르칩니다. "일어나게 되어 있는 일은 일어날 것이다."라고 말입니다. 그러므로 어떤 노력을 하든 대단히 어리석은 짓이라는 것입니다. 운명론은 여러분이 삶에 대해 아무런 조치도 취할 수 없으며, 여러분을 냉혹하게 조종하고 꽉 짜인 결정론으로 결박하는 그런 세력과 요소가 있음을 가르칩니다. 그러나 사상에 목적이 없으며 염려 따위에 목적이 있을 리 없습니다. 그러니 운명론도 역시 염려로 인도합니다. 왜냐하면 그런 사람들은 다음에 무슨 일이 일어날 것인지 항상 근심하고 있기 때문입니다.

'우연론'과 '운명론'은 이교도적 인생관의 두 가지 주된 표현입니다. 기독교인들도 이 두 견해의 하나를 무의식적으로 지니는 일이 있기 때문에 이 두 견해를 염두에 두는 것이 중요합니다. 한편 성경에서 가르치고, 특히 여기 산상설교에서 가르치는 기독교의 견해는 '확실성의 이론'이라 할 수 있겠습니다. 기독교 견해는, 삶은 맹목적인 필연성에 지배받지 아니하며, 우리가 하나님의 손 안에 있는 이상 모든 일이 확실성 아래 있다는 것입니다. 그러므로 여러분이 기독교인이라면 우연 발생론이나 운명론에 대항하여 확실성 이론을 제시해야 합니다.

이 두 견해 곧 기독교적 견해와 이교도적 견해 사이에는 큰 차이가 있습니다. 우리 주님께서 말씀하고 계신 것은, 여러분이 근심과 염려로 가득한 삶을 살고 있다면 여러분은 영적으로 죽은 것이나 다름없으며 이교도적 인생관을 갖고 있다는 것입니다. 이것이 우리의 기본 인생관이라고 하면 이것이 우리의 생활 방법을 결정할 것이며 우리의 행위를 지배하게 될 것이라는 귀결이 필연적으로 따릅니다.

우리는 우리가 서 있는 위치를 은연중에 정확히 드러냅니다. 우리 주님께서 우리가 무심코 입 밖에 내는 말로 판단을 받을 것이라고 말씀하신 것을 기억할 것입니다(마 12:36). 삶에 대한 우리의 평소의 말과 평소의 비평으로 기독교인으로서 사람됨을 크게 선언하는 셈입니다. 우리의 인생관은 우리의 모든 표현에서 드러나는 법입니다. 더구나 사람이 이생에서 이교도적 인생관을 갖고 있다면 다음 세계에서도 이교도적 인생관을 갖게 될 것입니다. 이교도적 생활관은 그것이 어둠의 영역이라는 것입니다. 여러분은 이것을 헬라와 기타 이교도 신화에서 발견하실 것입니다.

  매사가 불확실한 인생관을 갖고 있다면, 그에게는 이 세상이 모두이며 이 세상을 최대한으로 이용하려 합니다. 까닭인즉 이것이 그가 알고 있는 유일한 삶이기 때문입니다. 더구나 그는 우연론을 촉진시키려 애쓰거나 그를 사로잡고 있는 이 운명론을 어쨌든 피하려고 애를 씁니다. 그는 말합니다. "여기 바로 이 순간에 존재하고 있는 나는 이 순간을 가장 잘 이용하려 한다. 다음 순간 나에게 무슨 일이 일어날지 모르기 때문이다. 그러므로 나의 철학은 '먹고 마시고 즐기자'이며, 이 시간을 위해 살자는 것이다. 나는 이 시간을 갖고 있다. 이 시간으로부터 뽑을 수 있는 모든 것을 뽑아내자."라고 말입니다.

  이러한 현상을 우리 주변에서 온통 볼 수 있습니다. 오늘의 대다수 사람들이 이런 삶을 살고 있는 것 같습니다. 다음 달이나 다음 해에 무슨 일이 일어날지 모르기 때문에 결국 "자, 우리가 갖고 있는 것을 모두 써 버리자. 현재의 삶으로부터 최대의 쾌락을 끌어내자."라는 것입니다.

  이처럼 그들은 그 결과들에는 아예 무관심하며 그들의 영원한 운명에는 아예 주의를 기울이지 않습니다. 주님은 이 모든 것을 이렇게 요약하셨습니다. "이는 다 이방인들이 구하는 것이다." 그런데 여기서 '구한다'는 말씀은 매우 강한 말씀입니다. 이 말씀은 그들이 열심히 구하며, 계속해서 구하며, 실로 이를 위해 살고 있음을 의미합니다. 이방인들은 이 일에 아주 시종일관합니다. 그런데 이것이 그들의 인생관이라고 하면 그들 나름대로 옳은 일을 하는 셈입니다. 그들은 이것들을 열심히 계속해서 구하며 삽니다. 그러나 이 모든 것으로부터 매우 중요한 문제가 제기됩니다. 우리도 그와 같은가입니다. 만일 이런 것들이 우리의 생활에서 첫째가 된다면, 만일 이것들이 우리의 삶과 생각을 독점한다면, 우리는 이방인보다 더 나은 것이 없으며 세속적인 마음을 가진 속물이라고 주님은 말씀하십니다. 이 말씀은 우리에게 무서운 힘과 의미심장함으로 다가옵니다.

영적 속물이라 할 수 있는 사람들이 너무나 많습니다. 여러분이 그들에게 구원에 대해 말해보면 그들은 정확한 견해를 갖고 있습니다. 그러나 여러분이 일반적인 의미에서 삶을 논한다면 그들은 영적 속물임이 분명합니다. 그것이 영혼의 구원 문제가 될 때에는 그들이 정확한 대답을 갖고 있으나 삶에 대한 그들의 일상적 대화를 들어보면 그들에게서 이교도 철학을 발견할 것입니다. 그들은 먹을 것과 마실 것을 놓고 근심합니다. 그들은 항상 부귀와 지위와 각양각색의 소유물에 대해 말을 합니다. 이것들이 그들을 조종하고 있습니다. 그들은 이것들로 해서 행복하기도 하며 불행하기도 하며 괴로워하기도 하며 기뻐하기도 합니다. 이것은 이방인 같은 짓이라고 주님은 말씀하십니다. 기독교인이라면 이런 것들의 조종을 받아서는 안 되기 때문입니다. 기독교인은 이런 것들로 불행하거나 행복해서는 안 됩니다. 이것은 이방인의 전형적 상태가 되기 때문입니다.

하나님의 백성, 하나님의 자녀들은 믿음의 삶을 살아야 하게 되어 있습니다. 그러므로 우리가 항상 물어야 할 질문들 몇 가지를 소개합니다. "나는 이 세상에서 내게 일어나는 일들에 이방인들처럼 대처하는가? 이런 일들이 내게 일어날 때, 의식주에 어려움이 있을 때, 나는 어떻게 대처하는가? 나는 어떻게 반응하는가? 나의 반응이 이방인이나 기독교인으로 행세하지 않는 사람들의 반응과 같은 것은 아닌가? 전쟁 시에 나는 어떻게 반응하는가? 질병과 재앙과 손실에 대하여 나는 어떻게 반응하는가?" 그리고 한 단계 더 나아가 "나의 기독교 신앙이 나의 인생관에 영향을 주며 모든 문제에서 나를 조종하고 있는가?"입니다.

지금 내가 나 자신에게 묻는 질문은 "나의 기독교 신앙이 나의 인생관에 구체적 영향을 주고 있는가? 나의 기독교 신앙이 일상생활에 발생하는 여러 가지 일들에 대한 반응을 결정짓고 있는가?" 하는 것입니다. 이것을 이렇게 표현할 수도 있겠습니다. "나의 삶에 대한 전반적인 접근방법이나 일반적인 의미에서나 특수적 의미에서의 삶에 대한 나의 견해가 비기독교인의 견해와 전혀 다르다는 사실이 나 자신과 다른 모든 사람에게 과연 분명한가?"라고 말입니다.

산상설교는 팔복으로 시작됩니다. 산상설교는 빛이 어둠과 다르고 소금이 부패물과 다른 것처럼 사람들과 전혀 다른 사람들을 서술하고 있습니다. 그래서 우리가 본질적으로 다르다면 우리는 매사에 있어 견해와 반응이 달라야 합니다. 기독교인이 어떤 처지에서든 자기 자신에게 자문할 수 있는 질문 중 이 질문보다 더 좋은 질문이 없습니다. 즉 어떤 일이 발생하여 여러분을 뒤흔들 때 여러분은 이것에 대한 나의 반응이 내가 기독교인이 아닐 경우의 반응과 전혀 다른가? 라고 자신에게 묻습니까?

앞서 마태복음 5장 끝에서 고찰한 가르침에서 우리 주님이 이와 같이 말씀하신 것을 기억하실 것입니다. "너희가 너희 형제에게만 문안하면 남보다 더하는 것이 무엇이냐?"(47절). 기독교인은 '남보다 더하는 사람'입니다. 기독교인은 절대 달라야 합니다. 만일 그의 기독교가 일상생활의 세밀한 모든 면에 개입되지 않는다면 그 사람은 매우 빈약한 기독교인이요, '믿음이 작은 사람'입니다.

마지막 질문을 이렇게 표현해 보겠습니다. "나는 일상생활의 모든 것, 나에게 발생하는 모든 것을 항상 나의 기독교 신앙의 관계에 놓으며 이런 관계에 비추어 보는가?"라고 말입니다. 이방인은 이렇게 할 수 없습니다. 이방인은 기독교 신앙을 갖지 못했습니다. 그는 하나님을 믿지 않으며, 하나님에 대해서는 아무것도 모릅니다. 이방인은 그의 아버지로서의 하나님의 계시와 그의 자녀로서의 자기 자신에 대한 계시를 갖고 있지 않습니다. 그는 하나님의 은혜로운 목적에 대해서는 아무것도 모릅니다. 그러므로 이 가련한 인생은 자기 자신에게로 향하여 발생하는 각양 사건에 기계적이며 본능적으로 반응합니다. 그러나 우리가 기독교인 된 증거는 이런 일들이 우리에게 임하며 발생할 때, 그런 일들을 있는 그대로 보지만은 않는다는 것입니다. 그런 일을 기독교인으로서 받아들여, 즉각 우리의 신앙의 관계에 놓고 그것들을 다시 보는 것입니다.

앞 장에서는 믿음의 본질을 능동적인 요소로 서술하면서 주님은 제자들에게 "너희 믿음이 어디 있느냐? 너희는 왜 믿음을 적용하지 않느냐?"라고 물으셨습니다. 여기서는 다른 방법으로 표현해 보겠습니다. 만약 우리를 뒤흔들어 놓는 일이 우리에게 일어난다고 합시다. 자연인인 이방인은 온통 울화통을 터뜨리거나 상처를 입고 민감해집니다. 그러나 기독교인은 잠시 멈추고 말하기를 "잠시 기다려. 나는 이 사건을 하나님과 하나님에 대한 나의 관계와 관련해 내가 알고 믿는 모든 관계에 놓는다."라고 합니다. 그런 다음 그 사건을 다시 봅니다. 그런 다음 히브리서신의 기자가 말한 뜻을 이해하기 시작합니다. "주께서 그 사랑하시는 자를 징계하시고"(히 12:6)라고 말입니다.

기독교인은 이것을 알기 때문에 그 일이 발생하고 있는 동안에도 어떤 의미에서 그 일을 즐길 수 있습니다. 왜냐하면 기독교인은 그 일을 그의 신앙의 관계에 비추어 보기 때문입니다. 기독교인만이 이렇게 할 수 있습니다. 여러분의 신분을 인식하십시오. 여러분이 누군가를 기억하며 거기에 맞추어 사십시오. 여러분의 신앙 수준에 올라가 그리스도 예수 안에서 여러분의 보다 고귀한 부르심에 합당하게 처신하십시오. 기독교인들이여, 여러분의 혀를 주의하십시오. 우리는 대화에서, 말하는 것에서, 우리가 방심하고 부주의한 순간에 나오는 것들에서 우리의 사람됨을 무심중에 드러냅니다.

둘째 진술은 주님께서 앞서 몇 번씩 간곡하게 타이르신 것의 반복입니다. 주님은 이런 문제들에 급히 서두르시지 않습니다. 주님은 "너희 하늘 아버지께서 이 모든 것이 너희에게 있어야 할 줄을 아시느니라"(32절)라고 말씀하십니다. 주님은 이것을 앞서 새들과 들의 백합화에 관한 논증에서도 말씀하신 바 있습니다. 주님은 우리를 잘 아십니다. 주님은 우리가 여러 가지를 얼마나 잘 잊는가를 아십니다. 그래서 이렇게 다시 말씀하십니다. "너희 하늘 아버지께서 이 모든 것이 너희에게 있어야 할 줄을 아시느니라." 즉 여러분이 믿음을 증대시키고 크게 하는 둘째 원칙은 기독교인으로서 여러분의 하늘 아버지이신 하나님을 절대적으로 신앙하며 의지해야 합니다. 이것에 대해서는 이미 살펴본 바 있습니다(12장 참조). 이것을 요약하면 "하나님을 떠나서, 하나님과 상관없이 우리에게 일어날 수 있는 일은 없다."라고 말입니다.

하나님은 우리의 모든 것을 아십니다. 우리가 어떤 처지, 어떤 상황에 있든지 하나님의 이해와 배려밖에 있지 않음을 기억해야 합니다. 주님은 이것을 우리 자신보다 더 잘 아십니다. "너희 하늘 아버지께서 이 모든 것이 너희에게 있어야 할 줄을 아시느니라." 성경 전체에서 이보다 더 복된 진술이 또 있습니까? 여러분이 어디에 있든 하나님의 눈을 피할 수는 없습니다. 여러분 마음속에 아무리 깊이 묻혀 있든, 여러분의 은밀한 구석도 하나님이 모르시는 것은 하나도 없습니다.

히브리서 저자는 이 동일한 진리를 다른 관계에서 언급합니다. "우리의 결산을 받으실 이의 눈앞에 만물이 벌거벗은 것 같이 드러나느니라"(히 4:13). 그는 마음의 생각과 뜻의 감찰자이시요, 식별하시는 분입니다. 그는 이것을 히브리 기독교인들에게 경고로 말씀했습니다. 주님을 두려워함에서 살아야 할 뿐 아니라 하나님의 위로와 지식 가운데서 살아야 합니다. 그는 여러분이 병들었을 때 여러분에게 무슨 일이 일어나는지 아실뿐 아니라 여러분이 가족을 여위고 슬픔을 당할 때 마음의 온갖 고통과 상심을 아십니다. 하나님은 어느 점에서든 우리의 모든 것을 아십니다. 그러므로 우리의 모든 필요를 아십니다. 이것으로부터 주님은 다음과 같이 추론을 도출해 내십니다. "너희는 결코 근심해서는 안 된다. 너희는 결코 염려해서는 안 된다. 이런 상태에 있는 너희에게 하나님이 함께하고 계신다. 너희는 혼자가 아니다. 그는 너희의 아버지이시다. 땅의 아버지도 자기 자식과 함께 있어서 보호하며, 자식을 위해 할 수 있는 모든 것을 하지 않느냐. 이것을 무한히 증대시켜 보아라. 그러면 너희의 처지와 형편이 어떠하든 하나님께서 너희에 대해 하시는 일에 도달할 것이다."라고 말입니다.

여러분은 혼자가 아닙니다. 여러분과 나는 우리 주님께서 십자가 지시기 전에 하신 말씀을 기억해야 합니다. "너희가 다 각각 제 곳으로 흩어지고 나를 혼자 둘 때가 오나니 벌써 왔도다 그러나 내가 혼자 있는 것이 아니라 아버지께서 나와 함께 계시느니라"(요 16:32). 그는 우리의 모든 것, 우리의 형편, 모든 필요, 모든 상처를 다 아십니다. 그러므로 이 복되고 영광스런 보장에 온전히 의지할 수 있어야 합니다.

이것은 우리를 세 번째 논증으로 이끌어 줍니다. 이 논증은 우리가 하늘 아버지이신 하나님에 대한 우리의 관계를 완성시키는 일에 주의를 집중해야겠다는 것입니다. 우리는 이방인과 다르게 우리 아버지로서의 하나님에 대한 우리의 지식에 절대 의지해야 하며, 이 지식과 하나님에 대한 우리의 관계를 완성시키는 일에 주의를 집중해야 합니다. "너희는 먼저 그의 나라와 그의 의를 구하라 그리하면 이 모든 것을 너희에게 더하시리라"(33절). 우리 주님이 이렇게 두 번이나 말씀하셨습니다.

그러신 다음 여러 가지 형태로 이것을 반복해서 말씀하셨습니다. 즉 "먹을 것과 마실 것과 입을 것을 염려하지 말라. 이 세상의 삶을 염려하지 말라. 하나님이 너희에게 시련을 주고 계신지 아닌지 염려하지 말라." 그런 다음에 "너희가 만약 염려하고 싶다면 정작 염려해야 할 것을 너희에게 말하겠다. 아버지에 대한 너희의 관계를 염려해라! 이것이야말로 너희가 집중해야 할 사항인 것이니라. 이방인들은 이렇게 다른 것들을 구하고 있고 너희 가운데도 그런 사람들이 많다. 그러나 '너희는 먼저 그의 나라와 그의 의를 구하여라.' 구해야 할 것은 이것이다."라고 말입니다. '구한다'는 말씀은 열심히 구한다, 열렬하게 구한다, 그것을 위해 산다는 의미를 지니고 있음을 다시 기억해야 합니다. 심지어 주님은 '먼저'란 말씀을 덧붙여 이것을 강화시키셨습니다. "너희는 먼저 구하라." 이것은

'대체로', '주로', '다른 무엇보다도'란 뜻이요, 우선순위를 둔다는 뜻입니다. "너희는 이렇게 다른 것들에 관심을 가지며 우선해서는 안 된다. 너희가 우선해야 할 것은 하나님의 나라와 그의 의이다."

여러분은 주기도문의 가르침을 기억하실 것입니다. 여러분은 이 세상에 대하여 또 삶에 대하여 관심을 가지지만 "오늘 우리에게 일용할 양식을 주시옵고"라는 말씀으로 주기도를 시작하지 아니하고 "하늘에 계신 우리 아버지여 이름이 거룩히 여김을 받으시오며, 나라가 임하시오며, 뜻이 하늘에서 이루어진 것 같이 땅에서도 이루어지이다." 한 다음, "오늘 우리에게 일용할 양식을 주시옵고"라고 기도합니다. "너희는 먼저", "너희의 양식을 구하지 말고", "하나님의 나라와 그의 의를 구하라"입니다. 환언하면, 지성과 감성과 욕망에서 여러분 자신을 이런 위치로 가져와야 합니다. 이것이 다른 무엇보다 절대 우선하지 않으면 안 됩니다.

"너희는 먼저 그의 나라를 구하라"를 예수님은 어떤 뜻으로 말씀하셨습니까? 그는 청중들에게 기독교인으로 만드는 법을 말씀하시지 않고, 그들이 기독교인이기 때문에 처신해야 할 법을 말씀하시고 있습니다. 그들은 하나님의 나라에 있으며 그러한 까닭에 그의 나라를 더욱 더 구해야 하는 것입니다. 베드로의 표현에 따르면 그들은 "그들의 부르심과 택하심을 굳게" 해야 하는 것입니다. 이것은 실제 문제로서 다음과 같은 뜻이 있습니다. 우리 하늘 아버지의 자녀로서 우리는 그를 더 잘 알도록 구해야 한다는 것입니다.

히브리서신의 저자는 11장 6절에서 이것을 완벽하게 표현했습니다. "하나님께 나아가는 자는 반드시 그가 계신 것과 또한 그가 자기를 (부지런히) 찾는 자들에게 상 주시는 이심을 믿어야 할지니라." '부지런히'란 말씀을 강조하십니다. 이생에서 복을 잃는 사람들이 허다한 까닭은 그들이 하나님을 부지런히 구하지 않기 때문입니다. 그들은 그의 얼굴을 구하는 일에 많은 시간을 보내지 않습니다. 성전에서 기도하기 위해 무릎을 꿇기도 하지만 이것이 반드시 주님을 구하는 것이라고는 할 수 없습니다. 기독교인은 주님의 얼굴을 날마다, 변함없이 구해야 하게 되어 있습니다. 기독교인은 시간을 내어 그렇게 할 시간을 만드는 것입니다. 더욱이 이것은 우리가 그의 나라와 하나님에 대한 우리의 관계, 특히 우리의 영원한 미래에 대해 더없이 생각해야 할 것을 의미합니다.

바울이 고린도 교인들에게 "우리가 잠시 받는 환난의 경한 것이 지극히 크고 영원한 영광의 중한 것을 우리에게 이루게 함이니 우리가 주목하는 것은 보이는 것이 아니요 보이지 않는 것이니 보이는 것은 잠깐이요 보이지 않는 것은 영원함이라"(고후 4:17, 18)라고 말할 수 있었던 것은 그가 이렇게 하였기 때문입니다. 즉 사도는 이런 어려운 일들 곧 환난이 있음에도 불구하고 기뻐하였습니다.

바울이 골로새 교인에게 "위의 것을 생각하고 땅의 것을 생각하지 말라"(골 3:2)라고 했을 때 이것을 하나의 적극적 권면과 명령으로 삼았습니다. 이것이 하나님의 나라를 구한다는 뜻입니다. '의'란 말씀이 붙은 것은 어째서입니까? 이렇게 덧붙여진 것에는 매우 중요한 뜻이 내포되어 있습니다. 이것은 성경 및 의의 생활을 의미합니다. 위의 것들을 찾는다는 의미에서 하나님의 나라를 구해야 한다는 것뿐만이 아닙니다. 동시에 적극적으로 성결과 의를 구해야 하는 것입니다. 다시 한 번 "의에 주리고 목마른 자는 복이 있나니 그들이 배부를 것임이요"의 반복을 보게 됩니다.

바로 이것입니다. 기독교인들은 의를 구하며, 그리스도와 같이 되기를 구하며, 더욱 더 성결케 되기를 구하며, 은혜와 주님을 아는 지식에까지 자라고 있습니다. 이것이 믿음을 증대시키는 방법입니다.

우리가 성결해지면 성결해질수록 하나님께 가까워질 것이며 우리의 믿음은 커질 것입니다. 우리가 성화되고 거룩하면 거룩할수록 우리의 확신은 커질 것입니다. 따라서 하나님에 대한 주장과 의지는 커질 것입니다.

영적생활에는 절대적 규칙이 있습니다. 하나님을 가장 크게 의지하는 사람은 하나님의 나라와 그의 의를 구하는 사람입니다. 하나님께 가까이 살면 살수록 이생과 이 세상의 일들을 덜 알게 되고 하나님에 대한 확신감이 커질 것입니다. 성결하면 할수록 하나님을 더 잘 알게 될 것입니다. 우리는 그를 우리의 아버지로 알게 될 것이며, 주위에 일어나는 그 어떤 일도 우리의 평정과 평온을 뒤흔들지 못할 것입니다. 그에 대한 우리의 관계가 그토록 가깝기 때문입니다.

우리는 주님의 말씀을 이렇게 풀이할 수도 있습니다. "만일 내가 그 무언가를 원한다면, 만일 내가 무언가에 대해 염려하고 싶다면, 너희의 영적 상태, 하나님에 대한 너희의 친밀함, 그에 대한 너희의 관계에 대해 염려해라. 만일 네가 이것을 첫 자리에 둔다면 염려는 사라질 것이다. 이것이 그 결과가 될 것이다. 하나님에 대한 너의 관계에 관한 이 큰 관심이 먹을 것과 옷에 관한 보다 작은 염려를 모두 쫓아내 버릴 것이다."라고 말입니다.

자기를 하나님의 자녀요, 영원한 나라의 상속자로 아는 사람은 이생과 이 세상에서 매우 다른 사물관을 갖습니다. 하나님의 사람은 하나님의 나라를 위해 기도하며 하나님의 나라를 구합니다. 그리하여 다른 것들이 그에게 덤으로 부여되는 것입니다. 이것은 하나님의 특정 약속입니다.

여러분은 이것의 완벽한 실례를 솔로몬에 관한 이야기에서 보게 됩니다. 솔로몬은 부귀와 수명을 위해 기도하지 않았습니다. 그는 지혜를 위해 간구했습니다. 그래서 하나님께서 이렇게 말씀하신 셈입니다. "네가 이 다른 것들을 위해 기도하지 않았기 때문에 내가 네게 지혜를 주겠다. 그리고 이 다른 것들도 너에게 주겠다. 나는 네게 부귀와 수명을 덤으로 주겠다."라고 말입니다(왕상 3장). 하나님은 항상 이렇게 하십니다.

17세기의 청교도들, 특히 퀘이커교도들이 부유한 사람들이 된 것은 우연이 아닙니다. 부귀를 축적했기 때문도 아니요, 재물을 숭배했기 때문도 아닙니다. 그들이 하나님과 그의 의를 위해서 살았기 때문입니다. 그 결과 그들은 돈을 무가치한 것들에 던지지 않았습니다. 그러므로 그들은 부하게 될 수밖에 없었습니다. 그들은 하나님의 약속에 매달렸습니다. 그 결과 부수적으로 부하게 되었던 것입니다.

하나님과 그의 영광과 그의 나라의 임하심과 그에 대한 여러분의 관계와 그에 대한 여러분의 가까우심과 여러분의 성결을 중심에 놓으십시오. 그러면 그의 아들의 입술을 통해 주신 하나님의 보증의 약속의 말씀을 받으실 것입니다. 곧 이 모든 것을 더하여 주실 것입니다. 이방인들처럼 되지 마십시오. 하나님이 아버지로서 여러분의 모든 것을 아시며 여러분을 지켜보심을 기억하십시오. 그러므로 더욱 여러분의 삶을 영원한 아버지께 더욱 가깝게 하며 살기를 구하십시오.

44장

염려의 원인과 치료법

"그러므로 내일 일을 위하여 염려하지 말라 내일 일은 내일이 염려할 것이요 한 날의 괴로움은 그날로 족하니라" 마 6:34

본문 마태복음 6장 34절에서 주님은 산상설교 전체에서 다루시는 주제를 결론적으로 이끌고 계십니다. 이미 살펴본 대로 이 문제가 여러 가지로 우리에게 부딪쳐 오는데 어떤 사람들은 그들이 비축하고 쌓고 싶어 하는 세상의 소유물들의 지배를 받는 유혹을 받습니다. 또 어떤 사람들은 그들이 이것들로 인해서 염려를 한다는 의미에서 괴로움을 당하고 있습니다.

주님에 의하면 이 둘은 본질적으로 한 개의 동일한 문제, 곧 이 세상과 이생의 일들에 대한 우리의 관계의 문제인 것입니다. 앞서 살펴본 대로 주님은 이 문제와 분석의 양면을 모두 다루고 계십니다.

본문에서 주님은 이 문제를 특정 형식으로 결론 맺고 있습니다. "그러므로 염려하지 말라." 주님은 이 말씀이 너무 중요하므로 일부러 세 번씩 진술하십니다. 특히 의식주 문제와 관련해서 그러하십니다. 여기에 전체 주제의 결론이 나옵니다.

많은 사람들이 본문 말씀을 이 문맥에서 처음으로 읽을 때마다 우리 주님이 이 말씀을 여기에 덧붙이신 것에 대해 놀라움을 느꼈으리라 확신합니다.

주님은 앞(마태복음 6장 33절)에서 클라이맥스에 도달하신 것 같아 보입니다. 거기서 주님은 "너희는 먼저 그의 나라와 그의 의를 구하라"는 말씀에 집중시키셨던 것입니다. 이것은 거기에 아무것도 덧붙여서는 안 될 최종 진술들처럼 보입니다. 그래서 우리가 지금 살펴보고 있는 본문은 얼핏 보기에는 용두사미처럼 보입니다. "너희는 먼저 그의 나라와 그의 의를 구하라"는 말씀보다 더 높은 절정을 상상할 수 없습니다.

주님은 "이것에 철저하면 다른 것들에 염려할 필요가 없다. 하나님과 바르게 되어라. 그러면 하나님께서 너를 돌보실 것이다."라고 말씀하십니다. 그런 다음에도 주님은 계속해서 "내일에 대하여, 미래에 대하여 염려하지 말라. 내일 일은 내일이 염려할 것이요 한 날의 괴로움은 그날에 족하니라"라고 말씀하십니다.

나는 이 말씀이 용두사미가 아님을 확신할 수 있습니다. 이것을 덧붙이신 데에는 그럴 만한 이유가 있습니다. 우리 주님은 단순히 반복하기 위한 목적으로 이렇게 말씀하신 것이 아닙니다.

주님은 적극적 가르침을 주시고 나서 이 문제로 돌아서서 이것을 부정적 형식으로 끝내셨는데 주님은 왜 이렇게 하셨을까요? 주님은 이것을 확대하여 생활의 전체를 망라하는 일에 적용하고 계십니다. 즉, 주님은 인간성과 이생에서 우리가 당면하는 문제들에 대해 깊은 이해를 갖고 계심을 보여줍니다. 사람을 죽이는 경향이 있는 염려와 근심과 걱정에 대한 분석을 놓고 볼 때, 이 대목보다 더 철저한 분석을 다른 어느 교과서에서도 찾아볼 수 없다는 데 여러분은 동의하셔야 할 것입니다.

여기서 주님은 이 상태에 대하여 최종적 이해를 보여주십니다. 결국 염려는 하나의 뚜렷한 실체입니다. 그것은 힘이요, 세력입니다. 그 세력이 얼마나 거대한가를 인식할 때까지는 우리가 이것을 이해하지도 못한 셈입니다. 이것을 깨닫지 못한다면 이것에 패배당할 것이 확실합니다. 염려가 우리에게 실제로 부딪쳐 오는 것들의 상태를 통해서 우리로 염려하게 하고 부담이 되게 하고 압도할 수 없다면, 염려는 그 다음 단계를 취하여 미래로 계속해 나갈 것입니다. 우리는 이것을 우리 자신 속에서, 또는 염려하는 상태에서 고통당하는 다른 사람들을 도우려고 애쓸 때 깨달을 수 있습니다.

대화는 그들이 여러분에게 가져온 어떤 특정한 문제로 시작됩니다. 그때 여러분은 그 문제에 해답을 제시하며 염려가 얼마나 불필요한가를 보여줄 수 있을 것입니다. 여러분은 대화 중에 그들이 변함없이 계속해서 "예, 하지만…"이라고 말하는 것을 발견하실 것입니다. 이것이 염려의 전형입니다.

염려는 실로 물러나기를 원치 않는다는 인상을 줍니다. 그 사람은 구제받기를 원하나 염려는 물러서려 하지 않는 것입니다. 그러나 우리에게는 이것을 대적할 자격이 있습니다. 주님이 "내일 일은 내일이 염려할 것이요"라고 말씀하실 때 우리는 이 권세를 받은 것입니다. 주님은 이것을 하나의 세력으로 거의 인격을 가지고 여러분을 움켜쥐고, 자신도 모르게 여러분과 다투며 한 가지를 말하고 나서는 계속해서 또 다른 것을 둘러대는 세력으로 간주하십니다. 이렇게 해서 염려는 마침내 사람이 구제를 받고 해방을 받기를 원하지 않는 묘하게 뒤틀어진 외고집 상태까지 이끌어갑니다.

즉 여러분이 모든 해답을 밝혀내고 그런 사람들에게 충분한 설명을 준 다음에도 그들은 "아, 그렇습니다. 지금은 좋습니다. 그러나 내일은 어떨까요? 다음 주는 어떻게 되겠습니까? 다음 해는 어떻게 될까요?"라고 말합니다. 염려는 이렇게 계속되어 미래 속으로 나아가는 것입니다. 환언하면 염려가 그(염려) 앞에 갖고 있는 어떤 사실들에 대하여 문제를 일으킬 수 없을 때에는 요술을 부려 사실들을 조작해 내는 일을 서슴지 않습니다. 염려는 왕성한 상상력을 갖고 있으며 온갖 종류의 가능성을 상상해 낼 수 있습니다. 염려는 이상하고, 예측 못할 사건들을 상상해 냅니다.

이 문제를 다루는 방법을 이해하는 열쇠는 우리가 매우 강력한 세력을 다루고 있음을 인식하는 데 있습니다. 저는 이 문제를 너무 과장하는 것을 원치 않습니다. 이런 상태가 악령들의 활동의 결과임이 틀림없다는 사례들도 있기 때문입니다. 그러나 직접 귀신들에 잡혀있지는 않더라도, 우리의 대적 마귀는 신체가 쇠약해진 상태를 통해서, 또는 지나치게 근심하는 선천적 성향을 이용하여 횡포와 지배력을 가지고 많은 사람들 위에 군림한다는 사실을 알아야 합니다.

우리는 목숨을 걸고 어떤 거대한 세력과 싸우고 있음을 깨달아야 합니다. 우리는 막강한 대적에 대항하고 있는 것입니다. 그러면 주님이 미래에 관한 염려와 근심을 어떻게 다루고 계신지 살펴보겠습니다. 첫째로 기억해야 할 것은 주님께서 지금 하시는 말씀이 앞의 가르침과 관련되어 있다는 것입니다. 그러므로 지금까지 우리에게 하신 말씀을 명심해야 합니다. 그러면 이제 추가 논증으로 들어가겠습니다.

이 논증에서 주님은 염려의 어리석음을 보여주고 계십니다. 주님은 염려가 어리석은 것임을 보여주시며 이렇게 물으신 셈입니다. "왜 너희는 이처럼 미래에 대해 염려를 허용하느냐? '내일 일은 내일이 염려할 것이요 한 날의 괴로움은 그 날로 족하니라'"(내일 염려는 내일에 맡길 것이요 한 날의 괴로움은 그날 것으로 넉넉하다). 만일 현재로서도 충분할 정도로 어렵다면 왜 미래와 대면하러 나아갑니까? 하루하루를 계속하는 것 자체로서 충분한 것입니다. 이것으로 만족하십시오.

한 단계 더 나아가서 염려는 아무런 가치도 없다고 말할 수 있습니다. 이것은 특히 우리가 미래에 직면할 때 명료하게 볼 수 있습니다. 다른 것은 그만 두고라도 이 일은 순전히 에너지의 낭비입니다. 왜냐하면 여러분이 아무리 염려하더라도 이것에 속수무책이기 때문입니다. 어느 경우에서든 염려가 위협하는 파멸은 상상적인 것에 지나지 않습니다. 염려가 날조해 내는 파멸은 확실치 않으며 전혀 발생하지 않을 수도 있는 것입니다. 그러나 이 외에도, "너희는 현재 미래에 대해 염려함으로써 미래를 저당 잡히고 있음을 보지 못하느냐?"라고 주님은 말씀하십니다. 참으로, 미래에 대한 염려의 결과는 현재 여러분 자신을 불구로 만들어 전투력을 잃게 한다는 것입니다.

여러분은 오늘 여러분의 능률을 저하시키고 있는 것입니다. 그리고 이렇게 함으로써 여러분에게 마주쳐 오는 미래에 대하여 여러분의 능률을 감소시키고 있습니다. 염려는 이 세상 생활의 성격을 전적으로 이해하지 못하기 때문에 파생하는 것입니다.

우리 주님은 삶을 이와 같이 묘사하시는 것 같습니다. 즉 "타락과 죄의 결과로 삶에는 항상 문제가 있다. 사람이 타락한 이후부터는 그가 '이마에 땀을 흘려야' 살 수 있고 먹게 되어 있기 때문이다. 사람은 이제 낙원에 있지 않다. 사람은 이제 열매를 따서 편안하고 즐거운 삶을 살 수는 없게 되었다. 죄의 결과로 이 세상의 삶은 노역이 되었다. 사람은 수고하며 시련과 괴로움에 직면해야 한다."라고 말입니다. 우리는 이것을 모두 알고 있습니다. 우리 모두 동일한 시련과 고난을 받게 되었습니다. 문제는 우리가 이 시련과 고난을 어떻게 대처해야 하는가에 있습니다.

주님에 의하면, 아주 중요한 일은 이 세상 생활에서 여러분에게 일어날 것으로 보이는 모든 것을 합산하면서 생애의 하루하루를 보내는 것이 아니라고 하십니다. 그렇게 한다면 여러분의 삶은 절단날 것입니다. 그날그날의 삶의 문제와 어려움은 할당량이 있다는 것입니다. 주님은 그렇게 하는 방법을 이미 말씀해 주셨습니다.

우리는 앞으로 가서 내일의 할당량을 오늘로 끌어와 첨가시켜서도 안 됩니다. 이 짐을 날마다 져야 하는 것입니다. 주님께서 나사로가 죽어 누워있던 집으로, 형편이 험악한 유다지방으로 돌아가시려는 것을 제자들이 만류하고 있을 때, 우리 주님이 어떻게 반응하셨는지 기억하실 것입니다. 제자들은 주님께 일어날지도 모를 결과들과 그것이 그의 목숨을 얼마나 단축시킬 것인가를 지적했습니다. 주님의 대답은 "낮이 열두 시간이 아니냐?"(낮은 열두 시간이나 되지 않느냐?)라는 것이었습니다(요 11:9).

여러분은 한 번에 열두 시간을 사셔야 합니다. 그 이상은 살 수 없습니다. 여기에 오늘을 위한 할당량이 있습니다. 이것에 직면하여 살아가십시오. 내일을 생각하지 마십시오. 내일은 내일의 할당량이 있습니다. 그러나 그 일은 내일에 있을 것입니다. 오늘은 아닌 것입니다. 이 문제를 다만 이런 차원에서 다루기는 매우 쉬우며 이렇게 유혹받기는 매우 쉽습니다. 이것을 심리학이라고 말할 수 있을 것입니다. 소위 신 심리학이 아니라 시초부터 인류가 실천해 온 고대의 생활 심리학이라 하겠습니다. 그리고 이것은 매우 심오한 심리학입니다. 이것은 순전히 인간적 차원에 입각한 상식과 지혜의 정수인 것입니다.

여러분이 괴로움을 당하지 아니하며 건강을 잃지 않으며 신경을 컨트롤하기 원한다면 어제나 내일을 지고 다니지 마십시오. 오늘을 위해 살며, 열두 시간을 위해 사십시오. 이렇게 하지 아니함으로 삶에 실패한 사람이 얼마나 많은지를 전기를 읽으면서 주목하는 일은 흥미롭습니다. 생활에 성공한 사람들은 대부분이 과거를 잊는 이 놀라운 역량의 특징을 띠고 있습니다. 그들도 과오를 범하긴 했습니다. 그러면 그들은 "자, 내가 과오를 범했는데 원상태로 회복할 수가 없다. 그렇다고 내가 한평생 이런 과오를 곰곰이 생각해 보아야 소용이 없을 것이다. 나는 바보가 되지 않겠다. 나는 죽은 자들로 그 죽은 자를 장사 지내게 하겠다."라고 말합니다. 그 결과 그들은 어떤 결정을 지은 후 그 결정으로 염려를 하면서 밤을 새우지는 않습니다.

한편 뒤를 돌아보지 않을 수 없는 사람은 뜬눈으로 밤을 새우며 "왜 내가 그 일을 했을까?"라고 말할 것입니다. 그리하여 신경의 에너지를 짜내며 피로와 컨디션이 좋지 않은 감을 느끼며 잠을 설친 후에 깨어 눈만 말똥말똥 합니다. 그 결과 그는 더욱 과오를 범하며, "내가 이런 과오를 지금 범한다면 다음 주는 어떻게 될까?"라고 말하게 되는 악순환을 완성 시킵니다. 가엾은 이 사람은 벌써 낙담하고 좌절을 당하는 것입니다.

여기에 우리 주님의 대답이 있습니다. "어리석지 말라. 너희 에너지를 낭비하지 말라. 이미 지나간 일이나 미래에 대해 이렇게 염려하면서 시간을 보내지 말라. 여기에 오늘이 있다. 오늘을 최대한으로 살라."라고 말입니다. 우리가 이런 차원에 머물지 말아야 할 것입니다.

주님은 이런 자리에 머무시지 않습니다. 이 진술을 이 가르침의 문맥에 맞춰 받아들여야 합니다. 오늘 우리를 도우시는 하나님은 내일도 같은 하나님이 되시며 내일에도 우리를 도우시리라는 것을 배워 깨달아야 합니다. 이것은 우리들이 배워야 할 과제입니다.

이 세상의 삶을 이렇게 열두 시간 혹은 스물네 시간으로 분류하는 법만을 배워서는 안 됩니다. 하나님에 대한 우리의 관계도 정확히 이와 같이 분류해야 합니다. 우리가 하나님을 대체로 믿긴 하면서도 삶의 어떤 특수 분야에서는 하나님을 믿지 않는 데 위험이 있습니다. 이리하여 잘못되는 사람들이 많습니다.

우리는 사건들이 일어날 때마다 그것을 하나님께 가져가는 법을 배워야 합니다. 일부 사람들이 이 문제에 실패하는 이유는 그들이 항상 하나님을 앞질러 가려 하기 때문입니다. 그들은 늘 가만히 앉아서 스스로 묻기를 "하나님께서 나에게 내일에나 일주일 후나 일 년 후에 하라고 요구하는 일은 무엇일까? 그때 하나님은 나에게 무엇을 하라 하실까?"라고들 합니다. 이것은 참으로 잘못된 것입니다.

하나님을 앞지르려 하지 마십시오. 여러분 자신의 미래를 앞질러 처리해서는 안 되는 것처럼 여러분을 위한 하나님의 미래를 앞지르지 마십시오. 하루 단위로 사십시오. 날마다 하나님께 순종하는 삶을 사십시오. 하나님께서 여러분에게 그날그날 하도록 원하시는 일을 하십시오. 결코 "내일 하나님께서 이런 저런 일을 나에게 원하실지 모르겠다."라는 따위의 생각에 빠지지 마십시오. 이런 짓을 해서는 안 된다고 주님께서 말씀하십니다. 여러분은 매사에 하나님을 날마다 의지하는 법을 배워야 하며 하나님을 앞지르려고 해서는 안 됩니다.

우리 몸을 단번에 영원히 하나님께 위탁한다는 데는 일리가 있습니다. 그리고 이 일을 날마다 한다는 데도 일리가 있습니다. 하나님이 우리에게 모든 것을 영원히 단번에 주셨다는 데도 일리가 있습니다. 그렇습니다. 그러나 하나님은 은혜를 날마다 일부분씩 몫을 지어 주십니다.

하루를 시작하면서 우리는 "여기에 내게 어떤 문제와 어려움을 가져오려는 하루가 시작된다. 그런 대로 좋다. 나는 하나님의 도우심과 은혜가 필요하다. 나는 하나님께서 모든 은혜를 풍성하게 주실 것을 안다. 하나님은 나의 필요에 따라 나와 함께 하실 것이다."라는 자세가 필요합니다. "네 문빗장은 철과 놋이 될 것이니 네가 사는 날을 따라서 능력이 있으리로다"(신 33:25). 이 문제와 관련된 성경의 기본 교훈이 이와 같습니다. 미래를 전적으로 하나님의 손에 일임하는 법을 배워야 합니다.

예를 들어 히브리서 13장 8절의 저 위대한 진술을 봅시다. 히브리 기독교인들이 시련과 곤란을 겪고 있었습니다. 히브리서 저자는 그들에게 염려하지 말라고 권면합니다. 곧 이런 이유 때문입니다. "예수 그리스도는 어제나 오늘이나 영원토록 동일하시니라." 결국 저자는 "너희는 염려할 필요가 없다. 주님은 어제도 계셨고, 오늘도 계시며 내일도 계실 것이다."라고 말한 것입니다.

삶을 미리 앞질러 처리할 필요는 없습니다. 오늘 여러분을 붙드시는 주님은 내일도 동일하신 주님이십니다. 그는 변함없고 영원하시며 항상 같으십니다. 그러므로 내일에 대해서 생각해서는 안 됩니다. 그 대신 변함없으신 그리스도를 생각하십시오. 또는 바울이 고린도전서 10장 13절에서 말씀하신 것을 생각하십시오. "사람이 감당할 시험 밖에는 너희가 당한 것이 없나니 오직 하나님은 미쁘사 너희가 감당하지 못할 시험 당함을 허락하지 아니하시고 시험 당할 즈음에 또한 피할 길을 내사 너희로 능히 감당하게 하시느니라." 이것은 여러분의 미래에 있어서도 마찬가지입니다. 하나님께서 피할 길 없는 시련은 여러분에게 오지 않게 하실 것입니다. 그 시련은 여러분의 감당할 힘을 넘지 아니할 것입니다. 항상 구제책이 있을 것입니다.

이것을 다음과 같이 요약할 수 있겠습니다. "우리의 나날을 하루하루씩 맞이하는 지혜를 배워 어제와 내일을 잊는 동시에 우리는 날마다 하나님과 이렇게 동행하며 날마다 주님을 의지하며 그날그날 필요한 것을 위해 하나님께 마음을 기울이는 것이 절대 중요하다는 것입니다." 우리 모두가 빠지기 쉬운 치명적 유혹은 미래를 위해 은혜를 저장해 두려 애쓰는 유혹입니다. 이것은 믿음이 부족함을 의미합니다.

미래를 하나님께 일임하십시오. 하나님께서 여러분보다 항상 앞서 가심을 확신하고 자신하는 가운데 미래를 전적으로 하나님께 일임하십시오. 성경말씀대로 하나님께서 여러분을 "지켜주실 것입니다." 하나님께서 여러분 앞에서 그 문제를 맞아주실 것입니다. 하나님께로 향하십시오. 그러면 하나님이 살아계시며 그것을 모두 알고 계시다는 것을 발견하게 될 것입니다.

이상으로 주님의 가르침의 진수를 말씀드렸습니다. 그러나 이것을 정직하게 충분히 설명해야 한다면 이 지점에서 문제 하나를 고찰해 보아야 합니다. 본문을 읽는 사람들은 보통 두 가지 질문을 하는 경향이 있습니다. "그러므로 내일 일을 위하여 염려하지 말라 내일 일은 내일이 염려할 것이요 한 날의 괴로움은 그날로 족하니라고 하셨으니 기독교인이 돈을 모으고 저축하며, 비가 와서 공치는 날을 위해 무언가 간수해 두는 것은 잘못입니까? 기독교인이 보험에 드는 것은 옳습니까, 잘못입니까?"라고들 묻습니다. 그 대답은 이 대목의 첫 부분에서 다루었듯이 그 대답은 "염려하지 말라" 이 말씀은 항상 "근심하지 말라. 초조해하지 말라", "내일을 염려하지 말라"로 번역해야 하는 것입니다.

기억하시다시피 주님은 공중의 새들이 심지도 않고 거두지도 않고 창고에 모아들이지도 아니하니 사람도 밭 갈고, 심고, 거두어 곳간에 들어서는 안 된다고 말씀하신 것이 아닙니다. 이것은 우스운 일입니다. 씨 뿌릴 때와 추수 때를 정하신 것은 하나님 자신이기 때문입니다.

밭을 갈 때 농부는 실로 내일을 위해 적절한 생각을 하는 것이 사실입니다. 수확이 자동적으로 늘어나지 아니함을 알기 때문입니다. 농부는 밭을 갈아야 하고, 돌보아야 하고, 마침내 추수하여 곳간에 들이게 되는 것입니다. 어떤 의미에서 이것은 모두 미래를 위한 대비입니다. 그렇다고 성경이 이것을 정죄하지 않는 것은 물론입니다. 사실은 그 반대로써 성경의 권장을 받기까지 합니다.

하나님의 정하심에 따라 사람이 이 세상에서 삶을 살아야 할 방도가 이와 같습니다. 그러므로 본문의 뜻을 어리석고 우습게 취해서는 안 됩니다. 가만히 앉아 음식과 의복이 오기를 기다려서는 안 됩니다. 이것은 주님의 가르침을 우습게 만드는 일인 것입니다.

이것은 우리로 한 단계 더 나아가, "주님의 가르침은 옳은 것과 합당한 것과 합법적인 것을 하라는 것이다."라고 말할 수 있게 합니다. 그러나 본문의 가르침대로 우리가 이런 일들을 너무 생각하거나, 너무 관심을 가져 이것들이 현재 우리의 삶을 지배하거나, 우리의 유용성을 제한하게 해서는 안 됩니다. 이것은 우리가 정당한 생각과 관심의 한계를 벗어나 근심과 염려의 한계로 넘어가는 지점입니다.

주님은 밭을 갈고 씨를 뿌리는 사람을 정죄하는 것이 아니라 이렇게 하고 나서 가만히 앉아 이것을 염려하기 시작하며, 그의 생각을 항상 이것에 집중하고 생활과 삶의 문제와 미래에 대한 공포심에 사로잡혀 있는 사람을 정죄하고 계신 것입니다. 주님은 이 한 가지를 정죄하고 계십니다. 이 사람은 현재 자기의 유용성을 제한하며 미래에 대한 두려움으로 현재를 불구로 만들고 있을 뿐 아니라 무엇보다 이런 염려로 그의 삶을 지배하게 하고 있기 때문입니다.

죄와 타락의 결과로 이생에서 사람은 누구나 문제를 갖고 있습니다. 문제는 불가피한 것입니다. 생존 그 자체가 하나의 문제입니다. 그러므로 문제에 직면하고 마주쳐야 합니다. 그렇다면 우리는 그런 생각의 지배를 받거나 억압을 허용하지 말아야 합니다. 내가 어떤 문제의 지배를 받는 순간 염려와 근심의 상태에 들어가는데 이것이 잘못입니다. 그러므로 우리는 분별 있는 생각과 관심을 가지며, 분별 있게 대비하고 그것을 그 이상은 생각하지 말아야 합니다.

우리는 한 단계 더 나아가야 합니다. 미래와 관련된 생각이 어느 모로든 현재의 나의 유용성을 억제해서는 안 됩니다. 이 세상에는 우리의 도움과 조력이 필요한 여러 가지 선하고 정당한 원인들이 있습니다. 이 원인들은 날마다 계속 유지해야 할 것들입니다. 그리고 미래에 어떻게 살 수 있게 될 것인가에 너무 관심을 가지므로 현재 이 순간 필요한 원인들을 도울 시간이 없는 사람들이 있습니다. 이것은 잘못입니다.

내가 만일 현재 이 순간 미래에 대한 관심 때문에 불구가 된다면 나는 염려를 범한 것입니다. 그러나 내가 분별 있고 정당하게 대비를 하며 이 순간의 내 삶을 충분히 산다면 만사가 좋은 것입니다. 더구나 성경에 저축하거나 보험에 드는 것이 잘못이라고 가르친 곳은 하나도 없습니다. 그러나 내가 늘 보험이나 은행의 잔고와 내가 충분히 저축하고 있는가를 생각한다면, 그것은 우리 주님이 걱정하며 정죄하시는 것입니다. 이외에도 이것의 실례를 여러 가지로 들 수 있습니다.

본문과 관련된 위험은 사람들이 이 두 가지 극단적 입장의 하나를 택하는 데 있습니다. 삶을 충분히 살아야 한다고 말은 하면서도 미래를 위해 전혀 대비해서는 안 된다고 말하는 기독교인들이 있습니다. 그리고 이와 같이 교회 일을 위해 모금(헌금)을 하는 것은 잘못이며 이런 일은 믿음으로 해야 한다고 말하는 사람들도 있습니다. 그러나 사도 바울은 고린도 교인들에게 모금(헌금)할 뿐 아니라 심지어 매주 첫날에 이를 저축하라고까지 했습니다(고전 16:2). 바울은 그들에게 상세한 지시를 했습니다.

　신약성경에는 성도들을 위해 헌금하는 일이 많이 기록되어 있습니다. 이 점에 오해가 없어야 합니다. 성경의 가르침은 완전히 분명하고 명료합니다. 하나님의 사업을 유지하는 데 두 가지 방법이 있습니다. 하나님 사업에 적용되는 원칙은 이 세상에서 기독교인으로서 우리의 모든 삶에 적용됩니다. 특별한 믿음사역에 부르심을 받은 사람들도 있습니다.

　예를 들어 고린도전서 12장을 읽어보면 성령께서 자기 뜻에 따라 거저 주시는 은사들 가운데 이른바 믿음의 은사가 있음을 발견할 것입니다. 이것은 이적의 은사가 아닙니다. 이것은 믿음의 은사, 곧 별개 은사입니다. 그러면 이 믿음이란 어떤 것입니까? 그것은 기독교인이면 누구나 갖고 있는 구원에 관계된 믿음이 아닙니다.

　이것은, 예를 들어 조지 뮬러와 허드슨 테일러에게 주신 유형의 믿음입니다. 이 사람들은 하나님의 특별 은사를 받았습니다. 하나님께서 그들을 통해 특별하게 영광을 나타내시기 위함이었습니다. 그러나 하나님께서는 바르나도 박사도 부르시어 그와 동일한 사역, 즉 그로 헌금을 거두는 일에 호소하게 하셨음을 나는 확신합니다. 동일하신 하나님께서 여러 가지 모양으로 성화된 사람들 속에 역사하시는 것입니다. 두 가지 방법이 모두 똑같이 사역임은 의심할 바 없습니다.

　또 다른 예를 들어보면, 조지 뮬러와 조지 윗필드보다 더 성스럽고 더 헌신적인 사람을 발견하기는 어려울 것입니다. 뮬러가 믿음과 기도로 유지되어야 할 고아원을 위해 부르심 받은 반면, 윗필드는 성도들에게 헌금을 직접 호소함으로써 고아원사역을 위하여 부르심 받은 것입니다.

　성경에서 가르치는 교회생활에 관한 진리가 이상과 같습니다. 우리도 이 동일한 원칙을 우리 개인생활에 정확히 적용해야 합니다. 이렇게 우리는 각각 믿음의 은사를 나타내는 특별한 삶을 살도록 부르심을 받았습니다. 그러므로 이 문맥에 비추어 저축과 보험을 정죄하는 것은 아주 잘못이요, 비성경적인 것입니다. 그러나 한편, 이것의 균형을 유지하고 보존하도록 항상 조심해야 합니다.

이 가르침을 요약해 보겠습니다. 첫째 원칙은 이것입니다. 4, 5장 앞에서 취급한 것은 모두 기독교인들에게만 적용된다는 점입니다. 내게 이렇게 말한 사람이 있습니다. "하나님이 사람을 돌보신다는 이 가르침이 어떻게 사실일 수 있습니까? 이 세상에는 곤핍과 궁핍이 가득하고 집 없고 실직당한 사람들의 고통이 편만한데 어떻게 그런 소리를 할 수 있습니까?"라고 말입니다. 그 대답은 이상의 약속들은 오직 기독교인들만을 위한 약속이라는 것입니다.

궁핍의 최대의 원인이 무엇입니까? 어린이들이 왜 누더기를 걸치며 먹을 것이 없습니까? 대개는 어버이들의 죄 때문이 아닙니까? 돈이 술로 허비되거나, 허영과 기타 악한 일들에 함부로 쓰이는 것이 아닙니까? 궁핍의 원인을 분석해 보십시오. 그 결과가 크게 시사적임을 발견하실 것입니다. 이 약속들은 오직 기독교인들에게만 하신 것이지 만인에게 하신 보편적 약속이 아닙니다.

다윗의 저 위대한 진술을 보십시오. "내가 어려서부터 늙기까지 의인이 버림을 당하거나 그의 자손이 걸식함을 보지 못하였도다"(시 37:25). 의인들에게 적용할 때 이것이 문자 그대로 사실이라 생각합니다. 그러나 '의인'이란 말의 뜻을 바로 깨달아야 합니다. 다윗은 "나는 신앙고백 하는 기독교인이 버림받는 것을 보지 못했고, 그의 자손이 먹을 것을 구걸하는 것을 보지 못했다."고 말하지 않습니다. 그는 '의인'이라고 말합니다. 그렇다면 의인의 후손에게 영원히 적용되는 것입니까? 나는 그렇게 생각지 않습니다. 이 말은 오직 직계 후손에게만 적용된다고 생각합니다. 왜냐하면 손자는 방탕하고 난봉꾼이요, 불의한 사람일 가능성이 있기 때문입니다. 그러므로 이 약속은 영원한 것이 아닙니다.

하나님은 불경건한 생활을 하는 사람에게 복을 주신다고 말씀하시지 않습니다. 이 약속은 의인과 그 후손에게 하신 것입니다. 하나님의 약속들은 항상 기독교 교리에 근거하고 있습니다. 여러분이 기독교 교리를 믿지 않으시면 이 약속들은 여러분에게 적용되지 않습니다.

둘째 원칙은, 염려란 항상 우리가 믿음을 가지고 적용 시키지 못하는데 있습니다. 믿음은 자동적으로 작용하지 않습니다. 산상설교를 연구하면서 우리는 이 점을 자주 보았습니다. 믿음은 자동적으로 자라나는 것이 아닙니다.

시편 42편에서 이것을 어떻게 표현하였는지 기억하십니까? 그가 자신에게 이렇게 말한 것을 보십시오. "내 영혼아, 네가 어찌하여 낙심하며 어찌하여 내 속에서 불안해 하는가"(5절)라고 말입니다. 믿음을 자라게 하는 방법은 이와 같습니다.

여러분의 믿음에 대하여 여러분 자신에게 말을 해야 합니다. 여러분의 믿음이 어떻게 되었는지 자신에게 물어야 합니다. 여러분의 영혼이 왜 낙심하는지 물으며 깨어나라고 말해야 하는 것입니다. 하나님의 자녀는 자기에게 말을 겁니다. 하나님의 자녀는 자기를 흔들어, 자기 자신과 자기 믿음을 자기에게 상기시킵니다. 그러는 즉시 그의 믿음은 자라기 시작합니다.

마지막 원칙으로는 염려하는 생각 자체를 물리치는 것에 있습니다. 이것이 무엇보다 가장 중요하며 가장 실제적인 것입니다. 믿음은 염려되는 일들에 대해 생각할 것을 거부하며 나쁜 의미로의 미래에 대한 생각을 거부하는 것을 의미합니다.

마귀와 적대적 환경은 그렇게 되도록 안간힘을 다할 것입니다. 또한 믿음을 가진다는 뜻은 내 자신에게 "아니다. 나는 염려할 것을 거부한다. 나는 합당한 일을 해왔다. 나는 옳고 정당하다고 믿는 것을 해왔다. 나는 그 이상은 조금도 생각하지 않겠다."라고 말하는 것입니다. 이것이 믿음입니다. 이것은 특히 미래와 관련시켜 볼 때 더욱 그러합니다.

마귀가 와서 교묘한 환심을 사며 여러분 속에 그것을 넌지시 주입할 때(악한 자가 쏘는 모든 불화살(엡 6:16)) 이렇게 말씀하십시오. "아니다. 나는 관심이 없다. 내가 오늘 의지하는 하나님을 나는 내일도 의지하겠다. 나는 거부한다. 나는 네 생각을 생각해 보지 않겠다."라고 말입니다.

믿음은 짐을 질 것을 거부합니다. 왜냐하면 우리 짐을 모두 주님께 던져버렸기 때문입니다.

원컨대 주님께서 무한하신 은혜로 우리에게 지혜와 은혜를 주셔서 이 단순한 원칙을 실천할 수 있게 하시며 이로써 날마다 주님을 즐거워할 수 있게 하옵소서. 아멘.

45장

비판하지 말라

"1 비판을 받지 아니하려거든 비판하지 말라 2 너희가 비판하는 그 비판으로 너희가
비판을 받을 것이요 너희가 헤아리는 그 헤아림으로 너희가 헤아림을 받을 것이니라"
마 7:1-2

우리는 이제 산상설교의 마지막 대목에 이르렀습니다. 이 대목에 접근하는 올
바른 방법에 대하여 의견의 차이가 적지 않습니다. 마태복음 7장을 한낱 격언들
을 모아놓은 것으로 간주하는 견해가 있는데 아주 잘못된 견해입니다.

앞에서 거듭 살펴본 대로, 어떤 대목이나 그 대목의 어떤 진술에 대한 해석을
시도하기 전에 산상설교 전체를 먼저 보는 것이 매우 중요합니다. 그런 의미로
전체를 다시 살펴보겠습니다.

산상설교에서 우리는 먼저 기독교인의 성격묘사를 봅니다. 그런 다음 그가 살
고 있는 이 세상에서 일어나는 모든 것이 그에게 미치는 결과와 이 세상에 대한
기독교인의 반응을 보게 됩니다. 그런 다음 기독교인은 세상의 소금과 모든 사
람에게 비치기 위한 빛의 기능을 상기하게 됩니다. 그런 다음, 기독교인의 삶을
사실대로 서술하고 나서 주님은 계속해서 이 세상의 기독교인의 삶과 관련해서
특정 교훈들을 주십니다.

특히 주님은 율법에 대한 가르침으로 시작하시는데 이것이 꼭 필요한 것은 바
리새인과 서기관들의 거짓된 가르침 때문입니다. 이것이 마태복음 5장의 주제
이며, 거기서 우리 주님은 여섯 개의 주요 원칙의 관점에서 율법에 대한 그의 견

해와 해석을 바리새인과 서기관들의 교훈과 대조해 주셨습니다. 그러므로 기독교인은 그가 대체로 어떻게 처신해야 하며, 율법은 그에게 어떻게 적용되며, 그에게서 무엇이 기대되는가를 가르치고 있습니다. 그런 다음 예수님은 마태복음 6장에서 이렇게 서술된 기독교인이 이 세상에서의 삶을 하늘 아버지와 교통하며 사는 것을 말씀하십니다.

기독교인은 선행 곧 구제, 기도, 금식 및 그의 은밀한 영적생활과 그 성장과 양육, 수양을 성취하도록 의도된 모든 것을 행하려고 결심할 때 하나님이 살피시고 계심을 알아야 합니다. 이 점을 깨닫지 못하면 이런 일에 아무런 가치나 공로가 없습니다.

만일 우리 자신을 만족시키거나 다른 사람들에게 감명을 주려고 전력을 다한다면 차라리 아무것도 하지 않는 것이 좋습니다. 그런 다음 주님은 우리가 많이 소유하고 있든 적게 소유하고 있든 이생과 이 세상일들을 위한 삶의 위험, 특히 이 위험의 교활성을 보여 주십니다. 그리고 주님은 마지막 대목에서 우리가 하늘 아버지의 눈앞에서 행하고 있음을 기억하는 것이 매우 중요하다는 점을 다시 강력히 선포하십니다.

주님께서 다루시는 이 특정 주제는 주로 다른 사람에 대한 우리의 관계와 관련되어 있습니다. 그러나 깨달아야 할 중요한 점은 하나님에 대한 우리의 관계가 기본문제라는 것입니다.

결론적으로 중요한 것은 다른 사람들이 우리를 어떻게 생각하는가가 아니라, 하나님이 우리를 어떻게 생각하시느냐 입니다. 이 땅에서의 우리의 삶은 여행이요 순례길이라는 것과 이 삶은 최종 심판, 곧 궁극적 평가 및 우리의 최종적이며 영원한 운명의 결정과 선언으로 계속 인도함을 받고 있다는 것입니다. 우리가 변함없이 상기해야 할 것은 바로 이것이라는 점에 모두 동의하셔야 합니다. 우리는 사후에도 삶을 계속하며 우리가 심판 때 하나님과 대면해야 할 것을 믿느냐는 질문을 받는다면, 우리는 틀림없이 '네'라고 대답할 것입니다. 그러나 여러분은 이 사실을 순간순간 염두에 두고 있습니까? 성경을 읽으면 하나님의 백성이 다른 사람들과 구별되는 점은 그들이 항상 그들의 영원한 운명을 의식하며 행하고 있다는 결론에 도달하지 않을 수 없습니다.

자연인(비기독교인)은 그의 영원한 미래에 관심을 갖지 않습니다. 그에게는 이 세상이 전부입니다. 그들이 생각하는 유일한 세상은 이 세상입니다. 그들은 이 세상을 위해 살며, 이 세상이 그를 통제합니다. 그러나 기독교인에게 이 세상은 잠깐 있다가 지나가는 일종의 예비학교임을 의식하며 통과해야 할 장소입니다.

기독교인은 자기가 하나님 앞에서 행하며, 그가 하나님을 만나게 되어 있다는 것과 이 생각이 그의 모든 삶을 결정하고 조종해야 할 것을 항상 알고 있어야 합니다. 주님은 앞의 대목에서처럼 우리가 이것을 상기할 필요가 있음과, 이것을 여기서 보여주시려 애쓰십니다. 이 사실을 우리의 모든 삶에서 우리는 기억해야 합니다. 기독교인으로 우리는 결산보고를 해야 할 것을 기억하며 이런 생각을 깊이 염두에 두고 모든 일을 해야 합니다.

어떤 이들은 산상설교가 가장 이해하기 쉽다고 말합니다. 그러나 이 산상설교만큼 어려운 부분은 없다고 말하고 싶습니다. 그것은 산상설교 앞에서는 완전히 벌거숭이가 되며 소망이 전혀 없게 되는 것이기 때문이라고 말하는 데 나는 주저하지 않습니다.

실천 가능한 것이기는 커녕, 우리 자신에게 내버려 둔다면 가장 실천 불가능한 가르침인 것입니다. 이 설교는 교리로 가득 차 있으며 또 교리로 이끌어갑니다. 이 설교는 신약성경의 모든 교리에 대한 일종의 서론이라고 할 수 있습니다..

주님은 서로 심판하는 이 특정 문제에 관하여 심판의식을 가지고 이 세상을 살아가는 문제를 고찰하기 시작하십니다. "비판하지 말라."고 먼저 선언을 하신 후에 선언의 이유를 주십니다. 주님은 원칙을 설정하신 후에 그 이치를 밝혀주시는 것입니다. 그런데 우리는 여기서 혼란을 야기해 온 진술에 마주칩니다. 이것은 매우 오해하기 쉬운 주제인 것이 분명합니다.

진리의 경우 늘 한결같은 것이지만 이것은 두 가지 면에서, 그리고 두 가지 극단으로부터 오해받을 수 있습니다. 문제는, "비판하지 말라"는 말씀을 주님은 어떤 의미로 말씀하셨는가 하는 것입니다. 이 문제에 대한 대답을 사전에서 찾으려 해서는 안 됩니다. 이 말씀에는 여러 가지 다른 뜻이 있으므로 단순히 '비판하다'는 낱말을 찾아보는 일만으로는 해결될 수 없습니다. 그러므로 그 의미를 정확히 알아야 하는 것은 매우 중요합니다.

시대마다 그 시대 나름의 중요시되는 것을 강조할 필요가 있었습니다. 오늘날에 특별히 필요한 것이 무엇인가라는 질문을 받는다면 저는 이 본문의 특정 진술을 고찰해야 한다고 말하겠습니다. 그 까닭은, 오늘의 삶의 전체 분위기와 특히 기독교사회에서 이 진술에 대한 정확한 해석이 아주 중요한 문제가 되기 때문입니다. 우리는 각양 정의의 가치를 업신여기는 시대에, 사상을 혐오하고, 신학과 교리와 교의를 증오하는 시대에 살고 있습니다. 안일과 타협의 시대입니다. "조용한 생활을 위해서라면 무슨 일이든 불사한다."는 표현에 딱 들어맞는 시대입니다.

교회사에는 여하한 희생을 치러서라도 원칙을 굳게 지켰기 때문에 찬양을 받는 사람들이 있었습니다. 그러나 오늘에는 그렇지가 않습니다. 그런 사람들이 오늘에는 까다롭고, 자기주장적이며 비협조적인 사람으로 인정되고 있습니다. 지금 영광을 받는 사람은 이를테면 이쪽 극단도 저쪽 극단도 아닌 '길 중간에' 있는 사람이요, 그의 견해 때문에 어떤 어려움이나 문제를 일으키지 않는 상냥한 사람입니다. "어떤 특정교리를 주장하지 않아도 삶이 고달프고 힘든 판인데."라고들 말합니다. 이것이 오늘을 지배하는 심성이라고 말한다고 해서 지나친 말이 아닙니다. 이것이 어떤 의미에서는 당연하다 하겠습니다. 20세기 1920년대,

1930년대의 정치 및 국제관계 영역을 살펴보십시오. 그 당시의 외침은 평안과 안일이었습니다. 따라서 문제의 회피가 자연스럽게, 불가피하게 뒤를 이었습니다. 마침내 어떤 희생을 치르고서라도 평화(이것이 다른 사람들의 굴욕과 배신을 의미하는데도)라는 관념이 그 시대를 지배할 수밖에 없었습니다.

이 같은 시대에서 심판에 관한 이 진술을 정확하게 해석해야 하는 것은 매우 중요합니다. 왜냐하면 '비판하지 말라'는 말씀을 단순히 문자 그대로 받아들여 비판하는 일은 도대체 있어서는 안 되며, 특히 연합을 위해서라면 어떤 일이라도 허용해야 한다고 주장합니다.

오늘 필요한 것은 연합과 친교라고 그들은 말합니다. 우리는 모두 하나가 되어야 한다는 것입니다. 그리고 이것은 공산주의의 위협의 관점에서 자주 논의되었습니다. 개중에는 공산주의에 너무 경악한 나머지 기독교인이란 이름을 사용하는 사람은 어떤 희생을 치러서라도 모두 받아들여져야 한다고 말하는 사람들마저 있습니다.

이 공통된 위험과 공통된 적 때문에 모두 이것에 동의해야 한다는 것입니다. 그러므로 이것이 가능한 해석이냐 아니냐의 문제가 제기됩니다. 저는 우선 가능할 수가 없다고 말씀드립니다. 그것이 가능할 수 없는 것은 성경의 가르침 그 자체 때문입니다.

6절을 보십시오. "거룩한 것을 개에게 주지 말며 너희 진주를 돼지 앞에 던지지 말라 그들이 그것을 발로 밟고 돌이켜 너희를 찢어 상할게 할까 염려하라." 판단을 행사하지 않는다면 어떻게 이 말씀을 실천할 수 있겠습니까? 어떤 사람이 '개'인지 어떻게 알 수 있겠습니까? 환언하면 판단에 관한 진술에 즉각 뒤이어 오는 명령은 나에게 판단과 분별을 행사하라고 요청하고 있는 것입니다.

다시, 이보다 멀리 떨어져 있는 15절에 있는 문맥을 봅시다. "거짓 선지자들을 삼가라 양의 옷을 입고 너희에게 나아오나 속에는 노략질하는 이리라." 이 말씀을 어떻게 받아들여야 합니까? 내가 사고해서는 안 된다면, '거짓 선지자들을' 삼 갈 수가 없으며, 판단을 그처럼 두려워한다면 그들의 가르침을 평가할 수가 없 습니다.

이 사람들은 '양의 옷'을 입고 나옵니다. 그들은 매우 알랑거리며 비위를 맞추 며 기독교 용어를 사용합니다. 그들은 해가 없고 매우 정직하게 보이며 변함없 이 '매우 마음에 들어' 보입니다. 그러나 이런 것에 속아서는 안 됩니다. 그런 사 람들을 주의해야 합니다.

주님은 또 말씀하시기를 "그들의 열매로 그들을 알지니"라 하셨습니다. 그러나 내가 어떤 표준을 갖거나 분별력을 구사해서는 안 된다면 어떻게 열매를 시험해 보고 참과 거짓을 분별할 수 있겠습니까? 그러므로 더 나갈 것도 없이 이 말씀이 '제멋대로 식의 자유롭고 부드러운 태도'를 의미한다거나 그저 막연히 기독교인 이란 명칭을 사용하는 사람이 가지는 맥없고 관대한 태도를 의미한다는 해석은 참된 해석일 리가 없습니다.

한 걸음 더 나아가서 이렇게 표현할 수 있겠습니다. "성경 그 자체가 국가의 제 반 문제와 관련해서 판단을 구사해야 한다고 가르치고 있다."라고 말입니다. 재 판장과 치안판사들이 하나님께 임명받으며, 치안판사는 재판을 선언해야 하며, 그렇게 하는 것이 그의 의무라고 가르치는 것은 성경입니다. 이것은 이 시간 세 상에서 악과 죄와 그 영향을 억제하시는 하나님의 방법의 일부입니다. 그러므 로 사람들이 경찰서를 인정하지 않는다고 말한다면 성경을 거스르는 것이 됩니 다. 그렇다고 이것이 어느 때고 무력의 사용을 의미하는 것은 아니며, 판단을 구 사해야겠다는 것이며, 사람이 이렇게 하지 않거나 이렇게 할 준비가 되어 있지 못하다면 그의 의무를 수행하지 않는 것이 될 뿐 아니라 이것은 비성경적이라는 것입니다. 그리고 여러분은 교회에 관한 성경의 가르침에서도 이와 동일한 교훈 을 발견하게 됩니다.

성경은 교회 영역에서 판단이 행해져야 할 것을 명백히 보여주고 있습니다. 이 점은 독자적으로 별도로 연구할 가치가 있습니다. 왜냐하면 우리의 맥없는 생각과 관념들 때문에 교회의 권징과 같은 일들이 오늘에는 존재하지 않기 때문입니다.

여러분이 교회에서 출교를 당한 사람의 이야기를 들은 지가 얼마나 되셨습니까? 성찬식 참석을 거부당한 사람의 이야기를 들으신지 얼마나 되셨습니까? 신교도의 역사를 보십시오. 신교에 대한 교회의 정의를 보면 "교회는 말씀이 선포되고, 성례가 집전되며, 권징이 행사되는 곳"이라고 되어 있는 것을 보실 것입니다.

프로테스탄트 교부들에게는 권징이 말씀의 선포와 성례의 집전과 같이 교회의 징표였습니다. 그러나 오늘에 와서는 권징이 무엇인지 모를 지경에 이르렀습니다. 그 원인은 여러분이 판단해서는 안 되며 "판단하는 너는 누구냐?"라고 묻는 것은 맥없고 감상적인 관념의 결과가 되는 것입니다. 그러나 성경은 우리에게 그렇게 하라고 권면하고 있습니다.

이 판단의 문제는 교리 문제에도 적용이 됩니다. 여기에 거짓 선지자들의 문제가 나옵니다. 주님은 이 문제에 주목을 끄십니다. 우리는 그들을 찾아내고 그들을 피해야 합니다. 그러나 교리에 대한 지식과 이 지식을 분별 있게 구사하지 아니하고는 이 일은 불가능합니다.

바울은 갈라디아 교인들에게 편지하는 가운데 "그러나 우리나 혹은 하늘로부터 온 천사라도 우리가 너희에게 전한 복음 외에 다른 복음을 전하면 저주를 받을지어다"(갈 1:8)라고 했습니다. 이것은 명료한 선언입니다. 그런 다음 고린도전서 15장에서 부활을 부인하고 있던 사람들에 관해 사도가 말씀하지 않을 수 없던 것을 기억하실 것입니다. 그는 디모데후서에서도 같은 것을 말씀하고 있는데 곧 부활을 부인하는 사람들이 부활은 이미 지나갔다고 하는 데 대해서 그는 "그 중에 후메내오와 빌레도가 있느니라"(딤후 2:17)라고 했습니다. 그는 다시 이것과 관련해서 판단을 표명했으며 디모데도 그렇게 하라고 권면하고 있습니다.

디도에게 보내는 글에서도 그는 "이단에 속한 사람을 한두 번 훈계한 후에 멀리하라"(딛 3:10)라고 했습니다. 어떤 사람이 자기를 기독교인이라고 하는 한 그는 기독교인임에 틀림없으며 그가 무엇을 믿든 개의치 않는다는 견해를 여러분이 갖고 있다면 그 사람이 이단인지 아닌지 어떻게 알 수 있겠습니까?

다음으로 '사랑의 사도'인 요한의 제1서신에서 그는 그들이 피하고 거부해야 할 거짓 스승들과 적그리스도에 관한 교훈을 주고 있습니다. 그리고 제2서신에서는 이것을 더욱 강하게 표현했습니다. "누구든지 이 교훈(교리)을 가지지 않고 너희에게 나아가거든 그를 집에 들이지도 말고 인사도 하지 말라 그에게 인사하는 자는 그 악한 일에 참여하는 자임이라"(요이 10-11).

사도가 무엇을 말씀하고 있습니까? 참 교리를 가지지 않은 사람이 여러분에게 오거든 그를 집에 받아들이지도 말고 인사도 하지 말며(평안을 비는) 그가 가짜 교훈(교리)을 설교하도록 그에게 돈을 주어서도 안 된다는 것입니다. 그러나 오늘에는 이것이 사랑이 없어 그러하며, 지나치게 꼼꼼하고 까다롭기 때문이라고들 말합니다. 이런 현대 관념은 비판에 대한 성경의 가르침과 정면으로 배치됩니다.

다음으로 유대인들에게 하신 주님의 말씀에서도 같은 것을 발견하게 됩니다. "외모로 판단하지 말고 공의롭게 판단하라"(요 7:24). 주님은 바리새인들을 보시고 "너희는 사람 앞에서 스스로 옳다 하는 자들이나 너희 마음을 하나님께서 아시나니 사람 중에 높임을 받는 그것은 하나님 앞에 미움을 받는 것이니라"(눅 16:15)라고 하셨습니다. 형제가 우리에게 죄를 범할 경우 우리가 취해야 할 행동에 대한 주님의 교훈을 기억하실 것입니다. 우리는 형제에게 가서 "너와 그 사람과만 상대하여"(마 18:15) 그에게 그의 과오를 말해줘야 합니다. 그가 귀를 기울이지 않을 경우 우리는 증인들을 데리고 가 두세 증인의 입으로 모든 말을 확증할 수 있게 해야 하며, 그가 들으려고 하지 않으면 그를 교회에 데리고 가야 하며 교회의 말에도 귀를 기울이지 않으면 그를 이방인이나 세리로 취급해야 합니다. 그와는 더 할 일이 없는 것입니다.

고린도전서 5장과 6장에서 바울도 이것과 정확히 같은 가르침을 주신 것을 발견합니다. 그는 고린도 교인들에게 우상 숭배자와는 사귀지 말며 물러서라고 했습니다.

이상의 구절들은 많은 성경 구절 중 일부에 지나지 않습니다. 그러나 이것만 가지고서도 충분합니다. 주님은 이런 평가를 판단에 기초를 두고 하지 말라고 말씀하심이 아니라 정죄 문제에 매우 관심을 가지십니다. 이와 같이 남을 정죄하려는 성향을 피하려 애쓰는 가운데 반대편 극단으로 치달려 가는 사람들이 있습니다. 이리하여 그들은 다시 거짓된 위치에 서게 됩니다.

기독교 생활은 항상 균형 잡힌 생활이어야 합니다. 우리는 이편으로나 저편으로 넘어지기 쉽습니다. 우리는 이편이나 저편의 오류를 피하여 진리의 중심에서 계속 행해야 합니다. 이렇게 함으로써 이것이 어떤 분별이나 생각이나 판단을 거부함을 의미하지 않는다고 말하는 동시에, 남을 정죄하며 최종적인 의미에서 남을 심판하는 무서운 위험에 빠져들지 않기 위한 경고로써도 받아들여야 합니다.

이것의 최상의 실례는 바리새인들입니다. 산상설교에서 주님은 내내 바리새인들을 의중에 두셨습니다. 주님은 그의 백성이 율법관과 생활방식에 있어 바리새인들처럼 되지 않도록 조심하라고 말씀하셨습니다. 바리새인들은 율법을 잘못 해석했습니다. 그들은 구제할 때 자랑하며 시위했습니다. 그들은 길모퉁이에서 기도하는 일과 경문 띠를 넓게 만드는 일에 시위적이었습니다. 그리고 금식할 때는 그 일을 널리 공포했습니다. 동시에 이 세상에서 그들의 사물관은 돈으로만 움직여진다는 것이었고 유물론적이었습니다.

누가복음 18장 9-14절에서 성전에 기도하러 올라간 바리새인과 세리의 기도하는 장면을 기억하실 것입니다. 바리새인은 "하나님이여 나는 다른 사람들 ⋯ 이 세리와도 같지 아니함을 감사하나이다"(11절)라고 했습니다. 크게 잘못된 것은 다른 사람들에 대한 바리새인들의 판단과 정죄하는 태도였습니다.

그러나 신약성경은 이런 태도가 괴롭게도 바리새인들에게만 국한되지 않음을 분명히 하고 있습니다. 이것은 초대교회를 변함없이 괴롭힌 것이었습니다. 그리고 그 이후 하나님의 교회를 늘 괴롭혀 왔습니다. 하나님의 교회를 오늘도 괴롭히는 것은 이것입니다.

이 주제를 접근할 때 이 문맥과 관련된 주님의 진술을 기억해야 합니다. "너희 중에 죄 없는 자가 먼저 돌로 치라"(요 8:7). 산상설교 중 우리가 지금 다루고 있는 이 진술처럼 정죄감을 주는 것은 없다고 생각됩니다. 우리의 죄가 얼마나 많습니까? 이것이 우리의 삶을 망치고 우리로부터 행복을 빼앗아가는 것입니다! 하나님의 교회에 얼마나 심각하게 피해를 끼치고 있습니까! 이 말씀은 우리 모두에게 주시는 말씀입니다. 이것은 고통스런 주제이나 매우 요긴한 주제입니다.

이 설교가 우리에게 와서 말씀하고 있지만, 우리는 이것을 무시해 버리기 일쑤입니다. 그래서 주님께서 여기서 상기시켜 주심같이 우리의 큰 위험이 되고 있습니다.

고통스럽지만 이 주제는 너무 중요하므로 좀 더 분석해 보아야 합니다. 상처를 치료하는 방법은 상처를 무시하거나 어떤 피상적 치료를 하는 데 있지 않습니다. 올바른 치료법은 그 상처를 엄밀히 조사하는 것입니다. 이 일은 고통스럽지만 행해야 합니다. 여러분이 깨끗해지고 정결해지고 건강해지려면 검진을 받아야 합니다. 그러므로 이 상처, 우리 모두의 영혼 속에 곪고 있는 이 아픈 상처를 정사(精査)해야 합니다. 그래야 깨끗해집니다.

주님께서 우리에게 경고하고 계신 위험은 어떤 것입니까? 그것은 어떤 모양으로든 그 자체를 나타내는 일종의 영이라고 하겠습니다. 남을 정죄하는 이 영은 어떤 영입니까? 이것은 스스로 의롭다하는 영입니다. 그 배후에는 항상 자아가

도사리고 있는데, 이 영은 자기 의를 나타내며, 다른 사람들은 그르고 자기는 모두 옳다는 생각입니다. 이런 생각은 비난으로 발전되기 일쑤이며, 남의 인격을 손상시키는 태도를 항상 나타낼 준비가 되어있는 영입니다. 이것에 곁들여 다른 사람들을 멸시하고 경멸하는 성향도 있습니다.

나는 지금 바리새인들뿐 아니라 바리새 영을 갖고 있는 사람들을 서술하고 있습니다. 더구나 이 영의 매우 중요한 부분은 혹평적인 성향이 아닌가 생각합니다.

비평적인 것과 혹평적인 것에는 큰 차이가 있습니다. 참된 비평은 훌륭한 것입니다. 그러나 불행하게도 참된 비평은 거의 없는 것 같습니다. 참된 의미의 비평은 결코 파괴적인 것이 아니라 건설적인 것입니다. 그것은 감상입니다. 그러나 비평과 악평 사이에는 큰 차이가 있습니다. 여기서 주님이 사용하신 뜻으로 비판의 죄를 범하는 사람은 바로 악평적인 사람을 가리키는 것이며, 이 사람은 비평을 위한 비평을 기뻐하고 즐기는 사람입니다.

한 걸음 더 나아가 그는 남의 결점을 발견할 것을 기대하고, 아니 결점들을 발견하기를 바라면서 비평할 것에 접근하는 사람입니다.

이것을 가장 간단히 표현하는 방법은 고린도전서 13장을 읽어보는 방법일 것 같습니다. 바울이 사랑에 대해 언급한 긍정적인 것의 부정적 측면을 보십시오. 사랑은 "모든 것을 바랍니다"(7절). 그러나 이 영은 가장 나쁜 것을 바라며, 결점과 흠을 찾아내는 것에 만족을 얻는 악의가 가득하고 심술궂은 영입니다. 이 영은 결점을 항상 기대하며 결점을 즐기며 발견하지 못할 때는 거의 낙심하는 영입니다. 결점을 찾지 못하면 이 영은 혹평이라도 일삼습니다. 그 결과 이 영은 중요하지 않고 관계없는 일들에 주의를 집중하며 중요시하는 경향이 있습니다.

이것에 대한 최상의 주석은 로마서 14장에서 찾아볼 수 있습니다. 거기서 바울은 먹을 것과 마시는 문제들에 대해 서로를 판단하고 이 날을 저 날보다 낮게 여기는 일들을 피하라고 로마 사람들에게 길게 말씀하고 있습니다. 그들은 이 같은 문제들을 가장 중요한 위치로 높이며, 이런 일들의 관점에서 판단하며 정죄하고 있었습니다. 그러나 바울은 이것이 모두 나쁜 일이라고 했습니다. "하나님의 나라는 먹는 것과 마시는 것이 아니요 오직 성령 안에 있는 의와 평강과 희락이라"(롬 14:17)고 말씀하고 있습니다.

이 사람은 이 날을, 저 사람은 저 날을 지킬 수 있습니다. "각각 자기 마음으로 확정할지니라"(롬 14:5). 그러나 기억해야 할 것은, 여러분이 모두 하나님께 판단 받고 있다는 사실이라고 바울은 말씀하고 있습니다. 주님은 재판장이십니다. 더구나, 그가 기독교인인지 아닌지의 여부는 이처럼 하찮은, 중요하지 않은 일들에 대한 견해로 결정되지 않습니다.

믿음과 관련되는 중요한 일들이 있습니다. 이런 문제에 의문이 없어야 할 문제들이 있는 반면, 중요하지 않은 일들도 있습니다. 하찮은 것들을 중요한 문제로 높여서는 안 됩니다.

다른 사람들에 대한 어떤 유쾌하지 못한 일을 듣게 될 때 유쾌한 감을 우리가 느낀다면 바로 이것이 잘못된 영입니다. 우리가 질투하거나 시기한다면 그리고 갑자기 우리가 질투하고 시기하는 사람이 과오를 범했다는 말을 듣고, 우리 속에 즉각 쾌감을 느끼게 된다면 바로 이것이 그 영입니다. 이상으로 비판의 영으로 이끄는 상태를 말씀드렸습니다.

그러면 이 영의 활동을 살펴봅시다. 이 영은 어떤 문제이든 우리와 조금도 상관이 없을 때도 판단을 하려고 합니다. 실로 우리와 직접 관계없는 사람들에 대해 의견을 표시하는 일에 우리는 얼마나 많은 시간을 허비합니까? 우리와 아무 상관이 없는데도 그렇게 함으로서 악한 쾌감을 느끼는 것입니다. 이것은 이 영이 자체를 드러내는 방법의 일부입니다.

이 영의 또 다른 자태는 원칙이 설 곳에 편견을 놓는 데서 나타납니다. 우리는 원칙의 관점에서 판단해야 합니다. 그렇지 않으면 교회를 권징을 할 수 없기 때문입니다. 그러나 만일 어떤 사람이 편견을 갖고 그것을 원칙으로 삼는다면 이 판단의 영을 나타내고 있는 것입니다.

이 영이 자체를 나타내는 또 다른 방법은 원칙 대신 인신공격을 가하는 경향입니다. 원칙을 저버리고 인신공격으로 빠지기가 얼마나 쉬운지 우리 모두는 잘 알고 있습니다. 교리에 반대하는 사람들은 대개 바로 이 점에서 가장 잘못된 사람들이라고 말해도 지나친 말이 아닙니다. 그들은 교리를 파악하거나 이해하지 못하기 때문에 사람됨의 관점에서만 논할 수 있을 뿐입니다. 그래서 어떤 사람이 원칙이나 교리의 편을 든다면 그들은 그가 까다로운 사람이라 말합니다. 그래서 이 사람은 원칙이 와야 할 곳에 참견하고 나서게 되고, 원칙에 대한 공격이 인신공격으로 발전하는 경향이 있습니다.

그들은 다른 사람이 왜 원칙을 옹호하는지 이해할 수 없기 때문에 주제를 바꾸어 공격하는 것입니다. 인신공격과 같이 덮어씌우는 방법은 항상 비판의 영이 나타날 때인 것입니다.

이 과오를 범하고 있는지 아닌지 알 수 있는 방법의 하나는, 우리가 사실을 모두 알기 전에 습관적으로 의견을 표현 하는가 아닌가를 묻는 방법입니다. 사실을 알지도 못하고, 그 사실들을 잘 알려는 수고를 하지도 않고 판단을 선언할 권리가 우리에게는 없습니다. 모든 사실을 찾아본 다음에 판단을 해야 합니다. 그렇지 않으면 이 바리새적 영을 범하는 것이 됩니다. 이 영의 또 한 가지 징후는 이 영이 사건의 전말을 알아보려는 수고를 하지 않는다는 것입니다. 그리고 해명할 태도도 되어있지 않으며, 긍휼을 나타낼 준비도 되어있지 않습니다. 긍휼의 영을 갖고 있는 사람은 분별력을 갖고 있으며 그것을 활용할 준비가 되어 있습니다. 그는, 거기에 석명(釋明)이나 해명이 있는가, 귀를 기울여 볼 준비와 정상을 참작할 점이 있는가를 발견할 준비가 되어 있습니다. 그러나 비판하는 사람은 "아니, 더 설명이 필요 없소."라고 말합니다. 따라서 그는 여하한 설명도 거부하며 논의나 이유에 귀를 기울이지 않습니다.

결론적으로 이 영은 실로 사람 자체에 대하여 최종적 심판을 선언하는 성향 가운데서 자체를 드러냅니다. 이것은 그들의 판단이 사람들이 행하는 바, 또는 믿는 바, 또는 말하는 바에 대한 판단이 아니라 그 사람들 자체에 대한 판단을 의미한다는 것입니다. 이것은 어떤 개인에 대한 최종적 심판이 됩니다. 이 판단을 그토록 두렵게 하는 것은 그것은 하나님께 속하는 것을 자기가 횡탈하는 것이기 때문입니다.

주님이 예루살렘을 향하여 올라가시기 위해 준비시키려고 사마리아 마을로 사자들을 보내셨는데, 사마리아인들이 그들을 영접하려 하지 않을 때 야고보와 요한이 "주여 우리가 불을 명하여 하늘로부터 내려 저들을 멸하라 하기를 원하시나이까"라고 한 것을 여러분은 기억하실 것입니다(눅 9:51-56).

바로 이 영입니다 그들은 그 사마리아인들을 멸하고 싶었습니다. 그러나 주님은 그들을 돌아보시며 꾸짖으시고 "너희의 영이 어떠한지 너희가 모르는도다 인자가 온 것은 사람의 생명을 멸하기 위함이 아니요, 구하기 위함이다"라고 하셨습니다. 그들은 사마리아인들에게 최종적 판단을 구상하여 통과시키고 그들을 멸하려 획책한 죄를 범했습니다. 어떤 사람을 정죄하고 물리치는 순간 우리는 하나님께만 속하는, 그리고 그 외에는 아무에게도 속하지 않는 권세를 찬탈하는 것이 됩니다.

이러한 주제는 매우 고통스런 주제입니다. 이 말씀을 항상 기억해야 합니다. "판단하지 말라." "우리가 아직 죄인 되었을 때에 그리스도께서 우리를 위하여 돌아가셨도다"(롬 5:8)라고 말씀해 주는 복음을 우리가 갖고 있고, 우리들의 어느 누구도 그 자신의 의에 의지하지 않고 그리스도의 의에 의지함을 하나님께 감사합시다.

주님이 아니면 우리는 저주를 받아 철저히 버림받습니다. 우리는 다른 사람들을 판단함으로써 우리 자신을 정죄하는 결과를 가져왔습니다. 하지만 주 하나님은 우리의 재판장이시며, 하나님은 우리가 '심판에서 생명으로' 건너가는 길을 제공하셨습니다. 저는 여러분에게 간곡한 권면의 말씀을 드립니다.

놀라운 은혜와 긍휼로 구원받은 것을 깨닫고, 우리는 이 세상에서 '그리스도 안에서' 심판을 통과한 사람들로, 이제는 그를 위해서 살며 그를 닮은 삶을 살아야 합니다.

46장

티와 들보

"1 비판을 받지 아니하려거든 비판하지 말라 2 너희가 비판하는 그 비판으로 너희가 비판을 받을 것이요 너희가 헤아리는 그 헤아림으로 너희가 헤아림을 받을 것이니라 3 어찌하여 형제의 눈 속에 있는 티는 보고 네 눈 속에 있는 들보는 깨닫지 못하느냐 4 보라 네 눈 속에 들보가 있는데 어찌하여 형제에게 말하기를 나로 네 눈 속에 있는 티를 빼게 하라 하겠느냐 5 외식하는 자여 먼저 네 눈 속에서 들보를 빼어라 그 후에야 밝히 보고 형제의 눈 속에서 티를 빼리라" 마 7:1-5

앞장(45장)에서는 "비판하지 말라"의 의미와 그 실제를 살펴본 바 있습니다. 이제는 본문(마태복음7장 1-5절)에서 우리는 비판하지 말아야 할 이유를 접하게 됩니다.

그 첫째 이유는 "비판을 받지 아니하려거든 비판하지 말라"라는 매우 실제적인 이유입니다. 그런데 그 의미를 "다른 사람들이 너희를 비판하는 것을 싫어하거든 너희도 다른 사람을 비판하지 말라." 즉, 여러분이 다른 사람들에게 행하는 그대로 그들도 너희에게 행할 것이라거나 혹은 너희가 보복을 당하게 될 것이라는 것입니다. 그러나 본문을 이런 뜻으로만 해석한다면 큰 잘못입니다.

주님은 이보다 한걸음 더 나아가십니다. "하나님께 비판을 받지 않으려거든 비판하지 말라."는 것입니다. 이 같은 해석에 즉각 반대를 표시하는 복음적 기독교인들이 많습니다. 그들은 믿음으로만 의롭다 하심을 받는다는 성경의 가르침의 관점에서 이렇게 반박하는 것입니다. 그들은 요한복음 5장 24절, 곧 주 예수 그리스도를 "믿는 자는 심판에 이르지 아니하나니 사망에서 생명으로 옮겼느니라"

는 말씀을 인용합니다. 그리고 로마서 8장 1절의 말씀 "그러므로 이제 그리스도 예수 안에 있는 자에게는 결코 정죄함이 없나니"를 추가합니다. 그 뜻은 우리가 기독교인이기 때문에 심판의 영역에서 전적으로 벗어나 있다는 것입니다. 이런 가르침을 기초로 해서 참된 기독교인에게는 심판(비판)이 이제 없다고 그들은 주장하는 것입니다. 그러나 이 문제를 취급하는 최상의 방법은 다음과 같아야 합니다.

성경에는 세 가지 종류의 비판(심판)이 있습니다. 그런데 혼란을 일으키는 이유는 이 세 가지를 분리시키고 구별하지 못하는 데 있습니다. 그중 한 가지 이유는 복음적 기독교인을 자처하는 무리들 가운데 이 문제에서 입담의 죄를 범할 뿐 아니라 '하나님을 경외'하고 두려워하는 것이 매우 부족한 사람들이 있다는 것입니다.

성경과 교회사에서 볼 수 있는 경건한 사람들의 성격과는 거리가 멀며 그들은 경솔하고 요란스럽고, 피상적인 점들이 두드러집니다. 그 원인의 일부는 비판에 대한 성경의 가르침을 인식하지 못한 것에 있습니다.

우리는 이신칭의 교리를 너무 열심히 주장한 나머지 우리 믿음의 일부가 되는 성경의 다른 교리를 과소평가하고 소홀히 한 죄를 범하는 일이 허다합니다. 그러므로 비판과 관련된 이 교리를 이해하는 것이 매우 중요합니다.

성경에는 최종적이며 영원한 비판(심판)이 있습니다. 이것은 일종의 첫 번째 심판이며, 하나님께 속하는 자와 그에게 속하지 않는 자들 사이에 일대 분류를 확정 짓는 기본 심판입니다. 이것은 처음부터 끝까지 성경의 어디서나 가르쳐지고 있습니다. 이 심판(판단)은 그 사람이 천국에 있게 되던 지옥에 있게 되던, 그 사람의 최종 운명과 그의 영원한 상태를 결정하고 확정 짓는 것입니다.

성경에서 가르치는 둘째 심판(판단)이 있는데, 우리가 하나님의 자녀이기 때문에 순응해야 할 심판(비판)입니다. 이 점을 이해할 수 있기 위해서 고린도전서 11

장을 읽어보아야 합니다. 바울은 거기서 성찬식에 대한 교리를 설명하고 있습니다. 바울은 "그러므로 누구든지 주의 떡이나 잔을 합당하지 않게 먹고 마시는 자는 주의 몸과 피에 대하여 죄를 짓는 것이니라 사람이 자기를 살피고 그 후에야 이 떡을 먹고 이 잔을 마실지니 주의 몸을 분별하지 못하고 먹고 마시는 자는 자기의 죄를 먹고 마시는 것이니라"(27-29절)라고 한 다음 "그러므로 너희 중에 약한 자와 병든 자가 많고 잠자는 자도 적지 아니하니(즉 죽은 자도 많으니) 우리가 우리를 살폈으면 판단(비판 혹은 심판)을 받지 아니하려니와 우리가 판단을 받는 것은 주께 징계를 받는 것이니 이는 우리로 세상과 함께 정죄함을 받지 않게 하려 하심이라"(30-32절)라고 했습니다.

이것은 매우 중요하고 뜻깊은 진술입니다. 이 진술은 하나님이 자기 자녀를 이렇게 판단하시며, 만일 우리가 죄를 범하거나 잘못된 삶을 산다면 하나님께 벌 받을 것을 명백히 가르치고 있습니다. 벌은 아픔이나 병고의 형태로 나타날 수 있다고 바울은 말씀합니다.

자기의 그릇된 생활 때문에 아프고 병든 사람들이 있습니다. 그렇다고 하나님이 그들에게 병을 보내셨음을 반드시 의미하는 것은 아니며, 하나님이 그들에 대한 보호를 철회하고 마귀로 하여금 그들을 질병으로 공격하게 했다는 뜻입니다.

또한 고린도전서에서 같은 진술을 볼 수 있습니다. 바울은 5장에서 "이런 자를 사탄에게 내주었으니 이는 육신을 멸하고 영은 주 예수의 날에 구원을 받게 하려 함이라"(5절)라고 했습니다. 이것은 매우 중요하고 심각한 교리입니다. 바울은 더 나아가 기독교인들 가운데 그들의 악한 생활 때문에 죽은 사람들도 있다고 했습니다. 심판(판단)이 그들에게 그런 모양으로 임했던 것입니다. 그러므로 이것을 이렇게 풀이할 수 있습니다. 즉 하나님이 자기 자신들을 판단할 것을 거부하며, 회개하고 하나님께 돌아가기를 거부하는 사람들을 사탄(사망의 세력을 쥐고 있는)에게 내줄 것을 허락하신다는 것입니다. 그러므로 바울은 이 판단(심판)을 피하려면 우리 자신을 검토해야 하며, 판단해야 하며, 우리 속에 잘못된 것을 정죄해야 한다고 권면합니다. 그러므로 기독교인이 주 예수 그리스도를 믿기 때문에 심판(비판)이 자기와는 아무 상관이 없으며 만사가 '오케이'라고 말하며 경솔하게 흠 있는 모습으로 산다면 매우 잘못된 것입니다. 그러므로 우리는 조심스럽게, 신중하게, 용의주도하게 행해서 이런 유형의 심판(비판)이 임하지 않도록 우리 자신을 검토하며 살펴보아야 합니다.

히브리서 12장에서 "주께서 그 사랑하시는 자를 징계하시고 그가 받아들이시는 아들마다 채찍질하심이라"(6절). 이 구절은 역경을 통과하고 있는 히브리 기독교인들을 위로하고 격려하기 위한 말씀입니다.

우리는 시련을 올바른 방법으로 바라보도록 조심해야 합니다. 여러 가지 일들이 잘못되어 갈 때보다는 잘못되어 가는 것이 하나도 없을 때 더 두려워해야 한다는 것에는 일리가 있습니다. "주께서 그 사랑하시는 자를 징계" 하시기 때문입니다. 하나님은 자기 자녀들을 완전으로 인도하고 계십니다.

하나님은 이 세상에서 자녀들을 훈련시키십니다. 하나님은 자기 자녀들이 영광에 들어갈 수 있도록 이 세상에서 자녀들의 죄와 허물을 심판하십니다. 성도가 아닌 사람들은 '사생아'들이며 하나님은 그들이 번영하게 내버려 두십니다.

이것을 시편 73편에서도 발견할 수 있습니다. 거기서 시편 기자는 이런 사실에 매우 어리둥절했습니다. 그래서 그는 "하나님이 참으로 이스라엘 중 마음이 정결한 자에게 선을 행하시나 나는 거의 넘어질 뻔하였고 나의 걸음이 미끄러질 뻔하였으니 이는 내가 악인의 형통함을 보고 오만한 자를 질투하였음이로다 그들은 죽을 때에도 고통이 없고 그 힘이 강건하며 … 이들은 악인들이라도 항상 평안하고 재물은 더욱 불어나도다 내가 내 마음을 깨끗하게 하며 내 손을 씻어 무죄하다 한 것이 실로 헛되도다"(1-13절)고 했습니다. 그러나 그는 이런 생각이 매우 잘못된 것임을 보게 됩니다.

이 세상에서는 그들이 즐거움을 가질지 모릅니다. 그러나 그들이 갖는 것은 비판(심판)이 갑자기 그들에게 임할 것이며, 이 비판은 최종적이며 영원한 것입니다. 하나님이 이 세상에서 자기 백성을 비판하시는 것은 그들로 이런 심판을 면하게 하기 위함입니다. "우리가 판단을 받는 것은 주께 징계를 받는 것이니 이는 우리로 세상과 함께 정죄함을 받지 않게 하려 하심이라"(고전 11:32)라고 바울은 말씀합니다.

성경이 가르치는 세 번째 비판을 살펴보겠습니다. '보상의 심판'이라 일컬어지는 심판입니다. '보상의 심판'이란 표현이 바른지 그른지는 중요하지 않습니다. 그러나 죽은 후에 하나님의 백성을 위한 심판이 있을 것임을 성경에서 매우 분명히 가르치고 있습니다. 로마서 14장에서 바울은 "우리가 다 하나님의 심판대 앞에 서리라"(10절)고 했습니다.

고린도 교인들에게 보낸 서신들에서도 정확히 같은 것을 봅니다. 고린도전서 3장에 "각 사람의 공적이 나타날 터인데 그날이 공적을 밝히리니"(13절)라고 했습니다. 사람이 이 기초 위에 무엇을 세우든(금, 은, 보석이든, 나무, 풀, 짚이든) 불로 시험을 받을 것입니다. 그 중 어떤 것 곧 나무, 풀, 짚은 전적으로 불타 없어질 것이지만, "자신은 구원을 받되 불 가운데서 받은 것 같으리라"(15절)라고 했습니다. 이것은 모두 비판(심판), 곧 우리가 기독교인이 된 이후 행한 것에 대한 비판을 가리키며, 특히 이 구절에서는 교회 목회자들의 전도사역을 가리키고 있습니다.

그리고 고린도후서 5장에 보면 심판은 목회자들뿐 아니라 모든 사람들을 위한 것이 분명합니다. "이는 우리가 다 반드시 그리스도의 심판대 앞에 나타나게 되어 각각 선악 간에 그 몸으로 행한 것을 따라 받으려 함이라 우리는 주의 두려우심을 알므로 사람들을 권면하거니와"라고 바울은 말씀합니다(고후 5:10, 11). 이것은 불신자들에게 하신 것이 아니며 기독교 신자들에게 하신 말씀입니다.

기독교 신자들은 그리스도의 이 심판대 앞에 서게 되어 있으며, 선악 간에 우리가 몸으로 행한 것에 따라 비판(심판)을 받을 것입니다. 그러나 이것은 우리가 천국에 가는가 지옥에 가는가를 결정하는 심판이 아닙니다. 이것은 우리의 영원한 운명에 '영향' 주게 될 심판인데, 천국인가 지옥인가를 결정 함으로가 아니라 영광의 영역에서 우리에게 있을 것을 결정하는 심판입니다.

성경에 이것에 대한 상세한 기록은 없으나 신자들의 심판이 있다는 것을 매우 분명히, 특별하게 가르치고 있습니다. 여러분은 갈라디아서 6장 5절에서 이것을 다시 발견하게 됩니다. "각각 자기의 짐을 질 것이라." 이 말씀은 이와 같은 심판을 가리키는 말씀입니다.

"너희가 서로 짐을 지라 그리하여 그리스도의 법을 성취하라"(6:2). 그러나 "각각 자기의 짐을 질 것이라." 우리들은 각자 생활에, 각자의 행위와 행동에 책임을 집니다. 거듭 강조하지만 이것이 나의 영원한 운명을 결정짓지는 않으나 나에게 어떤 차이를 만들게 되어 있습니다. 즉 이 심판은 내가 기독교인이 된 후에 내 삶에 대한 심판인 것입니다.

디모데후서 1장 16-18절에 감동적인 진술이 나옵니다. 거기서 바울은 오네시보로를 가리켜 하시는 말씀에서, 자기가 감옥에 있을 때 자기에게 그토록 친절했던 이 사람을 인하여 하나님께 감사하고 있습니다. 그가 드린 기도는 이와 같습니다. "원하건대 주께서 그로 하여금 그 날에 주의 긍휼을 입게 하여 주옵소서." 심판이 행해지는 날에 주께서 그에게 긍휼을 내리소서라고 말입니다. 그리고 요한계시록 14장 13절에 주 안에서 죽는 모든 사람들에 대한 진술이 있습니다. "주 안에서 죽는 자들은 복이 있도다 … 이는 그들의 행한 일이 따름이라."

기독교인들이 다른 사람을 비판하지 말아야 할 주된 이유는, 우리가 주님께 비판받지 않기 위한 것이 아닙니다. 우리는 주님의 모습 그대로 보게 될 것이요, 그분을 만나볼 것이요, 이 심판이 앞으로 있을 것입니다. 요한이 표현한 대로(요일 2:28) 우리가 그 때 부끄럽게 되고 싶지 않으면 지금 조심해야 합니다. 우리가 '심판 날'에 담대함을 얻고 싶으면 우리가 지금 여기서 어떻게 살고 있는가를 점검해야 합니다.

우리가 다른 사람을 비판한다면 이런 심판에 의하여 우리도 심판을 받을 것입니다. 그러므로 우리가 잊어서는 안 될 것이 여기에 있습니다. 우리가 기독교인이며, 믿음으로 의롭다하심을 얻으며, 구원의 확신을 가지면 천국에 가게 되어 있음을 알지만, 우리는 여기 이생에서, 그리고 이생 이후에도 심판을 받게 되어 있습니다. 이것이 성경의 명백한 가르침이며, 산상설교의 이 대목에서 우리 주님께서 요약하신 진술입니다. "비판을 받지 아니하려거든 비판하지 말라." 다른 사람들이 너희에게 불친절한 말을 하지 않기 원하면 너희도 그들에게 불친절한 말을 해서는 안 된다는 뜻이 전부가 아닙니다.

훨씬 더 중요한 것은, 여러분이 자신을 비판(심판)에 노출시키고 있으며, 여러분은 이런 일들에 대해 답변을 해야 하리라는 사실입니다. 여러분의 구원을 잃게 되지는 않아도 무언가를 잃게 될 것이 분명한 것입니다. 이것은 주님이 예중하신 비판하지 말아야 할 둘째 이유로 이끌어 갑니다. 그 이유는 2절에 들어 있습니다. "너희가 비판하는 그 비판으로 너희가 비판을 받을 것이요, 너희가 헤아리는 그 헤아림으로 너희가 헤아림을 받을 것이니라." 이것을 원칙의 형태로 표현할 수 있겠습니다.

비판하지 말아야 할 둘째 이유는, 그렇게 함으로써 우리가 우리 자신을 위한 비판을 낳게 될 뿐 아니라 우리 자신의 비판의 표준을 설정하는 것이 되기 때문입니다. "너희가 헤아리는 그 헤아림으로 너희가 헤아림을 받을 것이니라." 다시 말씀드리지만 이것은 다른 사람들이 우리에게 행하는 것을 가리키는 것일 뿐만이 아닙니다.

사람은 항상 "보복을 받기 마련이라."고들 말합니다. 다른 사람들을 세밀히 보고 검토하려 애써 온 사람들, 그들 속에 사소한 결함에 대해 이러쿵저러쿵하는 사람들은 그 사람들이 자기들을 판단할 경우 크게 놀라워할 때가 많습니다. 그들은 이것을 이해할 수 없겠지만 그들은 자신의 잣대로 판단을 받으며 자신의 평가에 따라 평가받는 것입니다. 그러나 한 걸음 더 나아가 제가 서술해 온 이 심판에 따라 하나님께서 우리의 표준에 따라 우리를 심판하실 것이라고 주님께서 선언하고 계십니다.

이 해석에 대한 성경을 살펴봅시다. 누가복음 12장에 주님은 "많이 맞을 것이요…" "적게 맞으리라"고 하시며 매 맞는 것에 대해 말씀하시기를, "많이 받은 자에게는 많이 요구할 것이요, 많이 맡은 자에게는 많이 달라 할 것이니라"(48절)라고 하셨습니다. 하나님께서는 이 원칙에 입각해 행동하신다고 주님께서 말씀하십니다.

다음으로 로마서 2장 1절의 진술을 보면 "그러므로 남을 판단하는 사람아, 누구를 막론하고 네가 핑계하지 못할 것은 남을 판단하는 것으로 네가 너를 정죄함이니 판단하는 네가 같은 일을 행함이니라." 즉 다른 사람을 판단하는 것으로 보아서 무엇이 옳은 것인지 네가 알고 있음을 증명하고 있는 셈이므로 만일 네가 옳은 것을 행하지 않는다면 너는 네 자신을 정죄하고 있는 것이라고 바울은 말씀하고 있습니다.

그러나 이것에 대한 가장 명백한 진술은 야고보서 3장 1절에 있습니다. 이 구절은 매우 중요하지만, 야고보는 이신칭의를 가르치지 않는다고들 생각함으로써 등한시되는 구절입니다.

야고보는 이 문제에 대해 이렇게 말씀했습니다. "내 형제들아 너희는 선생 된 우리가 더 큰 심판을 받을 줄 알고 선생이 많이 되지 말라." 환언하면 만일 여러분이 권위자로 자처한다면, 만일 여러분이 선생이 된다면, 만일 여러분이 이처럼 선생으로 권위자로 행동한다면, 여러분은 자신의 권위에 의해 비판을 받을 것이며 여러분이 주장하는 바로 그 주장에 의하여 비판받으리라는 것입니다.

여러분 자신을 권위자로 여기십니까? 그것이 여러분 자신의 비판에 따라 여러분에게 적용될 표준이 될 것입니다. 지금 고찰하고 있는 여기서 주님은 이것을 명백하게 표현하셨습니다. "너희가 비판하는 그 비판으로 너희가 비판을 받을 것이요, 너희가 헤아리는 그 헤아림으로 너희가 헤아림을 받을 것이니라." 이 구절은 성경 전체에서도 가장 놀라운 진술 중 하나입니다.

성경에 대해 특별한 지식을 갖고 있다고 주장하십니까? 만일 그렇다면 여러분이 주장하는 그 지식의 관점에서 비판(심판)을 받을 것입니다. "내가 이 모든 사실을 알고 있는 주님의 종이라."고 주장하십니까? 그러면 내가 많은 매를 맞는다고 해서 놀라서는 안 될 것입니다. 그러므로 우리 자신을 어떻게 표현하는지 매우 조심해야 합니다.

다른 사람을 판단하는 일에 우리가 권위자 노릇을 한다면, 우리가 이 표준에 따라 비판받는다고 불평할 권리가 내게는 없습니다. 그것은 아주 공평하고, 아주 정당한 것입니다. 조금도 불평할 근거가 우리에게 없습니다. 사람들은 이 지식을 갖고 있다고들 주장합니다. 이 지식을 갖고 있다면 지식에 따라 삶으로써 이것을 보여줘야 합니다. 나 자신의 주장에 따라 나 자신이 비판을 받을 것입니다. 그러므로 만일 내가 다른 사람들과 그들의 생활을 살피는 일에 용의주도하다면 바로 그 판단이 내게로 돌아올 것이며 내게는 불평할 근거가 없게 됩니다.

내가 불평한다면 나에게 이런 대답이 주어질 것입니다. "너는 그것을 알고 있었다. 너는 그것을 다른 사람들에게는 적용할 수 있었으면서 너 자신의 경우에는 적용하지 않느냐?"라고 말입니다. 이것은 매우 놀랍고 경악할 일입니다. 다른 사람들을 정죄하는 이 사악한 습성으로부터, 그렇게 하는 일을 즐기는 더럽고 추악한 영으로부터 우리를 지켜주는 것이 이것 말고는 없다고 생각합니다.

이제 주님께서 우리에게 주신 마지막 이유로 이끌어줍니다. 본문3-5절에서 "어찌하여 형제의 눈 속에 있는 티는 보고 네 눈 속에 있는 들보는 깨닫지 못하느냐 보라 네 눈 속에 들보가 있는데 어찌하여 형제에게 말하기를 나로 네 눈 속에 있는 티를 빼게 하라 하겠느냐 외식하는 자여 먼저 네 눈 속에서 들보를 빼어라 그후에야 밝히 보고 형제의 눈 속에서 티를 빼리라." 한 이 말씀은 참으로 놀라운 풍자입니다. 여기서 주님은 우리가 다른 사람을 비판하지 말아야 할 셋째 이유로서, 우리가 다른 사람을 비판할 수 없게 되어 있음을 가르치고 계십니다.

우리는 비판을 할 수가 없습니다. 그러므로 마땅히 비판을 할 수가 없으므로 비판을 일체 시도해서는 안 됩니다. 우리의 영이 이런 이상 우리는 비판할 권리가 없다고 주님은 말씀하십니다. 우리 자신이 비판을 받게 되어 있고, 비판의 표준을 우리가 결정함을 기억해야 할 뿐이 아닙니다. 더 나아가 주님은 이렇게 말씀하십니다. "너희는 비판을 할 능력이 없으므로 비판을 할 수가 없다."라고 말입니다.

우리 주님은 이것을 이렇게 증명하십니다. 주님은 우선 우리가 바른 판단에 조금도 관심을 두지 않은 점을 지적하십니다. 왜냐하면 우리가 바른 판단에 관심을 두었다면 그것을 우리 자신 속에서 처리해야 할 것이기 때문입니다. 우리는 실로 진리와 의에 관심을 두고 있으며 이것만이 유일한 관심사라고 우리 자신을 설득하려 듭니다. 우리는 다른 사람들에게 불공평하기를 원하지 않으며, 비판하기를 원하지 않으며, 실로 진리에 관심을 가진다고 주장합니다. 하지만 주님은 이렇게 말씀하십니다. "만일 너희가 진리에 관심을 가진다면 너희 자신을 비판할 것이다. 그러나 너희는 너희 자신을 비판하지 않는다. 그러므로 너희 관심은 실로 진리에 있지 않다."라고 말입니다.

이것은 공평한 논법입니다. 만일 어떤 사람의 유일한 관심이 의와 진리에 있으며 인신에는 전혀 관심이 없다고 주장한다면, 그는 다른 사람들에 대해서처럼 자기 자신에 대해서도 비판적이 될 것입니다. 참으로 위대한 예술가는 항상 자기를 엄격하게 비판하는 사람입니다. 그것이 어떤 생활유형인가는 중요하지 않습니다. 그것이 노래든, 연극이든, 그림이든, 기타 무엇이든 참으로 위대한 예술가요, 참된 비평가는 다른 사람들의 작품에 대한 것만큼, 아니 그 이상으로 자기 자신에 대해 비판적입니다. 그런 사람은 객관적 표준을 갖고 있기 때문입니다. "그러나 너희는 객관적 표준을 갖고 있지 못하며, 진리와 의에 관심이 없다. 그렇지 않다면 너희 자신은 통과시키고 다른 사람들만을 비판하는 일은 없을 것이다."라고 주님은 말씀하십니다.

이상으로 첫째 진술을 말씀드렸는데 이 진술을 한 단계 더 나아가, 이런 사람은 그런 원칙에 관심이 없고 단순히 사람들에만 관심이 있음을 주님께서 보여주신다고 말할 수 있습니다. 이미 살펴본 대로 위선의 영은 원칙이 아니라 인신에 관심을 가지는 영입니다. 이 점에서 문제가 되는 사람이 우리 가운데 적지 않습니다. 우리는 특정 주제나 원칙이 아니라 우리가 비판하고 있는 사람에게 관심을 가집니다. 우리가 실제 바라는 것은 그 사람 속에 있는 악을 제거하기보다 그 사람을 정죄하는 것에 있습니다. 이렇게 하여 우리가 다른 사람을 바로 비판할 수 없는 것은 물론입니다. 여기에 편견이 있다면, 여기에 개인적 감정과 개인 의사가 있다면, 우리는 바로 검토할 수가 없는 것입니다. 율법마저도 이것을 인정하고 있습니다.

배심원과 재판받고 있는 사람 사이에 어떤 관계가 있음이 증명된다면 그 배심원을 결격시킬 수 있습니다. 배심원에게 요구되는 것은 불편부당입니다. 편견이나 사적인 것이 없어야 합니다. 재판은 편파적이 아닌 객관적이어야 합니다. 개인적 요소는 바른 재판이 있기 전에 전적으로 제거되어야 합니다. 이것을 다른 사람들에 대한 우리의 비판에 적용을 시킨다면, 우리가 그 개인이나 인신에 너무 관심을 갖는 나머지 우리가 아예 재판할 능력이 없다고 하시는 우리 주님에게 동의해야 하지 않을까 생각합니다. 우리의 비판에는 이처럼 이면적 동기가 너무 많으므로 그 사람과 그의 행동 사이를 구별하지를 못하고 있는 것입니다.

주님의 다음 논거는 4절에 있습니다. "보라 네 눈 속에 들보가 있는데 어찌하여 형제에게 말하기를 나로 네 눈 속에 있는 티를 빼게 하라 하겠느냐?" 이 말씀은 가히 풍자 중에서도 최고의 풍자라 하겠습니다. 주님은 우리 자신의 상태가 이러한즉 우리가 다른 사람들을 도울 수 없다고 말씀하십니다.

우리는 사람들과 그들의 허물에 매우 관심을 가지며, 그들의 유익에만 관심을 가진다는 인상을 주려고 하고 있습니다. 우리는 그들 속에 있는 이 사소한 결점으로 괴로워하며 이 티를 제거하려 안달한다고 말들 합니다. 그러나 이 작업은 너무 섬세한 과정이므로 우리는 이 일을 할 수 없다고 주님께서 말씀하십니다. 여러분 눈 속에 있는 이 들보가 여러분으로 이 일을 할 수 없게끔 만드는 것입니다.

만일 여러분이 관심을 가지는 다른 사람의 민감한 눈으로부터 이 미세한 티를 빼낼 수 있을 만큼 분명히 볼 수 있기를 원한다면, 여러분 자신의 눈이 아주 밝은지 분명히 하십시오. 여러분 눈 속에 있는 들보로 눈이 멀어있는 한 여러분은 다른 사람에게 도움이 될 수 없습니다.

끝으로, 주님은 우리를 위선자로 정죄하고 계십니다. "외식하는 자여 먼저 네 눈 속에서 들보를 빼어라 그 후에야 밝히 보고 형제의 눈 속에서 티를 빼리라." 얼마나 적중하는 말씀입니까. 문제의 사실을 말씀드리면, 우리가 다른 사람을 돕는 일에는 실로 관심을 갖고 있지 않다는 것입니다. 우리는 그를 정죄하는 일에만 관심을 갖고 있습니다. 우리는 그들에게 큰 관심을 갖고 있는 척합니다. 그의 결점을 발견하는데 매우 고통스러운 것처럼 가장을 하는 것입니다. 그러나 사실은 주님께서 이미 보여주신 바와 같이(이것은 무서운 일입니다.) 실로 그 결점을 발견하는 것을 기뻐하는 것입니다. 이것은 위선입니다. 이 사람이 저 사람에게 자칭 친구라고 하며 찾아가서는 "이런 결점이 당신 속에 있다니, 수치요."라고 말합니다.

주님은 말씀하십니다. "여러분이 다른 사람들을 진정 돕고 싶으면, 여러분이 이 문제에 순수하고 참되다면, 여러분이 자신에게 해야 할 일들이 있다. 첫째 너희는, (이것을 주목해야 합니다.)네 눈 속에 있는 들보를 빼어라. 그런 다음에야 네 형제의 눈 속에서 티를 빼낼 만큼 분명히 볼 수 있을 것이다.”라고 말입니다.

이것을 다음과 같이 풀이할 수도 있습니다. 만일 여러분이 다른 사람을 돕고 싶으면, 그리고 그들에게서 결점과 허물과 단점과 불완전함을 제거하고 싶으면, 먼저 여러분의 영과 태도가 잘못되어 있음을 인식하라는 것입니다.

여러분 속에 있는 판단과 혹평과 비판의 정신은 다른 사람의 눈에 있는 미세한 티와 대조해 볼 때 실로 들보와 같은 것입니다. 주님은 결국 “너희가 범하는 이 비판 정신보다 더 무서운 죄는 없다. 그것은 들보와 같다. 다른 사람이 불륜과 육신의 어떤 죄에 빠지거나 또는 여기저기 작은 과오를 범할 수도 있다. 그러나 너희 속에 있는 이 영(비판의 영)과 비교할 때 그것은 눈 속에 작은 티에 지나지 않는다. 이 비판 정신은 들보와 같은 것이다.” “너희 자신의 영혼에서 출발하라. 너희 자신을 정직하게 정면으로 대면하고 너희 자신에 관한 진상을 너희 자신이 인정하라!”라고 말씀하신 셈입니다.

이것을 어떻게 실천해야 하겠습니까? 고린도전서 13장을 매일 읽으십시오. 주님의 말씀을 매일 읽으십시오. 다른 사람들에 대한 여러분의 태도를 점검하십시오. 그리고 여러분 자신에 대한 진상을 정면으로 대면하십시오. 여러분이 다른 사람들에 대해 하는 말들을 조용히 분석해 보십시오. 그리고 그 의미가 무엇인가 자문해 보십시오. 이것은 매우 고통스럽고 괴로운 과업입니다. 그러나 우리 자신과 우리의 비판과 우리의 말을 정직하고 참되게 검토한다면, 우리 눈 속에서 들보를 빼내는 일에 성공하게 될 것입니다.

이 얼마나 놀라운 논리입니까! 사람이 자기의 참 모습을 볼 때는 다른 사람을 나쁜 방법으로 판단하지 못할 때인 것입니다. 사람의 모든 시간이 자기를 정죄하고 자기 손을 씻고 자기를 깨끗하게 하려 애쓰는 일에 사용되고 있습니다.

비평과 혹평의 영을 제거하는 데는 한 가지 방법만이 있는데, 곧 여러분 자신을 판단하고 정죄하는 일입니다. 자신의 눈 속에서 들보를 제거한 후에야 비로소 다른 사람을 도울 수 있으며, 그의 눈 속에 있는 작은 티를 빼낼 수 있는 적절한 상태가 오게 되어 있습니다.

눈 속에서 티를 빼내는 일은 매우 어려운 작업입니다. 눈보다 더 예민한 기관은 없습니다. 손가락이 와 닿는 순간 눈꺼풀이 닫힙니다. 눈은 이처럼 섬세합니다. 눈을 치료하는 데 무엇보다 요긴한 것은 공감과 인내와 침착과 냉정입니다. 이것이 요구되는 까닭은 이 작업의 섬세함 때문입니다. 이것을 영적 영역으로 이양시켜 보십시오.

여러분은 지금 영혼을 다루려 하고 있습니다. 여러분은 사람 속의 가장 섬세한 것에 손대려 하고 있습니다. 어떻게 해야 작은 티를 빼낼 수 있습니까? 여기서 중요한 것은 한 가지뿐입니다. 그것은 여러분이 겸손해야 하며 공감적이어야 하며, 여러분 자신의 죄와 여러분 자신의 하찮음을 의식한 나머지, 그것을 다른 사람 속에서 발견할 때 그것을 정죄하기는커녕 그것으로 흐느끼는 감정을 느껴야 합니다.

이처럼 우리 자신을 직면하고 이 들보를 제거하고 우리 자신을 판단하고 정죄하며, 겸손과 이해가 가득하고, 공감적이며, 관대하고, 자비로운 상태가 될 때, 비로소 우리는 성경말씀대로 서로 "사랑 안에서 참된 것을 하여"(엡 4:15) 이로써 그를 도울 수 있게 될 것입니다.

이 일은 일상생활의 가장 어려운 일의 하나요, 우리가 최후에 달성하는 일 중 하나입니다. 하나님께서 우리를 불쌍히 여기시기 바랍니다. 그러나 감사하게도, '사랑 안에서 참된 말'을 하는 사람들이 있습니다.

그들이 여러분에게 이런 말을 할 때, 여러분은 그들이 진실을 말하고 있음을 알게 될 뿐 아니라 여러분은 그 일을 감사하게 됩니다.

그리고 여러분에게 이런 말을 하긴 하되 여러분으로 하여금 여러분 자신을 즉각 변호하게 하며, 이렇게 함으로써 여러분이 그들을 미워하게끔 만드는 사람들도 있습니다.

그 이유는 그들이 '사랑 가운데서 참된 말'을 하지 않기 때문입니다. 그러므로 다시 야고보서를 인용합니다. 각자 "듣기는 속히 하고 말하기는 더디 하며 성내기도 더디 합시다"(약 1:19).

47장

영적 판단과 분별

"거룩한 것을 개에게 주지 말며 너희 진주를 돼지 앞에 던지지 말라 그들이 그것을 발로 밟고 돌이켜 너희를 찢어 상하게 할까 염려하라" 마 7:6

본문(마태복음 7장 6절)에서는 주님이 징계에 관한 어렵고 복잡한 주제를 다루십니다. 흠정역(Authorized Version)은 본문 6절을 한 문단으로 취급하는데 제가 보기에는 이것은 옳지 않다고 생각합니다. 6절은 그 앞 절과 관계가 없는 독립된 진술이 아니라 마태복음 6장 1절에서 시작된 문맥의 최종 진술입니다.

이 진술은 비상하며 사람들에게 놀라운 충격을 주는데 주님은 비판하지 말라는 가장 엄숙한 모습으로 우리에게 말씀하고 있습니다. 그리고 형제의 눈 속에 있는 티를 생각하기 전에 우리 눈 속에서 들보를 빼내라고 하셨습니다.

우리가 비판하는 그 비판으로 우리가 비판을 받게 되리라고도 하셨습니다. 그런 다음 갑자기 "거룩한 것을 개에게 주지 말며 너희 진주를 돼지 앞에 던지지 말라 그들이 그것을 발로 밟고 돌이켜 너희를 찢어 상하게 할까 염려하라"고 하셨습니다. 전후 문맥의 조리가 맞지 않는 것 같습니다. 그러나 이것은 놀라운 일이 아닙니다. 주님은 정죄하는 의미의 비판을 하지 말라고 하셨습니다. 그러나 주님은 이것이 이 문제의 전부가 아님을 여기서 상기시켜 주십니다.

본 주제에 대한 올바른 균형과 완전한 진술을 주시기 위해 이 말씀(6절)은 필수적입니다. 만일 주님이 앞의 다섯 절로 가르침을 끝내셨다면 사람들은 잘못된 의미로 판단하는 위험을 너무 피하려는 나머지 어떤 판단에 대해서든 분별을 잃을 것입니다. 그래서 교회에는 권징과 같은 것이 없어질 것이며 기독교 생활은 혼란에 빠져버릴 것입니다.

이단을 드러내고 이것과 관련된 판단(비판)을 선언하는 것과 같은 일이 없어질 것입니다. 이단을 판단하는 일을 너무 두려워하는 나머지 이단에 대해 눈을 감아버릴 것입니다. 그런 이유 때문에 주님은 이 진술을 여기에 추가하셨습니다. 성경의 가르침이 놀랍게도 균형이 잘 잡혀 있음과 그 완전함에 다시 한 번 감명을 받습니다.

성경의 어느 부분이든 현미경적으로 자세히 연구하는 것이 성경 전체를 망원경적으로 연구하는 것보다 훨씬 더 유익함을 지적하는 데 제가 싫증을 느끼지 않는 것도 이 때문입니다. 왜냐하면 여러분이 어느 부분이든 철저하게 연구해 보시면 얼마 안가서 대 교리들에 모두 마주치게 됨을 발견할 것이기 때문입니다.

우리는 이미 이 산상설교를 고찰함에서 경험한바 있습니다. 산상설교는 세목을 살펴보고 모든 것에 주의를 기울이는 것이 중요함을 보여줍니다. 그렇게 할 때 성경에서 찾아볼 수 있는 이 놀라운 균형을 발견하기 때문입니다.

우리는 극단에 치우쳐 성구들을 문맥에 맞춰 취하는 대신 성경구절들을 서로 고립시키는 과오를 범하기 때문에 균형을 잃을 때가 있습니다. 그것이 막연한 것이더라도 기독교적인 것이라고만 하면 무엇이나 찬성하고 추천할 태세가 되는 사람들이 너무 많고, 그들이 분별이 없는 것은 비판에 대한 주님의 가르침에다가 본문 말씀을 추가시키지 않기 때문입니다. 그들은 비판하면 안 된다고 말합니다. 그리고 이렇게 하는 것을 친절하고 자비로운 정신이라고 생각합니다. 그래서 중대한 과오에 빠지고 그들의 영혼을 위태롭게 하는 사람들이 많습니다. 그러나 성경을 있는 그대로 받아들이고, 이 완전한 균형이 성경에서 늘 찾아볼 수 있음을 기억하는 한 이런 과오는 피할 수 있습니다.

본문 말씀을 예로 들어봅시다. 피상적으로 보면 본문 말씀은 주님이 방금 말씀하신 진술에 비추어 볼 때 뜻밖의 말씀처럼 보입니다. 이 두 가지를 어떻게 조화시켜야 하겠습니까? 대답은 간단합니다. 주님은 우리에게 혹평하지 말라고 권면하시는 한편 분별을 잃지 말라고 말씀하신 것입니다. 이 둘 사이에는 절대적인 차이가 있습니다.

우리가 피해야 할 것은 다른 사람을 혹평하고 정죄하며 우리 자신을 심판자로 세우고 그 사람들에게 선언의 말을 하는 경향이라 하겠습니다. 그러나 이것이 분별력을 구사하는 것과는 매우 다른 것은 물론입니다. 분별력과 비판을 구사하지 않는다면, 어떻게 "영들을 증명하고 시험해" 볼 수 있으며 "거짓 선지자들을 삼갈" 수 있겠습니까? 우리는 오류를 발견하여야 합니다. 그러나 정죄하기 위함이 아니라 돕기 위함인 것입니다. 그리고 본문 말씀과 본문 앞의 말씀을 연결해야 함은 바로 이 때문입니다. 우리 주님은 형제의 눈 속의 티를 제거하는 일을 돕는 문제를 다루어 오고 있습니다. 이미 주님께서 올바른 방법을 말씀해 주셨습니다만 분별의 영을 소유해야 합니다. 우리는 티와 들보를 알아보고 사람을 분별할 수 있어야 합니다.

"거룩한 것을 개에게 주지 말며 너희 진주를 돼지 앞에 던지지 말라 그들이 그것을 발로 밟고 돌이켜 너희를 찢어 상하게 할까 염려하라." 무슨 뜻입니까? 진리를 가리켜 말씀함이 분명합니다. 진리는 거룩하며 진주로 비유할 수 있습니다. 그러면 여기서 진주는 무엇입니까? 기독교의 메시지, 천국의 메시지, 곧 비할 데 없이 훌륭한 산상설교에서 주님께서 말씀하고 계신 바로 그것입니다. 그러면 주님은 무엇을 가리켜 말씀하셨습니까? 기독교 진리를 불신자에게 제시하지 말라는 것일까요 아니면 개와 돼지는 어떤 특정 사람을 가리켜 하신 말씀일까요? 개가 팔레스타인에서는 마을의 썩은 고기를 먹는 짐승이며, 이 말은 치욕을 의미했고, 집에서 기르는 애완동물이 아니라 사납고 위험한 반 야생동물이었습니다. 한편 돼지는 유대인들에게 불결하고 울타리밖에 있는 모든 것을 표상했습니다.

이 두 용어는 사람을 분별하는 법을 우리에게 가르치며 사용하신 용어입니다. 진리와 관련해서 '개', '돼지'에게 속하는 자로 서술할 수 있는 종류의 사람이 있음을 인정해야 합니다. 그러면 "주님은 이것을 그 나라 밖에 있는 불신자들에 대한 기독교인의 태도가 되어야 하겠다는 뜻으로 말씀하셨습니까?"라고 묻는 사람도 있습니다. 분명코 그런 뜻은 아닙니다. 그들에게 진리를 제시하지 않는다면 불신자를 개심시킬 수 없다는 이유 때문입니다.

주님은 그런 사람들에게 설교하며 나아가셨습니다. 주님은 제자인 사도들을 그런 사람들에게 전도하라고 보내셨습니다. 주님은 초대교회에 성령을 보내시어 교회가 그들에게 진리를 증언하게 하셨습니다. 그러므로 그런 뜻일 리가 없습니다. 그러면 무슨 뜻입니까? 성경의 대답은 주님께서 사람의 유형을 명백히 분별하셨다는 것입니다.

네 복음서를 읽다 보면 주님께서 두 부류의 사람을 똑같이 다루시지 않은 것을 봅니다. 주님께서 다루신 방법이 근본적으로는 동일하나 표면적으로는 다릅니다. 나다나엘과 니고데모와 사마리아 여인을 다루신 방법을 예로 들어봅시다. 바리새인을 대면했을 때와, 세리와 창녀들을 대면하셨을 때의 주님의 태도와 방법이 전혀 다릅니다. 자기 의적인, 교만하고 독선적인 바리새인과 죄 중에 붙잡힌 여인에 대한 주님의 태도가 다른 것을 보십시오.

하지만 가장 훌륭한 실례 중 하나는 누가복음 23장에서 보게 됩니다. 빌라도에게 심문을 받으실 때 주님께서 대답하셨습니다. 그러나 잘 알고 있어야 했고, 병적이며 불건전한 호기심과 표적과 기사를 찾고 있던 헤롯에게 질문을 받으셨을 때, 주님은 아무 대답도 하지 않으셨고 아예 말도 아니하려 하셨습니다(3절과 9절). 이처럼, 동일한 진리의 관점에서 다루실 때도 주님은 그들을 다르게 다루셨고 그의 가르침을 각자에게 적용 시키셨습니다. 주님은 진리를 변화시키지 않으셨고 특정 제시방법을 변화시키셨습니다. 네 복음서를 읽어보면 이 점을 발견할 것입니다.

그런 다음 사도들의 실천을 보면, 그들이 주님과 똑같이 행하여, 여기 이 명령을 수행한 것을 발견할 것입니다. 예를 들어, 사도행전 13장 46절을 보면 바울은 비시디아 안디옥에서 전도하며 유대인들의 질시와 시기와 반대를 받고 있었습니다. 바울과 바나바가 담대하게 "하나님의 말씀을 마땅히 먼저 너희에게 전할 것이로되 너희가 그것을 버리고 영생을 얻기에 합당하지 않은 자로 자처하기로 우리가 이방인에게로 향하노라" 하신 것을 보게 됩니다. 바울은 그들에게는 더 이상 전도하려 하지 않았습니다.

고린도에서도 같은 것을 발견할 수 있습니다. 사도행전 18장 6절입니다. "그들이 대적하여 비방하거늘 바울이 옷을 떨면서 이르되 너희 피가 너희 머리로 돌아갈 것이요 나는 깨끗하니라 이 후에는 이방인에게로 가리라." 그들은 우리 주님께서 예언하셨던 바로 그 일을 행하였습니다. 그들은 개와 돼지들처럼 거듭 등을 돌리고 반대를 하고 신성모독을 말하고 진리를 발로 밟아 버렸습니다. 이렇게 반대하며 진리를 바로 평가할 능력이 없음을 보여준 유대인들에게 바울은 등을 돌리고 이방인들에게로 향하여 이방인의 대사도가 되었습니다.

본문은 어느 특정 시기 또는 어떤 미래의 나라(천국)에만 관계되는 말씀이 아닙니다. 본문도 산상설교 전체와 같이 지금의 기독교인을 위한 것이며, 따라서 우리에게 주신 권면입니다. 해석을 좀 더 자세히 하면, 우선 본문은 우리가 사람에게도 여러 유형이 있음을 인정하고 이를 분별해야 할 것을 의미합니다.

다른 사람들에게 증언함에 있어 기계적 방법처럼 비극적이며 비성경적인 것은 없습니다. 기독교인들 가운데 이런 오류를 범하는 사람들이 있습니다. 증언을 하긴 해도 이것을 철저히 기계적 방법으로 하는 것입니다. 그들은 자기네가 다루고 있는 사람을 고려하지 않습니다. 그의 형편이 정확히 어떤가를 발견하려

하지를 않습니다. 그들은 어느 사람에게나 똑같은 방법으로 진리를 제시합니다.

그들의 증언이 아예 소용이 없다는 것과 그들이 성취하는 유일한 것은 일대 자기의(自己義) 감정이라는 사실 말고도 이것은 철저할 정도로 비성경적입니다.

예수 그리스도를 증언하는 일보다 더 높은 특권은 없습니다. 요즈음 세일즈맨이 되려는 사람들은 대체로 판매 심리학의 훈련과정을 이수합니다. 상품을 팔려면 사람들의 심리에 대해 무언가 좀 알고 있는 것이 필요하며 중요합니다. 마찬가지로 진정으로 우리가 영혼 구원에 관심을 가진다면, 그리고 단순히 우리 자신의 증언을 하는 일에만 애쓰지 않는다면 우리는 신약성경을 통하여 분별과 이해가 중요함을 깨달을 것입니다. "자, 나는 이와 같다. 이것이 내 기질이다. 그리고 이것이 나의 일하는 방법이다."라고 말해서는 안 됩니다.

그렇습니다. 사도 바울과 더불어 우리는 모두 (유대인들에게 내가 유대인과 같이 된 것은 유대인들을 얻고자 함이요, 내가 율법 아래에 있지 아니하나 율법 아래에 있는 자같이 된 것은 율법 아래에 있는 자들을 얻고자 함이요, 고전 9:20) "여러 사람에게 여러 모양이 되어" 아무쪼록 형편과 처지에 따라 사람들을 구원해야 합니다.

둘째 원칙은 이런 유형과 저런 유형을 구별하는 법만을 배워서는 안 된다는 것입니다. 각 유형에 따라 적용하는 일에 전문가가 되어야 합니다. 그래야 빌라도와 헤롯 같은 사람을 정확히 같은 방법으로 취급하지 않을 것입니다. 성경에서 주님은 빌라도 같은 사람의 질문에는 대답하셨지만 헤롯같은 사람에게는 아무 말도 하시지 않으셨습니다. 우리가 얼마나 쉽게 말의 노예가 되는가를 주목해 보면 흥미롭습니다. '사람을 낚는 어부들'에 관한 본문으로 설교할 때, 우리가 어느 미끼를 사용해야 하는가를 알아야 한다고 말하는 일에 항상 세심한 사람들이 있습니다. 그러면서도 이런 본문에 올 때 그들은 이 원칙이 여기에도 똑같이 적용된다는 사실을 망각하는 것 같습니다. 각 특수상황 가운데 있는 각 사람에게 무엇이 적절한지 알아야 합니다.

이제 막 개심한 사람이 훌륭한 증인이 되기가 어려운 것도 그 한 이유입니다. 초신자에게 교회의 중요한 자리를 맡기지 않아야 한다고 바울이 말씀한 이유도 이것에 비추어 더욱 분명히 이해할 수 있습니다.

우리는 초신자에게 안수를 하여 그를 즉시 어떤 중요한 위치에 임명하는 경향이 있습니다. 그러나 성경은, 초신자를 중요한 자리에 앉히지 말라고 말씀하고 있습니다. 어째서입니까? 초신자는 우리가 고찰하고 있는 이 일들에 전문가가 아니기 때문입니다.

셋째 원칙은, 진리를 제시하는 방법에 있어서 매우 신중해야 합니다. 진리를 제시하는 방법은 사람에 따라 달라야 합니다. 그래서 사람들을 평가하는 법을 배워야 합니다. 어떤 사람에게는 거스르지 않는 것이 또 어떤 사람들에게는 거스르는 일들이 있습니다.

어떤 유형의 사람에 대해서든 불쾌하게 하는 방법으로 진리를 제시하지 말아야 합니다. 예를 들어 모든 불신자에게 "구원 받았소?"라고 묻는 것은 성경적인 방법이 아닙니다. 이렇게 말할 때 이것에 화를 내고 진리에 이끌려 오지 않는 유형의 사람들이 있습니다. 이 같은 질문은 주님이 지금 서술하고 계신 반응 곧 개와 돼지의 반응, 곧 발로 밟고, 찢고, 신성을 모독하고 저주를 하는 반응입니다.

이렇게 우리는 아무에게도 신성을 모독하거나 저주할 이유를 주지 않도록 조심해야 합니다. 우리는 진리를 항상 사랑 가운데서 전해야 합니다. 설사 우리에게 거치는 것이 있다면 그것은 "십자가의 거치는 것"이 되어야 하겠고, 설교자에게 불쾌하고 거스르는 것이 있어서는 안 됩니다. 주님은 이것을 가르치고 계신 것입니다.

마지막 원칙은, 진리의 어떤 특정 면이 어느 경우에서 적절한가를 배우고 알아야 하겠다는 것입니다. 이것은 불신자의 경우 믿음으로만 의로워진다는 교리 이외에 아무것도 제시하지 말아야 할 것을 의미합니다.

비신자와 어느 다른 교리를 토론해서는 안 됩니다. 비신자는 다른 교리들을 토의하려 애쓸 때가 많겠지만 이것을 허용해서는 안 됩니다. 요한복음 4장의 주님과 사마리아 여인과의 대화의 기록은 이 점의 완벽한 실례가 됩니다.

그 여인은 여러 가지 다른 문제들, 곧 하나님의 존재에 대하여 어디서 어떻게 예배해야 하는가와 유대인과 사마리아인들을 구별하는 여러 가지 차이점들을 토론하고 싶어 했습니다. 그러나 주님은 이 일을 허용하시지 않았습니다. 주님은 그녀 자신을 살피게 하셨습니다. 곧 그녀의 죄 많은 생활과 그녀에게 구원이 필요함을 상기시키셨습니다.

우리도 같은 일을 해야 합니다. 선택과 예정과 기타 교리들과 지금 교회에 필요한 것이 무엇인가를 불신자와 토론하는 일은 아주 잘못된 일입니다. 거듭나지 못한 사람은 이 기타 교리들을 이해하지 못하므로, 따라서 그와 이 문제를 고찰해서는 안 됩니다. 그와 무엇을 토론할 것인가는 우리가 결정해야 합니다.

그리고 이것은 불신자들에게만 적용되지 않습니다. 신자들에게도 적용됩니다. 바울은 고린도교회 교인들에게 그가 고기를 갖고 있으나 그들이 아직 유아들이기 때문에 그것을 줄 수 없다고 했습니다. 그들에게는 아직 고기가 맞지 않기 때문에 젖으로 길러야 하겠다고 했습니다. 바울은 "우리가 온전한 자들 중에서는 지혜를 말하노니"(고전 2:6)라고 했습니다. 하나님의 이 완전한 지혜를 영적 깨달음이 어린아이 같은 사람에게 주는 것은 어리석은 방법입니다. 그러므로 진정으로 진리의 증인들이 되려면 모든 방향에서 분별력을 사용하는 일들에 주의를 기울여야 합니다.

이제는 이상의 고려해야 할 사항으로부터 어떤 포괄적 추론을 끌어내어 본 절의 함축된 첫 번째 의미를 주목해 보시겠습니까? 본 절처럼 사람에 대한 죄의 가공스런 영향을 이렇게 무섭게 묘사한 구절은 성경에 한 구절도 없습니다. 타락의 결과로 사람에게 온 죄와 악의 결과는 사람을 하나님의 진리에 대하여 개와 돼지로 만들었습니다.

인간성에 끼친 죄의 결과가 이와 같습니다. 죄는 사람에게 진리에 대한 적대감을 줍니다. "육신의 생각은 하나님과 원수가 되나니"(롬 8:7)라고 바울은 말씀했습니다. 곧 개와 돼지의 성품입니다. 죄는 사람으로 하나님을 미워하게 하며, 또 "가증스러운 자요(혹은 미움이 가득한) 피차 미워한 자였으나"라고 바울은 디도서 3장 3절에서 말씀하고 있습니다. 그렇습니다. 하나님을 미워하는 자들이요, "하나님의 법에 복종하지 아니하며 또 할 수도 없는 자"들입니다. 하나님 나라 밖에 있는 '원수요 외인'들로서 하나님께 대적하는 자들입니다. 이 얼마나 무서운 존재입니까!

오늘날에서도 신약시대와 같은 반응을 볼 수 있습니다. 어떤 사람들에게 진리를 제시해 보십시오. 그들은 으르렁거립니다. 그리스도의 보혈에 대해 이야기해 보십시오. 그것을 비웃고 조롱하며, 침을 뱉습니다. 죄가 사람의 성품에 이런 영향을 주는 것입니다. 죄가 진리에 대한 사람의 태도에 이 같은 영향을 줍니다.

이것을 강조하는 까닭은 우리 모두 이 점에 죄책이 있다고 느끼기 때문입니다. 다른 사람들을 다룰 때 우리는 그들의 상태를 바로 인식하지 못할 때가 많습니다. 그들이 즉시 기독교인들이 되지 않을 때 우리는 그들에게 참을성 없게 되는 경향이 있습니다. 그들이 죄와 사탄의 지배 아래 있으며, 마귀의 속임수 아래 있으며, 죄가 너무 뒤틀리고 곡해되고 오염되어 영적 의미에서 그들은 이렇게 실로 개와 돼지의 상태에 있는 것입니다. 그들은 거룩한 것의 진가를 올바로 인식하지 못하며 영적 진주에 대하여 어떠한 가치도 부여할 줄 모릅니다. 하나님마저도 그들에게는 미운 존재입니다. 이것을 인식하지 못한다면 그들을 결코 도울 수 없을 것입니다. 그들의 진상을 인식할 때에 비로소 우리 주님이 사람들을 불쌍히 여기신 이유와 그들을 불쌍히 여기시는 가운데 마음에 큰 슬픔을 느끼신 이유를 깨달을 것입니다.

그들은 새 성품이 필요하며 거듭나야 합니다. 이 산상설교는 미래의 일부 유대인을 위한 율법적 가르침이 아닙니다. 여기에 하나님의 은혜로 곧 바로 인도하는 교리 하나가 있습니다. 중생 이외에 사람으로 진리의 진가를 인식하게 하고 받아들이게 할 수 있는 것은 없습니다. 죄와 허물로 죽은 우리는 신성한 교훈에 올바로 반응할 수 있기에 앞서 성령으로 소생함을 받아야 합니다.

두 번째로 진리의 성격 문제를 생각하겠습니다. 지금까지 이 문제를 어느 정도 다루어왔으므로 이번에는 조금만 취급하겠습니다. 진리는 매우 다양하고 매우 풍성합니다. 성경에는 초신자에게 적절한 진리도 있습니다. 그러나 히브리서 저자가 말씀하는 바와 같이 우리는 "완전한 데로 나아가야" 합니다(히 6:2). 그가 "우리는 다시 뒤로 돌아가서 초보 원칙들의 기초를 놓고 싶지 않다. 이 일은 끝냈어야 마땅하다. 만일 너희가 주의를 기울이기만 한다면 나는 너희들이 멜기세덱에 관한 일대 교리로 이끌어갈 수 있다. 그러나 너희가 듣고 배우는 일에 너무 더디므로 지금은 그렇게 할 수 없다."라고 말한 셈입니다.

이것은 진리에 이 큰 합성적 성격이 있음을 보여줍니다. 우리 스스로 물어야 할 질문은, "내가 자라가고 있는가? 내가 이보다 높은 교리와 바울이 완전한 자들을 위해 간직하고 있던 지혜를 따라 주리고 목말라 하는가? 나는 보다 심오한 이 진리들로 나아가고 있는가?" 하는 것입니다.

성경에는 오직 하나님의 자녀들만이 그 진가를 인식할 수 있는 비밀들이 있습니다. 에베소서의 서론 곧 처음 아홉절 내지 열절을 읽어보십시오. 그러면 영적 감각을 구사하며 은혜 가운데 자라는 자녀들만이 이해할 수 있는 것을 알게 됩니다.

사람들이 영적 무지 가운데서 하나님의 소명과 선택의 교리에 대한 이해는 없이 이 같은 문제를 논할 수도 있습니다. 그러나 은혜 안에서 자라고 있다면 이 교리들은 더욱 더 소중하게 될 것입니다. 이 교리들은 이것들을 받아들이는 사람들에게만 주어지는 비밀입니다. "들을 귀 있는 자는 들을지어다." 여러분이 신약 성경의 서신들에서 가지는 바, 진리에 대한 이 힘찬 설명이 여러분에게만 아무 의미가 없음을 발견한다면, 자신을 검토하고, 왜 자라고 있지 않는가, 왜 진리들을 이해할 수 없는가, 자신에게 물어보아야 합니다.

초보적 원칙들과 좀 더 발전된 원칙들 사이에는 구별이 있습니다. 변증학적 영역에서 평생을 보내기는 해도 보다 깊은 영적 진리들을 향해 계속 나아가지 못하는 사람들이 있습니다. 그들은 기독교인의 삶에서 유아들처럼 머물러 있기 때문입니다. "완전한 데로 나아갈지니라."

끝으로, 우리가 여기서 물어볼 수 있는 질문이 있습니다. 그리고 그 대답이 무엇인지는 나도 분명하지 않음을 솔직하게 인정하기에 이것을 일부러 질문의 형태로 표현했습니다.

본문에 성경의 무분별한 배포의 문제와 관련해서 경고가 들어있지 않은가 생각합니다. 나는 여러분이 고찰해 보고 다른 사람들과 토론해 보도록 문제 하나를 제기합니다. "성경을 영적으로 개와 돼지라 할 수 있는 사람들의 손에 닿는 곳에 두는 것이 옳을까? 이렇게 하면 그들로 신성모독과 저주와 돼지와 같은 행동으로 이끌어가지 않을까? 성경 본문을 플래카드에 쓰고, 특히 그리스도의 보혈에 관한 구절들을 쓰는 것은 항상 옳은 일일까?" 바로 이런 일들이 신성모독으로 이어졌던 것을 자주 듣고 본바 있기에 그저 질문을 던져보았습니다. 예루살렘으로부터 고국으로 돌아가던 사도행전 8장의 내시를 생각해 보십시오. 그는 성경을 갖고 있었고 성경을 실제로 읽고 있었습니다. 그때 빌립이 접근하며 말했습니다. "읽는 것을 깨닫습니까?" 내시가 대답했습니다. "지도해 주는 사람이 없으니 어찌 깨달을 수 있느냐?" 해석이 필요합니다. 그리고 일반원칙으로서의 사람의 도움을 폐지할 수도 없습니다.

"그러나 성경 배포에 대한 놀라운 결과를 보십시오."라고 항의하는 사람도 있습니다. 우리가 정확한 사실들을 발견할 수 있다면 사람을 매체로 한 것과 상관 없이 개심한 사람들이 얼마나 될까? 생각해 봅니다. 놀랍게도 예외가 있는 것을 저도 압니다. 그렇게 개심한 사람들의 이야기를 읽는 일이 있었습니다. 그런 일이 일어날 수 있음을 하나님께 감사하는 바입니다. 그러나 이것은 정상적인 방법이 아닙니다.

우리가 각기 다른 사람들을 다룰 때 진리의 어떤 면들을 선택해서 그들에게 적용하는 일에 조심해야 한다는 사실이 하나의 문제를 제기하지는 않습니까? 가끔 우리가 말을 피하고 그 대신 복음이나 기타 성경의 한 대목을 주게 되는 경우가 있음은 물론입니다. 그러나 이것은 하나님께서 정상적으로 쓰시는 방법이 아닙니다. 하나님의 방법은 인격을 통해서, 성경을 해석하는 사람을 통해서 진리를 제시하는 것입니다.

여러분이 어떤 사람과 대화를 나누는 가운데 그에게 진리를 지적해 줄 수 있다면, 그가 성경을 요구하거나, 여러분이 그에게 성경을 주어야겠다는 생각이 들 것입니다. 이것은 옳으며 좋습니다. 여러분의 성경을 그에게 주십시오. 내가 제기하는 문제는, 성경을 해석할 사람이 하나도 없는데 성경을 무분별하게 두는 것과 관계가 있다는 것입니다.

이 말이 예기치 않은 충격으로 느끼는 사람들이 많을 것 같습니다. 그러나 이 문제들을 다시 세심하게 생각해 볼 필요가 있다고 생각합니다. 우리는 습관적 버릇과 관습의 노예가 되기 쉬우며 이렇게 됨으로써 아주 비성경적으로 될 때가 허다합니다. 기록된 하나님의 말씀을 갖게 된 것을 하나님께 감사하게 생각합니다. 그러나 누군가가 영적 생활의 자취를 보여주지 않는 한, 그에게 성경을 허용하지 않는다는 신념을 잠시 실험해 보는 것도 나쁘지 않겠다고 생각할 때가 많습니다. 너무 지나친 생각인지 모르지만 이렇게 하면 사람들에게 성경의 귀중함을 일깨워 주고, 그 놀라운 특성과 성경을 소유하여 읽도록 허락받는 특권으로 그들에게 감명을 줄 것이라고 생각되는 것입니다. 이것은 교회밖에 있는 영혼들에게만 유익할 뿐 아니라, 하나님이 우리 손에 주신 이 소중한 보물에 대하여 교회에도 완전히 새로운 관념을 줄 것입니다.

　우리는 성경의 보관자요 해석자입니다. 이 일은 그렇게 쉬운 일이 아닙니다. 우리가 말씀을 신중하게 받아들인다면 말씀을 묵상하고 연구하며 기도가 절대 필요함을 보게 될 것입니다. 우선, 지금까지 명백히 보아 온 진리의 여러 면들을 기억해야 하겠고, 영적 진리를 받아들이고 이해하기 위해 중생이 절대 필요함을 잊지 말아야 합니다.

　성경을 단순히 배포하는 일만으로는 오늘의 문제를 해결하는 열쇠가 될 수 없습니다. 하나님은 여전히 진리를 해석하고 설명하기 위해 우리 같은 사람들이 필요하며, 말씀은 가졌으되 이해할 수 없는 사람들에게 빌립과 같은 사람들도 필요합니다. 하나님의 진리를 균형 잡히고 충만히 제시할 수 있기 위해서, 뭇 영혼들의 유익을 위해서 이런 일들에 균형과 조화를 유지해야 하겠습니다.

48장

구하여 찾음

"7 구하라 그리하면 너희에게 주실 것이요 찾으라 그리하면 찾아낼 것이요 문을 두드리라 그리하면 너희에게 열릴 것이니 8 구하는 이마다 받을 것이요 찾는 이는 찾아낼 것이요 두드리는 이에게는 열릴 것이니라 9 너희 중에 누가 아들이 떡을 달라 하는데 돌을 주며 10 생선을 달라 하는데 뱀을 줄 사람이 있겠느냐 11 너희가 악한 자라도 좋은 것으로 자식에게 줄 줄 알거든 하물며 하늘에 계신 너희 아버지께서 구하는 자에게 좋은 것으로 주시지 않겠느냐" 마 7:7-11

이 세상에서 살아갈 때에 불안과 위험에 있어서 본문(마태복음 7절-11절) 말씀보다 더 유쾌하고 기분 좋고 위로가 되는 진술을 상상할 수 없습니다. 이 진술은 성경에서만 볼 수 있는 포괄적이며 은혜로운 약속입니다.

이 진술은 처음부터 끝까지 성경 메시지의 본질이요, 우리에게 오는 약속입니다. "구하라 그리하면 너희에게 주실 것이요, 찾으라 그리하면 찾아낼 것이요, 문을 두드리라 그리하면 너희에게 열릴 것이니." 우리가 이것에 대한 확신을 갖도록 주님은 거듭 반복하시며, 보다 강한 형태로 표현하시기까지 하셨습니다. "구하는 이마다 받을 것이요, 찾는 이는 찾아낼 것이요, 두드리는 이에게는 열릴 것이니라." 이것은 의심할 수 없는 절대적 약속입니다. 더욱이 하나님의 아들이 그 아버지의 충만하심과 권위를 가지고 말씀하시는 가운데 직접 하신 약속입니다.

삶에서 진정으로 중요한 것은 우리에게 마주쳐 오고 다루어야 할 여러 가지 일들이 아니라, 그것들을 맞이하려는 우리의 준비라는 사실을 성경적 인생관은 강조하고 있습니다.

삶에 대한 성경의 가르침은 어떤 의미에서 아브라함 속에 요약되어 있습니다. 그에 대해 "갈 바를 알지 못하고 나아갔으며"(히 11:8)라 기록되어 있습니다. 그러나 그럼에도 그는 완전히 행복했고, 평화로웠고 평안했습니다. 그는 두렵지 않았습니다.

왜 그렇습니까? 300여 년 전에 살았던 나이 많은 어느 청교도가 이 문제에 대한 대답을 해주었습니다. "아브라함은 갈 바를 알지 못하고 나아갔으나 누구와 함께 가는지는 알았다." 중요한 것은 이것입니다. 그는 '다른 또 한 분'과 함께 그 여행을 간 것을 알았던 것입니다.

그는 혼자가 아니었습니다. 아브라함을 떠나지도 않겠고 버리지도 않겠다고 그에게 말씀하신 분이 그와 함께 하셨습니다. 그에게 마주쳐 오고 있던 사건들과 일어나려는 문제들이 불확실했지만, 아브라함은 완전히 행복했습니다. 왜냐하면 그와 함께하는 벗을 알기 때문입니다.

신뢰하던 제자들마저도 갑자기 두려움 가운데서 그를 떠나 버리고 자신의 목숨을 구하는 일에 관심을 가지는 것을 아시고도 "보라 너희가 다 각각 제 곳으로 흩어지고 나를 혼자 둘 때가 오나니 벌써 왔도다 그러나 내가 혼자 있는 것이 아니라 아버지께서 나와 함께 계시느니라"(요 16:32)라고 말씀하셨던 주 예수 그리스도와 같았습니다.

중요한 것은 이것입니다. 성경에서 주님은 우리를 위해 삶을 변화시키겠다고, 어려움과 시련과 문제와 환란을 제거하겠다고 약속하시지 않았습니다. 주님은 장미에서 모든 가시를 잘라버리고 놀라운 향기만을 남기겠다고 하시지 않았습니다. 그렇습니다. 우리가 주님을 그처럼 잘 알므로 무슨 일이 발생하든 두려워할 필요가 없으며, 결코 놀라워할 필요가 없다고 우리에게 확신시켜 주십니다. 주님은 이 모든 것을 이 크고 포괄적 약속에 포함을 시키셨습니다. "구하라 그리하면 너희에게 주실 것이요, 찾으라 그리하면 찾아낼 것이요, 문을 두드리라 그리하면 너희에게 열릴 것이니." 이처럼 놀랍고 은혜로운 말씀에서 충분한 유익을 끌어내려면 이 말씀을 좀 더 세밀히 살펴봐야 합니다. 이와 같은 구절을 반복하는 것만으로는 충분하지 않습니다.

성경을 세상적인 심리치료법의 한 형태로 생각해서는 안 됩니다. 이렇게 하는 사람들도 있기는 합니다. 삶을 성공적으로 통과해 나가는 최선의 방법은 성경의 놀라운 말씀들을 읽고 거듭 반복하는 것이라고 생각하는 사람들이 있습니다. 물론 이렇게 하면 어느 정도 도움이 될 것입니다. 그러나 이것은 성경의 메시지가 아니요, 성경적 방법도 아닙니다. 이런 유형의 심리적 요법은 일시적인 안정을 줄 뿐입니다.

성경을 그 배경에 맞추어 취하지 않음으로써 성경을 왜곡하거나, 성경의 그 대목의 의미를 바로 보지 못하거나, 성경의 약속과 함께 그 한정성을 주목하지 못하므로 우리 자신의 파멸을 초래하는 위험을 피해야 합니다. 이것은 특히 본문과 같은 진술에서 중요합니다.

성경에서 "구하라 그리하면 너희에게 주실 것이요, 찾으라 그리하면 찾아낼 것이요, 문을 두드리라 그리하면 너희에게 열릴 것이니"라고 하니 "그러면 되었다."라고 하면서 "이 말은, 내가 원하고 소원하는 것이면 무엇이든지 하나님께서 주시려고 한다는 것을 뚜렷이 밝힌 것이 아닌가."라고 말하는 사람들이 있습니다. 그리고 그들이 그렇게 생각하기 때문에, 그리고 그것이 성경의 가르침이라고 생각하기 때문에, 그들은 기타의 가르침은 무시하며, 그들의 요구를 가지고 하나님께로 가는 것입니다. 그리고 그들의 요구가 허락되지 아니하면 낙심과 절망 가운데 깊이 빠져버립니다. 그래서 그들은 "하나님은 약속을 지키시지 않는 모양이다."라고 말하며 비참해지고 불행해지는 것입니다.

이런 일을 우리는 피해야 합니다. 성경은 자동적으로 작용하는 그 무엇이 아닙니다. 성경은 우리를 이지적인 사람들로 간주하여 우리에게 경의를 표하는 셈이며, 성령을 통하여 진리를 우리 마음에 내어놓습니다. 성경은 우리가 성경말씀 그대로 그 모든 약속을 전체로 받아들이기를 바라고 있습니다. 우리가 7절과 8절만을 살피고 있지 않는 이유도 여기에 있음을 아실 것입니다. 우리가 7-11절을 고찰하고 있는 이유는 이 진술의 여러 부분을 고찰함에서 잘못에 빠지지 않으려면 이 진술을 전체로써 받아들여야 하기 때문입니다.

본문은 우리가 하나님께 구하는 것은 무엇이든 해주시겠다고 보증하신 하나의 보편적 약속보다 훨씬 더 큰 것입니다. 우리가 원하는 것은 무엇이든 하나님께서 해주실 준비가 되어있지는 않으시다는 것입니다.

저는 이것을 제 과거 경험의 결과로 말씀드립니다. 과거에 저는 여러 가지로 하나님께 구할 때가 많았고, 하나님께 어떤 일을 해주십사고 구하였습니다. 그때에는 매우 간절히 원했고, 그것들이 내게 가장 좋은 일들이라고 믿었습니다. 그러나 지금 이 시점에서 과거를 돌이켜 보며, 나는 하나님께서 내가 구하는 것 중 어떤 것을 허락하시지 않고, 어떤 문들은 내 얼굴 앞에서 닫으신 것에 대해 하나님께 깊이 감사하고 있습니다. 그 당시에는 이해하지 못했으나 지금은 알고 이것들로 인하여 하나님께 감사하고 있습니다.

그러므로 이것이 보편적 약속이 아님과 하나님께서 내 모든 소원과 요구를 허용하시지 않음을 감사하는 것입니다. 하나님은 우리에게 더 좋은 길을 마련하고 계십니다.

이 약속을 올바로 보는 방법은 "우리 주님은 왜 여기서 이 말씀을 하셨을까? 왜 이 말씀이 산상설교 이 대목에 나오는가?"라고 질문해 보는 것입니다. 산상설교 마지막 부분인 마태복음 7장은 주님이 머리에 떠오르는 대로 말씀하신 진술의 집합이라고 말하는 사람들이 있음을 앞서 상기한 바 있습니다. 그러나 이것은 매우 거짓된 분석입니다. 7장을 일관해서 흐르는 주제가 있다는 것에는 앞서 설명한 바 있습니다. 그 주제란 비판(심판)의 주제입니다. 이생에서 우리는 항상 하나님의 비판(심판) 아래 살고 있음을 상기합니다. 우리가 좋아하든 싫어하든 하나님의 눈이 우리 위에 있습니다.

이생은 죽음과 시간, 세상 너머에서 우리를 기다리고 있는 위대한 삶을 위한 일종의 예비학교입니다. 그러므로 이생에서 우리가 행하는 것은 모두 중대한 의미를 가집니다. 그래서 우리는 무엇이든 당연한 것으로 생각할 권리가 없습니다.

이것이 주제입니다. 주님은 이 주제를 즉각 적용을 시키셨습니다. 주님은 다른 사람들을 비판하는 문제로 시작하셨습니다. 우리 자신도 비판(심판) 아래 있기 때문에 비판하는 일에 조심해야 합니다.

그런데 주님께서는 본문의 이 약속을 왜 이 지점에서 말씀하셨습니까? 주님은, 1절-6절에서 우리가 마치 심판장이 된 것같이 다른 사람들을 정죄하는 위험과 마음속에 신랄함과 증오심을 품는 위험을 보여주셨습니다. 주님은 형제의 눈 속에서 티를 뽑아내기 전에 우리 자신의 눈에서 들보를 제거하는 일을 하라고 말씀하셨습니다.

결론적으로 이것은 우리 정체를 우리 자신에게 보여주고, 우리에게 은혜가 매우 필요함을 깨닫게 하기 위한 것입니다. 주님은 우리가 비판을 받을 엄청나게 높은 표준을 우리 앞에 놓으셨습니다. "너희가 비판하는 그 비판으로 너희가 비판을 받을 것이요, 너희가 헤아리는 그 헤아림으로 너희가 헤아림을 받을 것이니라." 이것이 6절 마지막의 입장입니다.

이것을 자각하는 순간 우리의 교만은 꺾이고 "이런 일들에 자격이 있는 자가 누구일까? 어떻게 해야 이런 표준에 맞추어 살 수 있을까?"라고 말하게 됩니다. 그뿐이 아닙니다. 동시에 우리가 깨끗해져야 할 필요를 깨달으며, 우리가 얼마나 무가치하고 사악한가를 깨닫게 됩니다. 그리고 이 모든 결과로 우리는 철저히 가망 없고 소망이 없음을 자각하게 됩니다. "어떻게 해야 산상설교에 따라 살 수 있을까? 어떻게 해야 그 같은 표준에 맞춰 살 수 있을까? 우리는 도움과 은혜가 필요하다. 이것을 어디서 얻을 수 있을까?'라고 말입니다. 그런데 바로 본문에 그 해답이 있습니다. "구하라 그리하면 주실 것이요, 찾으라 그리하면 찾아낼 것이요, 문을 두드리라 그리하면 너희에게 열릴 것이니." 전후 문맥이 이렇게 되어 있습니다. 이것으로 인하여 하나님께 감사해야 할 이유는 이 영광스런 복음과 마주 대하고 서 있을 때에 우리는 멸망과 무가치한 인생을 느끼기 때문입니다.

기독교를 그들 자신이 제조할 수 있는 사소한 도덕의 관점에서만 생각하는 저 어리석은 사람들은 진정한 기독교를 보지도 못한 것입니다. 우리가 마주 대하고 있는 표준은 산상설교에서 발견되는 표준입니다. 이 표준에 의해 우리는 바닥에 서게 되며 우리의 철저한 무능력을 깨닫고 은혜가 절대 필요함을 인식하게 되는 것입니다. 여기에 그 해답이 있습니다. 주님은 이 점을 강조하기 위해 거듭 반복하셨습니다.

우리에게 필요한 것이 가까이에 있습니다. 그렇다면 왜 우리가 이 모양입니까? 왜 우리는 산상설교를 더 완벽한 본보기로 삼아 그리스도의 모범에 맞춰 살고 있지 않습니까? 우리에게 필요한 것이 모두 제공되어 있고 포괄적인 약속에 들어 있는데 왜 이것을 이용하고 있지 않습니까?

여기에 그 해답이 있습니다. 그리고 그 해답이 본문의 진정한 의미입니다. 우리 주님은 본문 말씀을 분석하시고, 왜 우리가 받지를 못했는지, 왜 우리가 찾지를 못했는지, 왜 우리에게 문이 열리지 않았는지를 보여주십니다. 주님은 우리가 어떤 존재들인지 아십니다. 그래서 우리로 이 은혜로운 약속을 이용하라고 격려하고 계십니다. 환언하면, 그리스도 안에서 제공된 이 큰 유익을 누릴 수 있기에 앞서 지켜야 할 어떤 조건들이 있습니다.

우리에게 마주쳐 오는 것이 무엇이든 마주 대할 태세를 갖추고, 마음에 기쁨과 평안을 지니고, 성공적으로 삶을 통과하기를 원한다면, 그리고 "이 모든 일에 넉

넉히 이기려면"(롬 8:37) 우리가 깨달아야 할 사항들이 있는데 그것은 우리에게 필요한 것이 무엇인지 알아야겠다는 것입니다. 이 말이 이상하게 들릴지 모릅니다. 그러나 어떤 사람들은 말하기를, 그들에게 필요한 것은 모두 하나님이 그의 약속을 우리 앞에 지켜야 하는 것이라고 생각하는 사람들이 있습니다. 그러나 이런 생각으로는 충분하지 않습니다.

전 인류에게 있어 주된 문젯거리는 우리의 필요를 깨닫지 못하는 것에 있습니다. 주 예수 그리스도에 대해 설교를 해도 효과가 없는 사람들이 많습니다. 그 이유는 그들은 죄론을 모르기 때문에 죄를 깨우쳐 주거나 확신시켜 주지를 못합니다.

사람들은 자신을 가난뱅이로 보기를 싫어합니다. 사람들은 자신이 빈궁하다는 생각을 증오합니다. 그리스도를 그들에게 제시하는 설교에 귀를 기울일 태세가 되어 있기는 합니다. 그러나 그들이 너무 무력하므로 그들이 구원받을 수 있기 전에 그리스도가 먼저 십자가에 가서 죽어야 했다는 말을 좋아하지를 않습니다. 그들은 이것을 모욕이라고 생각합니다. 그러나 우리는 궁핍함을 깨달아야 합니다.

구원을 받아 그리스도 안에서 기뻐하는 데 필요한 두 가지 필수요건은 우리의 궁핍함과 그리스도 안에 은혜가 풍성함을 자각하는 일입니다. 참되게 '구하는' 사람은 이 두 가지를 깨닫는 사람들뿐입니다. 왜냐하면 구원을 구하는 사람은 "오호라 나는 곤고한 사람이로다"(롬 7:24)라고 말하는 사람들뿐이기 때문입니다. 이외의 사람은 자기의 궁핍함을 알지 못합니다. 구하기 시작하는 사람은 자기가 '넉 아웃' 된 것을 아는 사람입니다. 그래서 그는 그리스도 안에 있는 가능성들을 깨닫기 시작하는 것입니다.

예수님이 여기서 처음에 강조하시는 것은 우리의 궁핍을 의식하는 것이 가장 중요하다는 것입니다. 주님은 이것을 이 세 마디로 표현하셨습니다. "구하라, 찾으라, 문을 두드리라." 그런데 여기서 어떤 주석가는, 구하는 것은 약한 소원을 표시하고, 찾는 것은 더 큰 소원을, 문을 두드리는 것은 매우 힘찬 소원을 표시한다고 말합니다. 그리고 또 어떤 주석가들은 문을 두드리는 사람은 문 바로밖에 있는 사람이며, 가장 중요한 것은 문을 두드리는 것이 아니라 찾는 것이라고 말합니다. 그들은 말하기를, 불신자는 문을 두드려야 하고, 문을 들어온 후에 구하기 시작하며, 마침내 그의 주님과 얼굴을 마주 대하고 구한다고 합니다.

그러나 이 모두 틀린 것은 확실합니다. 주님은 단순히 한 가지를 강조하는 일로 애쓰고 계신데, 그것은 우리의 끈기와 오래 참음과 끈덕짐입니다. 누가복음 11장에서 이것과 동일한 대목의 배경을 주목해 볼 때 분명해집니다. 거기서 어떤 사람의 이유를 보게 되는데, 그 집에 한밤중에 갑자기 손님 한 분이 도착했습니다. 집주인은 손님 앞에 차려놓을 음식이 없으므로 할 수 없이 잠자리에 누운 어떤 친구네 집에 가서 문을 두드렸습니다. 그의 끈덕짐 때문에 친구는 그에게 음식을 얼마큼 주었습니다. 이와 같은 것을 누가복음 18장의 끈덕진 과부의 비유에서도 가르쳤습니다. 본문의 내용도 정확히 이것과 같습니다. 위의 세 마디는 끈기의 요소를 강조하고 있습니다.

우리는 정직해지고 매우 진실할 때가 있습니다. 그래서 이 일을 충실히 행하려고 작정을 합니다. 그래서 새해 처음 몇 날 동안은 성경을 규칙적으로 읽고 기도하며 하나님의 복을 구하곤 합니다. 그러나 곧 나태해져서 잊어버리기 시작합니다. 그래서 우리의 계획과 결심은 낭패를 당하고 우리의 훌륭했던 결심은 곧 잊어버리고 맙니다.

주님이 여기서 관심을 가지시는 것이 이것입니다. 하나님께서 마련해 두신 복을 진정 얻으려면, 이 복을 계속해서 구해야 합니다. '찾는다'는 말과 '문을 두드린다'는 말은 계속 '구한다'는 말을 강화를 시킨 말입니다. 우리는 끈질긴 과부와 같아야 합니다. 그 재판장은 "이 과부가 나를 번거롭게 하니 내가 그 원한을 풀어주리라 그렇지 않으면 늘 와서 나를 괴롭게 하리라"(눅 18:5) 하였다고 주님은 말씀하셨습니다. 이 끈질긴 요소가 중요함은 아무리 강조해도 부족한 감이 있습니다. 이것은 성경의 가르침일 뿐 아니라 모든 성도들의 삶에서도 찾아볼 수 있어야 합니다.

우리가 진정 하나님을 알고 싶고 그와 동행하며, 하나님께서 우리에게 제공하시려는 저 한 없는 복을 체험하고 싶다면 날마다 끈덕지게 구해야 합니다. 우리는 의에 주리고 목마른 것을 느껴야 합니다. 그래야 채워질 것입니다. 그렇다고 단번에 영원히 채워지는 것은 아닙니다. 주리고 목마른 것이 계속되어야 채울 수 있습니다.

사도 바울처럼 뒤에 있는 것들을 버려두고 우리는 "푯대를 향하여 앞으로 나아갑시다." 바울은 "내가 이미 얻었다 함도 아니요 온전히 이루었다 함도 아니라 오직 내가 그리스도 예수께 잡힌바 된 그것을 잡으려고 달려가노라"(빌 3:12)라고 하였습니다. 바로 이것입니다. 이 끈질김, 이 항구적 의욕은 구하고 찾고 문을 두드리는 것입니다. 이것이 우리 모두가 실패하는 지점임을 인정해야 합니다.

계속해서 신약성경의 기독교인들에 대하여 기록된 모습에 비추어 우리 자신을 검토해 봅시다. 이 은혜로운 약속을 보고 스스로 물어봅시다. "나는 이 약속들을 체험하고 있는가?"라고 말입니다.

만약 우리가 받고 있지 못함을 알게 된다면 이 위대한 진술로 되돌아가야 합니다. 제가 앞서 가능성이라고 말씀드린 것도 이런 뜻에서였습니다. 구하고 찾는 일로 시작해야겠지만 보다 높은 영적 수준으로 올라가기까지 우리는 이 일을 계속해야 합니다. 이것이 '믿음의 싸움'이요, '끝까지 견디는 사람'의 모습입니다. 그러면 구원을 받을 것입니다. 끈덕져야 하고, 계속적인 덕행이 있어야 하고, "항상 기도하고 낙망하지 말아야 될 것"입니다.

큰 복을 얻으려 할 때만 기도하고 그런 다음 그칠 것이 아닙니다. 항상 기도하십시오. 끈덕짐, 이것이 중요합니다. 궁핍함을 깨닫고, 공급에 대한 것을 깨닫고,

이것을 구하는 일에 끈덕져야 합니다.

이제는 둘째 원칙을 살펴보겠습니다. 둘째 원칙은 하나님을 우리 아버지로 인식하는 것입니다. 우리 주님은 9절에서 이것을 말씀하시고 이렇게 표현하셨습니다. "너희 중에 누가 아들이 떡을 달라 하는데 돌을 주며." 이 말씀은 하나님을 우리 아버지로 인식하는 것은 모든 원칙 중의 중심임을 주님께서 강조하신 말씀입니다.

주님은 작은 것에서 큰 것으로 논증하는 자주 쓰시는 방법을 사용하고 계십니다. 땅의 아버지가 그렇게 잘할진대 하나님은 얼마나 더 잘하시겠습니까? 대부분의 기독교인 생활에서 가장 큰 단점으로 생각되는 것을 한마디로 말하라고 한다면 나는 하나님을 우리 아버지로 알지 못하는 것이라고 하겠습니다. 이것이 문제이지 어떤 특정 복에 있는 것이 아닙니다. 주된 문제는 여전히 하나님을 우리의 아버지로 알지 못한다는 데 있습니다. "아, 그렇습니다."라고 말하며 이것을 알고 믿는다고 말은 하지만 일상생활과 삶에서 이것을 실천하고 있습니까? 이것을 항상 의식하고 간직하고 있다면 앞에 놓여 있는 모든 가능성과 예측 못할 사건에 직면하더라도 안심할 수 있는 것입니다.

"너희가 악한 자라도"란 구절은 우리가 악한 것을 행할 뿐 아니라 우리가 악하다는 뜻입니다. 우리의 본성은 부패했고 악합니다. 본질적으로 부패하고 악한 자들은 하나님의 자녀가 아닙니다. 흔히 받아들이고 있는 이 용어에 대한 일반적 의미로서 하나님의 보편적 부성 같은 것은 없습니다. 그리스도는 어떤 사람들에 대해서 이렇게 말씀했습니다. "너희는 너희 아비 마귀에게서 났으니 너희 아비의 욕심대로 너희도 행하고자 하느니라"(요 8:44). 그렇습니다. 본성으로 우리는 진노의 자식들이요, 모두 하나님의 원수들입니다. 본성으로 우리는 하나님의 자녀가 아닙니다. 그러므로 이런 사실 때문에 모든 사람이 "자, 이제 나는 이 교리를 좋아한다. 내 앞에 있는 모든 것이 나는 두렵다. 그러나 하나님이 나의 아버지란 말을 듣는 것이 좋다."라고 말할 자격은 없습니다.

하나님은 여러분이 어떤 조건들을 충족시킬 때만 여러분의 아버지이십니다. 하나님은 본성으로는 우리의 어느 누구의 아버지도 아니십니다. 그렇다면 하나님이 어떻게 우리 아버지가 되십니까? 성경에 의하면 이와 같습니다. 그리스도께서 "자기 땅에 오매 자기 백성이 영접하지 아니하였으나 영접하는 자 곧 그 이름을 믿는 자들에게는 하나님의 자녀가 되는 권세를 주셨으니"(요 1:11, 12)라고 했습니다.

여러분이 거듭나실 때, 여러분이 새 생명과 새 성품을 받을 때 비로소 하나님의 자녀가 되는 것입니다. 자녀라면 그 아버지의 성품을 지닙니다. 하나님은 거룩하십니다. 우리가 거룩한 성품을 받기까지 여러분이나 저는 하나님의 자녀가 아닙니다. 이것은 우리가 새 성품을 가져야 할 것을 의미합니다. 악하기 때문에, 죄 중에 잉태되었기 때문에(시 51:5) 우리에게는 새 성품이 없습니다. 그러나 하나님이 새 성품을 우리에게 주실 것입니다.

우리가 하나님께 대적하여 죄를 지었고, 우리가 하나님의 진노와 형벌을 받아야 마땅하지만, 그가 자기 아들을 우리를 위해 갈보리 십자가에 보내심으로 우리 죄를 처리하신 것을 기억해야 합니다. 그리고 그를 믿고 우리는 새 생명과 새 성품을 받으며 하나님의 자녀가 되는 것입니다. 그럴 때만이 하나님이 우리 아버지 되심을 알 수 있습니다.

하나님은 또 우리에게 그의 성령, 곧 "양자의 영을 주셔서 우리로 아빠 아버지라 부르짖게" 하십니다. 이 사실을 알게 되는 순간, 우리 아버지이신 하나님이 우리에 대해 특별한 태도를 취하심을 느끼게 됩니다. 이것은 나의 아버지이신 하나님이 나에게 관심이 있으며 나를 염려하시며 나를 돌보시며 나에 대해 어떤 계획과 목적이 있으며, 항상 나에게 복 주시고 도우시기를 바라고 계심을 의미합니다.

이 사실을 붙드십시오. 어떤 일이 일어나든 하나님은 여러분의 아버지이십니다. 하나님은 여러분에게 관심을 가지시며, 이것이 여러분에 대한 하나님의 태도입니다. 그러나 이것으로 끝나지 않습니다. 더 흥미 있는 부분을 추가로 말씀드립니다.

하나님이 여러분의 아버지이시기 때문에 악한 것은 무엇이든 여러분에게 주시지 않을 것입니다. 하나님은 선한 것만을 주실 것입니다. "너희 중에 누가 아들이 떡을 달라 하는데 돌을 주며 생선을 달라 하는데 뱀을 줄 사람이 있겠느냐"(9, 10절). 이것을 무한히 확장시켜보십시오. 이것이 자기 자녀에 대한 하나님의 태도입니다. 우리의 어리석음 때문에 우리에게 어떤 불쾌한 일이 생긴다면 하나님이 우리를 대적하고 있다고 생각하기가 쉽습니다. 그러나 하나님은 우리 아버지이십니다. 하나님은 아버지로서 우리에게 악한 것을 결코 주시지 않을 것입니다. 그렇습니다. 이것은 있을 수 없는 일입니다.

셋째 원칙입니다. 하나님은 하나님이시기 때문에 결코 과오를 범하시지 않는다는 것입니다. 하나님은 사람과 다르게 선과 악의 차이를 아십니다. 땅의 아버지의 예를 들어봅시다. 땅의 아버지가 떡 대신 돌을 주지는 않습니다. 그러나 가끔은 과오를 범합니다. 땅의 아버지는 그 순간에 기껏해야 자기 자식의 선을 위해 행동하고 있다고 생각합니다. 그러나 후에 그것이 잘못임을 발견할 때가 있습니다.

하늘에 계신 우리 아버지는 그런 과오를 범하시지 않습니다. 하나님은 처음에는 좋아 보여도 나중에는 해가 될 만한 것을 결단코 주지 않으십니다. 이것은 우리가 깨달을 수 있는 가장 놀라운 것 중의 하나입니다. 무엇보다 하나님은 우리를 잘못 인도하시지 않을 것이며, 우리에게 주시는 일에 과오를 범하시지 않을 것입니다. 하나님은 모든 것을 아시며, 하나님의 지식은 절대적입니다. 이런 하나님의 손에 있음을 알기만 한다면 미래에 대한 우리의 전망은 전적으로 변화될 것입니다.

끝으로, 하나님께서 우리를 위해 마련하신 선한 은사를 기억해야 합니다. "하물며 하늘에 계신 너희 아버지께서 구하는 자에게 좋은 것으로 주시지 않겠느냐?" 이것은 성경 전체의 주제입니다. '좋은 것'이란 무엇입니까? 주님은 누가복음 11장에서 그 해답을 주셨습니다. "너희가 악할지라도 좋은 것을 자식에게 줄 줄 알거든 하물며 너희 하늘 아버지께서 구하는 자에게 성령을 주시지 않겠느냐"(눅 11:13).

바로 이것입니다. 하나님은 성령을 주심으로 우리에게 모든 것을 주시는 셈입니다. 우리에게 필요한 모든 것, 모든 은혜, 모든 은사를 주시는 것입니다. 이 모든 것을 그 안에서 주시는 것입니다. 베드로는 이것을 요약하여 "그의 신기한 능력으로 생명과 경건에 속한 모든 것을 우리에게 주셨으니"라고 했습니다(벧후 1:3).

구하고 찾고 문을 두드린다는 의미가, 우리가 좋아하는 무엇이든 구하기만 하면 받을 것이라는 의미가 아닙니다. 여러분에게는 좋게 생각되어도 나쁜 것이 있습니다. 하나님은 과오를 범하시지 않습니다. 하나님은 이런 것들은 주시지 않을 것입니다. 그의 약속은 문자 그대로 이와 같습니다. 즉 우리가 이 좋은 것들, 곧 성령 충만과 사랑과 기쁨과 평화와 인내 등등, 그리스도의 생애에서 그토록 찬란하게 빛나고 있던 이 모든 덕목과 영광을 구한다면 하나님께서 이것들을 우리에게 주실 것이라는 것입니다.

진정 우리가 더욱 그와 같이 되기 원한다면, 그리고 모든 성도와 같이 되기를 원한다면, 우리가 진정 이런 것들을 구한다면 우리는 받을 것입니다. 우리가 이런 것을 찾는다면 찾을 것입니다. 우리가 문을 두드린다면 우리에게 열릴 것이며 이것들을 소유할 것입니다. 그의 약속은 우리가 좋은 것들을 구한다면 우리 하늘 아버지께서 이것들을 우리에게 주실 것입니다.

이것이 미래와 마주 대하는 길입니다. 이 좋은 것들이 무엇인지 성경에서 찾아내어 구하십시오. 가장 중요한 것, 우리 모두에게 가장 좋은 것은 하나님 곧 "영생은 곧 유일하신 참 하나님과 그가 보내신 자 예수 그리스도를 아는 것"입니다 (요 17:3). 다른 무엇보다 이것을 구한다면, 우리가 "먼저 그의 나라와 그의 의를 구한다면 이 모든 것이 우리에게 더하여지리라"는 하나님 아들의 말씀을 우리는 소유하고 있습니다.

우리가 상상할 수도 없는 풍성함으로 하나님은 우리에게 주실 것입니다. "구하라 그리하면 너희에게 주실 것이요, 찾으라 그리하면 찾아낼 것이요, 문을 두드리라 그리하면 너희에게 열릴 것이니"

49장

황금률

"그러므로 무엇이든지 남에게 대접을 받고자 하는 대로 너희도 남을 대접하라 이것이 율법이요 선지자니라" 마 7:12

이제 우리는 황금률이라고도 하는 이 위대한 진술에 접하게 되었습니다. 마태복음 7장 12절의 서두에 "그러므로"란 단어에 마주치게 되는데 이 낱말은 별개의 독립된 진술이 아니라 앞의 진술들과 관계가 있음을 분명히 말씀합니다. "그러므로 무엇이든지 남에게 대접을 받고자 하는 대로 너희도 남을 대접하라 이것이 율법이요 선지자니라." 주님은 여기에서도 역시 다른 사람들을 비판하는 주제에 대하여 다루고 계십니다.

주님은 복 받는 법과, 다른 사람을 도울 수 있는 법과, 기독교인의 삶을 충실히 살 수 있는 법을 보여주시고 나서 다시 원 주제인 비판의 문제와 관련해서, "그러므로"라고 말씀하십니다. "이것을 규칙으로 삼으라."란 뜻이며 아직도 다른 사람들을 비판하는 것에 관한 주제를 말씀하십니다.

그러나 개중에는 "본 절이 다른 사람들을 비판하는 주제의 계속이라고 한다면, 주님은 왜 본문을 6절 뒤에 말씀하시지 않았는가? 주님은 왜 기도의 주제를 소개하셨는가? 왜 '거룩한 것을 개에게 주지 말며 너희 진주를 돼지 앞에 던지지 말라 그들이 그것을 발로 밟고 돌이켜 너희를 찢어 상하게 할까 염려하라 그러므로 무엇이든지 남에게 대접을 받고자 하는 대로 너희도 남을 대접하라'라고 하시지 않았는가?"라고 말입니다. 그 대답은 어렵지 않습니다. 지금 살펴보고 있는 진술은 비판에 대한 전체 문제를 요약하고 있으며, 기도에 관한 간략한 진술에 비추어 볼 때 훨씬 더 큰 힘과 설득력으로 임합니다. 본문에서 다른 사람들을 비판하는 문제와 그들에 대한 우리의 관계와 관련된 주님의 마지막 말씀에 접하게 되는데 이것을 '황금률'이란 말로 표현한 것이 얼마나 오묘하고 괄목할 만한 진술입니까? 이것을 다른 대목에서는 "네 이웃을 네 자신 같이 사랑하라"(마 22:39)고 말씀하셨는데 이 말씀은 여러 계명들의 요약인 것입니다.

여러분이 다른 사람들을 어떻게 취급하며 어떻게 처신해야 할까? 하는 문제로 곤란한 처지에 있다면 너희가 이렇게 행해야 한다고 주님은 말씀하고 계신 것입니다. 이렇게 할 때 비로소 모든 문제가 다른 사람에 관한 것에서 시작하지 않고 여러분 자신으로부터 시작합니다. "나는 무엇과 같은가? 나를 기쁘게 하는 것들은 무엇인가? 나를 도와주고 격려해 주는 것들은 무엇인가?"라고 말입니다.

그런 다음 스스로 묻습니다. "내가 싫어하는 것들은 무엇인가? 나를 낭패하게 하는 것은 무엇인가? 내 속에서 가장 나쁜 것을 초래하는 것은 무엇인가? 내 속에 가증하고 낙심되게 하는 것들은 무엇인가?" 이것들 곧 여러분이 좋아하는 것들과 싫어하는 것들을 작성하여, 행위에서뿐만 아니라 생각과 말에서 여러분의 전체 생활과 활동과 관련해서 자세히 풀어보십시오. "나는 다른 사람들이 나를 어떻게 생각해 주기를 바라는가? 나에게 상처를 주는 것은 무엇인가?"라고 말입니다.

여기서 주님께서는 자세하게 살피는 것이 필요함을 말씀하십니다. "그러므로 무엇이든지 남에게 대접을 받고자 하는 대로 너희도 남을 대접하라." 이렇게만 하면 잘못될 것이 없다고 말씀하십니다. 여러분에게 나쁜 말을 하면 그것이 싫습니까? 그러면 다른 사람에게 나쁜 말을 하지 마십시오. 귀찮은 사람들이나 여러분의 삶을 귀찮게 하거나 여러분의 삶에 문제를 가져오며 신경을 날카롭게 만드는 사람들을 싫어하십니까? 그러면 여러분도 이와 같이 행동하지 마십시오.

주님에 의하면 이 문제는 이렇게 단순한 것입니다. 윤리라든가 사회관계, 도덕이나 현대세계의 인간관계의 여러 문제를 다룬 주제에 대한 모든 교과서들을 축소시키면 결국 이런 결론에 이르게 되는 것입니다.

우리는 어리석게도 국제문제와 기타 문제들이 경제와 사회와 정치적 문제라고 생각하는 경향이 있습니다. 그러나 사실 이 문제들은 다른 사람들과의 관계로 귀착이 되는 것입니다. 문제는 돈이 아닙니다. 돈이 개입되는 것은 사실이지만, 돈은 일종의 계산기에 지나지 않습니다. 문제는 내가 무엇을 원하는가, 다른 사람이 무엇을 원하는가에 있습니다. 궁극적으로 삶의 모든 갈등과 소동과 불행은 이것 때문입니다.

주님은 이 간결한 진술에서 이 문제에 관한 진리를 "무엇이든지 남에게 대접을 받고자 하는 대로 너희도 남을 대접하라"는 말씀으로 표현하셨습니다. 이 진술이 이 문제에 대한 최종진술입니다. 자아에서 출발한 다음 이것을 다른 사람들에게 적용하며, 이와 같이 접근하기만 하면 문제가 해결될 것입니다. 그러나 불행하게도 이 문제가 여기서 끝이 아닙니다. 앞으로 살펴보겠지만 이것이 필요한 전부라고 생각하는 사람들도 있습니다. 자신이 해야 할 것은 모두 해서 사람들에게 표준을 설정하고 "이것이 절대 옳다. 자, 우리는 이제 이것대로 시작해야 하겠다."라고 생각하는 사람들도 있습니다. 그렇지만 오늘의 세계는 이와 같지 않음을 분명히 증명하고 있습니다.

예수 그리스도의 복음은 지금까지 우리가 발표해 오고 있는 것을 기초로 해서 출발합니다. 즉 사람들에게 올바른 방법을 말해주는 것만으로는 충분하지 않다는 것입니다. 우리 주님이 표현하신 방법을 따라 가보겠습니다. 주님은 "이것이 율법이요 선지자니라"라고 말씀하십니다. 환언하면 이것이 율법과 선지자의 요약이라는 것입니다. 이것이 그들의 전체 목적이요 목표였습니다. 주님은 무슨 뜻으로 이렇게 말씀하셨습니까? 주님께서 산상설교에서 자주 사용하셨거니와 이것은 하나님의 율법이 오해를 받아온 비극에 주의를 끌기 위한 또 한 가지 실례에 지나지 않습니다. 주님은 여전히 율법의 선생이요, 백성들의 지도자인 서기관과 바리새인들을 의중에 두고 계셨음이 틀림없습니다.

예수께서 마태복음 5장에서 "옛 사람에게 말한바 … 너희가 들었으나 나는 너희에게 이르노니"의 문제점들을 얼마나 길게 다루셨는지 기억하실 것입니다. 주님의 지대한 관심은 이 사람들에게 바른 율법관을 주시는 데 있었습니다. 우리 문제의 대부분은 우리가 율법의 의미와 그것의 참 성격과 의도를 이해하지 못한다는 사실 때문입니다.

율법을 우리가 지켜야 할 규칙의 집합쯤으로 생각하는 경향이 있습니다. 율법의 정신을 잊어버리고 기계를 사면 그 사용 방법을 배우고, 그 방법대로 따라가기만 하면 되는 율법을 기계가 만들어 낸 일련의 규칙으로 보는 경향이 있습니다. 이것을 다르게 표현하면, 위험한 것은 율법을 그것 자체로 간주하며, 우리가 해야 할 것은 모두 해서 그 규칙을 지키며 그 규칙에서 이탈하지 않거나, 혹은 그 규칙을 넘어서지만 않으면 만사가 잘 될 것이라고 생각한다는데 있습니다. 그런데 이것은 전적으로 잘못된 율법관입니다.

더 나아가서 위험은 율법을 부정적인 것으로, 금하는 것으로 생각하는 데 있다고 말할 수 있습니다. 율법에 부정적인 것이 있는 것은 사실입니다. 그러나 주님이 여기서 강조하시는 것은 마태복음 5장에서 길게 말씀드렸지만, 하나님께서 그의 사자들과 모세를 통해서 이스라엘 자손들에게 주신 율법은 매우 긍정적인 것이요, 영적인 것이었다는 점입니다. 바리새인과 서기관들과 그들을 추종한 사람들의 오류는, 본질적으로 영적이며 살아있는 그 율법을 기계적인 것으로, 그 자체가 목적이었던 것으로 격하시켰다는 점입니다. 그들은 어떤 사람을 실제로 죽이지 않은 한 살인에 관한 법을 지켰으며, 육체적 간음을 범하지 않은 한 도덕적으로 훌륭하다고 생각했습니다. 그들은 율법의 영적 의미를 보는 일에 완전히 실패했으며, 특히 율법을 주신 목적과 목표를 보는 일에 실패했던 것입니다. 여기서 주님은 이것을 모두 이 말씀으로 완벽하게 요약하셨습니다. 율법은 왜 이웃의 재물이나 소유물이나 이웃의 아내나 기타의 것을 탐해서는 안 된다고 말합니까? 율법은 왜 "살인하지 말라, 도둑질하지 말라, 간음하지 말라"라고 합니까? 단순히 여러분이나 제가 이런 것을 규칙과 규약으로 혹은 우리를 지배하고 조정하고, 어떤 한계를 정하여 그 속에 억제하는 법률의 일부로 떠받들게 되어 있습니까? 아닙니다. 결단코 이것은 그 목적이 아닙니다.

율법 이면의 목적과 정신은 이웃을 우리 자신처럼 사랑하고, 우리가 서로 사랑해야 한다는 것입니다. 하지만 우리는 피조물이므로 서로 사랑한다고 말하는 것만으로는 충분하지 못합니다. 타락의 결과로 우리는 사악해졌습니다. 그래서 주님은 이것을 파헤치시고 말씀하십니다. "너희 자신이 너희 생명을 귀하게 여김 같이 다른 사람도 자기 생명을 귀하게 여김을 기억하고, 그 사람에 대한 너희의 태도가 옳다면, 너희는 그 사람을 죽이지 아니할 것이다. 너희가 너희 생명을 귀중히 여기는 것처럼 그 사람도 자기 목숨을 귀하게 여김을 너희가 알기 때문임을 기억하라."라고 말입니다.

결국 중요한 것은 여러분이 그 사람을 사랑한다는 것과 여러분이 이웃의 복지를 원한다는 점입니다. 이것이 율법이요 선지자입니다. 그것은 모두 이렇게 귀착됩니다.

구약성경에서 율법으로 주신 자세한 모든 규약은 그것이 무엇을 하라고 하든, 예를 들어 여러분이 이웃의 소가 길을 잃은 것을 보면 그것을 어떻게 주인에게 되돌려주는가, 혹은 여러분이 그의 농장에서 무언가 잘못되고 있음을 본다면 어떻게 그에게 속히 알려줘야 하는가, 그를 돕기 위해 최선을 다해야 한다는 등등의 율법의 자세한 규약을 여러분에게 말하게 하기 위함이 아닙니다. 즉 "이웃 사람의 소가 길을 잃은 것을 본다면 나는 그 소를 데려다 주어야 한다고 율법은 말한다. 그러므로 나는 그렇게 해야 한다."라고 말입니다. 그러나 사실은 이렇게 말하게 하기 위한 것입니다. 즉 "이 사람은 나 자신과 같다. 그가 소를 잃는다면 이것은 그에게 가혹한 일이요 손실이 될 것이다. 자 그는 나 자신과 같다. 다른 사람이 내 소를 되돌려주면 나는 얼마나 고마워할까. 그러므로 그를 위해서 이렇게 해야 하겠다."라고 말입니다. 환언하면 여러분은 이웃 사람에게 관심을 가져야 하며, 그를 사랑해야 하며, 그를 도와주기를 소원해야 하며, 그의 행복에 관심을 가져야 한다는 것입니다.

율법의 목적은 우리로 이렇게 되기 위한 것입니다. 이 자세한 규약들은 저 중심 원칙에 대한 실례들에 지나지 않습니다. 이것이 율법의 정신이요 목적임을 깨닫지 못하는 순간 우리는 가망 없이 잘못되어 나갈 것입니다. 이 일은 주님 당시나 오늘에도 매우 필요합니다. 우리는 율법의 정신과 하나님께서 우리로 하여금 그 정신에 따라 살도록 명령하신 삶을 항상 잊고 있습니다. 우리는 이것을 현대세계와 우리 자신에게 적용해야 합니다.

사람들은 이 황금률을 듣고 놀랍고 신기하다고 찬양하며 크고 복잡한 주제에 대한 하나의 완벽한 개요라고 하며 찬사만을 보낸다면 비극입니다. 율법은 찬양 받기 위해 있는 것이 아니라 실천되기 위해 있는 것입니다. 주님이 산상설교를 말씀하신 것은 여러분이나 제가 율법을 논평하게 하기 위함이 아니라 실천하게 하기 위함입니다. 7장 후반부에 가서 이 말씀을 듣고 행하는 사람은 그의 집을 반석 위에 세우는 사람과 같으나 "듣고 행하지 않는" 사람은 그의 집을 모래 위에 세우는 사람과 같다고 말씀하실 때 더욱 명심하게 될 것입니다.

현대세계는 그리스도의 이 놀라운 진술을 감탄하지만 실천하지를 않습니다. 사람들은 왜 이 황금률을 저버립니까? 그들은 황금률을 왜 지키지 않습니까? 그들은 왜 이렇게 살고 있지 않습니까? 문젯거리와 분쟁이 왜 국가들 사이에서뿐 아니라 국가들 내의 각계각층 계급 속에도 있습니까? 그리고 심지어 가정 안에도 있지 않습니까? 아니 두 사람 사이에도 있지 않습니까? 분쟁과 다툼과 불행이 있는 것은 왜 그렇습니까? 서로 말을 하지 않으며 서로 쳐다보지 않으려고 하는 두 사람을 보게 되는 것은 어떤 이유입니까? 왜 질투와 험담이 있으며, 기타 삶의 진상들이 다 왜 이렇습니까?

무엇이 문제입니까? 그 대답은 신학적인 것이며 성경적인 것입니다. 앞서 살펴본 대로 어리석은 사람들은 자기네가 신학을 싫어하며 특히 사도 바울의 신학을 싫어한다고들 자주 말해왔습니다. 그들은 단순한 복음이 좋다고 말하며, 특히 산상보훈이 좋다고 했습니다.

까닭인즉 이것이 실제적이며 그 속에 신학이 없기 때문이라는 것입니다. 그런데 여기 본문의 이 한 절은, 여러분이 해야 할 일은 모두 해서 사람들에게 교훈을 주는 것이요, 그들이 무엇을 할 것인가를, 곧 그들에게 황금률을 간직하게 하고, 그들에게 지적 훈련을 시키는 것이며, 그것을 인정하고 일어나서 실천에 옮기게 하는 것이라고 말해주는 견해가 얼마나 철저하게 공허한 것인가를 증명하고 있습니다. 그 대답은 간단합니다. 즉 황금률이 거의 이천여 년간 인류를 대면해 왔고, 특히 지난 이백여 년간 우리로 사람들을 개선하기 위해 법과 교육으로 할 수 있는 일을 다 했지만, 사람들은 여전히 황금률을 실천하고 있지를 않습니다.

왜 그렇습니까? 신학이 개입되는 것은 이 지점입니다. 복음의 최초 진술은 사람이 사악하고 왜곡되었다는 것입니다. 사람은 악에게 너무 지배받고 속박을 받은 나머지 황금률을 지킬 수가 없게 되었습니다. 복음은 항상 이것에서 출발하고 있습니다. 신학의 제일 원칙은 인간의 타락과 인간의 죄입니다. 이것을 다음과 같이 표현할 수 있습니다. 사람이 율법과 선지자의 요약인 황금률을 실천하지 않는 것은 율법에 대한 사람의 태도가 잘못되어 있기 때문입니다. 사람은 율법을 사랑하지를 않습니다. 사실은 율법을 미워하는 것입니다. "육신의 생각은 하나님과 원수가 되나니"(롬 8:7). 그러므로 그런 사람들 앞에 율법을 지키게 하는 것은 소용이 없습니다. 그들은 율법을 증오하며 율법을 원하지 않습니다. 물론 그들이 안락의자에 등을 기대고 앉아 삶에 관해 어떤 추상적인 진술에 귀를 기울일 때는 자기네가 율법을 좋아한다고 말들 합니다.

그러나 여러분이 그들에게 율법을 적용하면 그들은 그것을 즉시 증오하며 반발할 것입니다. 율법이 그들에게 적용되는 순간 그들은 율법을 증오하며 분개하는 것입니다.

그들이 왜 이와 같습니까? 사람이 하나님의 율법을 싫어하는 것은 본래 하나님을 싫어하기 때문입니다. 이것이 신약성경의 논법입니다. "육신의 생각은 하나님과 원수가 되나니." 자연인은 타락의 결과로써 하나님으로부터 이탈된 하나님의 원수입니다. 자연인은 "세상에서 하나님이 없는 자"입니다. 자연인은 하나님을 싫어하며, 하나님과 그로부터 오는 모든 것을 미워합니다.

왜 그렇습니까? 그 궁극적인 대답은 자기 자신에 대한 태도가 잘못되었기 때문입니다. 이 때문에 모든 인간은 본능적으로, 천성적으로 황금률을 행하지 않으며, 서둘러 실천하지 않는 것입니다.

이것을 이 한마디 곧 '자아'로 귀착시킬 수 있겠습니다. 주님은 이것을 "이웃을 네 자신 같이 사랑해야 한다"라는 말씀으로 표현하셨습니다. 그러나 이것을 우리는 행하지 않으며 또 원하지도 않습니다. 그 까닭은, 우리가 자아를 너무 잘못되게 사랑하기 때문입니다. 우리는 다른 사람들이 우리에게 해주기를 바라는 대로 그들에게 행하지를 않습니다. 그 까닭은 언제나 우리 자신에 대해서만 생각하고, 우리의 생각을 다른 사람에게 전환시키지를 않기 때문입니다. 환언하면, 이것이 타락의 결과로 죄가 들어온 인간 상태이기 때문입니다. 인간은 전적으로 자기중심적입니다. 사람은 자기 자신 이외에는 다른 것에 대해서 생각하지를 않으며, 자기의 행복 이외에는 아무것도 관심을 갖지 않습니다. 이것은 나의 격언이 아닙니다. 이것은 진리요, 기독교인이 아닌 모든 사람에 대한 단순하고 문자 그대로의 진리입니다. 그런데도 참된 기독교인들에게서마저도 이것이 남아 있는 것은 얼마나 비극입니까?

우리는 본능적으로 모두 자기중심적입니다. 우리가 자신에게 하는 말과 우리에 대해 하는 생각에 분개하기는 하면서도 다른 사람들도 우리와 같다는 사실을 깨닫지 못하는 모양입니다. 그 까닭은 우리가 다른 사람에 대해 생각을 하지 않기 때문입니다. 우리는 줄곧 자아를 생각하며 하나님을 싫어합니다. 하나님께서 이 자아중심성과 인간의 자주성을 막으시는 분이시기 때문입니다. 그래서 인간은 천성으로 그분을 싫어하는 것입니다. 그러므로 인간이 황금률에 따라 살지 못하며, 황금률을 지키지 못하는 것은 인간이 자기중심적이라는 사실 때문입니다.

이것은 다음으로 자아만족, 자기방어, 자기관심으로 이끌어갑니다. 자아가 줄곧 선두에 있습니다. 인간은 무엇이나 자기를 위해 원하기 때문입니다. 결국 여러분의 노동쟁의에 의한 문젯거리의 원인도 이것이 아닙니까? 그것은 모두 이것에 귀착됩니다. 한편에서는 "나는 더 가질 자격이 있다."라고 말하며, 또 한편에서는 "자, 그가 더 가진다면 나는 덜 갖게 되겠는걸." 하고 말합니다. 그래서 그들 쌍방은 서로 반대하며 싸움이 생기기 마련입니다. 각각 자기만을 생각하기 때문입니다.

나는 어떤 특정 분쟁의 어떤 장점들을 말하려는 것이 아닙니다. 사람들이 더 많이 가질 자격이 있는 경우도 있습니다. 그러나 가슴 아픈 일은 항상 죄와 자아 때문에 오는 것입니다. 그것이 정치적이든, 사회적이든, 경제, 국가 혹은 국제적인 문제이든, 이 모든 문제에 대한 우리의 태도를 분석해 볼 만큼 우리가 정직하다면 그것이 모두 이것으로 귀착됨을 발견할 것입니다.

이것을 국가적 차원에서도 볼 수 있습니다. 두 나라가 같은 것을 원합니다. 그래서 각 나라가 상대방을 지켜보고 있습니다. 모든 국가들은 자기네를 단순히 세계 평화의 수호자로, 관리자로 보려고 애를 씁니다. 애국심에는 항상 이기적인 요소가 있습니다. 그것은 '나의 나라'요 '나의 권리'입니다. 다른 나라도 같은 말을 하기 마련입니다. 우리 모두 자아 중심적이기 때문에 전쟁이 일어나는 것입니다. 개인과 개인사이든, 사회의 어느 단체 끼리든, 국가와 국가 사이든 모든 분쟁과 다툼과 불행은 결국 이것으로 귀착이 됩니다. 오늘의 세계 문제들의 해결은 본질적으로 신학적입니다. 군비축소와 기타 모든 문제에 관한 회담이라든가 제안은, 개인과 집단과 국가들을 지배하는바 사람의 마음속에 죄가 있는 한 아무 소용이 없을 것입니다. 황금률을 실천하지 못하는 것은 오로지 타락과 죄 때문입니다.

이것을 긍정적으로 표현해 봅시다. 어떻게 하면 황금률을 실천하는 일이 가능하겠습니까? 문제는 실로, "우리의 태도와 행위가 여기 우리 주님의 말씀에 어떻게 해야 일치할 수 있을까?" 하는 것이 됩니다.

복음의 대답은 여러분이 하나님으로 시작해야 한다고 말해줍니다. 가장 큰 계명은 어느 것입니까? 이것입니다. "너희는 마음을 다하고 뜻을 다하여 주 너희 하나님을 사랑하라. 둘째는 이와 같으니 네 이웃을 네 자신 같이 사랑하라"는 것입니다.

순서에 주목하십시오. 여러분의 이웃에서 시작하지 않고 하나님으로부터 시작합니다. 여러분이 하나님을 사랑하기까지는 이웃을 사랑할 수 없습니다. 여러분이 먼저 하나님 앞에서 자신과 이웃을 보기까지는 여러분 자신이나 이웃을 바로 보지 못할 것입니다.

이 둘을 바른 순서대로 취해야 합니다. 우리는 하나님으로부터 시작해야 합니다. 우리는 하나님으로 말미암아, 하나님을 위해서 지음을 받았습니다. 그러므로 하나님과 관계를 가져야만 제대로 가능할 수 있습니다. 우리는 모든 다툼과 문제에서 돌아서서 하나님의 얼굴을 바라보며 하나님의 성결과 전능하심과 그의 창조적 능력 앞에 무릎을 꿇어야 합니다. 이것은 성경만의 가르침이 아닙니다.

진정한 의미에서 하나님을 알게 된 모든 사람의 체험 확증이요, 모든 성도의 체험입니다. 진정 "나는 부정하다"는 느낌 없이 하나님 앞에 설 수 있는 사람은 없습니다. 우리는 모두 부정합니다.

신지식은 우리의 콧대를 꺾어 티끌처럼 비천하게 만듭니다. 이런 위치에서는 여러분의 권리라든가 위엄 따위를 생각하지 못합니다. 여러분은 이제 자신을 방어할 필요가 없습니다. 여러분이 아무것에도 소용이 없다고 느끼기 때문입니다.

이런 다음 우리가 다른 사람들을 바라볼 때 그들을 우리의 권리를 강탈하려고 애를 쓰거나, 돈이나 지위나 명령을 위한 경주에서 우리를 밀치려 애쓰는 가증스러운 사람들로 보게 되지를 않습니다.

우리가 우리 자신을 볼 때처럼 죄와 사탄의 희생물로, '이 세상 신'에게 속은 자들로, 하나님의 진노 아래 있어서 지옥으로 향하는 동료 인간들로 보게 되는 것입니다.

우리는 그들에 대해 전혀 새로운 견해를 가지게 됩니다. 그들이 우리 자신인 양 보게 되며, 우리 모두 무서운 곤경 속에 있음을 봅니다. 그리고 우리로서는 아무것도 할 수 없고, 우리 모두 함께 그리스도에게로 달려가 그의 놀라운 은혜를 적용하게 되는 것입니다. 그의 은혜를 함께 즐기며 나누어 갖고 싶어 합니다. 이 방법만이, 다른 사람이 우리에게 해주기를 원하는 만큼 우리가 다른 사람에게 할 수 있는 방법입니다.

우리가 "하나님의 자녀의 영광스런 자유"를 누리기 시작하는 때는 우리가 자아의 속박에서 해방 받음으로 해서 이웃을 우리처럼 사랑하고 있는 때인 것입니다. 우리가 하나님을 바라보고 그에 관한 진리를 인식하고 그에 대한 우리의 관계를 인식할 때 우리가 의식하는 한 가지는, 하나님이 결코 우리의 욕망에 따라 우리를 취급하지 않으신다는 것입니다. 이것은 하나님의 방법이 아닙니다. 우리 주님이 앞의 몇 절에서 말씀하신 것은 "너희 중에 누가 아들이 떡을 달라 하는데 돌을 주며 생선을 달라 하는데 뱀을 줄 사람이 있겠느냐 너희가 악한 자라도 좋은 것으로 자식에게 줄 줄 알거든 하물며 하늘에 계신 너희 아버지께서 구하는 자에게 좋은 것으로 주시지 않겠느냐?"입니다. 주님의 논증이 이와 같습니다.

하나님은 우리가 받아 마땅한 죄를 정죄하지 않습니다. 하나님은 우리가 이러함에도 불구하고 좋은 것을 주십니다. 하나님은 우리의 실상 그대로 우리를 보시지 않을 뿐만이 아닙니다. 하나님께서 우리를 그대로 보신다면 우리는 정죄를 받아 마땅한 것입니다.

만일 하나님이 우리의 실상을 그대로 보셨다면 우리는 누구나 철저하게 영원히 정죄 받았을 것입니다. 그러나 이런 사정에도 불구하고 하나님은 우리에게 관심을 가지십니다. 하나님은 사랑하는 아버지로서 우리를 보십니다. 하나님은 우리를 은혜와 자비 가운데서 보십니다. 그러므로 하나님은 우리를 있는 그대로 취급하시지 않습니다. 하나님은 우리를 은혜로 취급하시는 것입니다.

주님이 이 논증을 간직해 두셨다가 이 놀라운 기도 뒤에 놓으신 것도 바로 이런 이유 때문입니다. 하나님이 우리를 이렇게 다루십니다. 주님은 결국 "자, 너희도 형제를 이와 같이 취급해라. 단순히 불쾌한 것과 귀찮은 것과 추한 것만을 보지 마라. 이 모든 것의 이면을 보아라."라고 말씀하신 것입니다. 그러므로 인류를 하나님과의 관계에서 바라봅시다. 그들을 이렇게 새로운 방법으로, 이렇게 주님의 방법으로 바라보는 법을 배웁시다. 주님은 결국 "내가 너희를 본 것같이 너희도 그들을 보고, 너희에게 내 생명을 주기 위해 너희를 위해 하늘에서 나를 땅으로 오게 한 것에 비추어서 그들을 바라보아라."라고 말씀하신 셈입니다. 그들을 그와 같이 바라보십시오. 이렇게 하는 순간 여러분은 황금률을 실천하는 것이 어려운 것이 아님을 발견할 것입니다. 왜냐하면 여러분은 이 지점에서 자아로부터, 자아의 무서운 횡포로부터 건짐을 받았기 때문입니다. 여러분은 사람들을 새로운 눈으로 다르게 바라보게 됩니다. 여러분은 바울과 같이 "그러므로 우리가 이제부터는 어떤 사람도 육신을 따라 알지 아니하노라"(고후 5:16)라고 말할 수 있을 것입니다.

이제 여러분은 모든 사람을 영적인 방법으로 바라보시기 바랍니다. "그러므로 무엇이든지 남에게 대접을 받고자 하는 대로 너희도 남을 대접하라." 우리가 그리스도 예수 안에서 부르심 받은 것은 이렇게 하기 위함입니다.

우리는 황금률을 이행할 수 있습니다. 우리는 황금률을 실천할 수 있습니다. 그렇게 할 때 세상의 제반 문제를 해결할 수 있는 유일한 방법을 세상에 보여줄 수 있을 것입니다. 그리고 동시에 그리스도를 위한 선교사와 전권대사가 될 수 있을 것입니다.

50장

좁은 문

"13 좁은 문으로 들어가라 멸망으로 인도하는 문은 크고 그 길이 넓어 그리로 들어가는 자가 많고 14 생명으로 인도하는 문은 좁고 길이 협착하여 찾는 자가 적음이라"
마 7:13-14

본장에서 다루게 되는 본문(마태복음 7장 13절, 14절)은 비범하고도 괄목할 진술로, 어떤 관점에서 보든 매우 중요한 진술인데 특히 산상설교를 분석하는 관점에서 볼 때는 더욱 그러합니다. 산상설교를 분석하는 사람은 누구나 동의할 것입니다.

예수님은 산상설교를 이 부분에서 마무리하시고 적용하시며, 청중들로 하여금 일상생활에서 이를 실천하고 이행해야 할 필요성과 중대성을 강조하고 계십니다.

앞서 살펴본 대로 산상설교에 대한 예수님의 목적은 하나님의 백성으로서 그들의 성품을 인식하게 하고, 매일의 삶에서 그 성격과 성품을 어떻게 나타내어야 하는가를 보여주시려는 것이었습니다.

하나님의 아들이신 우리 주님은 새 나라 곧 하늘나라를 기초하고 확립하시기 위해 이 땅에 오셨습니다. 주님은 이 세상 나라들 가운데 오셨고, 그의 목적은 하나님의 백성을 세상에서 불러 모아 그들로 한 나라를 만들기 위함이었습니다. 그러므로 그가 세우러 오신 이 나라는 세상이 지금까지 알고 있던 어느 나라와도 전혀 다르다는 것과, 이 나라는 하나님의 나라, 빛의 나라, 하늘나라라는 것을 우리는 명백히 해야 합니다. 그래서 주님은 그 나라를 묘사해 주셨고 우리는 지금까지 이 묘사를 풀이해 오고 있습니다.

이미 팔복에서 기독교인에 대한 주님의 포괄적인 묘사를 살펴본 바 있습니다. 주님은 이 백성들을 향해 그들이 그런 유형의 사람이기 때문에 세상은 그들을 미워하며 박해하리라는 것입니다. 그렇다고 세상으로부터 분리해 나가서 은둔자가 되어서는 안 됩니다. 사회에 소금과 빛으로 남아 있어야 하는 것입니다. 사회를 부패로 산산조각 나지 않게 지켜야 하는 것이며, 빛이 되어야 합니다.

이렇게 하시고 나서 주님은 즉시, 그 당시 그들이 살아야 할 삶은 알려져 있던 최상 최고의 종교인들의 삶과 전혀 달라야 함을 상기시켜 주셨습니다. 주님은 그것을 바리새인과 서기관들 곧 율법 교사들의 가르침과 대조하셨습니다.

당시 그들은 가장 선량한 사람들로, 가장 종교적인 사람들로 생각되었습니다. 그러나 주님은 자기 백성들에게, 그들의 의가 서기관과 바리새인들의 의를 능가해야 함을 보여주셨습니다. 그리고 구제를 어떻게 해야 할 것인지, 또 기도와 금식은 어떻게 할 것인지에 관한 자세한 교훈을 주심으로써 그 방법을 보여주셨습니다. 그리고 끝으로 이 세상의 삶에 대한 우리의 자세, 비판 문제에서 다른 사람들에 대한 우리의 태도를 다루셨습니다.

주님은 결국, "내가 만들고 있는 이 나라의 특성이 내가 너희에게 주려고 하는 삶의 유형인데 바로 너희가 이런 삶을 살며 그 삶을 나타내주기 바란다."라고 말씀하신 것입니다.

주님은 원칙만을 설정하신 것이 아닙니다. 그 원칙을 우리를 위해서 자세히 풀이해 주셨습니다. 이렇게 하시고 나서 잠시 멈추시고, 청중을 둘러보시며, "자, 나의 목적이 있다. 너희는 이 목적에 대해 어떻게 하려느냐? 이 산상설교를 듣는 것만으로는 의미가 없다. 너희가 그저 듣기만 한다면 기독교인의 삶에 대한 이 모든 묘사는 아무 소용이 없다. 너희는 어떻게 하려느냐?"라고 말씀하신 셈입니다. 환언하면 주님은 이제 권면과 적용 대목에 오셨습니다.

여기서 다시 한 번, 주님의 방법이 모든 설교의 모형과 모범이 되어야 할 것을 상기하게 됩니다. 설교 말씀과 설교의 진리를 실제적인 면에 적용하지 못하는 설교는 참된 설교가 아닙니다. 성경의 어떤 구절을 그저 펼쳐보는 정도로 그치는 것에 만족하는 설교는 참된 성경강론이 아닙니다. 우리는 성경의 진리를 실제 생활에 도입해야 하고 또 그렇게 살아야 합니다.

권면과 적용은 설교의 필수 부분입니다. 여기서 주님이 바로 이렇게 하고 계심을 봅니다. 7장의 나머지 부분의 말씀은 산상설교의 메시지를 처음 들은 사람들에게, 그리고 기독교인이라 자처하는 모든 미래의 기독교인들에게 크고 웅장하게 적용시키시고 계십니다.

그래서 주님은 이제 청중들을 시험대 위에 올려놓으십니다. 주님은 결국 "내 설교는 끝났다. 너희는 이제 자기 자신에게 자문해 봐야 한다. 나는 어떻게 하여야 하는가? 내 반응은 어떠해야 하는가? 그저 팔짱을 끼고 많은 사람들과 함께, 참 훌륭한 설교다. 인류가 지금까지 아는 한 가장 웅장한 인생관 및 생활관이다. 그 숭고한 윤리며 그 놀라운 고양성, 이것이야말로 만인이 살아야 할 이상적인 생활이구나, 하고 말하는 것으로 만족하겠는가?"라고 말씀하신 셈입니다. 이 원칙은 우리에게도 적용됩니다.

우리의 반응은 어떻습니까? 산상설교를 듣고 감탄하는 것으로 그치겠습니까? 주님께서 바라시는 것은 감탄이 아니라 실천입니다. 산상설교는 찬양해야 할 것이 아니라 실천해야 할 말씀인 것입니다. 그런 다음 주님은 계속해서, 시험할 것이 또 있는데 곧 열매를 시험하는 것이라고 하십니다. 산상설교를 찬양을 하면서도 삶에서 그것을 나타내지 않는 사람들이 있습니다. 그런 사람들을 조심하라고 말씀하십니다. 중요한 것은 그 나무가 얼마나 멋지게 보이는가가 아니라 그 열매로 시험해야 한다는 것입니다.

그런 다음 마지막 기준이 있습니다. 곧 환경에 의해 우리에게 적용된 시금석입니다. 바람이 불기 시작하고 폭풍이 위협할 때, 비가 내리고 홍수가 밀려와서 우리 삶의 집에 부딪칠 때, 우리에게 무슨 일이 일어납니까? 우리 삶의 집이 바로 서 있습니까? 이것이 시금석입니다. 환언하면 이런 일들에 대한 우리의 관심은, 그 어둡고 위태한 순간에 우리로 하여금 설 수 있게 할 것을 우리가 갖고 있지 못하다면 아무 소용도 가치도 없으리라는 것입니다.

주님의 적용 방법이 이와 같습니다. 이 여러 말씀에 귀를 기울여 듣고 찬양하는 것만으로는 충분하지 못합니다. 주님에 의하면 이것은 극히 위험한 일입니다. 이 설교는 실제로 살도록 작정된 것입니다. 한낱 윤리적인 이상이 아닙니다. 우리가 이행하고 실천해야 하는 것입니다. 그리고 7장의 나머지 부분은 우리로 하여금 가장 심각하고 엄숙하게, 항상 심판에 비추어서 이것을 행하라고 권면하려는 데 그 목적이 있습니다. 이것은 산상설교의 교훈만이 아니라 신약성경 전체의 교훈입니다.

에베소서 4, 5장을 예로 들어봅시다. 거기서도 정확히 같은 것을 봅니다. 사도는 그들에게 실제적인 명령, 곧 거짓말하지 말며, 도둑질하지 말며, 사랑할 만하고 친절하고 부드러워지라고 권면하고 있습니다. 바로 이것이 산상설교의 반복입니다. 기독교 메시지는 어떤 이론이 아니라 일상생활의 특징이 되어야 할 것입니다. 이것이 산상설교의 이 나머지 부분의 요지입니다.

이제는 특히 13, 14절을 검토해 보겠습니다. 여기서 주님은 우리가 산상설교를 읽은 후 맨 처음에 해야 할 것은 주님께서 말씀해 오신 삶의 유형을 바라보고 그것이 무엇인가를 깨닫는 것이라고 말씀하십니다. 이 산상설교를 다룰 때 생기기 쉬운 위험은 세목을 살피다가 길을 잃는 일, 우리의 관심을 끄는 어떤 특정한 일들로 해서 곁길로 나가는 일임을 거듭거듭 살펴보았습니다. 이런 접근방법은 잘못된 방법입니다. 그러므로 주님은 이것을 전체로 바라보고 생각해 보라고 권면하십니다. "그 특이한 성격은 무엇인가? 가장 중요한 것은 무엇인가? 다른 무엇보다 원칙으로 파악해야 할 것은 무엇인가?" 이러한 것을 주님은 스스로 묻고 대답하십니다.

주님께서 권면하시는 삶의 특색은 '협착함'입니다. 그것은 폭이 좁고 한정된 삶이요, '좁은 길'입니다. 주님은 "좁은 문으로 들어가라"라고 말씀하심으로써 이것을 우리 앞에 극적으로 제시하십니다. 문이 좁지만 좁은 길을 따라 걸어가야 합니다.

주님은 매우 유익하고 실제적인 형태로 표현하셨고, 그 장면이 즉시 우리 마음속에 떠오르게 됩니다. 길을 따라 걸어가다가 문득 문 두 개가 우리를 맞이하고 있음을 발견합니다.

왼쪽에는 매우 넓고 광대한 문이 있고 큰 무리가 떼를 지어 들어가고 있습니다. 한편 오른쪽에는 한 번에 한 사람씩만 들어갈 수 있는 매우 좁은 문이 있습니다. 넓은 문을 통해서 그 문이 넓은 길로 인도되고 있는 것과 큰 무리가 그 길을 따라 파도처럼 달려가는 것이 보입니다. 그러나 오른쪽 문은 좁을 뿐 아니라 길도 계속 좁습니다. 그리고 그 길을 따라 걷는 사람이 별로 없어 보입니다.

우리는 이 장면을 아주 분명히 볼 수 있습니다. 주님은 결국, "내가 말해오고 있는 것은 바로 이것이다. 너희는 저 좁은 길을 걸어가기 바란다. 좁은 문으로 들어가라. 이 좁은 길로 오너라. 그러면 그 길로 내가 너희보다 앞서 걷고 있음을 발견할 것이다."라고 말씀하신 셈입니다. 우리 주 예수 그리스도는 우리를 부르시어 이런 삶을 살도록 명령하십니다.

여기서 주목되는 것은 기독교인의 삶은 시작부터 좁고 협착한 삶이라는 것입니다. 길이 갑자기 좁아지는 것이 아닙니다. 처음에는 제법 넓다가 계속 감에 따라 점점 좁아지는 삶이 아닙니다. 그 문부터, 곧 이 삶에 들어가는 입구부터가 좁은 길입니다. 이 점을 강조하고 명심하는 것이 중요합니다. 왜냐하면 복음전도의 견지에서 볼 때 이것은 본질적인 것이기 때문입니다. 세상 지혜와 육신적 동기가 복음전도 안에 들어올 때는 '좁은 문'이란 찾아볼 수 없게 됩니다.

　기독교인이 되는 것은 결국 비기독교인 됨과 별로 다를 것이 없으며, 기독교를 협착한 생활로 생각해서는 안 되며, 가장 매력적이요 신기하고도 자극적인 것으로 생각하며, 많은 무리들 속에 들어감을 의미한다는 인상을 받을 때가 너무나 많습니다. 그런데 주님에 의하면 그렇지가 않습니다.

　예수 그리스도의 복음은 너무 정직해서 아무도 그런 식으로는 초대하지를 않습니다. 그의 복음은 이 길이 매우 쉬운 것이라고 우리를 설득하려 하지 않으며, 또 그 길이 매우 어려운 길임을 발견하게 되는 것은 얼마가 지난 뒤에야 그렇다고 설득하려 하지도 않습니다.

　예수 그리스도의 복음은 그 자체가 좁은 입구, 좁은 문으로부터 시작되는 것이라고 공공연하게, 비타협적으로 선언하고 있습니다. 처음부터 이것을 아는 것은 절대 필요합니다. 이것을 좀 더 자세히 살펴보겠습니다. 이 인생길의 서두에서 기억해야 할 것은 우리가 이 길을 따라 가려면 우리 뒤에 남겨두고 가야 할 것들이 있다는 사실입니다. 이것들을 가지고 들어갈 여지가 없는 이유는 협착한 좁은 문을 통과해서 출발해야 하기 때문입니다.

　저는 이 문을 턴 스타일(회전식 십자문) 같은 문이라 생각합니다. 이 문은 한 번에 한 사람씩만을 허용하는 회전문과 같습니다. 이 문은 너무 좁기 때문에 어떤 물건들을 몸에 지니고 들어갈 수가 없습니다. 이 문은 처음부터 배제적 입니다. 우리는 뒤에 남겨두고 가야 할 것들이 무엇인지 알아보기 위하여 산상설교를 검토해 보는 것이 좋겠습니다.

　뒤에 두고 가야 할 것은 첫째로 세속입니다. 군중도, 세상의 길도 뒤에 두고 떠납니다. "멸망으로 인도하는 문은 크고 그 길이 넓어 그리로 들어가는 자가 많고 생명으로 인도하는 문은 좁고 길이 협착하여 찾는 자가 적음이라." 기독교인이 됨은 우리는 예외적이며 유별난 사람이 되었음을 자각함으로 시작해야 합니다.

이것을 알아야 하는 것은 중요합니다.

기독교 생활은 인기가 없습니다. 지금까지 인기가 있어 본 적도 없습니다. 오늘에도 인기가 없습니다. 기독교 생활은 유별나고 예외적이며, 별스럽고 다르기 때문입니다. 한편 다른 모든 사람은 넓은 문을 통과하여 넓은 길을 걸어갑니다. 여러분은 군중으로부터 일부러 벗어나 좁고 협착한 문을 향해 출발합니다. 군중들을 데리고 기독교 생활을 할 수는 없습니다. 그것은 필연적으로 파탄을 품고 있기 때문입니다.

이 점을 아마 이렇게 표현하는 것이 가장 적절하겠습니다. 즉 기독교 생활은 언제나 매우 개인적인 것이라는 점을 강조하고 싶습니다. 결국, 우리가 개인적인 존재라는 점을 자각하는 일보다 더 어려운 일은 없습니다. 우리는 모두 '기성화된 것'의 노예입니다. 우리는 전통과 습관과 관습으로 가득 찬 세상에 들어와 있습니다. 그리고 이것들에 동화되는 경향이 있습니다.

그리스도의 복음에 민감한 사람에게 첫째로 일어나는 것의 하나는 그가 자기에게 이렇게 말하게 된다는 것입니다. 즉 "자, 대다수 사람들에게 무슨 일이 일어나든 간에 나 자신은 살아있는 영혼이요, 나는 자신의 삶에 책임을 진다. 사람은 누구나 자기 짐을 져야 할 것이다."라고 말입니다. 그러므로 기독교인 된 사람은 먼저 이 세상에서 자기를 독립된 단위로 보기 시작합니다. 전에는 그가 속해 있던 대중 속에서 개성과 개체성을 잃어버렸었지만, 이제는 혼자 서 있습니다. 전에는 군중과 어울려 미친 듯이 달려갔지만, 이제는 갑자기 정지합니다. 이것은 항상 기독교인이 되는 첫 번째 단계입니다.

더 나아가서 그는, 자기 영혼, 자기의 영원한 운명이 안전하려면 군중들 물결 속에서 한 순간 멈춰서야 할 뿐 아니라 군중들로부터 분리되어야 함을 자각한다는 것입니다. 여기서 이탈하는 것이 어렵지만 이탈해야만 합니다.

대다수 사람들은 한 방향으로 가고 있으나, 그는 다른 방향으로 가야 합니다.

그는 무리를 떠납니다. 군중이 모두 함께 좁은 회전문을 통과할 수는 없는 것입니다. 이 문은 한 번에 한 사람씩 통과시킬 뿐입니다. 이 문은 영원한 재판장이신 하나님 앞에 책임 있는 존재임을 그에게 자각시킵니다. 이 문은 좁고 협착하며, 나에게 심판을 대면하게 하며, 하나님을 대면하게 하며, 삶의 문제와 나의 존재와 나의 영혼과 그 영원한 운명에 대면하게 하는 것입니다.

그러나 나는 대중과 세상과 외부의 환락을 떠나야 할 뿐만이 아닙니다. 더욱 어렵고 더욱 협착하고 좁은 것은, 내가 바깥세상의 '길'을 떠나야 한다는 자각입니다. 대중을 떠나는 것과 대중의 '길'을 떠나는 것은 별개의 일입니다. 대중을 떠나는 것이 수도원제도의 궁극적이며 최종적인 오류입니다만 수도원제도는 세속정신을 떠나게 된다는 관념에 기초를 두고 있습니다. 그러나 여러분은 대중을 떠나지 않습니다. 물리적인 의미에서 세상을 떠날 수 있고 대중과 사람들을 떠날 수는 있습니다. 그러나 자기네가 속해 있는 그룹에서 분리하여 나가긴 했으나 그들 속에 세속정신이 여전히 발견되는, 심지어 그들의 행실에서마저도 분명한 사람들이 있습니다. 그들은 세속정신과 세상의 길을 떠나지 않았던 것입니다.

하지만 우리는 떠나야 합니다. 세상의 길과 세상의 삶을 다른 식으로 산다고 기독교인이 되는 것은 아닙니다. 환언하면, 세상을 기쁘게 하는 것들을 우리는 문밖에 남겨두어야 한다는 것입니다. 이 일은 피할 수 없습니다. 산상설교를 읽고 중생하지 못한 성품에 속하며, 이것을 기쁘게 하는 것들을 우리는 이 좁은 문밖에 남겨두어야 한다는 결론에 다다릅니다.

이것의 실례로 산상설교에서 "눈은 눈으로, 이는 이로"를 요구하는 정신을 억제해야 하며, 악한 자를 대적해서는 안 되며, "누구든지 네 오른편 뺨을 치거든 왼편도 돌려대며"라고 하신 말씀을 기억하실 것입니다. 우리가 이런 일을 본능에 따라 행하는 것은 아닙니다.

이런 일이 우리에게 저절로 오지는 않는 것입니다. 우리는 이런 것을 좋아하지 않게 됩니다. "또 너를 고발하여 속옷을 가지고자 하는 자에게 겉옷까지도 가지게 하며", "누구든지 너로 억지로 오 리를 가게 하거든 그 사람과 십 리를 동행하고", "또 네 이웃을 사랑하고 네 원수를 미워하라 하였다는 것을 너희가 들었으나 나는 너희에게 이르노니 너희 원수를 사랑하며 너희를 박해하는 자를 위하여 기도하라"라고 말입니다(마 5:38-44).

이런 명령을 본능으로는 순종하지 못합니다. 이런 것은 우리가 싫어하는 것입니다. 본능은 되받아치고, 우리 권리를 보호하고 우리를 사랑하는 사람들을 사랑하며 우리를 미워하는 사람들을 미워합니다. 그러나 주님은 우리가 그의 백성이 되려면 타락한 것과 본능적인 것과 세속적인 것 등, 우리의 타락한 성품이 좋아하고 행하는 것들을 밖에 두고 떠나야 한다고 말씀하셨습니다. 우리는 시작부터 이런 유형의 짐이 허용되지 않음을 자각해야 합니다.

우리 주님은 안일한 구원의 위험성과, "여러분의 모습 그대로 그리스도에게 오기만 하면 됩니다. 만사가 잘 되게 되어 있습니다."라고 말하는 경향에 대해 경고하고 계십니다. 이것은 세상과의 근본적인 단절을 의미합니다. 이것은 전적으로 다른 유형의 삶입니다. 그러므로 우리는 세상을 떠날 뿐만 아니라 바깥세상의 길도 떠나는 것입니다. 진정 이런 삶을 살기 원하려면 우리는 '자아'를 바깥에 남겨둬야 합니다. 그리고 우리가 가장 크게 걸려 넘어져 실족(失足, stumbling block)하는 것도 물론 이것입니다. 세상을 떠나는 것과 세상의 길을 떠난다는 것은 별개의 문제입니다. 그러나 어떤 의미에서 가장 중요한 것은, 우리의 자아를 바깥에 두고 떠나는 일입니다. 이것이 전형적인 신약성경의 어법입니다. 자아는 옛 아담이요, 타락한 성품입니다. 그리스도는 옛 아담은 밖에 남아야 한다고 말씀하셨습니다.

"옛 사람을 벗어버려라"는 말씀은 그것을 문밖에 두고 떠나라는 뜻입니다. 이 문을 두 사람이 함께 통과할 여지는 없습니다. 그러므로 옛 사람은 뒤에 두고 떠나야 합니다.

신약성경의 복음은 자아와 교만을 부끄러워합니다. 산상설교 처음부터 "심령이 가난한 자는 복이 있나니"란 말씀에 마주칩니다. 이 세상에 탄생된 자연인치고 심령이 가난하기를 좋아하는 자는 없습니다. 우리는 천성으로 이것과 정반대입니다. 우리는 모두 교만한 성품으로 태어났고, 세상은 출생 때부터 우리의 교만을 북돋기 위해 할 짓을 다 합니다.

세상에 가장 어려운 일은 심령이 가난해지는 일입니다. 가난한 심령은 교만을 부끄러워합니다. 이것은 필수적인 일입니다. 좁은 문 입구에는 "여러분 자신을 밖에 남겨두시오."란 벽보가 붙어 있습니다. 이렇게 하지 않는다면 우리를 멸시하고 저주하는 사람들을 위해 어떻게 기도하며 축복할 수 있겠습니까?

우리가 자아를 의식하며 관심을 가진다면, 어떻게 주님을 따르며 하늘에 계신 우리 아버지의 자녀가 되며 원수를 사랑할 수 있겠습니까?

자아는 줄곧 십자가에 못 박혀야 하는 것입니다. "비판을 받지 아니하려거든 비판하지 말라." "남에게 대접을 받고자 하는 대로 너희도 남을 대접하라." 우리 주님은 시작부터 이렇게 말씀하십니다. 이것에 대해 오해하지 말아야 합니다. 이것이 곧 여러분이 유명해지고 찬양받고 경이롭게 하는 것이라 생각되게 한다면, 여러분은 이 지점에서 멈추어서 시작으로 돌아가는 것이 좋습니다. 이 문을 들어가려는 사람은 자아에게 '안녕'을 고해야 하기 때문입니다. 이것은 자기 비하와 겸손의 삶입니다. "누구든지 나를 따라오려거든" 무슨 일이 생깁니까? "자기를 부인하고(이것이 항상 처음에 옵니다.) 자기 십자가를 지고 나를 따를 것이니라"(마 16:24)입니다.

그러나 자기 부인, 자아 부정은 여러 가지 쾌락과 우리가 좋아하는 것들을 삼가는 것을 의미하지 않습니다. 그것은 우리 자아에 대한 권리를 부인하고, 우리 자아를 밖에 남겨두고, 문을 통과해 들어가 "이제는 내가 사는 것이 아니요 오직 내 안에 그리스도께서 사시는 것이라"(갈 2:20)라고 말함을 의미하는 것입니다.

이 문은 협착합니다. 그러므로 이런 것들을 밖에 남겨둬야 하기 때문에 기독교 인의 삶은 쉽지 않습니다. 이 삶은 너무 영광스럽고 놀라우므로 쉬울 수가 없는 것은 그리스도 자신과 같은 삶을 의미하기 때문입니다. 이 삶은 지금까지 인류 에 알려진 가장 숭고한 삶이요, 이 때문에 어렵고 좁고 협착합니다. "그것을 찾는 이가 적음이라."

일반의사보다는 전문의가 항상 적은 법입니다. 일반직공은 많으나 숙련 기사 는 적습니다. 어떤 분야이든 최고 수준에 다다르면 일행의 숫자는 항상 적습니 다. 보통 사람은 누구나 따를 수 있지만 여러분이 비범한 인물이 되려는 순간, 고 지에 도달하려는 순간, 같은 일을 시도하는 사람은 많지 않음을 발견하게 될 것 입니다.

기독교인의 삶에 있어서도 마찬가지입니다. 이 삶이 그토록 높고 놀라운 삶이 므로 찾아 들어가는 사람은 소수입니다. 어렵기 때문입니다. 산상설교 가운데 들은 말씀을 생각해 보십시오. 주님이 묘사하신 기독교인의 삶을 살펴보면 이 삶이 그처럼 어렵기 때문에 협착하지 않을 수 없음을 발견하게 될 것입니다. 이 삶은 최상 최고의 삶이요, 완전히 절정인 삶입니다.

더구나 그 문이 좁고 협착하다는 것은 그것이 항상 고난을 수반하기 때문이며, 또 참되게 살 때는 항상 박해를 수반하는 것이기 때문입니다. "나로 말미암아 너 희를 욕하고 박해하고 거짓으로 너희를 거슬러 모든 악한 말을 할 때에는 너희 에게 복이 있나니 기뻐하고 즐거워하라 하늘에서 너희의 상이 큼이라 너희 전에 있던 선지자들도 이같이 박해하였느니라"(마 5:11-12). 세상은 하나님을 따르는 사 람들을 항상 박해했습니다.

우리 주님도 세상의 배척을 받았습니다. 그분이 사람들에게 미움을 받으신 까닭은 그분의 성격 때문이었습니다. 바울은 "무릇 그리스도 예수 안에서 경건하게 살고자 하는 자는 박해를 받으리라"(딤후 3:12)고 했습니다. 하지만 박해를 좋아하는 사람이 어디 있겠습니까? 모든 사람이 자신을 좋게 평하는 말을 듣고 싶어 하며, 자신이 미움과 비판받는 것을 알게 되면 매우 괴로워하고 안달이 납니다. 그러나 그리스도는 이 좁은 길에 들어서면 그렇게 되리라고 경고해 주셨습니다. 이 길은 협착하고 좁습니다. 그러므로 들어갈 때 고난과 박해에 대비해야 합니다.

여러분은 오해받을 준비를 해야 합니다. 가장 가깝고 소중한 사람들로부터 오해받을 준비도 해야 합니다. 그리스도는 "내가 세상에 화평을 주러 온 것이 아니라 검을, 어머니와 딸을, 아버지와 아들을 갈라놓을 검을 주러 왔노라. 너희의 가장 큰 원수가 한 집안 식구리라"(마 10:34-36 참조)라고 말씀하셨습니다. 어째서입니까? 여러분이 떨어져 나가 가족 단위로 들여보내지 않고 한 사람씩 허용하는 이 좁은 문을 들어갔기 때문입니다. 이것은 매우 힘들고 어렵습니다. 그러나 주 예수 그리스도는 우리에게 정직하셨습니다.

만일 우리가 무언가 다른 것을 보지 못한다면, 우리가 기독교인이 되어 그리스도를 따를 수 있기 위하여 남편이나 아내로부터 갈라서야 할 가능성도 있다고 애초부터 말씀해 주는 복음의 정직함과 진실 됨을 볼 수 있도록 하나님께서 은혜 내려주시기를 기도합니다. 실제로 분리되라는 것이 아니라 실은 영적으로 갈라서라고 요청받는 것입니다. 그러나 여러분은 단지 한 사람씩만 볼 수 있습니다. 문이 좁고 협착하기 때문입니다.

지금까지 기독교인의 삶이 시작부터 얼마나 협착하고 좁은가를 살펴보았습니다. 주님은 처음부터 이것을 말씀하셨습니다.

기독교인의 삶이 시작은 어렵지만 뒤에 가서 아주 쉬워진다는 생각을 갖고 있다면, 여러분은 신약성경에 대해 거짓된 교훈관을 갖고 있는 셈입니다. 이것은 내내 좁습니다. 그리고 마지막 순간까지 여러분에겐 공격하는 원수들과 대적들이 있을 것입니다.

그 "통치자들과 권세들과 이 어둠의 세상 주관자들과 하늘에 있는 악의 영들을 상대"(엡 6:12)하는 일은 이생에, 이 세상에 있는 한 계속됩니다. 생명의 길에는 미묘한 유혹들이 있습니다. 여러분은 처음부터 끝까지 경계하고 지키셔야 합니다. 고삐를 늦출 수 없을 것입니다. 항상 조심해야 할 것이며, 바울이 말씀한 대로 "자세히 주의하여"(엡 5:15) 행하셔야 할 것입니다. 한 걸음 한 걸음을 살펴야 할 것입니다. 이 길은 좁은 길입니다. 시작도 그러하고 후에도 계속 그렇게 되어 있는 길입니다.

이상으로 산상설교를 큰 틀에서 바라보면서 명심해야 할 것들을 말씀드렸습니다. 처음부터 이것들을 자각하지 못한다면 아주 비성경적인 것일 뿐 아니라 매우 위험한 일입니다. 기독교인의 삶의 나머지 부분으로부터 죄의 용서를 분리시켜 마치 이것이 전체인 양 생각하는 것은 이단입니다. 참된 복음 전도는, 사람들에게 기독교인의 삶을 전체로써 제시하는 전도입니다.

사람들이 그리스도에게로 밀려올 수 있으며 좁은 길을 생각하지 않고 좁은 문으로 달려갈 수 있다는 인상을 주지 않도록 조심해야 합니다. 셈을 해보지 않고 일을 벌인 어리석은 사람들에 관한 비유들을 주님 자신이 말씀하신 바 있습니다. 셈을 해보지도 않고 망대를 세우는 일에 착수했다가 미완성인 채 버려둬야 했던 사람입니다.

이것은 적군의 세력을 평가하지 않고 상대방 임금과 싸우러나 간 왕도 마찬가지입니다. 주님은 셈을 하며, 우리가 시작하기 전에 해야 할 것에 직면해 보라고 말씀하십니다.

주님은 우리에게 이 삶의 전체를 보여주셨습니다. 주님은 우리를 형벌과 지옥에서 구하시러 오셨을 뿐만이 아닙니다. 주님은 우리를 거룩하게 만드시려 오셨고 "선한 일을 열심히 하는 자기 백성이 되게 하려"(딛 2:14) 오셨습니다. 주님은 성결의 길을 준비하러 오셨습니다.

우리를 위한 주님의 포부와 목적은, 우리가 그분의 발걸음과 그 숭고한 소명과 이 영광스런 삶을 따라가며, 주님이 살다 가신 삶을 살며, 필요하다면 피 흘리기까지 대적하기 위해 오신 것입니다.

그분의 삶이 이러했습니다. 좁고 가시밭길이었습니다. 그러나 이 길을 걸어가셨습니다. 여러분과 저의 특권은 이 세상에서 벗어나 이 삶에 들어가며 줄곧 그분을 따라가는 것입니다.

'기독교인들이여! 너무 휴식을 찾지 마시오.

안일함의 꿈일랑 멀리 던져 버리십시오.

그대들이 원수에게 둘려 있으니

깨어 기도하십시오.'

51장

좁은 길

"13 좁은 문으로 들어가라 멸망으로 인도하는 문은 크고 그 길이 넓어 그리로 들어가는 자가 많고 14 생명으로 인도하는 문은 좁고 길이 협착하여 찾는 자가 적음이라"
마 7:13-14

마태복음 7장 13절과 14절을 다시 고찰해 보려고 합니다. 본문에서 우리 주님은 하나님의 나라와 기독교인의 삶의 성격을 살펴보라고만 말씀한 것이 아니기 때문입니다. 본문은 우리에게 어떤 놀라운 전망을 관망하라는, 말하자면 특별석에 앉아 경기장을 관람하라는 초대가 아닙니다. 우리는 이것에 참여자가 되어야 할 작정입니다. 이것은 행동에의 초청입니다.

"좁은 문으로 들어가라"는 말씀에 주목하십시오. 이 말씀은 초대의 말씀인 동시에 권면입니다. 이 말씀을 대략적으로 관찰하고 나서 이것에 대해 무언가를 해야 합니다.

행동으로의 초청인 이 말씀은 첫째 그 나라의 제반 원칙을 선언하는 예수 그리스도의 복음은 결정과 이행을 요구한다는 것입니다. 이것은 피할 수 없는 신약성경의 필수요소입니다. 다른 철학과 비교하고 대조할 일개 철학이 아닙니다. 이런 것들에 대한 우리의 관심이 순전히 지적인 것이요 우리 삶에 영향을 주지 못하였다면, 신약성경은 우리가 기독교인이 아니라고 말해줍니다.

예수 그리스도의 복음이 놀라운 철학인 것은 사실입니다. 그러나 우리에게 유혹이 되고 있는 것은 이것을 그저 놀라운 철학쯤으로 여기는 읽을거리나 흥미

거리로 보아 넘기는 데 있습니다. 그러나 복음은 이렇게 받아들여지기를 거부합니다. 복음은 본질적으로 우리의 삶을 지배하기를 요구하면서 임하는 것입니다. 복음은 흡사 주님 자신이 사람들에게 접근하실 때처럼 우리에게 다가옵니다.

주님께서 걸어가실 때 마태와 같은 사람을 만나서서 "나를 따르라"라고 하시니 마태가 일어나 그분을 따라간 것을 기억하실 것입니다. 복음은 이와 같습니다. "나를 고려하라. 나를 칭찬하라."라고 말하지 않고 "나를 따르라. 나를 믿어라."라고 합니다. 복음은 항상 결단을 촉구하며 이행을 요구하는 것입니다. 우리가 아직 멀찍이 서서 이것을 바라보려고만 한다면, 좁은 길의 영광과 경이와 아름다움을 서술하는 것은 아무 소용이 없을 것입니다.

이 길은 밟아가야 할 길이요, 들어가야 할 길입니다. 그러므로 이 지점에서 우리 자신에게 매우 간단한 질문을 던져보아야 합니다. "나는 이 삶에 내 몸을 맡겼는가? 이것이 내 삶을 지배하는가?"라고 말입니다. 이것은 물론 뚜렷한 의지의 결단을 수반합니다. 이것은 나로 하여금 "이것을 하나님의 진리와 그리스도의 부르심으로 인정하고, 나는 어떤 일이 생기든 이것에 내 몸을 맡기려 한다. 결과는 개의치 않겠다. 나는 이것을 믿고 행하겠다. 이것은 이후로 나의 삶이 될 것이다."라고 말할 것을 요청하는 것입니다.

우리 선조들 가운데는 하나님과 맺은 언약을 종이에 엄숙히 기록하고 그것에 서명을 하고 날짜를 적곤 했습니다. 마치 사업상의 거래를 하듯 했던 것입니다.

그들은 그들 자신과 자신들에 대한 권리와 그들이 가진 모든 소유, 그들이 선택하는 삶의 권리를 양도했습니다. 그리고 이후로는 자신들을 하나님께 드렸습니다. 흡사 군에 입대하는 사람이 자기에 대한 권리와 자기 생명의 관리를 양도하는 것과 같습니다.

다음 단계인 둘째 원칙은 진리를 보고 내가 진리에 대해 취해야 할 조처를 결정하고 나서 이제 이 좁은 문을 찾기 시작하는 것입니다. 우리 주님이 이것을 "생명으로 인도하는 문은 좁고 길이 협착하여 찾는 자가 적음이라"라고 하셨습니다. "우리가 직면하는 최대의 위험 중 하나는 진리에 귀를 기울이고 진리에 동의하여 머리를 끄덕이고 나서 그것에 대해 아무 조치도 취하지 않는 것이다."라고 말하는 것인데 우리 모두가 체험하는 일입니다. 좁은 문을 찾지 않는 것입니다.

좁은 문을 찾는다는 의미는 다음과 같습니다. 즉 진리를 보고, 그것에 동의를 표시하고 나서 자신에게 "이렇게 하기 위해 나는 정확히 무엇을 해야 하는가?"라고 물어야 하는 것입니다. 이것이 좁은 문을 찾는 것입니다. 이것은 쉽지가 않습니다. 어렵습니다. 이 문을 발견하기 위해서는 먼저 지금의 여러분의 길을 벗어나야 합니다. 여러분 자신을 분석해 보고 자신에게 정직해야 합니다. 그리고 다시 뒤로 돌아갈 것을 거부하고 "내가 해야 할 것을 정확히 발견하기까지 나는 이 일을 계속하겠다."라고 말합니다.

생명의 길을 찾지 못하는 사람들이 너무나도 많은 이유는 그들이 문을 찾아 들어가지 못했기 때문입니다. 여러분이 위대한 성도들의 전기를 읽어보시면, 좁은 문을 오랫동안 찾았던 사실을 발견할 것입니다.

마틴 루터를 보십시오. 그는 독방에서 금식하며 땀을 흘리며 기도로 찾았습니다. 또 조지 윗필드와 요한 웨슬리와 같은 사람들에 대해 읽어보십시오. 그들도 좁은 문을 찾고 있었습니다. 그들은 무엇을 해야 할지 알지 못했습니다. 그들의 생각이 잘못되었을 경우도 있었으나 마침내, 부지런히 구함으로 그들은 그것을 찾았습니다. 그리고 그 문으로 들어갔습니다. 우리도 이모저모로 모두 이렇게 해야 합니다.

환언하면 우리가 이 길을 걷고 있음을 분명히 알기까지 휴식이나 평안을 우리 자신에게 허용해서는 안 되겠다는 것입니다. 이것이 '좁은 문을 들어가는 것'입니다. 좁은 문은 찾고 발견해야만 들어 갈 수 있습니다.

셋째 단계는, 여러분이 좁은 문으로 들어가기로 결정하고 문을 찾아 들어간 후에도 계속 나아가야 합니다. 여러분의 몸을 여기에 내어 맡기기 위해서는 여러분 자신에게 몇 가지를 질문해야 할 것입니다.

성도의 생활 중에 생기는 많은 문제의 해결은 우리가 우리 자신에게 더 많은 것을 독백하며 말할 때 해결을 보게 될 것입니다. 우리는 누구이며 어떤 신분인가를 변함없이 상기해야 하는 것입니다. 문으로 들어갈 뿐 아니라 이 길을 계속해 간다는 것은 이런 뜻입니다. 기독교인은 매일 아침 깰 때마다 "나는 하나님의 자녀이다. 나는 특별한 사람이다. 나는 다른 사람들과는 다르다. 나는 하나님의 가족의 한 사람이다. 그리스도는 나를 위해 돌아가셨고 나를 흑암의 나라에서 그의 나라로 옮겨주셨다. 나는 천국으로 가고 있다. 나는 천국에 가게 되어있다. 나는 이 세상을 지나가고 있는 것에 지나지 않는다. 나는 시험과 시련이 무엇인지 안다. 나는 사탄의 간교한 꼬임이 무엇인지 안다. 그러나 나는 그의 소속이 아니다. 나는 순례자요 나그네이다. 나는 이 길로 그리스도를 따라가는 사람이다."라는 사실을 상기해야 합니다.

여러분은 이 점을 자신에게 상기시켜야 합니다. 여러분의 몸을 이것에 맡기고 이것을 계속하는 것입니다. 그 결과 여러분은 이 좁은 길을 따라 걷고 있음을 발견하게 될 것입니다. 이상으로 우리가 행해야 할 포괄적 원칙을 말씀드렸습니다. 진리를 발견했을 때는 그것에 대해 어떤 조처를 취해야 합니다. 우리 자신이 진리에 대해 실제적 관계를 맺어야 하는 것입니다.

산상설교에서 자주 발견해 온 바와 같이 복되신 주님은 우리의 연약함에 대하여 허리를 낮추셨습니다. 즉 원칙을 설정하거나 명령을 주시고 나서 우리로 이것을 실천하기 위한 몇 가지 이유를 주시는 것이 주님의 방법이요 주님의 기교임을 우리는 끊임없이 보아왔던 것입니다. 주님께서 그렇게까지 하실 필요는 없었습니다. 여기서 우리는 주님이 자기 백성인 우리들에게 나타내신 목자의 심정과 공감을 보게 됩니다. 주님은 "우리에게 동정하실 수 있는" 대제사장이십니다(히 4:15).

주님은 우리를 이해하십니다. 죄의 결과로 우리가 너무 오류에 빠지기 쉽고 불완전하므로 그저 방법을 보여주시는 것만으로는 충분하지 못함을 주님은 아셨습니다. 우리는 그 이유를 보충 받아야 할 필요가 있습니다. "좁은 문으로 들어가라 멸망으로 인도하는 문은 크고 그 길이 넓어 그리로 들어가는 자가 많고 생명으로 인도하는 문은 좁고 길이 협착하여 찾는 자가 적음이라"(마 7:13, 14).

그렇다면 그 이유들은 무엇입니까? 그 이유들을 요약해 보겠습니다. 우리가 좁은 문으로 들어가도록 주님께서 주신 첫째 이유는 두 가지 유형의 삶이 우리 앞에 열려있기 때문입니다. 넓은 문을 통해 들어가는 넓은 길이 있고, 협착한 길, 내내 좁은 길을 통과해 들어가는 또 한 길이 있습니다. 이 두 길의 성격을 잘 인식하기만 한다면 망설임 같은 것은 없어질 것입니다. 우리가 이 세상의 삶으로부터 벗어나기 힘든 것은 물론입니다. 그러나 이 문제의 요지는 우리가 그렇게 해야겠다는 것입니다.

하나님이 그의 무한하신 지혜로 칠일 중 하루를 이런 일들을 묵상하며 사람들이 공중예배에 함께 모이도록 정하신 이유도 이 때문입니다. 예배를 위해 모일 때 이 모든 것을 객관적으로 바라볼 수 있도록 우리가 살고 있는 이 세상에서 벗어나고 있는 셈입니다. 세상 속에 있을 때 세상을 객관적으로 보기는 어렵습니다. 그러나 세상에서 일단 벗어나 객관적으로 세상을 바라본다면 사물을 있는 그대로 보기 시작합니다.

넓은 길 위의 사람들이 사는 세속적인 삶을 잠깐 보십시오. 예를 들어 신문을 볼 때를 생각해 보십시오. 신문들은 최상 및 최악의 세속생활을 대표합니다. 많은 사람들에게 그토록 매력을 갖는 세속적 삶을, 그들을 매혹 시키는 나머지 그것을 위해 영혼의 위험을 무릅쓸 준비가 되어 있는 삶이 어떤 것인지 보십시오. 그들을 장악하고 있는 것은 무엇입니까? 그들의 삶을 살펴보고 분석해 보십시오. 그 온갖 허례와 영화와 호사와 더불어 그 속에는 궁극적으로 무엇이 있습니까? 결국 그처럼 철저히 헛된 것이 또 있다고 생각하십니까? 그런 삶에 무슨 진정한 만족이 있겠습니까? 사도 바울이 로마 교인들에게 던진 몇 가지 질문들이 이것을 요약하고 있습니다. 로마서 6장 말미(21절)에서 "너희가 그 때에 무슨 열매를 얻었느냐 이제는 너희가 그 일을 부끄러워하나니 이는 그 마지막이 사망임이라!" 즉 "너희가 이제는 기독교인이 되어 과거의 삶을 돌이켜 보면 그 때의 삶을 부끄럽게 여긴다. 그 때에 너희는 어떤 열매를 맺었느냐."라고 말씀하고 있습니다.

이것은 모든 사람, 특히 이리저리 쾌락을 추구하며 사는 사람들, 정직한 생업을 하나의 성가신 물건으로, 또는 보다 많은 쾌락을 즐기기 위해 돌아가야 하는, 돈을 벌기 위한 하나의 수단으로 간주하는 사람들이 물어야 할 질문입니다.

그 속에 무엇이 있겠습니까? 그 소득이 무엇이겠습니까? 그 만족은 무엇이겠습니까? 다른 것은 그만 두고라도 지적인 면에서 그들은 궁극적으로 가치 있는 것을 지니고 있다고 생각되십니까? 옷을 독특하게 입는 것에, 소위 사교지에 사진이 게재되거나, 유행 의상이나 용모 때문에 알려지거나, 이채를 띠고 두각을 나타내거나 하는 등등의 일이 무슨 사회적 향상과 개선이 있으며, 무슨 고상함이 있습니까? 사람의 칭찬과 찬양에 무슨 진정한 가치가 있습니까?

그런 일들을 위해 사는 사람들을 보고 그들의 삶을, 특히 그들의 목표를 분석해 보면 이것은 현실이요, 다음과 같은 찬송가의 표현대로일 것입니다.

"속물의 쾌락은 사라지고 있네.
그의 자랑하는 모든 허례와 겉치레가 사라지고 있네."

얼마나 공허한 것입니까. 사도 베드로는 "헛된 행실"(벧전 1:18)이라고 했습니다. 그 속에는 아무것도 없으며 그것은 그처럼 천박하고 공허합니다. 그런 수준에서 사는 사람들의 심성은 기독교를 떠나서 이해하기는 매우 어렵습니다. 그들도 지성과 두뇌를 갖고는 있으나 이런 가장과 현혹과 어리석음과 자기 최면의 삶을 살므로 지성과 두뇌를 갖고 있다는 증거를 별로 보여주지 못하고 있습니다. 그 얼마나 헛된 삶입니까? 이 삶 자체를 살펴보십시오. 곧 허례와 허식과 환영과 외관의 삶을 살펴보십시오. 그런 다음 다른 삶을 살펴보고, 이 삶이 모든 점에서 본질적으로 얼마나 다른가를 보십시오.

넓은 길은 지적으로나 도덕적으로나, 기타 모든 점에서 공허하고 무익합니다. 이것은 그 당시마저도 입에 더러운 맛을 남기며, 질투와 시기와 온갖 종류의 무가치한 것들로 인도합니다. 그러나 다른 길을 보십시오. 그러는 즉시 현저한 대조를 보실 것입니다. 산상설교를 다시 읽으십시오. 얼마나 놀라운 삶입니까? 신약성경을 예로 들어보십시오. 여러분의 지성을 위해 얼마나 좋은 양식입니까? 여기에 여러분의 지성을 매혹 시키는 것이 있습니다.

성경에 관한 책들을 읽어보십시오. 다른 것은 그만두고라도 이보다 더 숭고한 지적 종사를 상상할 수 있겠습니까? 여기에 여러분이 생각해 볼만한 것, 지적으로 파악해 볼만한 것, 여러분에게 참되고 지속적인 만족을 주는 것이 있는 것입니다. 이 얼마나 윤리적이며, 고무적이며, 이 얼마나 크고 고상한 것입니까?

기독교인이 아닌 모든 사람들에게 궁극적으로 문제 되는 것은, 그들이 기독교인의 삶의 영광과 장려함을 보지 못했다는 것입니다. 얼마나 숭고하고 순결하며 고결하고 바른 삶입니까? 그러나 그들은 기독교인의 삶을 본 일이 없습니다. 그들은 이것에 눈이 멀어 있습니다. 사도 바울이 말씀한 대로 "이 세상의 신이 믿지 아니하는 자들의 마음을 혼미하게 하여"인 것입니다(고후 4:4). 그러나 일단 이 고귀한 부르심의 영광과 위엄과 특권을 보는 순간 다른 무엇을 소원하게 되리라고는 상상도 할 수 없는 일입니다. 우리 모두 실제로 돌아가 이것에 솔직해집시다. 이런 기독교인의 삶을 '편협하다'고 말하며(이 말의 보편적인 의미로서) 다른 삶을 갈망하는 사람은 누구나, 그가 기독교의 삶을 본 일이 없음을 선언하고 있는 셈입니다. 그는 마치 베토벤의 음악이 진절머리 나며, 오히려 재즈 음악을 좋아한다고 말하는 사람들과 같습니다. 그들의 말의 진의는 그들이 베토벤을 이해하지 못하며, 그의 음악을 듣지 아니하며, 그에 관해서 아무것도 모른다는 것입니다. 그들은 음악에 무지한 것입니다. 누군가 말했듯이 그들은 베토벤에 대해서는 우리에게 아무것도 말해주지 않으면서 그들 자신에 대해서는 말을 길게 늘어놓는 것입니다.

그런즉 두 성격의 삶이 있습니다. 신약성경에 항상 이 논증이 거듭 반복되고 있는 것을 볼 수 있습니다. 서신기자들은 이 삶을 서술하는 가운데 "이것을 보고 너희는 다른 곳으로 돌아가고 싶지 않으냐?"라고 말하는 셈입니다.

서신들은 이 두 가지 삶을 상기시켜 주고 있습니다. "멸망으로 인도하는 문은 크고 그 길이 넓어 그리로 들어가는 자가 많고 생명으로 인도하는 문은 좁고 길이 협착하여 찾는 자가 적음이라"라고 말입니다.

자기 운명을 생각해 보지 않는 사람은 참 어리석은 사람입니다. 여행 그 자체를 하나의 목적으로 삼는 사람은 비논리적인 사람이요, 모순된 사람입니다. "너희의 종말을 생각해 봐라." 너희의 목적지를 생각해 보고 이런 유형의 삶이 어디로 인도될 것인지 생각해 보아라고 말입니다. 만일 세상이 이런 질문을 할 만큼 설득을 당할 수만 있다면, 만사가 즉시 변화될 것입니다.

넓은 길은 수치와 비참과 파멸로 인도함이 확실하다고 사도 바울이 얼마나 말했는지 보아왔습니다. "죄의 삯은 사망이요." 이 죽음은 고난과, 고뇌와 절망, 무익한 회한은 물론 하나님으로부터 분리되는 것이요, 영적 죽음입니다. "하나님의 은사는 그리스도 예수 우리 주 안에 있는 영생이니라"(롬 6:23).

만약에 믿음의 생활이 지겹거나 힘들다면 그것이 여러분을 인도하는 목적지를 상기하십시오. 그런 다음 그 피상적 기쁨과 행복과 더불어 세상을 바라보십시오. 세상을 사랑하고 즐기는 사람들을 바라보고, 그들이 노년이 되어 쇠약해졌을 때의 그들을 마음속에 그려보십시오. '마지막 원수'가 그들을 만나러 오고 있는 것입니다. 갑자기 그들이 병이 납니다. 그들은 이제 마실 수도 없고 담배를 피울 수도, 춤을 출 수도, 도박을 할 수도 없으며, 기타 그들이 의지하고 살던 것들을 할 수가 없게 됩니다. 임종 시에 그들은 무엇을 소유하고 있습니까? 아무것도 없습니다. 두려움과 공포와 고통, 파멸 이외에 기대할 만한 것이 하나도 없습니다. 이것이 그런 삶의 종말입니다. 우리는 이것을 잘 알고 있습니다.

기독교인이 아닌 세상의 위인들, 정치가 등등의 사람들의 전기를 읽으시고, 그들이 당하는 소멸을 다시 주목해 보십시오. 그리고 그들의 종말의 기타 세목에 대해서는 우리가 알고 있지 못함을 기억하십시오. 그것이 이외의 다른 무엇으로 인도될 수 있겠습니까? 그것은 "멸망으로 인도하는" 것입니다. 그러나 이 다른 삶은 보다 풍요한 삶으로 인도합니다. 이 삶은 새 생명과 새 전망과 새 의욕과 무엇이나 새 것을 주면서 시작합니다. 그리고 이 삶은 계속함에 따라 점점 더 크고 더 놀라운 삶이 되는 것입니다.

여러분은 이생에서, 이 세상에서 아무리 많은 고난을 받아야 한다고 하더라도 불멸의 영광에 가기로 작정되어 있습니다. 여러분은, 사도 베드로에 의하면 "썩지 않고 더럽지 않고 쇠하지 아니하는 유업"을 얻게 되어 있습니다(벧전 1:4).

주님이 사용하신 또 다른 논증은, 좁은 곳으로 들어가지 않는 것은 우리가 이미 넓은 길 위에 있음을 의미한다는 것입니다. "두 반대되는 것 사이에 중간 지대는 없습니다." 기독교인은 두 길에만 직면해 있는 것입니다. 우리가 만일 협착하고 좁은 길 위에 있지 않다면, 우리는 크고 넓은 길에 있다는 것입니다. 그러므로 우리가 몸을 맡기지 못한다든가 머뭇거린다면 좁은 길 위에 있지 않음을 의미합니다. 수동적 저항도 저항입니다. 우리가 주님을 위하지 않는다면 주님을 대항하고 있는 것입니다. 이것은 매우 강력한 논증입니다. 우유부단이 치명적인 것은 그것이 잘못된 결정을 의미하는 것이기 때문입니다. 다른 방도는 없습니다. 좁은 길이라든가 넓은 길이라든가 둘 중의 하나인 것입니다. 그러나 무엇보다 좁은 문으로 들어가 좁은 길을 걸어야 할 가장 큰 이유는 여러분보다 먼저 가신 분이 이 길에 계십니다.

여러분은 바깥세상을 떠나야 합니다. 소중한 많은 것을 버리고 떠나야 할지도 모릅니다. 여러분 자신과, 여러분의 옛 자아를 버려야 합니다. 좁은 문을 통과할 때 여러분은 고립되어 외롭다고 생각하게 될지도 모릅니다. 그러나 그렇지 않습니다. 이 길에 여러분과 함께 있는 사람들이 있습니다. "찾는 자가 적음이라." 다른 길을 가고 있는 사람들만큼 많지는 않으나 그들은 매우 정선되고 단독적인 사람들입니다. 그러나 무엇보다 모든 사람에 앞서 그 길을 걸어가신 분, "나를 따르라"고 말씀하신 분, "자기를 부인하고 십자가를 지고 나를 따르라"고 말씀하신 분을 보십시오. 이외에 좁은 문으로 들어가라는 다른 이유가 없더라도 이것으로 충분하고 남음이 있습니다.

이 길에 들어서는 것은 주 예수 그리스도의 발자취를 따라감을 의미합니다. 이것은 그가 사신 대로 살라는 초대장입니다. 이것은 점차 주님처럼 되라는 초대장입니다. 이것이 복음서에 기록된 주님의 삶을 사는 것입니다. 이렇게 생각하면 할수록 이유는 커질 것입니다.

여러분이 뒤에 남겨두어야 할 것에 대해서는 생각하지 마십시오. 그 속에는 아무것도 없습니다. 손실을 생각하지 마십시오. 희생과 고난을 생각하지 마십시오. 여러분은 아무것도 잃을 것이 없으며, 모든 것을 얻게 될 것입니다. 주님을 바라보십시오. 주님을 따르며, 궁극적으로 여러분은 주님과 함께 있을 것이며, 주님의 복되신 얼굴을 보며, 영원히 주님을 즐거워하게 될 것을 자각하십시오. 주님은 이 길 위에 계십니다. 그리고 이것으로 충분한 것입니다. 그러나 사람들이 본문을 고찰할 때 항상 말하곤 하는 일정한 문제들이 있습니다. 그 하나는 이 가르침이 어떤 사람들에게는 함정을 제시한다는 것인데 그 첫째 난제는 이것입니다. 즉 "주님은 여기서 삶에 일종의 중간 지대가 있다고 가르치시지 않는가? 여기서 우리는 우리 앞에 넓은 문과 좁은 문이 있는 길 위에 서 있는 것으로 묘사되어 있다. 사람의 생애 중 선하지도 악하지도 않을 때가 도대체 있는가? 우리는 모두 무죄하며, 중성으로 태어났는가? 우리는 심사숙고한 후에 이 문이나, 저 문으로 들어가는가?"라고 이와 같이 가르치는 것 같아 보입니다.

그 대답은 성경은 항상 성경으로 비교해야 한다는 것입니다. 성경의 어느 특정 구절을 성경 전체에 비추어서 취해야 할 것은 물론입니다. 성경은 우리가 모두 이 세상에 죄와 진노의 자식들로 태어난 것을 명백히 가르치고 있습니다. 우리는 모두 아담의 후손으로서 죄책과 수치 가운데 태어나며, 죄와 부정 가운데 잉태하였으며, 날 때부터 "죄와 허물로 죽어" 있습니다. 그러므로 사실상 날 때부터 우리는 모두 넓은 길 위에 있습니다. 그렇다면 주님은 왜 이런 표현을 사용하셨습니까? 다음과 같은 이유 때문입니다.

주님은 여기서 주님의 삶의 방식으로 들어가는 것이 중요함을 가르치고 계십니다. 그리고 하나의 실례를 사용하십니다. 주님은 이 상황을 극적으로 표현하시며 객관화하시며, 마치 우리가 두 길 중에 어느 한 길을 선택하는 문제에 직면하듯 생각하라고 요구하고 계십니다. 환언하면, 주님은 "너희는 너희가 태어난 세속적 삶에 영원히 몸을 맡기고자 하느냐? 아니면 그것을 떠나 나의 삶으로 들어오겠느냐?"라고 물으시는 것입니다. 주님은 자기를 영접하는 모든 사람에게 하나님의 자녀가 '되는' 권세를 주십니다. 이것이 복음서의 가르침이요, 서신들의 교훈입니다. 그러므로 이렇게 볼 때 이것은 한 가지 중요한 점만을 강조하기 위한 실례인 것을 보게 됩니다.

그러나 또 한 가지 의문점이 있습니다. 즉 "우리를 구해주는 것은 곧 우리의 결정이요 우리의 행동이라고 가르치지 않는가? 주님은 '좁은 문으로 들어가라 그리고 좁은 길을 따라가면 생명에 도달할 것이다. 반면에 너희가 다른 문으로 들어가면 멸망으로 인도될 것이다.'라고 말씀하신다. 그렇다면 사람은 자기 자신의 결정과 행동으로 자기를 구원하는 것이라고 가르치지 않는가?'라고 말입니다.

우리는 이 문제에서도 앞의 문제와 같이 접근해야겠습니다. 우리는 성경을 항상 성경으로 비교해야 하겠고, 성경은 서로 모순되지 않음을 깨달아야 합니다. 성경은 모든 사람이 믿음으로 의롭다 함을 받으며, 우리를 위해 돌아가신 주 예수 그리스도의 죽으심에 의해 구원받는다고 가르칩니다.

주님은 "잃어버린 자를 찾아 구원하시려고" 오셨습니다. "의인은 없나니 하나도 없으며"인 것입니다. 온 세상이 하나님의 심판 앞에 있습니다. 아무도 자기 행동으로 자신을 구할 수 있는 사람은 없습니다.

사람의 의는 '누더기'에 지나지 않습니다. 우리는 행실이 아니라 주 예수 그리스도의 은혜로 구원받았습니다. "그러면 본문은 어떻습니까?"라고 묻는 사람이 있습니다. 그 대답을 이렇게 표현할 수 있습니다. "내가 좁은 문으로 들어감으로써 나 자신을 구하는 것이 아니라, 이렇게 함으로써 내가 구원받은 사실을 선언하는 것이다."

좁은 문으로 들어가는 사람만이 구원받은 사람입니다. 좁은 길 위에 있는 사람들만이 구원받은 사람들입니다. 그렇지 않다면 이 사람들은 거기에 없을 것입니다. "육에 속한 사람(자연인)은 하나님의 성령의 일들을 받지 아니하나니"(고전 2:14), "육신의 생각은 하나님과 원수가 되나니"(롬 8:7). 그러므로 좁은 길과도 원수가 되는 것입니다. "이는 하나님의 법에 굴복하지 아니할 뿐 아니라 할 수도 없음이라"인 것입니다. 그러므로 이것이 그에게는 어리석은 것으로 보이기 때문에 좁은 길로 들어가려고 선택하는 사람은 없습니다.

그렇습니다. 여기 우리 주님의 말씀은 이와 같습니다. 내가 '복'이 있는 것은 나 자신을 '심령이 가난하게' 만드는 것이기 때문이 아니라, 내 속에 성령사역의 결과로 심령이 가난해질 때 참으로 복된 것입니다. 이렇게 되고, 이렇게 함으로써 우리는 우리의 신분을 선언하는 셈이며, 그의 백성 됨을 기쁘게, 서슴지 않고 선언하는 것입니다.

좁은 길을 따라 찾아볼 수 있는 것은 기독교인들뿐입니다. 좁은 문으로 들어감으로 여러분 자신을 기독교인으로 만드는 것이 아닙니다. 여러분이 구원받았기 때문에 들어가 그 길을 걷고 있는 것입니다.

이것을 다른 말로 표현할 수 있습니다. 즉 "기독교인의 삶을 살지 못하는 것은 우리가 넓은 길에 있음을 증명하는가?"라고 말입니다. 우리는 앞에서 좁은 길의 성격을 고찰하면서 산상설교의 어디서나 기독교인의 삶의 모습을 분명히 보았습니다. 그러나 우리는 많은 점에서 실패합니다. 우리는 다른 편 뺨을 돌려대지 않습니다. 그러므로 이것은 우리가 아직 넓은 길에 있음을 의미하지 않는가? 라고 말입니다. 그 대답은 '아니요.'입니다.

어떤 실례이든 자세한 점들에서까지 상징을 찾아내려고 해서는 안 됩니다. 그렇지 않으면, 앞서 여러 번 살펴본 대로 우스꽝스럽게 되고 맙니다. 본 문맥에 비추어 물어야 할 질문은 이와 같습니다. 즉 "그대는 이 길로 가기로 결정을 했는가? 당신은 이것에 몸을 맡기겠는가? 당신은 이 길을 선택했는가? 당신이 원하는 것은 이것인가? 당신이 노력하고 있는 것은 이것인가? 당신은 주리고 목마른 삶을 살고 있는가?" 그렇다면 나는 여러분이 좁은 길에 있다고 보장할 수 있습니다. "의에 주리고 목마른 자는 복이 있나니 그들이 배부를 것임이요"라고 말씀하신 이는 우리 주님 자신이십니다. 의에 주리고 목마른 사람은 절대 무죄하고 완전한 사람이 아닙니다. 이생에 그와 같은 사람은 없습니다. 주님은 결국 "내 백성은 나를 따르고 싶어 하는 자들, 따르려고 애를 쓰는 자들이다."라고 말씀하셨습니다. 그들은 좁은 문으로 들어가 좁은 길을 걷고 있습니다. 그들이 자주 실패하여 시험에 빠지는 것은 사실입니다. 그러나 여전히 이 길 위에 있습니다. 실패한다고 해서 그들이 넓은 길로 되돌아간 것을 의미하는 것은 아닙니다.

좁은 길에서는 넘어질 수도 있습니다. 그러나 넘어진 것을 자각하고 즉시 우리의 죄를 자백하고 인정하면 하나님은 "미쁘시고 의로우사 우리 죄를 사하시며 우리를 모든 불의에서 깨끗하게 하실 것"입니다(요일 1:9). 요한은 제일서신 1장에서 이것을 모두 우리를 위해 기록했습니다. "우리도 빛 가운데 행하면 우리가 서로 사귐이 있고 그 아들 예수의 피가 우리를 모든 죄에서 깨끗하게 하실 것이요"(7절), "그에게는 어둠이 조금도 없으시다는 것이니라"(5절). 그러나 우리는 죄에 빠져들고 사귐과 교제를 깨뜨립니다.

그래도 우리는 여전히 좁은 길 위에 있습니다. 하지만 교제는 잃어버립니다. 그러면 우리는 이것을 고백할 도리밖에 없습니다. 즉시 예수 그리스도의 피가 우리 죄를 사하시며 모든 불의에서 우리를 깨끗하게 하실 것입니다. 이리하여 교제는 다시 회복되고 주님과 우리는 동행을 계속하게 되는 것입니다. 좁은 길 장면은 이 한 가지 큰 원칙(주님과 같아지고 주님과 동행하려는 의욕, 우리의 포부, 우리의 위탁, 우리의 결심, 의에 주리고 목마름)을 강조하고 명심시키기 위한 것입니다.

마지막 문제는 다음과 같습니다. "멸망으로 인도하는 문은 크고 길이 넓어 그리로 들어가는 자가 많고 생명으로 인도하는 문은 좁고 길이 협착하여 찾는 자가 적음이라." 이에 어떤 사람은 "그러면 소수의 사람들만이 구원을 받게 되어 있습니까? 인류의 절대 다수는 저주받게 되어 있습니까?"라고 묻습니다.

이 질문에 대하여 나는 주님의 대답을 줄 수밖에 없다고 봅니다. 신학 문제에 호기심을 갖고 캐묻기를 좋아하는 사람들, 이 질문을 가지고 자기들끼리 논쟁을 하던 사람들이 어떤 날 주님께 와서(눅 13:23), "구원을 받는 자가 적으니이까?"라고 물었습니다. 여러분은 주님의 대답을 기억하실 것입니다. 주님은 이 철학자들, 이 사변적인 이들의 눈을 똑바로 들여다보시며, "좁은 문으로 들어가기를 힘쓰라"고 하셨습니다.

이런 질문은 하나님께 일임하십시오. 오직 하나님만이 얼마나 구원받을지 아십니다. 사람이 얼마나 구원받을지 아는 일은 우리의 일이 아닙니다. 우리가 할 일은 들어가기를 힘쓰는 것, '우리'가 그 안에 있는 것을 확실히 하는 일입니다.

우리가 그 안에 있음이 확실하기만 하다면, 어느 날 영광중에 우리의 동료가 얼마나 될 것인지 알게 될 것입니다. 그때 우리가 크게 놀라게 될 것은 무리가 아닐 것입니다. 그러나 지금에는 우리의 할 일이 아닙니다. 우리의 할 일은 들어가는 것, 들어가려 애쓰는 것, 들어간 것을 확실히 하는 일입니다.

좁은 문으로 들어가십시오. 그러면 여러분이 구원을 받고, 영광을 받으며, 믿음의 주요 또 온전하게 하시는 이이신 예수를 바라볼 사람들 가운데 있음을 아시게 될 것입니다.

52장

거짓 선지자들

"15 거짓 선지자들을 삼가라 양의 옷을 입고 너희에게 나아오나 속에는 노략질하는 이리라 16 그들의 열매로 그들을 알지니 가시나무에서 포도를, 또는 엉경퀴에서 무화과를 따겠느냐" 마 7:15-16

예수님은 마태복음 7장 13, 14절에서 초대 또는 권면의 형식으로, 우리가 좁은 문으로 들어가 좁은 길을 계속해서 걸어가야 할 것을 말씀하셨습니다. 그런데 본문(마태복음 7장 15,16절)에서는 이것을 정교화 하여 세부적으로 말씀하고 계십니다.

주님은 이 일을 시도하는 모든 사람들에게 마주쳐 오는 위험과 장애와 방해물을 우리에게 보여주며 복음은 귀를 기울이는 것, 찬양을 받는 것에서 끝나는 것이 아니라 항상 적용되어야 함을 거듭 강조하고 계십니다.

야고보가 표현한 대로, 율법의 거울을 끈기 있게 바라보고 그것을 기억하고 실천에 옮기는 대신, 그 거울을 들여다보고 나서 우리가 본 것을 즉시 잊어버리는 것에 위험이 있습니다. 이것이 주님께서 산상설교 마지막까지 줄곧 강조하신 주제입니다. 그래서 주님께서는 이 위험을 어떻게 알아볼 수 있으며, 이 위험들을 알아본 후에 이것을 어떻게 처리할 수 있는지 그 방법을 보여주셨습니다.

이렇게 두 가지의 특정 위험에 대한 경고를 하시고 나서 주님은 반석 위와 모래 위에 세워진 두 집에 대한 말씀으로 끝을 맺으셨습니다. 사실 이 주제는 처음부터 끝까지 심판에 관한 무서운 경고입니다. 오늘날 이것을 이해하는 일은 매우 중요합니다. 문제 대부분의 원인은 이것을 파악하지 못하는 데 있습니다. 이것은 오늘날 너무나 일반화된 경박하고 피상적인 복음전도와 우리들 대다수에게 있어 성결과 성화 된 삶이 부족함을 설명해 주고 있습니다.

오늘 이 시대 사람들은 하나님의 눈이 우리 위에 계심과 모든 사람들이 최후 심판의 방향으로 일관되고 확실히 움직이고 있다는 사실을 잊고 있는 것 같습니다. 그러므로 주님은 이것을 계속 반복하여 말씀하고 계십니다. 주님이 이것을 다른 형태로 표현하긴 하셨지만, 줄곧 심판의 사실과 심판의 성격을 강조하시고 있습니다.

그리고 무엇보다 주님은 심판의 최종성과 심판에 이어올 결과들을 강조하고 계십니다. 주님은 이미 13절과 14절에서, 왜 우리가 좁은 문으로 들어가야 하는지를 말씀하셨습니다. 그 이유인즉, 다른 문은 '멸망으로 인도하는' 넓은 문이요, 이 멸망은 최종 심판 후에 불경건한 사람에게 따라오는 것이기 때문입니다.

주님은 반복의 중요성을 아셨습니다. 주님은 우리가 얼마나 둔하며, 얼마나 더딘가를 아십니다. 사실은 그렇지 않은데 우리가 어떤 일을 안다고 생각하기가 쉬우므로 주님은 이 사실을 변함없이 상기해야 할 필요가 있음을 아셨습니다. 그러나 이 매우 중요한 원칙들을 잊지 않고 기억하기가 어려운 것을 우리 모두 잘 알고 있습니다. 그래서 옛사람들은 이것을 기억하기 위해 도움이 되는 온갖 방법과 수단에 호소했습니다.

여러분은 수많은 영국교회(성공회)에서 십계명이 벽 위에 쓰여 있음을 아십니다. 우리 선조들로 하여금 이렇게 하도록 한 것은 이 잊기 쉬운 경향을 드러낸 것이라 하겠습니다. 그래서 주님은 이 일들을 다시 상기시켜 주고 계신데, 두 가지 특수경고를 우리 앞에 제시하십니다. 첫째 경고는 거짓 선지자들에 대한 경고입니다. "거짓 선지자들을 삼가라 양의 옷을 입고 너희에게 나아오나 속에는 노략질하는 이리라." 우리 마음속에 그려보아야 할 장면은 다음과 같습니다. 여기에 우리는, 이 좁은 문밖에 서 있으며 "자, 이 지점에서 너희가 가장 주의해야 할 것 한 가지는 거짓 선지자들에게 귀를 기울이는 위험이다. 거짓 선지자들은 항상 저 좁은 문 바로 밖에 서 있다. 그곳이 그들이 애용하는 장소이다. 만일 그들에게 귀 기울이기 시작하면 너희는 전적으로 파멸이다. 그들은 너희를 좁은 문으로 들어가지 못하게, 좁은 길을 걷지 못하게 설득할 것이기 때문이다. 그들은 내가 한 말을 듣지 못하도록 너희를 단념시키려 애쓸 것이다."라고 말씀하시는 주님의 산상설교를 듣고 있는 것입니다. 이렇게 그 특유의 교활한 유혹을 가지고 오는 거짓 선지자의 위험이 항상 우리 앞에 있는 것입니다.

우리에게 즉각 이런 질문이 제기됩니다. "이 거짓 선지자들은 어떤 자들인가? 그들은 누구인가? 그들의 정체를 어떻게 알 수 있는가?" 이것은 얼핏 보이는 것처럼 그렇게 단순한 문제가 아닙니다. 그 해석은 흥미와 매혹으로 가득합니다. 거짓 선지자들에 관한 본문을 놓고 두 가지 견해가 있습니다.

첫째 견해는 본문이 거짓 선지자들의 교훈만을 언급하는 것이라 주장합니다. "그들의 열매로 그들을 알지니"라고 주님이 말씀하셨는데, 열매는 오직 교훈과 교리를 가리키는데 '거짓 선지자들'의 의미를 이것에만 제한시켜 풀이하려는 사람들입니다. 이 부류에 속하는 프로테스탄트 해석가들은 이것의 최고의 실례를 로마교회라고 생각했습니다.

그러나 또 다른 부류는 이것과 전적으로 의견이 달랐습니다. 이 부류는 거짓 선지자들에 대한 말씀이 교훈과는 아무 상관이 없으며, 이 사람들이 어떤 유형의 삶을 사는가는, 순전히 그들의 삶의 문제라고 말합니다. 예를 들어 알렉산더 맥클라렌(Alexander MacLaren) 박사와 같은 잘 알려진 해석가는 "본문은 이단들을 탐색해 내는 시금석이 아니요, 위선자들 특히 무의식적 위선자들의 가면을 벗겨내는 기준"이라고 했습니다. 그의 해석을 따르는 사람이 많은데, 그의 논증인즉 본문은 교훈과는 아무 상관이 없다고 주장합니다. 그러나 이 사람들에게 온통 문제 되는 것은, 그들의 가르침은 옳으나 그들의 생활은 잘못되어 있고, 자기네가 위선자들임을 스스로 의식하지 못하는 것에 있습니다.

이렇게 두 부류의 학파가 있습니다. 그러나 둘 중 어느 해석을 믿을 것인가는 중요하지 않습니다. 이 두 해석은 둘 다 옳은 동시에 둘 다 잘못되었으며, 잘못은 둘 중의 어느 한 해석이 바르다고 말하는 것에 있다고 말씀드리고 싶습니다. 이것은 타협한다는 말이 아니요, 두 요소를 포함하지 않고는 본문을 만족스럽게 해석할 수 없다고 보기 때문입니다.

분별력을 조금이라도 갖고 있는 사람이라면 누구나 이단을 알아낼 수 있습니다. 만일 어떤 사람이 강단에 올라가 하나님의 존재를 의심하는 설교를 하고 그리스도의 신성과 이적을 부인한다면, 여러분은 그를 이단이라고 말할 것입니다. 이런 것은 어려울 것도 미묘할 것도 없습니다. 그러나 주님의 묘사하신 말씀을 보면, 이것에 어려움이 있고 미묘한 것이 있다는 암시가 있습니다.

주님께서 양의 가죽을 묘사하실 때 사용하신 용어를 주목해 보십시오. 주님은 이런 유형의 거짓 선지자에게 문제되는 것은, 처음에는 그가 그런 자라고 결코 상상할 수도 없다는 점을 암시하셨습니다. 모든 것이 극히 미묘하므로 하나님의 백성들이 이것에 잘못될 수 있다는 것입니다.

베드로후서 2장에서 이것을 어떻게 나타냈는지 주목해 보십시오. "이 자들은 이단을 가만히 몰래 끌어들인다"(1절)라고 했습니다. 그들은 바른 사람들 같아 보입니다. 그들은 양의 가죽을 입고 옵니다. 아무도 거짓된 것을 눈치 채지 못합니다. 그런데 신구약 성경은 거짓 선지자의 이런 성격을 늘 나타내고 있습니다. 위험한 것은 실로 그의 미묘함입니다. 그러므로 이 가르침을 바로 해석하려면 이 특정 요소를 참작해야 합니다. 이런 이유로 이것을 이단과 그들의 가르침에 대한 경고로만 받아들일 수는 없습니다. 그러나 이것은 다른 편 해석에도 역시 적용됩니다. 그러므로 그들의 행위에 어떤 극악무도한 것이 있지 않은 것은 분명합니다. 행위로 나타난다면 누구라도 알 수 있습니다. 이것은 미묘할 것도 어렵지도 않은 것입니다.

그러므로 염두에 두어야 할 것은 다음과 같습니다. 거짓 선지자는 처음에는 바람직한 것을 모두 갖춘 외모로 오는 사람입니다. 그는 마음에 들고, 붙임성 있고 유쾌합니다. 그는 철저한 기독교인으로 보이며, 옳은 것들을 말하는 것 같습니다. 그의 가르침은 대체로 아주 옳고, 예수 그리스도를 논하고, 십자가를 말하고, 하나님의 사랑을 강조하는 등 기독교인이 마땅히 해야 할 말을 모두 말하는 것 같습니다.

그리고 그의 생활방식도 일치하는 것처럼 보입니다. 그러므로 조금도 잘못된 것이 있음을 여러분은 눈치 채지 못합니다. 즉각 여러분의 주목을 끌거나, 혐의를 일으키거나, 눈에 거스르게 잘못된 것이 하나도 없는 것입니다. 그러나 마침내 거짓 선지자들은 가르침에서나 생활에서나 모두 잘못되게 되어 있습니다.

이상으로 본문의 거짓 선지자들의 바로 이해하는 데는 오직 한 가지 방법이 있습니다. 거짓 선지자는 그의 복음에 '좁은 문'과 '좁은 길'을 갖고 있지 않는 사람입니다. 그는 자연인에게 거슬리는 것은 하나도 갖고 있지 않습니다. 그는 모든 사람을 기쁘게 합니다. 그는 양의 가죽을 입고 옵니다. 보기에 너무나 매력적이요, 너무나 붙임성 있고, 너무나 마음에 듭니다. 그는 너무나 멋지고 기분 좋게 위로가 되는 메시지를 전합니다. 그는 모든 사람을 기쁘게 하며, 모든 사람이 그를 좋게 말합니다. 그는 결코 설교 때문에 박해를 받는 일이 없으며, 호되게 비판을 받는 일도 절대 없습니다.

그는 자유주의자들에게도 현대주의자들에게도 찬양을 받으며, 복음주의자들에게도 칭찬을 들으며, 모든 사람에게 칭송을 받습니다. 그는 이런 의미에서 모든 사람에게 모든 것이 되는, 이른바 약방의 감초격입니다. 그러나 그에게는 '좁은 문'이 없으며, 그의 메시지는 '좁은 길'이 없으며, '십자가의 거치는 것'이 없습니다.

이상이 거짓 선지자에 대한 대략적 서술이라면 이런 질문을 던져볼만 합니다. "이 '좁은 문'과 '좁은 길'은 정확히 무엇을 의미하는가? 그의 설교에 거슬리는 것이 조금도 없다는 것은 무슨 의미인가?"라고 말입니다. 그 대답은 구약성경을 인용하는 것이 가장 좋겠습니다.

여러분은 베드로가 그의 제2서신 2장에서 "그러나 백성(구약성경의 이스라엘 백성) 가운데 또한 거짓 선지자들이 일어났었나니 이와 같이 너희 중에도 거짓 선생들이 있으리라"(벧후 2:1)고 한 말씀을 주목해 보시며 구약성경으로 돌아가 거짓 선지자들에 대한 기록을 읽어보아야 하겠습니다. 왜냐하면 그들의 유형은 변하지 않기 때문입니다.

예레미야나 그와 같은 참 선지자가 올 때마다 거짓 선지자들은 항상 거기 있어서 그를 문제 삼고, 적대하고 탄핵하고 조롱했습니다. 그들은 무엇과 같았습니까? "그들이 딸 내 백성의 상처를 가볍게(피상적으로) 여기면서 말하기를 평강하다, 평강하다 하나 평강이 없도다"(렘 8:11). 거짓 선지자는 항상 매우 위로적인, 기분 좋은 설교자입니다.

그에게 귀를 기울이면 그는 여러분에게 항상 잘못된 것이 별로 없다는 인상을 줍니다. 때론 잘못이 약간은 있는 것을 인정하기도 합니다. 잘못이 조금도 없다고 말할 정도로 바보는 아닙니다. 그러나 만사가 괜찮으며, 잘 되어 나갈 것이라고 그는 말합니다.

그는 "평강하다, 평강하다"라고 말하며 "예레미야와 같은 사람의 말을 듣지 말라."고 부르짖습니다. "그는 편협된 사람이요, 이단을 추적하는 사냥꾼이요, 비협조적이다. 그의 말을 듣지 마라. 모든 것이 잘 돼 나간다."라고 말합니다. "딸 내 백성의 상처를 가볍게 여기면서 말하기를 평강하다 평강하다 하나 평강이 없도다"라고 말입니다. 그리고 그때나 지금이나 무섭게도 "내 백성은 그것을 좋게 여기니"(렘 5:31)란 말씀이 첨가되어 있습니다. 그것이 여러분을 결코 불안하게 하거나 언짢게 하지 않기 때문입니다. 여러분은 만사가 괜찮은 것입니다.

여러분은 좁은 문과 좁은 길이나 이런 저런 것에 대해 염려할 필요가 없습니다. "평강하다, 평강하다." 양의 가죽을 쓰고 있는 거짓 선지자는 항상 속편하게 하며, 매우 안심을 줍니다. 그는 항상 악의가 없고 기분 좋고, 항상 변함없이 매혹적이어서 마음을 끄는 것입니다. 그러면 그들은 어떤 모양으로 정체를 드러냅니까? 그것은 그 메시지에 교리가 거의 없는 것으로 보아 알 수 있다고 말씀드립니다.

그의 메시지는 항상 모호하고 일반적인 성격을 띠고 있습니다. 그의 메시지는 교리를 특수화하여 하나하나 상세히 열거하지를 않습니다. 그는 교리적 설교를 좋아하지 않습니다. 그의 설교는 항상 매우 모호합니다. 그러나 여기서 "교리를 특수화하여 자세히 열거한다는 말은 무슨 소리며, 좁은 문과 좁은 길은 어디서 들어갑니까?"라고 물을 사람이 있을 것입니다. 그 대답은 거짓 선지자는 하나님의 성결과 의와 공의와 진노에 대해서는 매우 드물게 말한다는 것입니다. 하나님의 사랑은 항상 말하나 그 밖의 일들은 말하지를 않습니다. 그는 우리들이 모두 관계를 맺고 있는 이 거룩하고 존귀한 분에 대해 설교할 때 그 아무도 두려워 떨게 하는 일이 없습니다. 그가 이 진리들을 믿지 않는다고 입 밖에 내지는 않습니다.

그러나 이것이 말썽이 되는 것은 아닙니다. 말썽인 것은 그가 이것들을 조금도 말하지 않는 것에 있습니다. 그는 대체로 하나님에 대한 진리 하나만을 강조하는데 곧 사랑입니다. 그는 성경에 두드러진 기타 진리들은 말하지를 않습니다. 위험이 도사리고 있는 곳은 바로 여기입니다. 그는 분명히 잘못된 것들을 말하지 않으며, 분명히 옳고 참된 것들을 말하지 않고 피합니다. 그가 거짓 선지자인 것도 이 때문입니다. 진리를 감추는 것은 철저한 이단을 전파하는 것만큼이나 패씸하고 저주받을 일입니다. 그런 가르침의 결과를 '노략질하는 이리'의 결과로 비유한 것도 이 때문입니다. 이것은 매우 기분 좋게 하고 붙임성 있는 것이지만 사람들을 파멸로 이끌 수 있습니다. 이것은 그들에게 하나님의 성결과 의와 공의를 직면하게 하는 일이 없기 때문입니다.

거짓 선지자가 결코 강조하지 않는 또 다른 교리는 최후 심판과 버림받은 자들의 영원한 운명입니다. 오늘날에 최후 심판에 대한 설교는 많지 않았습니다. 지옥과 악한 자들의 '영원한 파멸'에 대한 설교도 거의 없었습니다. 거짓 선지자들은 베드로후서와 같은 가르침을 좋아하지 않습니다. 그들은 베드로후서의 정경성을 부정하려고 애썼습니다. 이유는 그들의 교리에 적합하지 않기 때문이라는 것입니다. 베드로후서는 그토록 강하고, 그토록 폭발적입니다. 그뿐만이 아닙니다. 유다서를 읽어보고, 소위 부드러운 사도인 사도 요한의 제일서신에서도 같은 것을 발견하실 것입니다. 그런데 그것은 여기 산상설교에도 있습니다. 양의 가죽을 입었으나 노략질하는 이리들인 거짓 선지자들에 대해 말씀하시고 그들을 썩고 악한 나무로 서술하신 분은 주님이십니다. 주님은 바울이 벨릭스와 드루실라에게 "의와 절제와 장차 오는 심판"(행 24:25)을 설교했을 때와 똑같이 심판을 다루고 계십니다.

동시에 거짓 선지자의 교훈은 죄의 사악성과 인간이 자신의 구원을 행하거나 전적으로 무능하다는 점을 강조하지 않습니다. 거짓 선지자는 실로 죄가 있음을 믿지도 않으며 그 사악성을 강조하지도 않습니다. 그리고 우리가 모두 완전하다고 말하지는 않으나 죄가 그리 중대한 문제는 아니라고 암시합니다. 그는 죄에 대해 말하는 것을 좋아하지 않습니다. 다만 개별적이거나 어떤 특정 죄에 대해서만 말할 뿐입니다. 그는 타락한 인생에 대해서나 인간이 전적으로 타락하여 버림받고 부패했다고 말하지를 않습니다. 그는 전 인류가 죄의 연대책임을 지게 된 것과 "모든 사람이 죄를 범하였으매 하나님의 영광에 이르지 못하더니"(롬 3:23)라는 사실을 말하는 것을 좋게 여기지 않습니다. 그는 신약성경에서 찾아볼 수 있는바 '죄의 사악성'(롬 7:13) 교리를 강조하지 않습니다. 그리고 사람이 '허물과 죄로 죽었고' 철저히 무력하고 소망이 없다는 사실을 강조하지도 않습니다.

제가 강조하는 것은 거짓 선지자들이 이런 것을 말하지 않는다는 것과 그렇게 함으로써 그의 말을 듣는 순수한 신자들이 그가 이런 것을 믿고 있는 것이라 착각을 일으킨다는 것입니다. 그런 거짓 선생들과 관련해서 제기되는 문제는 "그들이 이런 것을 믿고 있는가?"입니다. 그 대답은 물론 '아니요.'입니다. 그렇지 않다면 이런 것을 설교하며 가르치지 않을 수 없을 것이라 생각될 것입니다. 그런데 속죄에는 보상적인 면이 있으며, 주 예수 그리스도의 대속적 죽음이 있습니다. 거짓 선지자도 '예수'에 대해서 말은 합니다. 그도 예수의 십자가와 죽음에 대해 말하기를 좋아합니다. 그러나 중요한 문제는, "이 죽음에 대한 그의 견해가 어떤 것인가? 십자가에 대한 견해는 어떤 것인가?" 하는 것입니다.

그것을 시험하는 기준 하나를 소개합니다. "그리스도가 십자가 위에서 죽은 것은 이것만이 죄를 위한 보상이요, 화해의 유일한 방법임을 그가 진정 믿고 있는가? 그리스도가 그를 위해 대속물로서 거기 십자가에 달리신 것, 그가 '나무 위에 달리시므로' 그의 죄책에 대한 형벌을 떠맡으신 것을 그가 진정 믿고 있는가? 하나님이 십자가 위의 그리스도의 몸으로 그의 죄를 처형하시지 않았다면, 하나님이 그를 용서할 수 없었을 것이라 함을 그가 믿고 있는가? 하나님이 '예수 믿는 자를 의롭다'(롬 3:25, 26)하실 수 있음은 우리의 죄를 위한 대속물로 자기 아들을 십자가에 보내심으로만 가능했던 것을 그가 믿고 있는가?" 하는 것입니다. 단순히 그리스도와 십자가를 논하는 것만으로는 충분하지 않습니다. 그것이 "성경의 대속적 속죄론인가?" 하고 묻는 것이 이 거짓 선지자를 시험하는 방법입니다.

거짓 선지자는 이런 것들을 말하지 않습니다. 십자가에 대해 말은 합니다. 십자가 주변에 있던 사람들에 대해서도 말하며 우리 주님에 대해 감상에 빠지기는 합니다. 그러나 바울의 '십자가의 거치는 것'에 대해서는 아무것도 모릅니다. 그

의 십자가 설교는 '헬라인들에게 어리석음'이 아니요 '유대인들에게 거치는 것'
이 아닙니다. 그는 십자가를 '그의 철학'을 통해 무용지물로 만들어 버립니다. 그
는 십자가를 아름다운 것으로 경이로운 사랑의 철학으로, 무관심한 세상 때문에
애끓는 마음을 자아내는 것으로 만들어 버립니다. 그는 십자가를 아버지와 아들
사이의 거대하고 성스러운 계약으로 본 일이 없습니다. 이 계약에서 아버지는
아들을 '우리를 위해 죄'가 되게 하셨고, 우리의 죄를 아들에게 지우셨던 것입니
다. 그의 설교와 가르침에는 이런 것이 하나도 없습니다. 그의 가르침이 거짓된
것도 이 때문인 것입니다.

동시에 그는 어떤 의미에서든 회개를 강조하지 않습니다. 그의 교훈에는 구원
으로 인도하는 매우 큰 문과 천국으로 인도하는 매우 넓은 길이 있습니다. 여러
분은 자신의 죄성에 크게 신경 쓸 필요가 없어집니다. 여러분의 마음이 검은 것
을 대수롭게 여길 필요가 없어집니다. 여러분은 '그리스도를 위해 결정'하기만
하면 됩니다. 그러나 청교도나 요한 웨슬리나 조지 윗필드나 기타 인물들의 전
도는 전혀 달랐습니다. 이 사람들의 전도는 사람들로 하나님의 심판을 두려워하
게 했고, 가끔 영혼들로 하여금 며칠, 몇 주, 몇 개월간이나 고뇌하게 했습니다.
존 번연은 그의 《은혜가 넘치다》란 책에서 자신이 18개월간 회개의 고통을 당
한 것을 말했습니다.

회개는 여러분이 하나님 앞에 죄책이 있고 악하고, 여러분이 하나님의 진노와
형벌을 받아야 할 것과 지옥을 가게 되어있음을 자각하는 것을 의미합니다. 회
개는 죄라 불리는 이것이 여러분 속에 있음과 여러분이 그것을 제거하려 갈망하
며 어느 모양 어느 형태로든 그것에 등을 돌릴 것을 자각함을 의미하는 것입니
다. 여러분은 어떤 희생을 치루더라도 세상을 버리되, 실제 생활에서는 물론 생
각과 전망으로도 세상을 버리며 자기를 부인하고 십자가를 지고 그리스도를 따
라갑니다. 여러분에게 가장 가깝고 가장 소중한 사람들 그리고 온 세상은 여러

분을 바보라고 여기거나 종교광이 되었다고 말할지 모릅니다. 여러분은 금전 면에서도 손실을 감수해야 할지 모릅니다.

그러나 이것은 상관없으며 중요하지도 않습니다. 이것이 회개입니다. 거짓 선지자는 이렇게 말하지 않습니다. 그는 "내 백성의 상처를 가볍게 치료하며, 모두 괜찮다. 여러분이 '그리스도에게 와서' '예수를 따르고' 또는 '기독교인이 되기만 하면' 된다."라고 말하는 것입니다.

그러므로 끝으로, 우리는 이렇게 말할 수 있겠습니다. "거짓 선지자는 좁은 문을 들어가며 좁은 길을 걸어가야 할 절대 필연성을 강조하지 않는다."라고 말입니다. 거짓 선지자는 산상설교를 실천해야 한다고 말해주지 않습니다.

만일 우리가 산상설교를 비평만 하고 실천이 없다면, 이 말씀이 심판을 선고하며 우리를 정죄할 것입니다. 거짓된 가르침은 참된 성결, 성경적 성결에 관심이 없습니다. 거짓된 가르침은 바리새인이 가졌던 것과 같은 성결관에 집착합니다. 바리새인들은 자기네가 짓지 않는다고 생각되는 어떤 죄들을 끄집어내서 여러분이 이 죄들을 짓지 않는 한 모두 괜찮다고 한 것을 기억하실 것입니다.

바리새인들이 오늘날에도 얼마나 많습니까? 성결은 서너, 너덧 가지 무엇 무엇을 하지 않는다는 문제로 격하되고 말았습니다. 우리는 이제 성결을 "이 세상이나 세상에 있는 것들을 사랑하지 말라"는 말씀이나 "육신의 정욕과 안목의 정욕과 이생의 자랑"(요일 2:15, 16)의 관점에서 생각하지를 않습니다. '이생의 자랑'은 교회의 가장 큰 저주거리 중의 하나입니다. 거짓 가르침은 바리새적인 성결을 소원합니다. 거짓 가르침은 우리 자신이 행하지 않기로 동의한 어떤 조목들의 문제에 지나지 않습니다. 이 조목들은 특별한 호소력을 가지지 못하기 때문입니다. 우리는 이처럼 성결을 안이한 그 무엇으로 격하시켜 버렸습니다. 우리는 넓은 길로 밀려들어가 넓은 길을 실천하려 애를 쓰는 것입니다. 이상으로 양의 가죽을 뒤집어쓰고 오는 거짓 선지자들의 특징의 일부를 말씀드렸습니다.

오늘날은 거짓 선지자들을 공격하는 이런 유형의 가르침을 좋아하지 않습니다. 사람이 기독교인이 되는 한 그를 형제로 여기고 함께 교제를 계속해야 한다고 말하는 시대에 우리는 살고 있습니다. 그러나 이것에 대한 대답인즉 주님은 "거짓 선지자들을 삼가라"고 말씀하셨던 것입니다. 우리를 무섭게 쏘아보는 이 경고들이 신약성경에 들어있는 까닭은 제가 지금까지 말씀드려 온 바와 같습니다. 물론 우리가 비판적이어서는 안 될 것입니다. 그렇다고 친절과 정중함을 성도다움으로 오인해서도 안 됩니다. 그것은 인격이나 개성의 문제가 아닙니다.

이 사람들을 멸시해서도 안 됩니다. 사실, 알렉산더 맥클라렌 박사가 그들이 무의식적 위선자들이라고 한 말은 옳습니다. 그들이 마음에 들지 않고 붙임성 없고 유쾌하지 않다는 것이 아닙니다. 그들을 대하기가 기분 좋습니다. 그러나 어떤 의미에서는 이것이 그들의 가장 위험한 점입니다. 그리고 이것이 그들을 위험의 근원으로 만들고 있습니다. 제가 이 문제를 강조하고 있는 이유는, 주님에 의하면 우리는 이것에 항상 직면해야 하기 때문입니다. 멸망으로 인도하는 길이 있는데도 거짓 선지자는 멸망을 믿지 않는 것입니다.

지금까지 고찰해 온 바로 이것이 오늘의 교회 상태의 설명이 된다고 말한다면 지나친 말이 되겠습니까? 교회가 왜 이처럼 허약하고 무능하고 무력해졌습니까? 그 원인은 지난 세기의 고등 비평 운동의 결과로 온 설교 때문이라고 말하는 것에 저는 주저하지 않겠습니다. 이것은 철저하게 정죄 받은 교리 설교입니다. 그 옹호자들은 도덕과 일반적인 정신 앙양을 위해 설교했습니다. 그들은 설교의 실례를 문학과 시에서 끄집어내왔습니다. 에머슨이 대제사장들 중 한 사람이 된 셈이었습니다. 이것이 말썽의 원인입니다.

그들은 아직도 하나님 운운합니다. 그들은 아직도 예수 그리스도를 운운합니다. 그들은 아직도 십자가 위의 죽음을 운운합니다. 그래도 그들이 명백한 이단으로 인정된 일이 없습니다. 그러나 그들은 구원받는데 절대 중요한 기타 사항들을 말하지 않았습니다. 그들은 아무도 야단치는 일이 없는 이 막연한 메시지만을 주었습니다. 그들은 너무 유쾌하고 기분 좋고 '현대적'이며 최신식입니다. 그 결과로 오늘날 너무나도 텅 빈 교회들과 수준 미달의 기독교인들이 넘쳐나고 있습니다. 이렇게 된 데는 우리들 대다수에게 책임이 있습니다. 정말 입맛 떨어지고 불쾌한 일입니다.

여러분이 싫어하든 좋아하든 나는 정직히 고백합니다. 만일 내가 이처럼 산상설교를 설교하기로 서약하지 않았다면 나는 이 말씀들을 설교 본문으로 택하지 않았을 것이라고 말입니다. 저는 이전에는 이것에 대해 설교한 일이 없었습니다. 여러분 가운데도 있을 수 있는 일이라 생각해 봅니다. 이 설교를 좋아하지 않거나 비위에 거슬립니다. 그러나 우리의 일은 우리가 좋아하는 것들만을 택하는 데 있지 않습니다. 이것을 말씀하신 이는 하나님의 아들이십니다. 이것을 심판과 멸망의 문맥 속에 접어 넣으신 이는 그분입니다.

그러므로 나 자신이 이단 사냥꾼으로 알려지는 위험을 무릅쓰고, 또는 모든 사람 위에 심판자로 앉아있는 괴짜요 괴팍한 사람으로 알려지는 것을 무릅쓰고, 정직하게 성경을 풀이하려 애쓰고 있습니다.

여러분들도 불멸의 영혼과 그 영원한 운명을 평가하고 값을 매기시는 하나님 앞에서 기도하는 마음으로 이 문제를 다시 생각해 보기를 간곡히 권면하는 바입니다.

53장

나무와 열매

"15 거짓 선지자들을 삼가라 양의 옷을 입고 너희에게 나아오나 속에는 노략질하는 이리라 16 그들의 열매로 그들을 알지니 가시나무에서 포도를, 또는 엉겅퀴에서 무화과를 따겠느냐 17 이와 같이 좋은 나무마다 아름다운 열매를 맺고 못된 나무가 나쁜 열매를 맺나니 18 좋은 나무가 나쁜 열매를 맺을 수 없고 못된 나무가 아름다운 열매를 맺을 수 없느니라 19 아름다운 열매를 맺지 아니하는 나무마다 찍혀 불에 던져지느니라 20 이러므로 그들의 열매로 그들을 알리라" 마 7:15-20

앞장(마태복음 7장 15-16절)에서 특별히 강조한 것은 거짓 선지자들 즉 "양의 옷을 입고 너희에게 나아오나 속에는 노략질하는 이리"인 사람들을 분별하기가 어렵다는 점이었습니다.

많은 사람들이 이 대목을 난해하게 여기는 까닭은 그 전후 문맥 관계 때문입니다. "비판을 받지 아니하려거든 비판하지 말라 너희가 비판하는 그 비판으로 너희가 비판을 받을 것이요"라는 말씀 뒤에 거짓 선지자들에 대한 주님의 말씀이 계속되어 있기 때문입니다.

거짓 선지자들은 언제나 주님이 하신 말씀을 기뻐하지 않습니다. 현대의 거짓 선지자들은 바리새인들에 대해서마저도 좋게 말할 수 있는 내용을 찾아내려고 혈안이 되어 있습니다.

양의 옷을 입은 거짓 선지자들은 사소한 것이라도 비판적인 것이거나 엄격한 것은 전혀 입 밖에도 내지 말라고 마치 주님의 말씀처럼 가르칩니다. 물론 남의 흠을 들추어내서 욕하는 것은 삼가야 할 일입니다. 그러나 또 한편 생각해 볼 때 이런 성경구절을 주의 깊게 보아 정직하게 다루려고 노력하지 않는 한 산상설교를 충분히 이해하기는 어렵습니다. 우리 자신이 이렇게 한다면 비판을 받는 표준을 우리 스스로 세우게 된다는 것을 깨닫지 않으면 안 될 것입니다.

주님은 이 거짓 선지자들의 문제를 강조하시려고 한 것이 분명합니다. 주님은 말씀하시기를 거짓 선지자는 그 열매를 보아 알 수 있다고 하셨는데(16절), 여기서 주님은 "가시나무에서 포도를, 또는 엉겅퀴에서 무화과를 따겠느냐 이와 같이 좋은 나무마다 아름다운 열매를 맺고 못된 나무가 나쁜 열매를 맺나니 좋은 나무가 나쁜 열매를 맺을 수 없고 못된 나무가 아름다운 열매를 맺을 수 없느니라 아름다운 열매를 맺지 아니하는 나무마다 찍혀 불에 던져지느니라 이러므로 그들의 열매로 그들을 알리라"(16-20절)라고 하셨습니다.

본문에 기록된 대로 주님은 "그들의 열매로 그들을 알지니"로 시작해서 "이러므로 그들의 열매로 그들을 알리라"는 구절로 끝을 맺으셨습니다. 이 말씀을 강조하기 위해 다시 되풀이하신 것입니다. 우선 분명히 하지 않으면 안 될 순전히 기술적인 점이 한 가지 있습니다. 그것은 이 '나쁜(corrupt)'이라는 용어의 뜻입니다.

"이와 같이 좋은 나무마다 아름다운 열매를 맺고 못된 나무가 나쁜 열매를 맺나니"에서 이 '나쁜'이라는 말은 '썩은'이라는 뜻이 아닙니다. 왜냐하면 냄새가 나거나 썩은 나무는 절대로 열매를 맺을 수 없기 때문입니다. 이 점이 매우 중요합니다. 이 점에 대해서 주의하지 않는다면 주님이 가장 강조하신바, 이 미묘한 요소를 다시금 놓쳐버리기 쉽기 때문입니다.

주님은 다음 사실에 주의를 환기시키셨습니다. 즉 겉으로 보기에는 전혀 잘못된 것이 없어 보이는, 서로 닮은 두 종류의 나무가 반드시 같은 종류의 열매를 맺을 수는 없다는 사실입니다. 한 종류의 나무는 좋은 열매를 맺고 다른 나무는 보잘것없는 열매를 맺을 수 있습니다. 이와 같이 이른바 '나쁜 열매'라는 말은 완전히 썩었다는 뜻이 아닙니다. 그 뜻은 품질이 좋지 못한 열매, 보잘것없는 열매라는 뜻입니다. 결국 주님이 묘사하신 비교는 겉모양은 거의 같지만 열매를 살펴볼 때 알 수 있는 두 종류 나무의 비교입니다. 한 종류의 열매는 쓸 수 있지만 다른 하나는 쓸 수 없다는 것입니다. 여기 열매에 대해 의미심장한 교훈이 내포되어 있습니다.

교리 문제는 앞서 고찰한 바 있으므로 이번에는 실생활, 행실, 태도의 문제를 생각해 보겠습니다. 그러나 자세한 내용을 말씀드리기 전에 주님께서 여기서 권면하신 다음의 중요한 원칙을 먼저 다루기로 하겠습니다. 그것은 기독교인이 되는 것은 인격의 중심에 관계되는 것이요, 매우 중대하고 근본적이라는 것입니다. 신앙이나 생활의 어느 면으로 보던 표면적이거나 외면만의 문제는 아닙니다.

나무가 맺는 열매의 품질과 성격과 본질을 이렇게 묘사함으로써 주님은 이것을 크게 강조하고 계십니다. 이 점이야말로 우리 자신과 다른 사람들에게서 언제나 기대하지 않으면 안 될 것입니다.

주님은 외관 때문에 잘못 이끌리는 위험성에 더욱 주의를 이끄십니다. 이것은 양의 옷을 입고 나아오는 거짓 선지자들에 대한 또 다른 비유의 경우와 꼭 같습니다. 환언하면 기독교인처럼 보이면서도 실제로는 그렇지 않은 위험성입니다.

일련의 복음을 설교하는 것처럼 보이지만 사실은 그렇지 않습니다. 행위나 실생활에 있어서도 이와 같습니다. 새로운 존재가 '되지 않고' 내적인 생명을 받지 못하고 예수 그리스도의 형상을 따라 우리의 본성이 새롭게 하심을 받지 못하고, 그저 우리 생활에 어떤 것을 덧붙인다고 해서 기독교인이 되어보려는 위험성을 지적하신 것입니다.

여기서 주님이 강조하신 것은 사람 자체에 대한 것입니다. 그가 외견상으로는 바른 생활을 하는 것처럼 보일 수 있습니다. 그러나 주님에 의하면 그는 줄곧 거짓 선지자일 가능성이 있습니다. 그는 기독교인의 생활을 하는 것처럼 가장할지 모르나 실제로는 기독교인이 아닐 수도 있습니다. 이러한 모습이 지금까지 장구한 교회 역사에서 언제나 위험의 원천과 재앙이 되어온 것입니다. 주님은 이미 우리들이 이 원칙을 파악해야 할 것과 기독교인이 되는 것은 그 사람의 생명과 본성의 변화를 의미함을 말씀해 주셨습니다. 이것이 중생의 교리입니다.

인간의 본성이 변화되지 않는 한 그의 봉사는 아무런 가치도 없습니다. "그날에 많은 사람이 나더러 이르되 주여 주여 우리가 주의 이름으로 선지자 노릇 하며 … 주의 이름으로 많은 권능을 행하지 아니 하였나이까 하리니"라고 하신 말씀(22절)에서 우리는 그의 생애 중 많은 일을 해오고 있으나 자기 자신은 정작 변화되지 않는 사람을 발견 할 수 있습니다. 그는 바른 것을 말하고 또한 그대로 행했습니다. 그러나 그것은 아무런 가치도 없는 것입니다.

기독교는 이 점에서 독특합니다. 기독교는 근본 마음의 상태에 관심을 가집니다. 성경에 보면 마음은 대체로 감정의 자리가 아니라 인격의 중심으로 되어 있습니다. 예를 들어 마태복음 12장 33-37절에서 주님은 여기서 아주 명확하게 구체적으로 설명하셨습니다. 즉 "나무도 좋고 열매도 좋다 하든지 나무도 좋지 않고 열매도 좋지 않다 하든지 하라 그 열매로 나무를 아느니라"(마 12:33). 여기서도 나무의 품질과 성격을 강조하셨습니다. 주님은 다른 곳에서 이렇게 말씀하셨습니다. "사람에게서 나오는 그것이 사람을 더럽게 하느니라"(막 7:20).

문제는 단순히 표면상으로 하는 잔이나 접시의 겉을 씻는 문제가 아닙니다. 밖에서 들어오는 것이 아니고 안에서 나오는 것입니다. 중요한 것은 그 사람 자신입니다. 주님은 이 장면에서, 마음속에 있는 것은 반드시 외부로 나타나지 않을 수 없다는 점을 강조하시려 하십니다. 마음속에 있는 것은 그 신앙에서나 가르침에서나 교리에서 반드시 나타나기 마련인 것입니다. 이것을 언제나 쉽게 분별할 수 있는 것은 아니지만 우리가 신약성경의 가르침으로 조명을 받는 눈을 가지고 있다면 언제든 식별할 수 있으리라고 주님은 말씀하셨습니다.

교리에 대한 예를 들면, 누군가 크게 잘못된 것을 말하지 않을까 눈여겨보는 정도로는 십중팔구 거짓 선지자를 간파할 수 없습니다. 왜냐하면 그들은 그런 것을 말하지 않기 때문입니다. 그러나 참된 기독교인이 반드시 강조해야 할 것들이 있습니다.

이것을 자각하고 그들을 지켜본다면 그것들이 그들에게 없는 것을 발견하고 지금까지 기독교인으로 생각되던 사람이 사실은 거짓 선지자로서 매우 위험한 존재라는 것을 알게 될 것입니다. 이런 일은 실제 생활에 있어서도 그러합니다. 이것을 우리는 몇 가지 원칙의 형태로 서술할 수 있습니다.

그 첫째 원칙은, 신앙과 실생활과의 사이에는 불가분의 관계가 있다는 것입니다. 즉 본성은 결국 외부로 나타나기 마련이라는 것입니다. 사람의 깊은 곳에 있는 것은 항상 드러나고 나타나기 마련입니다. 신념과 생활에서 드러나는 것입니다.

사람은 결국 생각하는 그대로 행합니다. 환언하면 우리의 사람됨이 무엇인지, 무엇을 믿고 있는지를 외부로 나타내지 않을 수 없게 되어 있습니다. 아무리 조심한다고 해도 결국은 그렇게 필연적으로 나오게 마련입니다.

본성은 반드시 자신을 드러내고 맙니다. "가시나무에서 포도를, 엉겅퀴에서 무화과를" 딸 수는 없습니다. "좋은 나무마다 나쁜 열매를 맺을 수 없고 못된 나무가 아름다운 열매를 맺을 수 없습니다." 예수님은 이것을 절대적인 선고로써 단언하셨습니다. 만일 우리 자신이나 다른 사람들 혹은 삶의 전체를 주의 깊게 본다면 이것이 완전히 사실임을 인정하지 않을 수 없을 것입니다. 우리가 얼마 동안은 속을지도 모릅니다. 우리 모두가 아는 대로 외관상으로는 사람을 속이기가 쉽습니다. 그러나 이 일은 오래 계속되지 못합니다.

청교도들이 '일시적 신자'라고 부른 사람들이 있습니다. 일시적 신자라는 것은 복음의 영향을 받은 것처럼 보인 사람들 그리고 회개하고 중생한 것 같은 사람들입니다. 이런 사람들은 바른 말을 하고 또 생활에 있어서도 변화된 점을 보이고 그리스도인으로서의 외모를 보여줍니다. 그러나 청교도들이 그들을 일시적 신자라고 불렀던 까닭은 뒤에 가서 그들이 참으로 기독교인이 되지 않았다는 명백하고 의심할 바 없는 증거를 발견했기 때문입니다.

이 점에 대해서는 베드로후서 2장에도 분명히, 그림처럼 선명하게 밝힌 바 있습니다. 거기서 사도 베드로는 교회에 와서 그리스도인으로 받아들여졌긴 하지만 얼마 못되어 나가버린 사람들에 대해 말씀하고 있습니다. 그래서 베드로는 그들의 한 일을 다음과 같이 묘사했습니다. "개가 그 토하였던 것에 돌아가고 돼지가 씻었다가 더러운 구덩이에 도로 누웠다"(벧후 2:22). 베드로의 비유를 인용하자면 돼지라도 깨끗이 씻기어질 수 있고 표면상으로 깨끗해 보일 수 있습니다. 그러나 본성은 변하지 않습니다. 이것을 사도 베드로가 베드로후서 1장 4절에 말씀한 것과 비교해 보면 더욱 분명해집니다.

기독교인은 '정욕 때문에 세상에서 썩어질 것을 피하여"라고 했습니다. 그러나 2장에서 그가 일시적 신자를 말했을 때 그는 그들이 '멸망'에서가 아니라 '더러운' 것을 씻었다고 말하고 있습니다. 본성의 변화가 없는 한낱 표면상의 청결도 있는 것입니다. 씻는다는 것은 참으로 가치 있는 것이지만, 사람을 미혹할 가능성이 매우 강합니다. 겉만 씻은 사람도 외관상으로는 기독교인처럼 보일 수 있습니다. 그러나 주님은 여기서 그가 과연 진짜 기독교인인가 그렇지 않은가를 결정하는 것은 내부적인 본성이라고 말씀하십니다. 내적인 본성은 반드시 표면에 나타나게 마련입니다.

참된 증거가 눈에 뜨일 때까지는 시간이 걸립니다. 하나님은 처음부터 알고 계시지만 우리는 이런 것을 분별하는데 너무 더딥니다. 그러나 사람은 자기의 참된 모습을 반드시 나타내게 되어 있습니다. 이것은 불가피한 일입니다. 참된 기독교의 신앙은 독특한 생활방식을 반드시 만들어 내지 않을 수 없는 것입니다.

"가시나무에서 포도를, 엉경퀴에서 무화과를 따겠느냐." 이 두 가지는 절대로 분리시킬 수 없습니다. 내적인 본성은 반드시 외부로 나타나게 마련입니다. 사람의 깊은 신념은 조만간 반드시 생활을 통해 나타나게 됩니다. 참된 기독교처럼 보이긴 하지만 실은 가짜임을 주의해야 합니다. 그러므로 항상 조심해서 열매를 찾아보도록 우리 자신을 가르치고 훈련해야 합니다.

여기서 우리는 좋은 열매의 본성과 성격에 대해서 자세히 생각해야겠습니다. 그것을 우리 자신과 다른 사람들 안에서 찾아내야 하겠습니다. 그것을 찾기 위해서는 세심한 주의가 필요합니다. 그 이유는 그들이 협착하고 좁은 문 밖에 서서(여러분은 그런 것을 절대로 할 필요가 없습니다.) "이 길로 오시오."라고 말하는 사람들이 있기 때문입니다. 그래서 그들에 의해 그릇된 방향으로 이끌려 갈 가능성이 있습니다. 그러므로 이런 것들을 식별할 수 있는 방법을 배워야 합니다. 참 기독교 생활을 치밀하게 모방할 수 있는 생활유형도 있습니다. 이것이 무엇보다도 위험한 것입니다.

진짜 기독교 신앙의 최대 적은 이 인간사회에서 호전적으로 기독교를 박해하고 혹은 극악무도하게도 기독교의 교훈을 무시하는 사람들이 아니라 거짓 모습을 보여주려는 기독교인들이라는 사실이 더욱 분명히 되어가는 것 같습니다. 이런 사람들이야말로 여기서 주님이 거짓 선지자들에게 내리시는 죄의 선고를 머지않아 받을 사람들입니다. 교회의 오랜 역사를 살펴보면 어느 시대를 막론하고 이것이 사실로 증명되어 온 것을 알게 될 것입니다. 참된 영성을 끊임없이 방해하고 최대의 적이 되어온 것은 가짜 모조품의 기독교였습니다. 그리고 지금 이 시대의 가장 큰 문제점은 교회의 세속적 상태임이 분명합니다.

우리들은 교회밖에 있는 이 세상의 상태에 대해서보다도 교회 자체의 상태에 더욱 관심을 두어야 합니다. 현재의 상태의 진단을 교회 밖에서가 아니라 교회 안에서 찾아야 할 것이 점점 분명해지고 있습니다. 우리들은 이 모든 문제가 매우 미묘한 것임을 염두에 두고 여기서 몇 가지 미묘한 기준을 적용해야 합니다.

이와 같은 시험방법은 전반적인 것과 동시에 개별적인 시험으로 나눌 수 있습니다. 예를 들자면 그는 분명히 그릇된 것은 하나도 말하지 않으며, 아주 훌륭한 크리스천의 생활을 하고 있는 것처럼 보입니다. 이런 사람들을 우리는 어떻게 시험해 보아야 하겠습니까? 그들은 선량하며 윤리적이며, 도덕적인 면에서나 개인 생활방식에서도 높은 규범과 기준을 갖고 있습니다. 그렇지만 기독교인이 전혀 아닐 가능성이 있습니다. 그 차이점을 어떻게 알 수 있겠습니까?

여기에 여러분이 답변을 찾아내야 할 몇 가지 질문이 있습니다. 무엇보다도 도대체 왜 그들은 이 같은 생활방식을 취하고 있을까? 하는 질문입니다. 기독교인을 가장하지 않으나 선량한 현대인의 경우와 규칙적으로 예배 처소에는 참석하지만, 신약성경의 표준에 따라 판단할 때 기독교인이 전혀 아닌 사람을 예로 들어봅시다. 그들은 왜 그와 같은 생활을 합니까? 여기에는 많은 이유가 있습니다.

첫째로 순전히 기질의 문제일지도 모릅니다. 좋은 성격을 가지고 태어나는 사람들이 있습니다. 그들은 침착한 기질이나 성품을 가진 사람들입니다. 그들은 조용하며 타고난 것에 악한 것이나 공격적인 것이 조금도 없습니다. 그들이 그와 같은 고요한 태도를 취하기 위해서는 사소한 노력도 필요하지 않습니다. 그는 그렇게 태어났고 본래 이런 종류의 인간입니다. 이것은 순전히 생래적인 것이며 타고난 그대로의 것입니다.

둘째로 이 사람이 이런 생활을 하는 것은 일정한 신념을 가지고 있거나 어떤 도덕적 가르침에 찬성하고 있기 때문이겠습니다. 환언하면, 선량한 이교도라고 할 수 있는 사람들이 있습니다. 이런 사람들은 로잘린드 머리가 쓴《선량한 이교도의 결함》이라는 제목의 책 중에 감탄할 정도로 묘사되고 분석되어 있습니다. 이런 사람들은 매우 높은 표준을 가지고 있고, 그 표준에 따라서 그 날의 행동을 취합니다.

기독교를 완전히 떠나서 그런 생활방식을 충분히 실천하는 사람도 있을 수 있습니다. 그러므로 여러분이 인간의 생활, 생활방식의 외면만으로 판단하려고 하면 여러분이 속을 가능성이 큽니다. 교회 내부보다도 외부에 보다 나은 기독교인들이 있다고 흔히들 말하고 있습니다. 그 뜻은 교회 밖에서도 뛰어난 도덕성을 발견할 수 있다는 뜻입니다. 그러나 뛰어난 도덕성이 기독교와는 아무 관계가 없는 것입니다.

헬라의 이교 철학자들은 그리스도가 오시기 전에 이미 위대한 도덕적 교훈을 제시한 바 있습니다. 더욱 의미심장한 것은 헬라 철학자들이 때로는 기독교 복음의 가장 신랄한 적대자가 되었다는 사실입니다. 그들이야말로 십자가의 도를 '어리석은 것'이라고 본 바로 그 장본인들입니다(고전 1:23). 그러므로 그 사람이나 그의 생활을 그저 대충 보는 것으로 그치면 안 될 것입니다. 그들의 행동의 이유나 동기를 발견하려 해야 합니다.

기독교의 관점에서 볼 때, 이 점에 대한 기준은 오직 하나가 있습니다. 이 사람이 이런 유형의 생활방식을 취하고 있다는 인상을 주는 것은 그가 기독교인이요 그의 기독교 신앙 때문입니까? 만일 그가 기독교인이기 때문에 이런 삶을 살지 않는다 하더라도 그것은 전연 무가치한 것입니다. 이것은 그야말로 주님이 여기서 나쁜 열매라고 부르는 것입니다. 구약성경은 이 점을 매우 강하게 다음과 같이 표현했습니다. "우리의 의는 다 더러운 옷 같으며"(사 64:6). 세상적인 안목으로 본다면 의로운 것이었지만 하나님이 보신다면 더러운 누더기였습니다. 하나님께 궁극적으로 어떤 가치가 있는 것은 기독교인의 성격에서 나오는 것이요, 새로운 본성에서 샘솟아 나오는 것뿐입니다.

지금까지 전반적인 기준을 말씀드렸는데 이제 개별적인 기준을 말씀드리겠습니다. 개별적 기준은 소극적인 것과 적극적인 것 두 가지가 있습니다. 소극적인 기준은 어떤 사람이 진정한 기독교인이 아니고 진정한 기독교 교리를 가지고 있지 않으면, 그 생활의 어딘가에 진정한 기독교인의 성격과 일치하지 않는 것이 필연적으로 보일 것입니다. 그는 극히 악한 일을 조금도 하지 않습니다. 그러나 앞서 강조한바 기독교 신앙의 근본 교리를 믿지 않는다면, 그 생활의 어딘가가 침체된 곳이 있음을 여러분은 발견하게 될 것입니다.

하나님의 완전하고 절대적인 신성과 죄의 심각한 사악성을 의식하지 못하며, 갈보리 십자가의 진정한 메시지가 모든 사람의 의는 무가치하며 사람이 철저할 정도로 가망 없고 더러운 죄인이라 선언함을 보지 못한다면, 그는 이것을 생활 중에 나타내게 되어 있습니다. 비록 그가 일반도덕 규범에 일치한 생활을 하고 있다 하더라도 이것은 반드시 나타나게 되어 있고 나타나게 마련인 것입니다.

이 숭고한 구원의 교리를 거절하는 사람에게는 항상 어딘가 좁은 길을 걷지 않는 점과, 이모저모로 이 세상의 인생관과 일치되는 점이 있습니다. 그의 생활 태도가 기독교인의 그것과 매우 흡사할지는 모릅니다. 그러나 주의 깊게 관찰해보면 그 결함을 발견할 것입니다. 그 결함을 충분히 명백하게 표현하기는 매우 어렵습니다. 어떤 사람들에게는 이렇다 할 그릇된 것이 조금도 보이지 않지만, 그럼에도 여러분은 그들이 중심에서 잘못된 것이 있음을 느끼게 될 것입니다. 특별히 틀린 점은 볼 수 없지만, 반면 그들의 생각은 세속적이며 영적이 아닌 것을 느끼게 됩니다. 동시에 그들이 극단적으로 세속적인 것은 하지 않아도 그들의 태도 전체가 세속적인 것을 느끼게 할 것입니다.

그들에게는 어떤 품격이 결여되어 있어 참으로 영적인 사람 속에 항상 나타나는 독특한 분위기가 없는 것입니다. 이것을 적극적으로 표현해보면 기독교인이라고 주장하는 사람에게서 우리가 찾아내어야 할 것은 팔복의 증거가 그에게 있는가 하는 것입니다. 나무가 맺는 열매의 기준은 결코 소극적인 것이 아니라 적극적인 것입니다.

어떤 사람들이 보기에는 좋을지 모릅니다. 그러나 먹어보면 신맛이 있음을 알게 될 것입니다. 적극적인 시험방법은 이것입니다. 진정한 기독교인은 팔복을 예시해야 합니다. 왜냐하면 가시나무에서 포도를, 엉겅퀴에서 무화과를 딸 수는 없기 때문입니다. 좋은 나무는 반드시 좋은 열매를 맺게 되어 있습니다. 이것은 피할 수 없습니다. 반드시 맺게 되어 있습니다.

자기 속에 하나님의 성품을 가지고 있는 사람은 이 좋은 열매, 팔복에 서술되어 있는 좋은 열매를 맺지 않을 수 없습니다. 그는 심령이 가난하며, 죄 때문에 애통하고 온유하며 의에 주리고 목마르며, 화평을 낳는 자요 마음이 깨끗한 사람입니다.

이상 몇 가지의 기준을 말씀드렸습니다. 이런 기준은 '뛰어난 이교도'를 항상 제거하는 기준입니다. 동시에 거짓 선지자와 일시적인 신자를 제거합니다. 왜냐하면 이것은 이런 사람들의 궁극적인 본성과 그의 진정한 자세를 시험하는 것들이기 때문입니다.

갈라디아서 5장에 서술된 성령의 열매의 관점에서 표현할 수도 있습니다. 우리 속에서 형성되며 외부에 나타나는 열매는 사랑과 희락과 화평과 오래 참음과 자비와 양선과 충성과 온유와 절제입니다. 이것이 열매입니다. 이것을 우리는 사람의 생활에서 찾아내어야 합니다. 이것은 그저 도덕적으로만 선한 사람 속에서는 발견되지 않습니다. 다만 좋은 나무만이 맺을 수 있는 열매입니다.

기독교인을 대체로 외모로 구별할 수도 있겠습니다. 하나님의 성결하심을 진정으로 믿고 자기 자신의 사악성과 자기 마음의 어둠을 알고 있는 사람, 하나님의 심판과 지옥의 고통을 믿는 사람, 자신은 너무나도 비열하고 무기력하므로 하나님의 독생자가 하늘에서 땅 위에 내려오셔서 수치와 고뇌와 가혹한 십자가의 형벌을 받으심으로 그를 구속해 주시고, 하나님과 화목하게 할 수 있게 된 것을 믿는 사람, 이 사람은 그의 인격 속에 있는 것을 모두 외부로 나타내 보여주게 되는 것입니다.

그는 온유한 인상을 주게 되어 있습니다. 그는 겸손하게 되어 있습니다. 여기서 누군가가 겸손하지 않다면 우리는 그 사람을 매우 조심해야 할 것을 주님은 상기시켜 주십니다. 그가 일종의 양의 옷을 입을 수는 있습니다. 그러나 그것은 진정한 겸손이 아니며 진정한 온유도 아닙니다. 만일 누군가의 교리가 잘못되어 있다면 그것은 대체로 이 점에서 그 잘못된 것이 밝혀질 것입니다.

그가 온유하며 사람에게 호의적일 수는 있습니다. 그가 자연인이나 물질적이며 육체적인 것들에는 호소력이 있을 것입니다. 그러나 자기를 지옥 갈 죄인으로, 하나님의 은혜로만 구원받을 수 있다고 보는 사람의 인상은 주지 못할 것입니다. 속에 숨어있는 진상은 필연적으로 사람의 외모에 영향을 미치게 되어 있습니다.

무엇보다 궁극적인 기준은 겸손입니다. 우리 속에 이생과 세상에 대하여 자랑을 품고 있다면, 우리는 진리를 충분히 알지 못하고 있는 것입니다. 다시 한번 우리가 새로운 본성을 갖고 있는지 확인해야 하겠고, 각자 자기를 검토해야 합니다. 안에 있는 것은 밖으로 나타나게 되어 있습니다.

내가 세속적인 인간이라면, 내가 비록 위대한 교리를 말하고 기독교를 위해 무언가 포기하는 삶을 산다 해도 내 말은 '무익한 말'이 될 것입니다. 주님은 우리가 무익한 말에 대해 심판을 받으리라 말씀하셨습니다(마 12:36). 우리들의 진상을 있는 그대로 드러내는 것은 마음을 놓고 있을 때입니다. 우리가 기독교인을 가장할 수는 있습니다. 그러나 뜻하지 않은 때 우리의 본성이 드러납니다. 그러므로 그 사람의 어느 것이나 그 사람의 진정한 모습을 선언하고 있는 셈입니다. 그 사람의 설교의 내용보다도 설교의 태도가 훨씬 중요할 때가 많습니다. 왜냐하면 그의 말하는 태도가 그의 사람됨을 그대로 나타내기 때문입니다. 설교자가 말하는 방식이 말하고 있는 내용을 부정할 때도 있습니다. 판단과 구원에 대해 말하면서도 웃고 농담을 하는 사람은 자신의 교리를 부정하고 있는 것입니다.

자신, 자기주장 및 인간의 능력과 개성을 신뢰하는 말은 "마음이 온유하고 겸손하신"(마 11:29) 하나님의 독생자 성격과는 거리가 먼 성격이 자기 속에 있는 것을 선언하고 있는 것입니다.

그 사람은 바울 사도와는 다른 사람입니다. 사도 바울은 고린도에서 복음을 전할 때 자신과 자기주장에 넘쳐 사람들 앞에 나타난 것이 아니라 "약하고 두려워하고 심히 떨었노라"고 했습니다(고전 2:3). 우리는 우리 자신을 얼마나 은연중에 드러내고 있습니까? 무심한 행동으로 우리의 사람됨을 우리는 얼마나 잘 선언하고 있습니까?

끝으로 잊어서 안 될 것은 우리들이 이와 같은 일들을 어떻게 생각하든, 우리가 아무리 그릇된 판단을 하며, 또 아무리 거짓 선지자들에게 속임을 당하든 하나님만이 유일하신 심판주이시며, 절대로 속임을 당하시지 않는다는 것입니다.

"아름다운 열매를 맺지 아니하는 나무마다 찍혀 불에 던져지느니라." 하나님이 우리들을 불쌍히 여기시며 우리들로 하여금 이 같은 중요한 원칙에 대해서 눈을 뜨게 해주시기를 기도합니다. 그리고 우리들의 영혼에 위험하고, 이 사악하고 궁핍한 세상에서 복된 우리의 대의를 위태롭게 하고 있는 모든 사람에 대해서 이 식별력을 구사할 수 있게 해주시기를 기도합니다.

하나님의 성품을 받았고 그 참여자가 되고 좋은 나무임을 확실히 할 수 있도록 우리 모두 주의를 집중합시다. 나무가 좋다면 필연적으로 열매 역시 아름답게 될 것이기 때문입니다.

54장

거짓 평안

"21 나더러 주여 주여 하는 자마다 다 천국에 들어갈 것이 아니요 다만 하늘에 계신 내 아버지의 뜻대로 행하는 자라야 들어가리라 22 그 날에 많은 사람이 나더러 이르되 주여 주여 우리가 주의 이름으로 선지자 노릇하며 주의 이름으로 귀신을 쫓아내며 주의 이름으로 많은 권능을 행하지 아니하였나이까 하리니 23 그 때에 내가 그들에게 밝히 말하되 내가 너희를 도무지 알지 못하니 불법을 행하는 자들아 내게서 떠나가라 하리라" 마 7:21-23

본문의 말씀은 이 세상에서 인간이 말한 말 중에서뿐만 아니라, 하나님의 아들 자신에 의한 말씀 중에서도 가장 엄숙한 말씀입니다. 인간이 이런 말을 한다면 우리는 그를 비판할 뿐 아니라 정죄할 것입니다. 그러나 본문은 하나님의 아들이신 예수님께서 하신 말씀이며 가장 진지한 주의를 우리에게 요구하고 있습니다.

우리는 본문에 대한 고찰을 얼마나 자주 했고 본문에 대한 설교를 얼마나 자주 들었습니까? 우리는 성경의 모든 말씀을 믿으면서도 실제로는 가끔 무시함으로 성경의 많은 부분을 부정하는 것과 같기에 우리 모두 회개해야 하지 않을까 생각합니다.

여기서 본문을 바르게 고찰할 수 있는 유일한 방법은 "지상의 모든 장면이 하나하나 지나갈" 날이 오고 있다는 사실에 비추어 고찰하는 방법입니다. 본문은 머지않아 하나님 앞에 서서 최후의 심판을 받지 않으면 안 된다는 사실을 의식하는 사람들에게 해당이 되는 말씀입니다.

주님이 앞의 문단에서 취급하신 주제를 이 문단에서도 계속하고 계십니다. 주님은 거짓 선지자에 관하여 백성들에게 경고하셨습니다. 주님으로서는 이것이 매우 중대한 문제이므로 다시 한번 반복하십니다.

주님은 이미 7장 12절에서 실제로 산상설교의 가르침을 자세하게 풀이하시며 끝내셨습니다. 그런데 지금은 산상설교를 적용하고 계십니다. 주님은 좁은 문으로 들어가며 좁은 길을 걸어가라는 권고로 적용을 시작하셨습니다. 그러나 이 문제로 말미암아 한 사람도 잘못 인도되어서는 안 된다는 것에 너무 심려하신 나머지 거듭거듭 경고를 반복하고 계신 것입니다.

주님은 거짓 선지자를 구별하기 어려운 점을 두 가지 비유로 보여주시고 나서, 지금은 이 문제에 대한 경고를 더욱 분명하게 말씀하십니다. "나더러 주여 주여 하는 자마다 다 천국에 들어갈 것이 아니요 다만 하늘에 계신 내 아버지의 뜻대로 행하는 자라야 들어가리라"(21절)라고 말씀하셨습니다. 그런 다음에 주님은 한 걸음 더 나가서서 이것을 예시하고 자세히 설명하십니다. 즉 "그날에 많은 사람이 나더러 이르되 주여 주여…"라고 하셨습니다.

해석의 관점에서 가장 중요한 것은 우리가 이 두 가지를 동시에 취급해야 할 것과, 어떤 사람이 시도하여 온대로 21절을 22, 23절에서 고립시켜서는 안 되고 이 세 절을 동시에 취급해서 이것을 이 명제의 설정 및 그 함축된 의미에 대한 논증으로 보아야겠다는 것입니다. 그렇게 하는 것이 중요한 이유는 어떤 사람들이 21절만을 따로 취급하므로 문제가 되기 때문입니다.

결국 중요한 것은 사람이 무엇을 믿고 있는 것인가가 아니라 무엇을 행해야 하는가를 주님이 여기서 실제로 가르치고 계시다는 점입니다. 이것은 신앙과 행위를 대립 관계로 두려는 사람들이 흔히 사용한 인용구입니다. 그들은 "주님께서 '나더러 주여 주여 하는 자마다 다 천국에 들어갈 것이 아니요 다만 하늘에 계신 내 아버지의 뜻대로 행하는 자라야 들어가리라'고 하시지 않았습니까?"라고 문습니다. 그들은 여기서 행위가 강조되어 있다고 주장합니다. 그런 다음 행위에 의한 구원 교리를 제시하는 것입니다.

그들은 말하기를 "어떤 사람들은 항상 교리에만 관심을 가지고 끝없이 교리를 논합니다. 그러나 진정으로 중요한 것은 그 사람의 교리가 아니라 그 사람의 행위입니다."라고 합니다.

이렇게 그들은 21절을 잘못 오용하고 있는데 그 이유는 21절을 22, 23절로부터 고립시키기 때문입니다. 그러나 여러분이 이 세절을 합치는 순간, 이 성구의 목적은 신앙과 행위를 대립하게 하는 것이 아님을 발견하실 것입니다.

왜냐하면 주님은 행위에 대하여, 신앙에 대해서 21절에서 말씀하신 것과 완전히 같은 것을 22, 23절에서 말씀하고 있기 때문입니다. 그러므로 본문을 고립시키지 아니하고 그 전후 문맥 관계에 따라 다루어야 할 것은 매우 중요합니다.

이 성구의 목적은 신앙을 배제해서 행위를 강조하는 것이 아닙니다. 그것은 오히려 자기기만과 자기 미혹의 무서운 위험에 대해서 다시 한번 우리들의 눈을 열게 하는 것입니다.

주님이 여기서 관심을 가지시는 것은 이것입니다. 이것은 앞의 문단에서도 같은 주제였습니다. 앞 문단에서의 위험은 거짓 선지자들이 양의 옷을 입는 것과, 그들의 기만적이며 교묘한 교리의 매혹적 성격 때문에 우리가 미혹되기 쉽다는 관점에서 고찰된 위험이었습니다.

그러나 여기서는 한 걸음 더 나가서 거짓 선지자 중에서뿐만 아니라 우리 자신 속에도 같은 것이 있음을 보여주려는 것입니다. 이것은 이 위험성, 즉 자기기만과 자기 미혹이라는 무서운 위험성입니다. 이것을 적극적으로 표현해 보면, 하나님 앞에서는 참된 의와 참된 성결 이외에는 아무것도 쓸모가 없음을 다시 한번 강조하고 계신다는 것입니다. "이것이 없이는 아무도 주를 보지 못하리라"(히 12:14). 만일 우리의 이신칭의관에 이것이 포함되어 있지 않다면, 이것은 성경의 가르침이 아니고 위험한 착각입니다.

거듭 말씀드리지만, 성경은 전체로서 취해야 합니다. 주님은 여기서, 우리가 무엇을 말하고 행하든 진정으로 의롭고 성결하지 않다면, 하나님 앞에 설 수 없음을 경고하시고, 성경은 이것을 시종일관 가르치고 있습니다. 이것은 주님 자신의 교훈입니다. 이것은 사람이 만든 율법주의가 아닙니다. 주님은 참된 신앙의 의미를 다시 한번 보여주시되 새로운 방법으로 보여주고 계시는 것입니다.

이것을 다음과 같이 표현할 수 있겠습니다. "우리 주님은 여기서 사람들이 거짓되고 잘못된 것을 의지하는 경향이 있음을 보여주시고 있다."라고 말입니다. 주님은 이것에 대한 목록을 제시하셨습니다. 먼저 이 목록을 살펴보고 나서 이 상세한 교훈에서 끌어낼 수 있는 포괄적 교훈이나 원칙을 고찰하겠습니다.

이 교훈 배후에 일관된 원칙은 주님이 최종적으로 버려져 저주받을 사람이 경험하는 일들이 어떤 것인지 우리에게 보여주고 계십니다. 이것은 참으로 놀라운 일입니다. 사람이 그런 지점까지 도달할 수 있고, 그릇될 수 있다고 주님은 말씀하십니다. 이것은 성경에서 찾아볼 수 있는 가장 경악스러운 성구의 한 구절입니다.

일부 사람들이 의지하는 경향이 있는 첫 번째 거짓 증거는 뜻밖에도 놀랍습니다. 그것은 다른 것이 아니라 바로 정확한 신앙조항입니다. "나더러 주여 주여 하는 자마다 다 천국에 들어갈 것이 아니요 다만 하늘에 계신 내 아버지의 뜻대로 행하는 자라야 들어가리라." 주님은 결국 어떤 사람들은 자신을 향해 "주여 주여"라고 하지만 결코 천국에 들어가지 못할 것이라고 말씀하셨습니다. 우리는 이 말씀을 매우 조심스럽게 다루어야 합니다. 주님은 결코 사람들이 "주여 주여"라고 말하는 데 대해서 비판하고 있는 것이 아닙니다. 누구든지 "주여 주여"라고 불러야 할 것입니다.

주님이 강조하시는 것은 주님의 본성이나 인격에 관해서 바른 교리를 가지고 있고 주님을 인정하고 주님 앞에 나와 "주여 주여"라고 외치는 사람들을 일컫는 것입니다. 그들은 주님을 향해서 바른 일을 말하고 주님에 대해서 바르게 믿고 있습니다.

우리 주님은 이런 것들로는 그들을 비판하시지 않습니다. 주님이 여기서 말씀하시는 것은 그와 같이 말하는 자들이 반드시 모두 천국에 들어가지는 못하리라는 것입니다.

부정적인 말씀이 이 점에서는 매우 중요합니다. "주여 주여"라고 부르지 않는 사람들은 결국 천국에 들어갈 수 없습니다. 이것이 구원의 문제 전체의 출발점인 것은 물론입니다.

주 예수 그리스도를 향해서 "주여 주여"라고 말하지 않는다면 그 사람은 기독교인이 아닙니다. 바울 사도는 성령으로 말미암지 않으면 누구든지 그런 말을 할 수 없다고 했습니다(고전 12:3). 환언하면 정통적 신앙은 절대 필수적인 것입니다. 그래서 여기서 말하는 것은 정통적 신앙을 비판하는 것이 아니라 다음의 사실을 서술하고 있습니다. 만일 여러분의 정통에만 의지한다면 여러분은 지옥에 갈지도 모른다는 것입니다. 정통이 절대 중요하고 필수적인 것은 사실입니다.

나사렛 예수가 하나님의 아들임을 믿지 않는 한, 그를 영원하신 독생자 "영원하신 아버지의 본질에서 나신 본질"로, 육신으로 된다는 것은 근본적으로 예수 그리스도에 관한 일정한 진리를 믿는 것을 말합니다. 환언하면 예수 그리스도를 믿고 의지하는 일입니다. 기독교는 이것을 떠나서는 존재할 수 없습니다.

기독교인이 된다는 것은 우리의 입장, 곧 우리의 구원과 영원한 운명이 주 예수 그리스도를 전적으로 의지함을 의미하는 것입니다.

참된 기독교인이 "주여 주여"라고 말하는 것도 이런 이유 때문입니다. 이것이 이 성구의 내용입니다. 기독교인이 된다는 것은 다만 바른말을 입 밖에 낸다는 뜻은 아니며, 우리가 이 말을 할 때 이런 일을 꾀하는 것을 의미하는 것입니다.

그러나 주님은 여기서 참으로 놀랍고 두려운 말씀을 하셨는데, "주여 주여" 하는 자마다 반드시 모두 천국에 들어갈 수는 없다는 것입니다.

천국에 들어가는 사람도 그렇게 말하는 것은 사실입니다. 그렇게 말하지 않는 사람은 결코 천국에 들어갈 수 없습니다. 그러나 반대로 그렇게 말하는 사람이 모두 들어갈 수 있는 것은 아니라는 것입니다. 이것이야말로 우리가 주의해야 하고 우리의 진행을 잠시 멈추게 하는 일입니다.

야고보는 그의 서신에서 이와 같은 것을 말씀했습니다. 그는 일정한 신앙의 조문만을 의지하는데 그치지 않도록 주의하라고 경고하고 있습니다. 그는 이것을 다음과 같이 아주 놀랍게 표현했습니다. "네가 하나님은 한 분이신 줄을 믿느냐 잘하는도다 귀신들도 믿고 떠느니라"(약 2:19).

그 한 예를 복음서에서도 볼 수 있습니다. "귀신들이 나가며 소리 질러 이르되 당신은 하나님의 아들이니이다"라고 말입니다(눅 4:34, 8:28 참조). 우리 모두 진리에 대한 지적(知的)인 동의로 만족해 버리는 위험이 있습니다.

이런 함정에 빠진 사람들은 어느 세대를 통해서나 있습니다. 그들은 성경을 읽고 그 교훈을 받아들였습니다. 그 교훈을 믿고 때로는 진리의 해설자가 되었고 이단과 논쟁을 벌인 때도 있었습니다. 그러나 그들의 성결과 생활은 그들이 믿고 있다고 주장해 온 그 진리를 부정하고 있는 것입니다.

이것은 가공할 일이지만 충분히 가능한 일이라고 성경은 자주 가르치고 있습니다. 중생하지 못하고 다시 나지 못한 사람이라도 성경의 가르침을 하나의 철학으로써, 추상적인 진리로서 받아들일 수는 있습니다. 지적인 사람이면 성경의 가르침을 그처럼 받아들이지 않을 수 없음을 이해하기는 결코 어려운 일이 아닙니다.

누구든지 이지적인 머리를 가지고 성경을 가까이해서 성경의 증거를 관찰한다면, 그가 어떤 불가피한 논리적 결론에 도달하지 않으리라는 것은 믿을 수 없는 일입니다. 어느 사람이라도 이렇게 성경의 가르침을 받아들일 수 있지만 기독교인은 아닐 수도 있는 것입니다.

나사렛 예수 그리스도의 인격을 증언하는 역사적인 증거를 의심해 볼 여지는 없습니다. 여러분은 그를 떠나서는 기독교회의 존속을 설명할 수가 없습니다. 그에 대한 증거는 압도적입니다. 그러므로 사람이 이것을 보고, "그렇습니다. 나는 이 논증을 받아들입니다."라고 말하게 되는 것입니다. 그리고 그 진리에 승복하여 "나사렛 예수야말로 바로 하나님의 독생자입니다."라고 말합니다. 그러나 그렇게 말은 하면서도 거듭나지 못한 자요 기독교인이 아닐 수도 있습니다. 그는 "주여 주여"라고는 하면서도 천국에는 들어가지 못할 수도 있습니다.

이런 위험성을 자각했을 때 우리의 선조들은 이 점을 크게 강조했습니다. 청교도들의 저술을 읽어보면 그들이 이 '거짓 평안' 문제에 대해서 몇 장을 할애한 것을 비롯하여 여러 권의 책을 발견할 것입니다. 참으로 이 위험성을 몇 세기에 두루 걸쳐서 깨닫게 된 것입니다.

그리스도 대신 자기의 신앙을 신뢰하는 위험성, 중생하지 못하고 자기 신앙을 의지하는 위험성이 있습니다. 두려운 일이지만 충분히 있을 수 있는 일입니다. 기독교 가정과 기독교적 분위기 속에서 자라나 언제나 이런 것을 듣고 어떤 의미로는 그것들을 언제나 받아들여 왔고 언제나 받은 것을 믿고 말하여 오면서도 기독교인이 아닌 사람들도 있습니다.

제2의 가능성은, 이 사람들은 진리의 신봉자일 뿐 아니라 동시에 열정적이고 열심일 수가 있다는 것입니다. 여러분은 '주여'라는 말이 몇 번이고 반복되어 있음을 보실 것입니다. 그들은 '주여'라고만 할 뿐이 아닙니다. "주여, 주여"라고 거듭 말하고 있습니다. 이런 사람들은 단지 지적인 신봉자일 뿐만이 아닙니다. 열정적인 요소도 갖추고 있습니다. 감정이 포함되어 있습니다. 그들은 강렬하고 열정적이며 열심이 가득합니다. 그렇지만 주님은 이것마저도 거짓일 수 있다고 말씀하십니다.

주님에 대해서, 또 주님을 향해서 이같이 바른 것을 열심히 열렬하게 말은 하면서도 하나님 나라에는 들어갈 수 없는 사람들이 있다는 것입니다. 이것을 어떻게 설명해야 하겠습니까?

다음과 같이 설명하겠습니다. 모든 기독교인이 반드시 인정해야만 할 가장 곤란한 것 중의 하나는 영적인 열정과 육적인 열심이나 열광을 분별하는 일입니다.

타고난 동물적 정신과 기질도 사람을 열렬하고 열심 있게 할 수는 있습니다. 어떤 사람은 정열적 기질과 열정적인 성질을 지니고 태어납니다.

이 점에서 다른 사람들보다 주의를 요하는 사람들이 있습니다. 설교자들이 다음 관점에 대해 보다 더 분명히 해야 할 것은 없을 것입니다. 즉 설교에 있어서 열심과 열정은 그의 타고난 성격이나 준비한 설교에 의해서가 아니라 그리스도를 믿는 참된 신앙에 의해서 나와야 한다는 것입니다. 이것은 아주 미묘한 문제입니다. 어떤 사람이 설교의 원고를 준비한다고 합시다. 준비가 끝나서 그는 그 내용의 배열이나 순서나 표현형식에 기쁨과 만족을 얻게 됩니다.

태생적으로 정열적이고 열렬한 성격의 사람이라면 그 설교로 흥분하고 감동할 수 있으며 특히 그가 설교할 때 그렇습니다. 그러나 그것은 전적으로 육적이기에 영적인 문제와는 아무 관계가 없을 경우도 있습니다. 설교자라면 누구나 지금 말한 의미를 분명히 알고 있을 것입니다. 공중 앞에서 기도한 경험이 있는 사람이면 누구나 이것을 알고 있습니다. 여러분 자신의 웅변과 자신이 지금 하고 있는 그것으로 감동될 수도 있습니다. 열렬하고 감정적으로 되는 것이 자기의 의무라고 생각하는 사람들도 있습니다. 어떤 사람들은 공식 석상에서 큰소리가 아니면 기도를 할 수 없는 모양입니다. 또 어떤 사람들은 다른 사람보다 많이 느낀다고 생각하는 사람들이 있습니다. 그러나 사실은 그렇지 않습니다. 감정적 유형의 사람은 기도할 때 언제나 울기 쉽습니다. 그러나 이것으로 그가 반드시 다른 사람 이상으로 신령하다는 의미는 아닙니다.

주님은 이처럼 "주여 주여" 하며 열렬하고 열정적이지만 혈육의 생각에 지나지 않을 가능성이 있음을 강조하고 계십니다. 이런 일에 크게 열광하는 것이 반드시 그 사람의 영성을 의미하는 것은 아니기 때문입니다. 육이 그 이유를 설명해 줄 수도 있습니다. 육은 거의 모든 것을 모방할 수도 있습니다. 이 점을 가장 강조할 수 있으려면 로버트 머리 맥체인의 글을 인용하는 것이 좋겠습니다.

이 하나님의 사람은 강단에 서기만 하는 것으로 사람들을 거꾸러뜨리고 울게 했습니다. 사람들은 그가 하나님을 찾아뵙고 직행해 온 것처럼 느끼게 하고, 그가 모습을 보이기만 해도 겸손해졌습니다.

그분 일기의 한 구절을 소개합니다. "오늘 나는 그리스도를 위해 한마디 할 좋은 기회를 놓쳐버렸다. 만일 내가 말했다면 주님의 영광을 위함과 동시에 나 자신의 영광을 위함이 되었을 것을 아시고 주님은 내 입을 막으셨다. 오직 그리스도만을 위해 말씀을 전하며, 자기 자신에게 사람들을 끌어들이려는 노력을 포기하고 그리스도에게 사람들을 끌어들이도록 구할 때까지는 아무도 충실하며 열렬한 목사가 될 수 없음을 나는 안다." 그리고 그는 "주여, 이것을 나에게 주소서."라는 말로 끝맺고 있습니다. 로버트 머리 맥체인은 혈과 육으로 여러 가지를 행하면서도 우리가 이것을 그리스도를 위해 행하고 있다고 생각하는 이 무서운 위험성을 여기서 인정하고 있습니다.

여기까지가 주님의 분석 전반부라 말씀드릴 수 있습니다. 여러분이 바르고 정확한 신앙을 믿으며, 여기에 열정과 빈틈이 없는 기독교인임에 틀림없다고 생각하는 것 이상 위험한 것은 없습니다.

다음 절들에서 주님은 한 걸음 더 나 행위도 포함시키고 있습니다. 그러므로 신앙과 행위를 서로 대조시키는 것이 얼마나 어리석고 우스꽝스러운가를 알 수 있습니다. 그러면 행위란 무엇입니까? 우리 주님에 의하면 행함이 있었으면서도 그 나라밖에 있을 수도 있다는 것입니다. 이것은 실로 놀랍고 두려운 일입니다.

주님이 첫째로 하신 말씀은 "그 날에 많은 사람이 나더러 이르되 주여 주여 우리가 주의 이름으로 선지자 노릇 하지 않았나이까?"입니다. 선지자 노릇은 영적인 메시지전달을 의미합니다. 여러분은 신약성경에서 예언에 대해서 많이 보게 됩니다.

바울은 고린도전서에서 교회에서 행해진 여러 가지 은사들에 관해서 언급했습니다(고전 12장). 그때는 신약성경이 기록되지 않았을 때였습니다. 교회의 어떤 사람들은 성령으로 말미암아 메시지를 받아 말씀을 전할 능력을 받았습니다.

예언한다는 의미는 곧 이것입니다. 주님은 심판 날에 많은 사람들이 주 앞에 나와 "주여 우리가 주님의 이름으로 예언했습니다."라고 할 사람들이 많을 것이라고 말씀하십니다. 그들 자신의 이름으로가 아니라 '주님의 이름으로'라는 말입니다. 그러나 주님은 그들에게 "내가 너희를 도무지 알지 못하니 불법을 행하는 자들아 내게서 떠나가라 하리라"고 말씀하실 것입니다.

이것을 다음과 같이 해석할 수 있습니다. 바른 교리를 그리스도의 이름으로 설교했다고 하지만, 설교자 자신은 천국에 들어갈 수 없는 일이 있을 수 있다는 것입니다. 이것이 바로 본문의 의미입니다. 만일 예수 그리스도 이외의 다른 사람이 이것을 말했다면 우리들은 믿지 않을 것입니다. 더구나 이런 말을 하는 사람은 까다롭고 마음이 편협한 사람이라고 느낄 것입니다. 그러나 주님 자신이 이렇게 말씀하신 것입니다.

이것은 성경에서 자주 가르치신 것입니다. 예를 들면 발람과 같은 사람의 위치가 이와 같지 않습니까? 그는 바른 메시지를 말했으나 삯꾼 선지자로 버림받은 자였습니다(벧후 2:15, 24, 유 1:11, 민 22:24 참조). 그는 어떤 의미에서 바른 메시지와 가르침을 전했지만 그 자신은 천국 밖의 사람이었습니다. 하나님은 사울왕도 이와 같은 방법으로 사용하지 않으셨습니까? 선지자의 영이 가끔 그에게 임했지만

(삼상 10:10), 사울도 역시 천국 밖의 사람이었습니다.

신약성경에는 이 일들이 더욱 분명히 기록된 것을 발견할 것입니다. 바울은 이렇게 두려운 위험을 알고 다음과 같이 말씀했습니다. "내가 내 몸을 쳐 복종하게 함은 내가 남에게 전파한 후에 자신이 도리어 버림을 당할까 두려워함이로다"(고전 9:27). 그가 내 몸을 '쳐'라고 말할 때, 그는 일부 사람들이 자주 생각하는 대로 혈육의 죄를 염두에 두고 있을 뿐 아니라 자기의 생활 전체를 의미하고 있습니다.

사람은 거리에서와 마찬가지로 강단에서 설교할 때에도 자신을 쳐서 복종시켜야 합니다. 몸을 친다는 것은 혈육이 열심히 하려는 일체의 일을 통제하고 지배하는 것을 의미합니다. 혈육은 앞으로 밀고 나가려고 합니다. 사도 바울은 바로 복음 전파하는 대목에서 자기의 몸을 치고 때리고 상하게 한다고 했습니다. 다른 사람들에게 전하면서 자기는 버림받는 자 되는 것을 면하기 위해서였습니다.

이 사실의 놀라운 묘사가 되는 고린도전서 13장 1-3절을 생각해 봅시다. "내가 사람의 방언과 천사의 말을 할지라도 사랑이 없으면 소리 나는 구리와 울리는 꽹과리가 되고." 그리고 다시 계속해서 "내가 예언하는 능력이 있어 모든 비밀과 모든 지식을 알고 또 산을 옮길만한 모든 믿음이 있을지라도 사랑이 없으면 내가 아무것도 아니요"라고 했습니다. 결국 사도 바울은 다음과 같이 말씀하고 있는 셈입니다. "'나는' 천사처럼 설교할지 모릅니다. 나는 매우 놀라운 웅변과 용어를 구사할지도 모릅니다. 나는 다른 사람들에게 이 세상에서 들어본 중 최고의 설교자라고 생각될지도 모릅니다. 그리고 하나님의 일에 대해서 말할 수도 있습니다. 그러나 이렇게 하고서도 천국밖에 있을 수도 있습니다. 사람을 참된 기독교인으로 만드는 이런 자질을 갖지 못한다면 모든 것이 쓸데없는 것입니다." 이같이 예언을 하면서도 천국에 들어갈 수 없을 가능성도 있습니다.

빌립보서 1장 15절도 생각해 봅시다. 바울은 거기서 어떤 사람의 일을 언급하고 있습니다. "어떤 이들은 투기와 분쟁으로, 어떤 이들은 착한 뜻으로 그리스도를 전파하나니"라고 말입니다. 그들의 동기는 악하고, 그들의 생각은 잘못되었습니다. 그러나 그리스도를 전파하고 그리스도에 대해서는 바른 것을 말하고 있습니다.

바울은 그들이 바르게 전파하는 내용을 기뻐했지만, 그들 자신은 잘못되어 있다고 했습니다. 그들은 투기로 사도를 이겨보려는 욕심에서 움직인바 악한 생각으로 하고 있기 때문입니다. 우리는 바른 교리를 말하면서도 천국에 들어갈 수 없는 일이 현실적으로 가능할 수 있음을 자각해야 합니다.

어느 땐가 주님은 바리새인에 대해서 말씀했습니다. 즉 "너희는 사람 앞에서 스스로 옳다 하는 자들이나 너희 마음을 하나님께서 아시나니 사람 중에 높임을 받는 그것은 하나님 앞에 미움을 받는 것이니라"(눅 16:15). 이것은 참으로 가공스러운 내용입니다.

심판 날에 우리는 모두 크게 놀라리라는 의미로 이것을 이해하는 바입니다. 그날에 우리들은 일찍이 설교자로서 극구 찬양을 받은 사람들이 천국 밖에 있는 것을 발견하게 될 것입니다. 그들은 바른 것을 말하고 멋있는 말들을 했습니다. 그러나 그들은 자기 속에 생명과 진리를 가지고 있지 않았습니다. 그것은 모두 육적인 것이었습니다. 그리고 이 사람들은 예언을 할 뿐 아니라 귀신들도 쫓아냈습니다.

다시 여러분은 '주의 이름으로'라는 말씀이 여기서도 반복된 것과 "주의 이름으로 귀신들을 쫓아내지 않았나이까?"란 말을 보게 됩니다. 이렇게까지 하고도 천국에 들어가지 못하는 일이 있을 수 있습니다. 이것을 증명하기는 간단한 일입니다.

가룟 유다마저도 이 능력을 갖추고 있었다는 사실이 신약성경에서 분명하지 않습니까? 주님은 천국 복음을 전파하고 귀신을 쫓아내기 위해 제자들을 파송하셨습니다. 그들은 돌아와서 의기양양하게 주님께 "주여 주의 이름이면 귀신들도 우리에게 항복하더이다"라고 보고했습니다(눅 10:17). 이 사실이 유다에게도 적용된다는 것은 매우 명백한 사실입니다.

주님이 이 능력을 어떤 사람에게 주실 수 있으나 그 사람 자신은 버림받을 가능성이 있는 것입니다. 비상하고 놀라운 일을 행하는 힘이 우리에게도 있습니다. 주님이 바알세불의 힘으로 기적을 행하고 있다고 어느 땐가 사람들이 주님을 비난한 일이 있음을 기억하실 것입니다. 그때 주님은 다음과 같이 말씀하시며 역공을 하셨습니다. "또 내가 바알세불을 힘입어 귀신을 쫓아내면 너희의 아들들은 누구를 힘입어 쫓아내느냐"(마 12:27). 그들은 유대 나라의 귀신을 쫓아내던 추방자들이었습니다. 사도행전 19장을 보면 똑같은 힘을 가진 "스게와의 일곱 아들도 이 일을 행하더니"라고 되어 있습니다(행 19:14). 그런즉 그리스도의 이름으로 귀신을 쫓아내면서도 천국에는 들어가지 못할 사람들도 있다는 것입니다.

끝으로, 우리 주님은 클라이맥스에 도달하면서 이것을 다음 형식으로 표현하셨습니다. 이 사람들은 주님의 이름으로 "많은 권능" 곧 능력 있는 행위, 기적, 경이로운 일들, 거의 믿을 수 없는 일들을 주님의 이름으로 행했다고 말할 수 있을 것입니다. 그들은 주님의 이름으로 불가사의한 것과 권능을 많이 행했습니다. 그래도 그 나라 밖에 있습니다. 이 같은 일들이 가능할 수 있음을 어떻게 증명하겠습니까? 그 증거의 일부를 애굽의 요술사들의 경우에서 볼 수 있음은 물론입니다.

모세가 이스라엘 자손들을 해방시키려 기적을 행하기 위해 보내심 받았을 때 애굽의 술사들도 어느 정도까지는 흉내 내어 같은 일을 반복 수 있었음을 여러분은 기억하실 것입니다. 그들은 많은 이적을 행했습니다(출 7:11-12). 그러나 증거는 이것만이 아닙니다.

주님은 마태복음 24장 24절에서 다음과 같이 말씀하셨습니다. "거짓 그리스도들과 거짓 선지자들이 일어나 큰 표적과 기사를 보여 할 수만 있으면 택하신 자들도 미혹하리라." 이것은 주님의 말씀입니다. 그러나 데살로니가후서 2장 8-10절에 나오는 바울의 말씀을 봅시다. "그 때에 불법한 자가 나타나리니 주 예수께서 그 입의 기운으로 그를 죽이시고 강림하여 나타나심으로 폐하시리라 악한 자의 나타남은 사탄의 활동을 따라 모든 능력과 표적과 거짓 기적과 불의의 모든 속임으로 멸망하는 자들에게 있으리니." 이미 이런 것이 예언된 바 있습니다. 환언하면, 어떤 사람들은 신유와 같은 훌륭한 성과를 지적할 수도 있으나 그 성과라는 것들이 아무런 의미도 지니고 있지 않을 경우도 있습니다. 우리는 이것으로 놀라워해서는 안 됩니다.

최근에 와서 우리는 사람들이 선천적으로 가지고 있는 타고난 능력에 대하여 점점 더 배우고 있지 않습니까? 예를 들면 타고난 신유의 은사가 있고, 어떤 사람에게는 나면서부터 일종의 마력적 능력을 가지고 있습니다.

예를 들면 인체에 있어서의 전기 문제는 매우 흥미롭습니다. 우리는 지금 이것을 단순히 이해하기 시작하는 단계에 있습니다. 어떤 종류의 묘한 은사를 가지고 수맥(혹은 광맥)을 찾아내는 사람들도 있습니다.

다음으로 그 텔레파시, 사상 전환과 초감각적 지각의 문제가 있습니다. 이런 일들이 방금 우리들의 시야에 들어오고 있습니다. 이와 같은 은사와 능력의 결과로써 많은 사람들이 놀랍고 불가사의한 일을 하고 있으면서도 기독교인은 아닌 사람들이 있습니다. 인간의 타고난 힘도 어느 정도까지는 성령의 은사를 흉내낼 수 있습니다.

우리는 성경에서 다음의 사실을 상기합니다. 즉 하나님은 그 자신의 목적을 실현하시기 위해 때로 불가사의한 의지로 자신에게 속하지 않은 사람들에게 이런 힘을 주시기로 결정하시는 일이 있습니다. 하나님은 자신의 특별한 목적을 위해 사람들을 세우십니다. 그러나 그 사람 자신은 역시 천국밖에 머물러 있는 것입니다. 이교도 고레스(Cyrus)를 부르시어 사용하신 것은 하나님이십니다.

무엇보다 우리는 마귀의 힘을 기억해야 합니다. 마귀는 바울이 고린도후서 11장 14절에서 가르친 바와 같이 자기를 광명의 천사로 가장할 수 있습니다. 그래서 빛의 천사로 가장한 사탄은 때로 사람들을 설득시켜 실제로는 그렇지 않은데 기독교인인 것처럼 생각하게 하는 것입니다.

마귀가 사람에게 "주여 주여"라고 말하게 함으로써 그를 천국밖에 머물게 할 수 있다면 그가 그렇게 할 것은 확실합니다. 마귀는 사람을 천국밖에 머무르게 하는 일이라면 무슨 일이나 할 것입니다. 그러므로 그릇된 신앙조항이나 혹은 바른 신앙조항이라도 그릇된 방법으로 지킴으로써 사람을 천국밖에 있을 수 있게 한다면, 사탄은 그것을 그에게 가지게 할 것입니다. 그리고 그에게 표적이나 기사를 행할 수 있는 능력을 줄 것입니다.

이것이 모두 예언된 바 있습니다. 이것이 모두 성경에 있습니다. 주님이 이것에 주의를 기울이도록 엄숙하게 경고하신 것도 이 때문입니다. 주님은 이것을 간단하게 제자들에게 요약해서 말씀하셨습니다. "귀신들이 너희에게 항복하는 것으로 기뻐하지 말고 너희 이름이 하늘에 기록된 것으로 기뻐하라 하시니라"(눅 10:20). 제자들은 천국 복음을 전파해서 사탄을 쫓아내기 위해 각 지방에 파송되었고 크게 성공했습니다. 그들은 그때 발생한 일들 때문에 자랑스러운 마음으로 가득 차서 돌아왔습니다. 주님은 그들에게 이렇게 말씀하셨습니다. "천국 밖에 있는 사람들이 내 이름으로 설교할 수 있고 귀신들을 쫓아내고 많은 기사를 행할 수 있다고 산상설교에서 너희에게 말하지 않았더냐? 이런 일들로 미혹되어서는 안 된다. 너희 자신을 확인해라. 문제는 너희들의 마음이다. 너희의 이름이 천국에 쓰여 있느냐? 너희가 진정 내게 속해 있느냐? 너희는 내가 가르치고 있는 성결과 의를 갖고 있느냐? '나더러 주여 주여 하는 자마다 천국에 다 들어갈 것이 아니요. 다만 하늘에 계신 내 아버지의 뜻대로 행하는 자라야 들어가리라'"라고 말입니다.

여러분 자신과 모든 사람을 시험하는 방법은 표면이 아니라 이면을 보는 것입니다. 표면의 성과만 보아서는 안 됩니다. 놀라운 일과 신기한 일을 보지 말고 그가 팔복에 일치하는가 아니한가를 찾아내야 합니다. "그가 심령이 가난한가, 온유한가, 겸손한가, 이 세상을 보고 심령으로 신음하는가, 그가 하나님의 거룩한 사람인가, 그가 심각하며 온전한가, 그가 바울과 함께 '이 장막에 있는 우리가 짐 진 것같이 탄식하는 것은'(고후 5:4)이라고 말하는가?" 이것이 기준입니다. 이상은 팔복에 의한 기준이요, 산상설교에 의한 시금석입니다. 사람의 성격, 사람의 본성에 대한 시금석인 것입니다. 외관뿐만 아니라 있는 그대로의 모습, 이것이 하나님 앞에 중요합니다.

이런 것들을 말씀한 분은 주님이시고, 머지않아 심판하실 이가 주님이시라는 것을 기억합시다. "그 날에 많은 사람이 나더러 이르되…"라고 한 이 말씀은 주님이 심판주가 되실 심판 날을 가리킨 것입니다. 그러므로 속지 않도록 조심하십시오.

주님은 다시 한번 이런 부류의 사람들에게 말씀하십니다. "너희는 사람 앞에서 스스로 옳다 하는 자들이나 너희 마음을 하나님께서 아시나니 사람 중에 높임을 받는 그것은 하나님 앞에 미움을 받는 것이니라"(눅 16:15). 신약성경의 기독교인은 일정 유형의 인간입니다. 그를 잘못 보는 일은 없을 것입니다. 그는 오인될 수 없는 사람입니다.

신약성경을 읽고 신약성경에 나타난 사람의 표적을 써서 종이에 기록하십시오. 그것들을 배우고 명상하고 자신과 다른 모든 사람에게 적용해 보십시오. 그렇게 할 때 여러분은 결코 곁길로 헤매거나 저 협착하고 좁은 문밖에 남아 있지 않게 되리라고 주님은 말씀하십니다. 이것이 시금석입니다. 이 전부를 다음 한 마디로 요약할 수 있겠습니다. "다만 하늘에 계신 내 아버지의 뜻대로 행하는 자라야 들어가리라." 이 무서운 진리를 대면할 때 하나님께서 우리에게 정직함을 주시도록 기도합니다. "땅의 모든 영화가 사라지고" 그리스도 앞에 서서 그의 얼굴을 대할 때에 우리는 이 진리에 대해서 대답해야 할 것입니다.

지금 여러분이 정죄감을 느끼시면 그것을 하나님 앞에 고백하고 의에 주리고 목마르십시오. 주님께로 향하여 그의 의를 달라고 구하십시오. 비록 그것이 어떤 희생을 초래하고, 그 영향이나 결과가 어떠하든 말입니다. 그러면 주님은 주실 것입니다.

주님은 이렇게 말씀하셨기 때문입니다. "의에 주리고 목마른 자는 복이 있나니 그들이 배부를 것임이요"(마 5:6).

55장

무의식적 위선

"21 나더러 주여 주여 하는 자마다 다 천국에 들어갈 것이 아니요 다만 하늘에 계신 내 아버지의 뜻대로 행하는 자라야 들어가리라 22 그 날에 많은 사람이 나더러 이르되 주여 주여 우리가 주의 이름으로 선지자 노릇 하며 주의 이름으로 귀신을 쫓아내며 주의 이름으로 많은 권능을 행하지 아니하였나이까 하리니 23 그 때에 내가 그들에게 밝히 말하되 내가 너희를 도무지 알지 못하니 불법을 행하는 자들아 내게서 떠나가라 하리라" 마 7:21-23

앞장에서 다룬 이 말씀(마태복음 7장 21-23절)이 엄중하고 심각하다는 메시지를 총괄적으로 고찰한 바 있지만 너무 중요한 문단이기에 반복하여 고찰하겠습니다.

본문에서 주님은 이단들이나 거짓된 가르침과 교리를 가진 사람들이 아닌 정통적 신앙을 가진 사람들에 대하여 말씀하시고 있습니다. 주님의 이름으로 예언하고 귀신들을 쫓아내지만, 그들은 최종적으로 버림을 받는다고 말씀하셨습니다. 이 말씀들이 성경 중의 다른 어느 가르침보다도 더 엄숙하고 두렵게 하는 이유도 이 때문입니다.

이 문단에서 배워야 할 큰 교훈은 자기기만의 위험성인데 이것이 몇 가지로 강조되어 있습니다. 예를 들면 주님은 '많은 사람'이라는 말을 쓰셨습니다. "그 날에 많은 사람이 나더러 이르되 주여 주여 우리가 이러저러한 일들을 행하지 아니하였나이까?"라고 했습니다. 우리들은 이 '많은 사람'이라는 말씀의 힘이나 강도를 지나치게 과장해서는 안 됩니다. 그러나 이 말씀은 매우 뚜렷한 뜻을 지니고 있습니다. 주님은 '여기 저기 외딴 사람'이라고 하시지 않고 '많은 사람'이라고 하셨습니다. 즉 자기기만은 '많은 사람'에게 위험이 되고 있습니다. 뒤에 계속되는 모래 위에 집을 지은 사람의 경우도 그렇습니다. 그리고 열 처녀 비유에서도 같은 경고를 볼 수 있는데 이 어리석은 다섯 처녀야말로 틀림없이 자기기만의 실례가 됩니다(마 25:1-13).

이 성구는 마태복음 25장의 마지막 장면에서 다시 나옵니다. 거기서 예수님은 최후 심판의 장면을 묘사함과 동시에 당당하게 주님 앞에 나와 그들이 주님을 위해 한 일을 보고하는 사람들의 일을 말씀하고 있습니다(41-46절). 이 동일한 경고가 이 모든 곳에 나타나 있습니다. 그것은 자기기만이라는 무서운 위험에 대한 경고입니다.

이 문단은 심판 날을 의중에 두고 하신 말씀입니다. 마태복음 7장 전체는 앞에서 살펴본 대로 기독교인은 그의 모든 생애를 앞으로 다가올 날에 비추어서 살아야 할 것이라는 사실을 강조하려 합니다.

신약성경을 읽으며 '그 날'이라는 단어가 얼마나 자주 기록되어 있는가를 주목합시다. "그 날이 공적을 밝히리니"(고전 3:13) 그는 이렇게 말하는 것 같습니다. "그러면 됐어, 나는 내 일을 계속하겠다. 나는 무엇이든지 그 날을 주의하면서 하고 있다. 사람들은 이러저러한 일로 나를 비평할지 모른다. 그러나 나는 그것으로 걱정하지 않겠다. 나는 이미 나 자신과 나의 영원한 미래를 나의 심판주가 되시는 주님의 손에 맡겨버렸다. 주님의 심판 날이 머지않아 모든 것을 밝힐 것이다."

본문 말씀의 이런 사람들은 심판 날에 놀라게 될 것입니다. 그들은 그날까지 자기네는 안전한 것처럼 가장해 왔고 자기 자신의 구원에 관해서는 모두 확실한 것처럼 여겼습니다. 어떤 근거에서였겠습니까? "주여 주여"라고 하기 때문입니다. 그들은 정통적이었습니다. 그리고 바른 것을 말했습니다. 그들은 열렬하고 열심이었습니다. 그들은 주님의 이름으로 예언하고 사탄을 쫓아냈습니다. 그들은 훌륭한 행위를 많이 했습니다. 그리고 사람들에게 칭찬을 받았습니다. 그들은 실로 뛰어난 주님의 종으로 생각되었습니다. 그래서 자기 자신에 대해서는 완전히 행복했고 자기의 입장에 대해서 확신해 왔습니다. 그들은 자기 안에 무엇인가 결점을 찾아낼만한 것이 있음을 잠시도 생각해 본 일이 없었습니다.

그들은 심판 날에도 주님께 "주여, 분명코 당신은 우리들의 기록을 아시지요? 당신의 이름으로 우리들이 말하고 또한 우리가 행한 것을 기억하고 계시겠지요?"라고 말할 수 있었습니다. 그들은 자기 자신에 대해 조금도 의심을 두지 않았습니다. 안심하고 확신하고 있었습니다. 그러나 주님은 그들이 버림받을 자들이라고 말씀하십니다.

주님은 그들을 향하여 이렇게 선고하실 것입니다. "나는 너희를 안 적이 없다. 나는 너희와 아무런 관계를 가져본 일이 없다. 너희는 항상 주여 주여라고 말하며 내 이름으로 여러 가지를 행하고 있었지만 나는 한 번도 너희를 인정한 일이 없다. 너희와 나 사이에는 어떠한 교제도 없었다. 너희들은 지금까지 줄곧 자신을 속이고 있었다. 불법을 행한 자들아 물러가라."

이것은 조금도 의심할 여지가 없는 심판 날이 경이로운 날이 될 것입니다. "너희는 사람 앞에서 스스로 옳다 하는 자들이나 너희 마음을 하나님께서 아시나니 사람 중에 높임을 받는 그것은 하나님 앞에 미움을 받는 것이니라"(눅 16:15). 이 같은 유의 거짓된 판단을 이 세상뿐만 아니라 가끔 교회 안에서도 볼 수 있습니다.

우리의 판단은 너무나도 육적일 때가 많습니다. 사람들이 예배처소에서 나올 때의 말하는 논평을 들어보십시오. 그것은 메시지 내용에 관한 것이 아니라 너무나 자주 설교자 자신에 관한 것으로서 그의 용모나 혹은 그들이 '개성'이라고 부르는 것에 관한 것입니다. 그들은 이런 것들에 끌리고 있습니다. 우리들의 판단은 이토록 육적인 것입니다. 그래서 주님은 우리 자신을 속이는 이 무섭고 놀라운 위험을 주의하라고 가르치셨습니다.

우리는 의식적인 위선에 대해서는 충분히 알고 있습니다. 의식적 위선자는 문제가 되지 않습니다. 매우 분별하기 어려운 것은 무의식적 위선입니다. 무의식의 위선에 있어서는 다른 사람을 속일 뿐 아니라 자신까지도 속이며 다른 사람이 그 사람에 대해서 그릇된 판단을 하게 할 뿐 아니라 그 사람 자신도 자기에 대하여 그릇된 판단을 하게 하는 것입니다.

주님이 여기서 취급하시는 것은 이것입니다. 그리고 다시 한번 다짐할 것은 우리가 신약성경을 진리로 믿는다면 말씀에 비추어 우리 자신을 검토하는 것 이상으로 중요한 것은 없다는 것입니다. 그러면 우리는 무의식적 위선에 대해서 아무런 조처도 취할 수 없는 것입니까? 만일 이것이 사람이 자기 자신을 현혹케 하는 상태라면 도대체 그 사람이 어떻게 자기를 거기서 지킬 수 있겠습니까? 이것에 대한 대답은 오히려 많은 조처를 취할 수 있다는 것입니다. 가장 중요한 것은, 자기기만의 원인을 생각해 보는 일입니다. 자기유혹, 자기기만의 원인의 목록을 만들어 그 원인에 비추어서 우리 자신을 검토한다면 우리는 그 원인을 다룰 수 있게 됩니다.

신약성경은 이 점에 관한 가르침으로 가득 차 있습니다. 신약성경이 언제나 우리 자신을 시험하고 점검하도록 권면하고 영을 시험해 보고 모든 것을 검토해 보라고 권면하고 있는 것도 이 때문입니다. 신약성경은 위대한 경고의 책입니다. 자기를 검토하는 일이 오늘에는 인기가 없습니다. 이렇게 하면 너무 부정적이 된다고 사람들은 말합니다. 그러나 신약성경은 언제나 진리의 긍정적인 면과 동시에 부정적인 면도 강조하고 있습니다.

이 문제에 있어 자기기만의 원인은 무엇입니까? 첫째로 구원의 확신에 대한 그릇된 교리입니다. 이것은 우리 자신이 만든 어떤 진술에 확신의 기초를 두려는 경향입니다. 이렇게 말하는 사람들이 있습니다. "성경은 이렇게 말한다. 즉 '그를 믿는 자는 심판을 받지 아니하는 것이요, 영생을 얻으리라'(요 3:16, 18), '주 예수를 믿으라 그리하면 너와 네 집이 구원을 받으리라'(행 16:31), '사람이 마음으로 믿어 의에 이르고 입으로 시인하여 구원에 이르느니라'(롬 10:10)"라고 말입니다.

그들은 이런 성구로, 예수 그리스도에 대해 일정한 조항들을 인정하고 그것을 고백하는 한 자동적으로 구원받을 수 있다는 의미로 풀이합니다. 그러나 그들의 잘못은 다음과 같은 점에 있습니다. 즉 진정으로 구원받고 참으로 구원의 확신을 가지고 있는 사람이라면 이 성구들을 고백하고 또 고백해야 합니다. 그러나 이것을 고백했다는 것만으로 반드시 그 사람이 구원의 보증이나 확증이 될 수 없다는 점입니다.

주님이 여기서 다루고 계시는 사람들도 "주여 주여"라고 하며 바른 내용을 말하는 것은 사실입니다. 그러나 앞에서 살펴본 대로 야고보는 그의 서신에서 다음 사실에 주의를 환기시키고 있습니다. "귀신들도 믿고 떠느니라"(약 2:19)라고 말입니다.

복음서를 읽어보면 악령 곧 마귀들도 주님을 인정하는 것을 알게 됩니다. 그들도 주님을 '하나님의 거룩한 자'라고 부르고 있습니다(막 1:24). 귀신들도 주님이 누구인지를 알고 있습니다. 귀신들도 주님에 대해 바르게 말합니다. 그러나 그들은 귀신들이고 버림받은 자들입니다. 그러므로 우리들은 이 지극히 미묘한 유혹에 대해서 주의해야 하겠고, 어떻게 해서 사람들이 자신들을 그르치게 하는가에 유의해야 합니다. 사람들은 "나는 믿고 있다. 그리고 나사렛 예수는 하나님의 아들이었으며 내 죄를 위해서 죽으셨음을 내 입으로 말해 왔다…"라고 말합니다. 그러나 이것은 논증으로서는 불완전한 것입니다.

신자인 기독교인들도 이렇게들 말하고 있습니다. 그러나 다만 말하는 것으로만 그치는 것이 아닙니다. 이것을 일컬어 'fideism'(믿음주의)이라든가 'believism'(믿음 만능주의)이라고들 하는데, 그 뜻은 그 사람이 실제로 자기의 최종적인 신뢰를 예수 그리스도에 두지 않고 자기 자신의 신앙에 두고 있다는 뜻입니다. 그는 자기 자신의 신념과 다만 자기가 그 신앙을 주장하고 있는 것에 신뢰를 둔다는 것입니다.

이 문단의 목적은 구원의 확신의 기초를 일정한 진술이나 교리조항을 반복하는데 두려는 위험성을 경고하는데 있습니다. 구원의 확실한 기초를 자기가 교인이라든가 일정한 국가에 속해 있다든가 유아세례를 받았다든가 하는 사실에 두려고 하는 것과 지금까지 말해온 것과 실로 무슨 차이가 있겠습니까? 차이가 없습니다. 입으로는 바른 말을 하면서도 자기가 기독교인이 아닌 것이 분명할 정도로 악한 삶을 살 수도 있는 것입니다. 바울은 고린도 사람들에게 보내는 편지에서 "미혹을 받지 말라 음행하는 자나 우상 숭배하는 자나 간음하는 자 … 들은 하나님의 나라를 유업으로 받지 못하리라"(고전 6:9-10)라고 했습니다. 그러므로 입으로는 바른 말을 하면서도 악한 생활을 보이는 일은 충분히 있을 수 있는 일입니다.

누구든지 자신을 속여서는 안 됩니다. 우리가 거듭나서 우리 속에 하나님의 생명의 증거를 간직하고 있다는 확증이 없이 우리 신앙의 기초를 다만 어떤 규정된 교리조항을 반복하는데 두기 시작하는 순간 우리는 이 무서운 자기기만의 위험에 빠지는 것입니다. 구원의 확신에 대한 교리를 이런 식으로 말하고 옹호하는 사람들이 많습니다. 그들은 말하기를 여러분의 양심에 귀를 기울이지 마십시오. 여러분이 믿는다고 말만 하면 그것으로 충분하다고 합니다. 그러나 이것으로는 충분하지 못합니다. "주여 주여"라고 하는 사람들이 많기 때문입니다. 주님은 "나는 너희를 알지 못하노라 불법을 행하는 자들아 물러가라"라고 말씀하실 것입니다.

자기기만의 상태의 둘째 원인은 첫째 원인에서 불가피하게 귀결됩니다. 그것은 자기 검토의 거부입니다. 오늘날 이런 자기 검토는 인기가 없습니다. 매우 이상한 것은 이것이 특히 복음적 기독교인들 사이에 그렇다는 것입니다. 복음적 기독교인들은 실로 자기 검토를 반대할 뿐 아니라 그것을 거의 죄라고까지 보는 경우가 허다합니다. 그들의 논리인즉 기독교인은 예수 그리스도만을 바라보아야 하며, 자기 자신은 조금도 바라보아서는 안 된다는 것입니다. 그들은 이것을 자기가 자기를 검토해서는 안 된다는 뜻으로 풀이하는 것입니다. 그들은 자기 검토를 자기 자신을 바라보는 것과 동일시하는 것입니다. 그들은 말하기를 자신을 바라보면 검은 것 이외 아무것도 보지 못할 것이므로 볼 필요가 없고, 예수 그리스도만을 보아야 한다고 주장합니다. 그래서 자신에게서 눈을 돌리며 자기 검토를 거부하는 것입니다.

그러나 이것은 성경적인 것이 아닙니다. 성경은 언제나 우리 자신을 검토해 보라고 권면합니다. 성경은 너희가 믿음에 있는가 혹은 우리가 '버림받은 자'가 아닌가 확증하라고 했습니다(고후 13:5, 6). 우리가 '도덕률 폐기론'에 빠져들어, 예수 그리스도를 믿기만 한다면 어떤 행위를 하든지 상관이 없다고 주장하며, 사람이 구원받았다면 어떤 유형의 생활을 해도 상관이 없다고 주장할 위험이 있는 것은 이유가 충분히 있습니다.

도덕률 폐지론은 여러분이 행동에 집중하는 순간 다시 율법으로 돌아가는 셈이라고 주장합니다. 도덕률 폐지론자들은 "주 예수 그리스도를 믿고 의지하라. 그것으로 충분하다."라고 말합니다. 그러나 주님은 이 문단에서 바로 경고하고 계십니다. 주님은 우리가 말하는 그것만을 의지하고, 기독교의 진수는 기독교는 생활화해야 할 하나의 삶이라는 사실을 잊는 것인바, 곧 기독교는 사람의 마음에 간직할 하나님의 성품의 참여자이며, 이것이 그의 생활에 필연적으로 나타나야 할 것을 다시 경고하고 계신 것입니다.

요한일서를 보면 이 편지도 이 위험성을 바로 잡기 위해 쓰였습니다. 이 편지는 어떤 사실에 대해 말은 하면서도 그들의 생활은 그들의 말과 매우 모순되는 사람들을 염두에 두고 있습니다. 요한은 영적 생명에 관한 그의 유명한 기준을 제시합니다. "그를 아노라 하고 그의 계명을 지키지 아니하는 자는 거짓말하는 자요 진리가 그 속에 있지 아니하되"(요일 2:4), "만일 우리가 하나님과 사귐이 있다 하고 어둠에 행하면 거짓말을 하고 진리를 행하지 아니함이거니와"(요일 1:6)라고 했습니다. 그들은 "나는 기독교인이다. 나는 하나님과 사귐을 가지고 있다. 나는 주 예수 그리스도를 믿는다."라고 말합니다. 그러나 그들은 여전히 죄 가운데 살고 있었습니다. 이것은 거짓이라고 요한은 말씀합니다.

이것은 율법의 위반이며 하나님의 거룩한 계명을 불순종하는 것입니다. 아무리 많은 말로 예수 그리스도를 믿는다고 해도 그 생활습관이 변함없이 사악하다면 그는 기독교인이 아닙니다. 이것을 발견해 내는 방법은 우리 자신을 검토하는 일입니다.

우리는 계명과 성경의 가르침과 산상설교에 비추어 우리 자신을 살피고 자기검토를 해야 합니다. 그리고 더 나아가 우리가 행하는 행위, 곧 예언을 하든, 귀신을 쫓아내든, '많은 기사'를 행하든, 우리 자신의 동기를 검토해야 합니다. 우리는 정직하게 "왜 나는 이런 것을 하고 있는가? 이 모든 것의 이면의 진짜 충동은 무엇일까?"라고 물어야 합니다.

정통적 방법으로 그리스도의 복음을 전파하고, 그리스도의 이름을 말하고, 교리도 바르고, 말씀 전파하는 일에도 열심은 있으나 자기의 이익과 자기의 명예와 자기만족을 위해 행하고 있을 가능성도 있습니다. 이것에서 우리 자신을 지키는 유일한 방법은 우리 자신을 검토하고 면밀하게 살피는 일입니다. 이것은 고통스러우며 불쾌한 일입니다. 그러나 행해야만 할 일이며 안전한 방법입니다. 사람은 자기 자신을 정면으로 보고 "나는 왜 그것을 하는가? 그것이 내가 진실로 열중하는 것인가?"라고 물어야 합니다. 이렇게 하지 않는다면 그는 자기 미혹과 자기기만의 무서운 위험에 노출되고 있는 것입니다.

이 같은 상태에 대한 또 하나의 원인을 고찰해 봅시다. 그것은 자기 활동을 보람으로 느끼며 사는 것의 위험성입니다. 우리는 이 점을 분명히 할 필요가 있습니다. 왜냐하면 자기 자신의 활동을 보람으로 사는 것이 기독교 생활의 최대 위험의 하나일 가능성이 있음은 의심할 나위가 없기 때문입니다.

어느 땐가 40여 년간 참으로 활동적인 기독교 사역자로 살아온 어떤 부인으로부터 편지를 받았습니다. 그런데 그 부인은 중병에 걸려 6개월간 집에서 한 걸음도 나갈 수 없었습니다. 그녀는 그 병이 참으로 매우 가혹하고 쓰라린 시련이었음을 솔직히 말했습니다. 나는 그녀의 말하려던 뜻을 잘 알고 있습니다. 나는 그것을 다른 사람들에게서도 보아왔고 또 얼마큼 내 자신의 경험으로도 알고 있습니다. 하늘나라 일을 하는데 지칠 줄 모르는 사람들이 갑자기 병으로 누워 어떻게 하면 좋을지 알지 못하는 사람들을 보아왔습니다. 무엇이 문제가 되겠습니까? 그들은 자기 자신의 활동으로 사는 보람을 느껴온 것입니다. 여러분은 설교와 주님 일에 너무 바쁜 나머지 자신의 영혼의 양육을 소홀히 할 수 있습니다. 여러분 자신의 영적 생활에 너무 등한히 한 끝에 자신과 자신의 활동으로 사는 보람을 느끼게 됩니다. 그래서 여러분이 잠깐 멈추거나 병이나 기타의 사정에 의해서 중단하게 되었을 때, 삶이 허무하고 어떠한 대책도 발견할 수 없게 됨을 알게 될 것입니다.

이것이 기독교인의 생활에만 국한되지 않는 것은 물론입니다. 일평생 크게 성공하고 건강한 실업가나 전문가의 일을 우리는 얼마나 많이 들어 알고 있습니까? 그러다 그들이 은퇴하기로 결정했는데, 반년쯤 지나 갑자기 그들이 죽었다는 소식을 듣게 될 때는 누구나 깜짝 놀랍니다. 어떻게 된 일이겠습니까? 그 진상은 그들의 생명을 이어온 것, 생존에 자극을 주고 삶에 목적을 주던 것이 갑자기 없어졌기 때문에 죽게 되는 경우가 많다는 것입니다. 오늘의 많은 사람들이 단지 오락과 쾌락만으로 생명을 이어가는 상황을 생각해 보십시오. 이것들로부터 그들이 갑자기 끊어지게 되면 어떻게 해야 할지 알지 못하게 됩니다. 완전히 권태롭고 무력하게 됩니다. 그들은 자기의 활동이나 쾌락으로 사는 보람을 느끼며 살아왔던 것입니다.

이 같은 일은 기독교인의 생활에서도 일어날 수 있습니다. 그래서 가끔 일을 멈추고 자기를 점검하고 "나는 무엇으로 사는 보람을 느끼는가?"라고 자문해 보는 것은 매우 유익한 일입니다. 여러분이 자주 규칙적으로 출석하고 있는 집회에 갑자기 참석하지 못하게 된다면 여러분은 어떻게 되겠습니까? 만일 여러분이 건강이 나빠져서 독서나 사람과 교제하는 즐거움도 사라지고 혼자가 된다면 어떻게 되겠습니까? 우리들도 이 문제를 물어볼 시간을 가져야 합니다. 왜냐하면 영혼에 대한 최대 위험 중의 하나는 자기 자신의 활동이나 노력만으로 사는 보람을 느끼는 것이 되기 때문입니다. 지나치게 바쁜 것은 자기기만에 빠지는 길 중의 하나입니다.

이 같은 문젯거리의 또 한 원인은 이것에 대해 저것을 대립시켜 놓음으로써 우리의 삶의 균형을 잡으려는 경향입니다. 예를 들면 우리의 양심이 우리의 삶과 생활 태도 때문에 정죄감을 느낀다면, 우리가 하고 있는 선한 행실로 이것을 상쇄해 버리는 점입니다.

우리는 이스라엘 초대 왕이었던 사울의 경우에서 그 전형적인 예를 볼 수 있습니다. 사울은 아말렉 사람을 전멸시키라는 명령을 받았습니다. 그래서 그는 어느 정도까지는 그것을 실행했습니다. 그러나 아각 왕을 살려두고, 또 양과 소의 가장 좋은 것을 남겨두었습니다. 사무엘에게 책망을 받았을 때, 그가 얼마나 재치 있게 대답했는지 여러분은 아십니다. 그는 "당신의 하나님께 제사하려 하여 양과 소의 가장 좋은 것을 남겼습니다."라고 말했습니다(삼상 15:1-15). 이것은 대차 균형의 완벽한 사례입니다. 우리는 누구나 이렇게 되기가 쉽습니다. 양심의 작용을 허락하지 않고 곧 마이너스되는 것에 플러스되는 것을 놓아 균형을 잡는 것입니다. 자기의 생활 상태를 이와 같은 방법으로 평가하는 사람은 다만 하나의 결말이 있을 뿐입니다. 사업상으로 이와 같은 일을 하는 사람은 곧 파산할 것입니다. 또 기독교인 생활에서 이와 같이 하는 사람은 곧 영적으로 파산할 것입니다. 그리고 최후에는 주님에 의해 쫓겨날 것입니다. 우리들은 이 교훈을 우리 자신에 맞도록 적용해야 하고, 양심이 우리를 처리할 수 있도록 허락해야 합니다. 우리는 구실을 대서는 안 되며 양심의 명령을 듣고 따라야만 할 것입니다.

이렇게 하면 자기기만의 모든 원인 밑바닥에 도사리고 있는 중요한 원칙으로 우리를 이끌어줄 것입니다. 여러모로 문제의 근원은(상당히 복음적인 사람들 사이에서도) 성경의 명백한 가르침에 마음을 두지 않고 있는 것입니다. 교리에 관한 것에는 성경의 가르침을 받아들입니다. 그러나 실생활 면에서는 실로 성경을 우리의 유일한 인도자로 받아들이지 않을 때가 허다합니다. 실생활 면에서 볼 때 우리는 성경의 기준대신 인간의 기준을 사용하려고 하며, 성경의 명백한 가르침을 받아들이지 않고 이것과 다툴 때가 많습니다.

성경은 사람들이 복음을 전파해야 할 것뿐 아니라 전파하는 방법까지 분명히 하고 있습니다. 성경은 "조심성 있게", "근엄하게", "두렵고 떨림으로 성령의 나타나심과 능력으로 하고", 사람의 "설득력 있는 지혜의 말"로 하지 아니하였다고 말씀합니다(고전 2:1-5). 그러나 이 성구들과 극도로 모순된 전도 방법이 결과의 관점에서 오늘날 정당화되고 있습니다. "결과를 보시오."라고 사람들은 말합니다. "아무 아무개의 하는 방법은 성경의 방법에 들어맞지 아니할지 모릅니다. 그러나 그 결과를 보시오."라고 말합니다. 이리하여 그 결과 때문에 성경의 명백한 명령이 옆으로 젖혀놓게 되는 것입니다. 이것이 성경을 믿는 것입니까? 이것이 성경을 우리의 최종적 권위로서 받아들이는 것입니까? 이것은 다음과 같이 말한 사울의 옛적 과오의 반복이 아니겠습니까? 즉 "그렇소. 나도 압니다. 그러나 그렇게 하는 것이 좋을 것 같이 생각되었소."라고 말입니다. 그는 자기가 어떤 결과를 낳게 함으로써 자기의 불순종을 정당화하려고 했습니다.

우리 개신교들은 로마가톨릭이나 특히 예수교단을 보고 경악해서 두 손을 바짝 들게 됩니다. 그들은 "목적이 수단을 정당화한다."라고 말하기 때문입니다. 이것은 로마교회의 중요한 논증이 되고 있습니다. 우리가 이것을 로마 가톨릭교회에서 보게 될 때는 거부하면서도 복음주의 진영에서도 일반화되어 있습니다. '결과'가 만사를 정당화하는 것입니다. 결과가 좋으면 수단도 옳은 것에 틀림없습니다. 목적이 수단을 정당화시킨다는 것입니다.

여러분이 만일 심판 날에 큰 환멸의 비애를 맛보고 싶지 않다면 지금 성경을 있는 그대로 대면하십시오. 성경과 다투지 마십시오. 성경을 조작하려고 하지 마십시오. 성경을 비틀어서는 안 됩니다. 성경을 마주 대하여 받아들이고 어떤 희생을 치루더라도 성경에 복종하십시오. 자기기만의 또 하나 흔한 원인은 주님에 대한 우리의 관계가 중요함을 자각하지 못하는 일입니다.

주님은 심판주이십니다. 중요한 것은 그가 우리를 어떻게 생각하는지 입니다. 사람들을 향하여 "나는 너희들을 도무지 알지 못한다."라고 말씀하실 분은 그분입니다. 이 '안다'고 하는 말은 뜻이 매우 강합니다.

이 말은 주님이 그들의 존재를 알지 못한다는 뜻이 아닙니다. 주님은 모든 것을 알고 계시며 모든 것을 보고 계십니다. 만물이 그분에게는 벌거벗은 것 같이 드러나 있습니다. 이 '안다'는 말은 '특별한 관심을 가진다', '특별한 관계가 있다'는 뜻입니다. 하나님은 아모스를 통해서 이스라엘 자손들에게 "내가 땅의 모든 족속 가운데 너희만을 알았나니"라고 하셨습니다(암 3:2). 이것은 하나님이 이스라엘에 대해서 이처럼 특별한 관계가 있다는 뜻입니다. 우리 주님은 심판 날에 자기를 기만한 이 사람들에게, 그들은 모든 것을 자기들의 힘과 정력으로 했다고 말씀하실 것입니다. 주님은 조금이나마 이 일과 관계를 가진 적이 없습니다. 그러므로 우리에게 가장 중요한 것은 우리의 활동이나 결과가 아니라 우리 주 예수 그리스도에 대한 우리의 관계에 관심을 가져야 하겠다는 것입니다. 우리가 주님을 알고 있습니까? 주님이 우리를 알고 계십니까?

끝으로, 하나님이 원하시며 복되신 주님이 원하시는 것은 우리의 속사람 곧 마음을 원하고 있습니다. 주님은 우리의 순종을 원하고 있습니다. 우리 입술의 고백이나 열심이나 열정이나 행위나 기타의 것들을 원하시지 않습니다. 주님은 '우리'를 원하고 있습니다. 선지자 사무엘이 이스라엘 왕 사울에게 한 말을 다시 한번 봅시다. "여호와께서 번제와 다른 제사를 그의 목소리를 청종하는 것을 좋아하심 같이 좋아하시겠나이까 순종이 제사보다 낫고 듣는 것이 숫양의 기름보다 나으니"(삼상 15:22). 사울은 이렇게 말했습니다. "우리는 주님께 제사를 드리기 위해 양들과 소들 중에서 가장 좋은 것을 남겨 두었나이다." 그 대답은 다음과 같습니다. "하나님은 우리의 제물을 원하지 않는다. 하나님은 우리의 희생을 원하지 않는다. 하나님은 우리의 순종을 원하시며 우리 자신을 원하신다."라고 말입니다.

바른말을 하고 매우 바쁘고 활동적이며 일견 놀라운 성과를 가져오면서도 자기 자신을 주님께 바치지 않는 사람이 있을 수 있습니다. 모든 것을 자기 자신을 위하고 가장 중요한 지점에서 주님에게 저항할 가능성은 모두에게 있습니다. 이것이야말로 우리가 하나님께 대해 할 수 있는 최대의 모욕입니다. 열정적으로 "주여, 주여"라고 말하며 바쁘고 활동적이면서도 참된 충성과 순종을 주님께 바치지 않고 우리 자신의 생애를 지배하기를 고집하거나, 성경의 가르침이 우리의 행할 것과 그 방법을 지배하게 하지 않고 우리 자신의 의견과 논거로 성경의 가르침을 지배하게 하는 것 이상으로 더 큰 모욕이 있을 수 있겠습니까? 주님에 대한 최대의 모욕은 완전히, 전적으로 양도되지 않은 의지인 것입니다. 우리가 무엇을 하든, 우리의 제물과 제사가 아무리 크며, 주님의 이름으로 하는 행동이 아무리 훌륭하다 해도 그것은 우리에게 아무 유익도 가져오지 못할 것입니다.

나사렛 예수가 하나님의 독생자이시며 이 세상에 오시어 갈보리 십자가로 가서서 우리의 죄를 위해 죽으시고, 우리를 의롭게 하시고 새 생명을 주시고 하늘나라를 준비하기 위해 다시 사셨음을 우리가 믿는다면, 그리고 이것을 참으로 믿는다면 오로지 하나의 불가피한 결론에 도달할 것입니다. 즉 주님은 우리의 전 생애와 모든 것에 대하여 어떠한 제한도 없이 전권을 가지고 계시다는 것입니다. 이것은 큰일 뿐 아니라 작은 일에 있어서도 그리고 우리가 하는 모든 일과 그 수단에 대해서도 주님이 지배권을 가지심을 의미합니다.

주님은 그의 방법을 성경에 계시하는 것을 기뻐하셨으므로 우리는 주님과 주님의 방법에 순종해야 합니다. 만일 우리가 하는 일이 이 모형에 일치하지 않는다면 이것은 우리의 의지의 주장이요 불순종이요, 점치는 죄와 같이 하나님께는 가중한 것입니다(삼상 15:23). 이것은 그리스도로 하여금 어떤 사람들에게 "불법을 행하는 자들이여 나를 떠나라"고 말씀하게 하는 하나의 태도가 되는 것입니다. 불법을 행하는 자들! 누구입니까? "주여 주여"라고 말하는 사람들이요, 주님의 이름으로 선지자 노릇하고, 주님의 이름으로 귀신들을 쫓아내고, 주님의 이름으로 많은 권능을 행한 자들입니다.

주님은 그들을 불법을 행하는 자들이라고 하십니다. 결국 그들은 주님을 기쁘시게 하려고 한 것이 아니라 자기 자신들을 기쁘게 하려고 했기 때문입니다. 그런즉 우리도 이런 일들에 비추어 진지하게 자신을 점검해 보아야 합니다.

56장

자기기만의 표적들

"21 나더러 주여 주여 하는 자마다 다 천국에 들어갈 것이 아니요 다만 하늘에 계신 내 아버지의 뜻대로 행하는 자라야 들어가리라 22 그 날에 많은 사람이 나더러 이르되 주여 주여 우리가 주의 이름으로 선지자 노릇 하며 주의 이름으로 귀신을 쫓아 내며 주의 이름으로 많은 권능을 행하지 아니하였나이까 하리니 23 그 때에 내가 그들에게 밝히 말하되 내가 너희를 도무지 알지 못하니 불법을 행하는 자들아 내게서 떠나가라 하리라" 마 7:21-23

자기기만의 문제는 매우 중요한 주제이기에 앞에서 두 번이나 다루었지만 한 번 더 다루고자 합니다. 본문(마태복음 7장 21절-23절)이 매우 중요하기에 설교자들이 항상 이것에 주의를 집중시켜왔습니다.

우리가 모두 최후의 심판으로 향해서 지금 이 세상을 통과하고 있어 머지않아 그리스도의 심판대 앞에 서지 않으면 안 된다는 것을 자각한다면, 이와 같은 자기 점검은 불가피한 것입니다. 사도 요한은 "주를 향하여 이 소망을 가진 자마다 그의 깨끗하심과 같이 자기를 깨끗하게 하느니라"(요일 3:3)라고 말씀하셨습니다.

자신을 점검하지 않고는 자신을 깨끗하게 할 수 없습니다. 사순절 기간이나 한 해의 시작을 통해서 항상 자기 검토와 자기 훈련을 게을리 해서는 안 된다고 생각하는 사람들도 있지만 중요한 것은 자기 점검의 필요성을 인식하는 일입니다. 이것을 성경에서 끊임없이 가르치고 있습니다.

우리 자신을 속이는 일을 피하고 싶으면 우리가 가장 먼저 취해야 할 단계는 자기기만의 여러 가지 원인을 고찰하는 일임을 이미 살펴본 바 있습니다. 우리는 이제 몇 가지 실제 생활의 세목을 다뤄보겠습니다. 이 세목들은 우리가 자신을 속일 수 있는 미묘한 방법에 대해서 우리에게 경고하기 위한 것입니다.

우리가 이 세상 사람들과 함께 살고 있다는 사실을 떠나서라도, 우리는 마귀와 "통치자들과 권세들과 이 어둠의 세상 주관자들과 하늘에 있는 악의 영들"(엡 6:12)과 싸워야 하게 되어 있습니다. 성경의 가르침에 의하면 하나님의 전신갑주를 입는 것 외에는 아무것으로도 이 싸움에 대항할 수가 없습니다. 이 전신갑주를 입는 방법의 하나는 공격의 미묘함을 간파하는 일입니다. 그래서 그 공격의 미묘성을 자세히 고찰해 보겠습니다. 그런데 조금 두려운 생각이 듭니다. 왜냐하면 설명을 위해 실례를 들 때 사람들이 그 원칙보다는 실례에 집중하기 때문에 오해를 받을 수도 있기 때문입니다. 여러분은 그 원칙에 집중하시기를 바랍니다.

첫째 원칙은 기독교인의 생활과 관계있는 것은 무엇이나 위험할 수 있다는 것입니다. 저는 여기서 모든 것이 위태롭다고 주장하는 것이 아니라 위태로울 수 있다는 것입니다. 마귀는 그 교활함에서 우리에게 빛의 사자로 가장하고 와서는 하나님께서 우리에게 주신 합법적이고 선한 것들을 장악해 버립니다. 그리고 바로 이것들을 변화시켜 우리가 자기기만의 도구로 만들어버릴 만큼 우리에게 영향을 줍니다.

어떤 의미에서 하나님이 우리에게 제공하신 은혜의 수단마저도 문젯거리의 원인이 될 수가 있습니다. 그러나 이 점을 분명히 하고 싶습니다. 은혜의 수단을 비난하는 것이 결코 아닙니다. 그저 하나님이 우리에게 주신 은혜의 수단을 우리 영혼에 해로운 것으로 변화시키는 무서운 위험성을 지적하고 있는 것뿐입니다.

사도 바울과 같은 위대한 선생도 그의 가르침과 설교에서 오해를 받을 수 있었음을 아는 것은 어느 설교자에게든 항상 큰 위로가 됩니다. 예를 들어 고린도후서 11장의 풍자를 봅시다. 사도는 자기의 많은 가르침이 고린도에서 통탄스럽게도 유치한 모양으로 오해를 받고 있던 문제를 다루고 있습니다.

여기에 그 지배 원칙들이 있습니다. 그 자체로서 선한 것들도 우리가 주의하지 않으면 우리 영혼의 상태에 대하여 그릇되게 생각하도록 우리를 속이는 무서운 위험성이 있습니다. 그러나 그리스도 안에 있는 순진한 데서 떠나 본 절에 서술된 무서운 거짓된 위치로 들어가는 경향이 우리에게 있는지 그 여부를 어떻게 알 수 있겠습니까? 여기에 대답의 일부가 있습니다.

이 경향을 보이는 하나의 명백한 징조는 다음과 같은 모양을 띠고 나타납니다. 즉 우리의 주된 관심사가 무엇인가를 발견하기 위해 자신을 검토해 볼 때, 그것이 우리가 집회에 출석하는데 있다는 것을 발견하게 된다면 그 때 우리는 위험 상태에 빠지고 있다는 것입니다. 물론 나로서는 기독교 집회에 출석하는 것을 좋게 생각합니다. 그러나 집회 출석 자체를 사는 보람으로 여기며 집회를 자기의 가장 큰 관심사로 여기는 상태에 빠져있다면 이것은 매우 위험한 일입니다. 이와 같은 상태에 들어가는 사람들이 많습니다. 그들은 집회로 말미암아 그의 명맥을 보존해 나갑니다. 그러다가 돌연 집회로부터 단절되면 그들은 자기의 영혼과 자기의 기독교 경험에 무서운 불모지대가 있음을 비로소 알게 되는 것입니다.

이 같은 증세를 나타내는 또 다른 양상은 여러 현상에 대한 부당하고 지나친 관심입니다. 기독교 생활과 관련해서 특이한 많은 현상이 있습니다. 예를 든다면 고양된 감정, 인도, 신유 등등입니다. 이것들은 복음과 관련된 복입니다. 이것들은 기독교의 메시지의 귀중한 일부입니다. 그러나 우리의 주요 관심이 이 현상들에 있음을 발견한다면, 우리는 이미 자기기만에 빠질 가능성에 서 있습니다.

신앙 자체보다 신앙의 부산물에 큰 관심을 두어서는 안 됩니다. 이것들의 하나하나에 대해서 자기를 점검해 보아야 합니다. 우리는 말로 우리의 기본 관심사를 드러냅니다. 그래서 우리가 다른 사람들이 말하는 데 귀를 기울여보면 그들의 주요 관심사와 진정한 관심사가 무엇인가를 알게 됩니다. 이것은 우리 자신에게도 적용됩니다. 우리는 "무엇이 나의 중요한 관심사인가?"라고 자문해 보아야 합니다. 그리고 누군가 다른 사람에게 우리를 관찰해 보도록 부탁하는 것이 현명한 일일지도 모릅니다.

예수님과의 관계보다도 은혜의 수단이나 현상 자체에 관심을 빼앗기는 경향을 우리 자신이나 다른 사람에게서 발견한다면 우리는 궁극적으로 이 무서운 자기기만으로 통하는 길에 있는 것입니다. 그리고 또 다른 징조는 단체, 교파, 특정 교회, 혹은 어떤 운동이나 친교에 부당한 관심을 가지는 일입니다. 우리 모두 이것의 의미를 정확히 알고 있습니다.

인간은 사회적 존재이며 우리는 모두 사회적 본능이나 사회 구성의 일부를 채우려는 배출구를 갖고 싶어 합니다. 생래적 및 사회적, 집단군거적 본능의 배출구를 그리스도교적 사항의 영역 안에서 찾아내려고 하는 것은 지극히 간단하고 쉬운 일입니다. 위험은 우리가 이런 일들에 관심을 가지기 때문에 당연히 기독교인이라고 생각하는데 있습니다.

주님이 말씀하시는 것도 바로 이것입니다. 여기에 "주여 주여"라고 하는 사람이 있습니다. 그는 귀신들을 내쫓고, 그리스도의 이름으로 교회영역 안에서 많은 권능을 행하고, 그 때문에 자기는 기독교인이라고 생각을 합니다. 그러나 주님은 그가 기독교인이 아닐 수도 있다고 말씀하십니다. 이것은 얼마나 기막힌 일이겠습니까!

부도덕한 사회에 있는 것보다는 도덕적인 사회에 있는 것을 천성으로 좋아하면서도 전혀 기독교인이 아닌 이들이 있습니다. 그들은 자연인으로서 도덕적이며 윤리적인 사람들을 좋아합니다. 그리고 사회적 탈출구나, 자신들의 적극적인 도덕적 성격을 위한 탈출구를 가지려는 생래적 소망은 기독교와 관계있는 어떤 유형의 조직에 의해 제공되는 것입니다. 그들은 자기네가 기독교 영역 안에서 활동하고 있으므로 당연히 기독교인이라고 생각하기 때문에 이때 자기기만이 스며드는 것입니다. 그들의 진정한 관심사는 활동 자체와 조직 자체에 있는 것이지 주님이나 주님에 대한 그들의 관계에 있는 것이 아닙니다. 이것이 무서운 가능성입니다.

그들의 궁극적인 관심사가 그들의 특정 교회에 있고 기독교의 구원이나 주님에게는 조금도 관심이 없는 사람들이 있습니다. 그들은 그 교회가 좋고 그곳에 모이는 사람들이 좋으므로 그 분위기 가운데 양육되어 왔습니다. 실로 그들의 마음을 잡고 있는 것은 특정 교회, 특정 교파, 특정 집회입니다. 이것은 그들이 하는 말에서도 항상 나타납니다.

여러분이 그 단체, 그 사람들, 그 설교자를 화제로 하면 그들이 큰 관심을 보이지만, 그들의 영혼이나 주님에 대해서 영적인 말을 하려고 하면 이상하게도 잠잠해지는 것을 발견할 것입니다. 이 기준으로 우리 자신도 점검해 보아야 합니다. "우리의 진정한 관심사는 무엇인가? 우리는 주님에 대한 우리의 관계와 그의 영광에 관심을 가지는가, 아니면 다른 것들에만 관심을 가지고 있는가?"라고 말입니다.

이 시점에서 또 하나, 매우 흔한 위험성은 기독교의 개인적인 측면보다도 사회적이며 일반적인 측면에 관심을 가지는 일입니다. 이것은 금세기에 특히 중요성을 가져오고 있습니다. 이 나라와 사회적 여러 문제에 직면해 있는 오늘의 많은 사람들 가운데 이들 국가적, 사회적 문제에 대해서는 성경의 가르침과 기독교적 태도가 필요하다는 말을 점점 크게 하는 이들이 많습니다.

정치나 정치인들, 더구나 지도적인 인물들을 보십시오. 어떤 사람들은 실제로는 주일예배에 출석하지 않는 것으로 세상에 알려져 있지만 '종교'나 '기독교적'이라고들 말하고 있습니다. 그들은 기독교의 가르침은 국가의 여러 문제를 해결하는데 도움이 될 수 있다고 막연하게나마 생각하고 있는 것 같습니다. 그들 자신이 적극적이며 활동적인 기독교인은 아니요, 또(나는 다만 이런 사람들만 말하고 있는 것이지 그들 가운데 섞여 있는 진정한 기독교인들을 말하는 것은 아닙니다.) 주님에게 개인적으로 순종하지는 않지만 그런대로 기독교는 일반적인 의미에서 도움이 될 수 있다고 생각하는 것 같습니다.

우리가 '기독교 문명', '기독교적', '서구적' 가치 운운할 때 우리는 항상 위험한 장소에 서 있는 셈입니다. 이것은 오늘날에 현저하게 나타나고 있기 때문에 교회가 직면하고 있는 큰 위험의 하나가 됩니다.

특히, 기독교를 반공적인 가르침 이상은 아무것도 아닌 것처럼 보는 경향을 지적하고 싶습니다. 이 경향은 기독교단체들이 가끔 선전하는 방법에서, "그리스도인가 공산주의인가"와 같은 슬로건을 사용할 때 볼 수 있습니다.

로마가톨릭교회가 그와 같은 사고방식을 취한다고 해도 놀랄 것이 못 됩니다. 그러나 순진한 복음적인 사람들이 차츰 올가미에 끌려가는 것을 보는 것은 비극이 아닐 수 없습니다. 이 일은 매우 교묘한 방법으로 행해지고 있습니다.

자기는 반공주의자이기 때문에 기독교인이 틀림이 없다고 확신하는 사람들도 있습니다. 천만의 말씀입니다. 우리는 이렇게 해서 자신을 속이는 일이 있습니다. 우리는 이와 같은 일반적 기준에 기초를 두고 자기를 판단하고, 기독교인이라고 단정하는 것입니다. 기독교에 관한 문제에 있어서 한 사람 한 사람의 개인적인 것을 사회적이나 일반적인 것으로 대체하는 것은 언제나 무서운 위험성이 있습니다.

기독교계는 지금까지 영적 종교의 최대의 적이었을 때가 허다했습니다. 만일 나의 관심이 점차 보다 일반적이어서 사회적, 정치적으로 되는 경향이 있고, 만일 이것이 점차 기독교에 대한 주된 관심사가 된 것을 발견한다면, 나는 극히 위험한 상태에 있는 것입니다. 왜냐하면 그 때는 필시 내가 자기 검토를 멈추고 있는 것이 틀림없기 때문입니다. 다음의 위험성은, 가장 중요한 관심을 예수 그리스도와의 참된 관계로서가 아니라 이른바 변증론이나 신앙의 정의나 변호에 두는 사람들의 위험성입니다. 이것은 모든 설교자가 특히 정신 차려야 할 위험성입니다. 자기는 기독교인이라고 생각해 온 많은 사람들이 사실은 변증론에 관심을 가지고 있는 것에 지나지 않는 것입니다.

이런 사람은 기독교 신앙을 논하고 옹호하고 진화론을 고발하며, 심리학이나 그밖에 신앙의 매우 중요한 것들을 공격하고 있다고 생각되는 여러 가지 것을 고발하는 데 그의 모든 시간을 허비하고 있습니다. 이것은 참으로 교묘한 위험성입니다. 이런 사람은 자기 자신의 영혼과 개인의 성결과 성화와 주님에 대한 그의 개인적 관계를 완전히 등한히 하고 있을 가능성이 있기 때문입니다. 그러나 그는 진화론을 고발하고 이러 저러한 공격에서 신앙을 옹호하고 있으므로 자기 자신에 대해서는 이것으로 좋다고 느끼고 있습니다.

그는 이 일을 자기의 대차 계정에 의로 적어 넣을 뿐 아니라 정직한 자기 검토의 작업을 피하기 위해 사용할지도 모릅니다. 변증론이 기독교인의 생활에서 불가결한 위치를 점령하고 있는 것은 사실입니다. 그리고 신앙을 위해 열심히 싸우는 것은 기독교인으로서의 우리의 임무의 일부임도 사실입니다. 그러나 만일 이것 외에 아무것도 아니하는 우리 자신을 발견한다면 우리는 위험한 상태에 있습니다.

나는 복음적인 설교자로서 크게 쓰임을 받았던 한 사람을 알고 있습니다. 그러나 그는 매주 주일 강단에 서서 로마가톨릭교회나 현대주의를 공격하는 일로 시간을 보내기 시작했습니다. 그는 적극적으로 복음을 설교하는 일을 중단했습니다. 변증론이 복음의 중심 진리의 자리를 대신했던 것입니다. 이것은 논리나 의논이나 논쟁에 뛰어난 사람들에게는 특별한 유혹이 되고 있습니다. 이것은 영혼이 굴복되기 쉬운 가장 교묘한 공격 중의 하나입니다. 그러므로 우리 중에 다음의 질문을 부단히 자기 자신에게 물어보아야 할 사람들이 있습니다. 즉 "내 시간의 대부분을 기독교적 입장의 최전선에서 사람들과 논쟁하는데 소비하고 있는가? 나는 사람들의 영혼과 그리스도와 그들의 그리스도에 대한 체험에 대해서는 사람들과 이야기하는 일이 없음을 발견하는가? 나는, 말하자면 말씀의 핵심보다는 변두리에서 시간을 보내고 있는가?"라고 말입니다. 각자 자기 자신을 점검해 봅시다.

다음의 위험은 순전히 신학에 대한 학구적 및 이론적 관심입니다. 이러한 위험은 한두 가지 유형의 기독교인에 한정되지 않습니다. 이 위험은 활동이나 집회에 지나치게 관심을 가지고 있는 사람들에게만 존재하는 것은 아닙니다. 유일한 관심을 신학에 두고 있는 사람에게도 그렇습니다. 그의 입장은 다른 편 사람의 입장만큼이나 위험합니다. 기독교 진리 곧 교리체계와 같은 지적인 문제에 흥미를 가지기는 지극히 간단하며 쉬운 일입니다. 이것은 우리 중 어떤 사람들에게는 특히 위험한 일이 되고 있습니다. 어느 모로든 기독교 신학과 비교가 되는 인생관이나 세계관은 오늘날 존재하지 않습니다.

지적 탐구의 대상으로서 신학과 철학 서적을 읽는 것 이상으로 재미있고 흥미 있는 것은 없습니다. 그러나 그것이 가치가 있고 훌륭한 것이지만 영혼에 대해서는 가장 교묘한 위험과 유혹의 하나가 될 수 있습니다. 지적 이해에 너무 몰두하는 나머지 자기가 살아있는 것을 잊어버리고 다른 사람들의 존재를 잊어버리는 수도 있습니다. 그는 그것을 읽고 즐기는데 모든 시간을 허비해서 누구와도 친교를 맺지 못하고 누구에게 대해서도 쓸모없는 존재가 되는 사람도 있습니다.

우리는 교회사에서 이런 일이 자주 일어난 것을 발견합니다. 먼저 큰 부흥이 있습니다. 다음에 흔히 '강화'라 하여 부흥을 다지는 단계가 계속됩니다. 사람들은 부흥 뒤에 '강화'하고 다지는 상태가 필요함을 느끼는데 이것은 당연한 것입니다. 개심자들은 신앙을 확립해야 하므로 그들은 신학과 철학도 배우게 됩니다.

그러나 그것이 얼마 되지 않아 지적 신앙과 영적 건조에 빠져갈 때가 허다함을 발견하게 됩니다. 이것의 고전적인 실례는 위대한 프로테스탄트의 신앙부흥과 종교개혁 이후 16, 17세기에서 볼 수 있습니다.

영국에서는 종교개혁 후 신학의 위대한 가르침과 함께 청교도 시대가 계속되었습니다. 그러나 그 후 불모의 지성편중주의 시대가 와서 18세기의 30년대에 일어난 복음적 각성에 이르기까지 계속되었습니다. 이와 비슷한 일이 개혁주의 교회나 루터교회에서도 일어났습니다. 그러므로 반복해서 말씀드리지만, 우리는 신학의 중요성과 불가결성을 믿는 동시에, 우리에게 사탄이 강하게 다가와 신학에 대하여 과도한 불균형의 관심을 갖게 한 그 결과로 우리가 '교화'되기보다도 오히려 '우쭐대고' 자랑하게 될 수 있는 가능성이 있음을 기억해야 합니다.

30여 년 이상 목회자로서의 내 생애를 회고하면서 나는 이런 실례를 많이 보아 왔습니다. 나는 그런 사람들을 지켜보았습니다. 그래서 일종의 지적 자랑이나 지식의 자랑이 들어오는 것을 보았습니다. 윤리적 도덕적인 면에서 타협하는 경향이 있음도 보았습니다. 그들의 기도로부터 긴박감이 꺼져가는 것도 보았습니다. 최초의 관심은 바르고 좋은 것이었지만 점점 그 관심이 그들을 점령하고 말았던 것입니다. 그들은 균형을 잃고 이미 성결 관념이라든가 하나님에 대한 참되고 살아있는 지식의 탐구에는 전혀 무관심한 지성편중주의자가 되어버렸던 것입니다.

여기서 또 하나의 위험성을 봅시다. 이제부터 말하는 것은 특히 오해를 불러일으키기 쉬우므로 주의해야 하겠습니다. 많은 것을 관찰한 결과 다음 결론에 도달했습니다. 그것은 자기기만에서 가장 위험한 징조의 하나는 예언적 가르침에 대한 과도한 관심이라는 것입니다. 성경에는 예언적 교훈이 많이 포함되어 있어 그것들에 정통해야 할 것은 우리의 의무가 되고 있습니다. 그러나 예언적 교훈에 대한 지나친 관심처럼 위험한 것은 없습니다. 현재의 세계 정세에 있어서는 특히 그렇습니다. 어떤 사람들은 차츰 이 관심에 마음을 빼앗겨 정복되는 것 같습니다. 그리고 그들은 예언 이외에는 아무것도 생각하지 않고 말하지 않고 설교도 하지 않습니다. 이 예언적 교훈의 지나친 몰두 이상으로 영혼에 위험한 것은 없습니다.

러시아, 이집트, 이스라엘, 그 밖의 나라들을 생각하면서, 그리고 에스겔서 37, 38장이나 다니엘서 7~12장 그 밖의 예언적인 구절의 관점에서 여러 시기나 경우를 계산하는데 모든 시간을 소비하며, 전 생애를 투입하는 일은 쉬울 것입니다. 한편 영적 의미에서는 여러분 자신이나 다른 사람들에 대해 점점 무관심하고 등한히 할 수 있습니다. 여러분은 때와 시기에 너무 관심을 갖는 나머지(행 1:7) 여러분 자신의 영혼에 관해서는 잊어버리고 있지는 않습니까? 물론 예언적 교훈은 성경의 중요한 일부이고 크게 관심을 가져야 할 것입니다. 그러나 장래 세계에서 일어날 사건들에 너무 관심을 가지는 나머지 우리가 지금 살아야 하는 생애가 있고 언젠가는 죽어서 하나님의 심판대 앞에 서야 하겠다는 사실을 잊어버리고 있음을 자각해야 합니다. 여러 가지 점에서 우리의 주된 위험은 균형이나 조화의 감각을 상실하는데 있습니다.

성경 자체와 관련된 위험성이 또 있습니다. 기독교인이라면 누구나 성경을 읽고 부지런하게, 규칙적으로 성경을 배워야 할 것을 믿고 있을 것입니다. 그러나 성경일지라도 세심한 주의를 기울이지 않는다면 우리의 영적 생활상에 위험이나 함정이 될 수도 있습니다.

실례를 들어서 설명하겠습니다. 만일 여러분이 영적 태도라기보다도 차라리 지적 태도로 성경에 접근하는 것을 발견하게 된다면 이미 그릇된 길에 서 있는 것입니다. 순전히 지적 태도로 성경에 접근하며 성경을 교과서처럼 취급하고 마치 셰익스피어의 글을 분석하는 것처럼 성경의 각 장을 구분하는 것은 참으로 흥미 있는 일입니다. 과연 어떤 유형의 사람에게 있어서는 이보다 더 재미있는 것은 없을 것입니다. 그러나 일단 성경에 영적으로가 아니라 지적 흥미만을 가지고 접근하기 시작하면, 성경은 여러분의 파멸의 원인이 될 수 있습니다.

성경은 '하나님의 책'이요, '생명의 책'입니다. 성경은 하나님으로부터 오는 말씀을 우리에게 말하는 책입니다. 그러므로 여러분이 만일 성경을 쳐다보는 대신 내려다보고 있는 자신을 발견한다면, 급히 여러분 자신을 점검하는 것이 좋겠습니다.

만일 여러분이 성경의 지배자가 되어 성경을 취급한다면 여러분은 틀림없이 마귀에게 지배받고 있을 것입니다. 마귀는 빛의 사자(고후 11:14)로서 하나님의 말씀마저도 사용해서 여러분의 영혼에 대한 영적 복을 여러분으로부터 빼앗는 존재입니다.

결코 이론적으로 성경에 접근해서는 안 됩니다. 성경은 항상 우리에게 설교하는 것이어야 하고 결코 이 이외의 태도로 성경에 접근하는 것을 허용해서는 안 됩니다. 성경에 대하여 전문가적이거나 설교자적 접근방법보다 위험한 것은 없습니다.

이것은 설교자의 경우에서도 마찬가지입니다. 왜냐하면 성경을 설교해야 할 본문의 집합체로 보므로 자기의 영혼을 키우기 위해서가 아니라 단순히 설교의 본문을 찾기 위해 성경을 들추기 쉽기 때문입니다. 이렇게 하는 순간 그는 이미 위험한 상태에 있는 것입니다.

또한 성경을 읽는 것에 대한 위험은 설교를 듣는 경우에 대해서도 해당이 됩니다. 어떤 사람들은 단지 설교의 '요점들'만 찾습니다. 그리고 끝에 가서 이것저것에 대해서 나름대로 촌평을 내립니다.

우리는 자신을 전문가로 생각하지 않도록 항상 주의해야 합니다. 성경을 읽든지 설교를 듣든지 우리는 하나님 말씀의 능력에 지배를 받아야 합니다. 예배가 끝난 후에 어떤 사람이 나에게 찾아와서 설교에 대해서 전문가처럼 이러쿵저러쿵 할 때 나는 그 사람에 관해서만은 내가 완전히 실패했다는 것을 알게 됩니다. 진정한 설교의 효과는 우리를 두렵고 떨리게 해야 합니다. 설교는 나에게 자아 검토를 하게 해서 더욱 주 예수 그리스도에 대한 생각을 하게 해야 할 것입니다. 단순히 하나님 말씀의 문자에만 관심을 갖지 않도록 주의해야 합니다. 이런 일은 매우 쉽게 일어날 수 있습니다. 해석의 기술이나, 기계적인 부분에 지나친 관심을 빼앗기는 일이 없도록 주의하십시오. 이 성구에서 저 성구로 뛰어넘으면서 이것저것을 비교하는 일 등등 말입니다.

물론 우리는 성경의 모든 것에 관심을 가져야 할 것입니다. 그러나 기계적인 것에 지배를 받아서는 안 됩니다. 예를 들어 비유나 성경의 숫자 문제에 관심을 가지는 것은 좋은 일입니다. 그러나 이런 문제에 휩쓸려서 전 생애를 보내고 그 것으로 인해서 여러분의 영혼의 진정한 관심사를 망각하는 일이 있어선 안 됩니다.

마지막 위험은 은혜와 율법을 대립시켜 은혜에만 관심을 가지는 일입니다. 은혜론을 떠나서는 구속론도 없는 것이 사실입니다. 그러나 그릇된 방법으로 은혜론 뒤에 우리를 숨기려고 하지 않도록 주의해야 합니다. 나는 개심은 했으나 다시 죄에 빠진 또 한 사람을 기억합니다. 나는 그를 도울 수 있을 만큼 준비가 되어 있었습니다. 그러나 이것도 그가 자기를 도울 수 있는 준비가 너무 잘 되어 있음을 제가 발견했을 때까지 뿐이었습니다.

환언하면 그는 와서 죄를 고백했지만 곧 웃으면서 이렇게 말했습니다. "결국, 은혜의 교리가 있더구만요." 나는 그가 너무 지나치게 건전하다고 생각되었습니다. 그는 재빠르게 자기를 치료하고 있었습니다. 그러나 죄에 대한 반응은 깊은 회개로 나타나야 합니다. 사람이 건전한 영적 상태에 있을 때에는 구원을 그처럼 쉽게 생각하지 못하는 법입니다. 그런 사람은 자기가 절망적이며 악하다고 느낍니다. 그러므로 만일 여러분이 자신을 쉽게 고칠 수 있다고 생각한다면, 은혜론으로 가볍게 뛰어들 수 있음을 발견한다면, 여러분은 위험한 상태에 있다고 말하고 싶습니다. 참으로 영적인 사람은 은혜론을 믿고는 있지만 성령으로 참으로 죄를 깨달을 때 하나님이 자기를 용서해 주시는 일은 거의 불가능하다고 가끔 느끼게 되는 것입니다. 나는 이것을 다음과 같이 표현하곤 합니다. 즉 "죄를 강하게 느끼지 않으면서 복음적 설교를 듣는 동안 앉아있는 기독교인을 나는 전혀 이해할 수 없다."라고 말입니다. 분명코 우리는 다음의 느낌이 있어야 할 것입니다. 즉 "나는 다시 한번 그것을 겪는 것처럼 느꼈다. 나는 다시 한번 이 과정을 통과하고 있는 것처럼 느꼈다."라고 말입니다. 이것이 바른 반응입니다.

복음의 메시지에는 항상 죄를 깨닫게 하는 면이 있습니다. 우리가 곧 은혜에 뛰어들어 그같이 반응하지 않음을 일단 발견하게 되면 그때야말로 이 비극적인 자기기만으로 통하는 상태에 있는 때인 것입니다. 환언하면 당연히 물어야할 마지막 질문은 이것입니다. "영혼에 대해서 나는 어떻게 생각하는가?" 여러분은 윌리엄 윌버휘스(William Wilberforce)와 그의 노예제도 반대의 싸움이 절정에 달했을 때, 그를 방문한 한 부인에 대한 유명한 이야기를 기억하실 것입니다. 그 여인은 "윌버휘스 씨, 영혼에 대해서는 어떻게 생각하십니까?"라고 물었습니다. 그러자 윌버휘스는 "부인, 내가 영혼을 가지고 있는 것을 나는 거의 잊고 있었습니다."라고 말했습니다. 어느 비천한 부인이 윌버휘스에게 와서 중요한 질문을 던졌던 것입니다. 그러자 위대한 인물은 자기가 노예해방에 너무 몰두한 나머지 자기 영혼을 거의 잊고 있었다고 대답했던 것입니다. 그렇습니다. 그 부인은 윌버휘스에게 부딪쳐 오는 위험을 노예제도 반대의 문제에 몰두한 나머지 자기 자신의 영혼의 일은 잊어버리는 것임을 깨달았습니다.

강단에서 설교하는 일에 바쁜 나머지 자기의 영혼을 잊어버려 등한시하기 쉬울 가능성도 있습니다. 여러분이 모든 집회에 출석하고, 거의 입이 잘 돌아가지 않을 정도로 공산주의를 고발하고, 온갖 변증론을 구사하고, 훌륭한 신학지식과 시대에 대한 이해와 앞으로 올 50년의 완벽한 조감도를 펼쳐 보이고, 성경의 여러 가지 번역을 다 읽고 그 기계적인 지식에 숙달을 보였다 하더라도 저는 이렇게 묻고 싶습니다. "주 예수 그리스도와의 관계는 어떠한가?"라고 말입니다.

여러분은 지금 일 년 전보다 훨씬 많은 지식을 가지고 있습니다. 그러나 여러분은 주님을 보다 잘 알고 있습니까? 여러분은 잘못된 일들을 많이 고발합니다. 그러나 주님을 더욱 사랑하고 있습니까? 성경과 그 번역에 관한 지식은 참으로 놀랄만하게 발전되었습니다. 그리고 여러분은 변증론의 전문가입니다. 그러나 여러분은 점차 하나님과 그리스도의 법을 순종하고 있습니까? 성령의 열매가 여러분의 생활에 점점 더 나타나고 있습니까? "나더러 주여 주여 하는 자마다 (그리고 많은 권능을 행하는 자들) 다 천국에 들어갈 것이 아니요 다만 하늘에 계신 내 아버지의 뜻대로 행하는 자라야 들어가리라."

우리 모두 자신을 점검하고 이 점을 철저하게 검토할 시간을 가져야 합니다. 여러분은 진정으로 주님을 알고자 원하십니까? 바울은 결국 다른 것은 사실상 모두 잊었다고 했습니다. 그는 다른데 관심을 갖지 않았습니다. "그리스도와 그 부활의 권능과 그 고난에 참여함을 알고자"(빌 3:10) 함이었습니다. 과거를 모두 잊고 그 일에만 전심하여 그리스도를 알고 그를 닮기 위함이었습니다. 그러나 만일 무엇인가가 이 자리를 대신한다면 우리는 잘못된 길에 서 있는 것입니다.

이 다른 모든 것들은 그리스도를 아는 지식으로 우리를 이끄는 수단에 지나지 않습니다. 우리가 만일 이 수단들에만 멈추어 있다면 이것들은 우리로부터 주님을 빼앗아 버릴 것입니다.

하나님, 이 은혜의 수단들이 우리의 눈에서 복되신 우리 주님을 숨기는 위험에서 구해주옵소서.

57장

모래 위에 지은 집과 반석 위에 지은 집

"24 그러므로 누구든지 나의 이 말을 듣고 행하는 자는 그 집을 반석 위에 지은 지혜로운 사람 같으리니 25 비가 내리고 창수가 나고 바람이 불어 그 집에 부딪치되 무너지지 아니하나니 이는 주추를 반석 위에 놓은 까닭이요 26 나의 이 말을 듣고 행하지 아니하는 자는 그 집을 모래 위에 지은 어리석은 사람 같으리니 27 비가 내리고 창수가 나고 바람이 불어 그 집에 부딪치매 무너져 그 무너짐이 심하니라" 마 7:24-27

우리는 앞장의 본문(마태복음 7장 21-23절)이 성경 전체에서도 가장 엄숙한 성구임을 여러 번 고찰하였습니다. 그러나 이번 본문(마 7장 24-27절)도 엄숙하고 더욱 경외심을 품게 하는 구절입니다. 우리가 너무나 잘 알고 있는 성구입니다. 주님은 산상설교를 끝내시고(7장 12절에서) 자세한 교훈을 주셨고, 중요한 모든 원칙들을 설정하시고 나서 이제는 그의 진리를 적용하고 계십니다.

주님은 제자들에게 두 가지 가능성을 제시하셨습니다. 제자들은 모두 두 문 가운데 어느 한 문으로, 곧 좁은 문이든가 넓은 문으로 들어가게 되어 있습니다. 그리고 그들은 좁은 길이거나 넓은 길로 걷게 될 것입니다. 주님의 목적은 이 선택에 직면해 있는 사람들을 돕는 데에 있습니다. 그 때문에 주님은 그와 같은 상태에 놓여있는 사람이면 누구나 부딪치는 교묘한 유혹과 위험을 분별하고 회피하는 방법을 보여주셨습니다.

이 구절에서도 주님은 같은 주제를 계속하고 있습니다. 먼저 앞의 문맥과의 관계를 주목하십시오. 이것은 교훈이 아니라 주님의 논증의 계속이며 최종 결말입니다. 이것은 주님의 교훈에 순종하지 않는 위험, 즉 복음을 듣는 것만으로 만족하고 그것을 실행하려고 하지 않는 위험에 대한 동일한 경고인 것입니다. 이번에도 자기기만의 위험입니다. 앞에서 살펴본 대로 성경은 이것에 대한 경고로 가득합니다.

그리고 여기서는 가장 인상적인 방법으로, 모래 위에 세운 집이 크게 무너지는 장면이 묘사되어 있습니다. 우리들은 이것을 이미 무의식적 위선자들의 경우에서 본 바 있습니다. 이 사람들은 자기네가 기독교인이라 확신하고는 있지만 심판 날에 주님이 그들에게 "내가 너희를 도무지 알지 못하니 불법을 행하는 자들아 내게서 떠나가라"라고 말씀하실 때 환멸의 비애를 느끼게 될 것입니다. 이처럼 여기서도 앞부분과 동일한 주제입니다만 그러나 새로운 교훈이 첨가되어 있습니다.

이 특정 장면에 접근하는 최선의 방법은 이것을 3개의 장면으로 나누어서 보는 방법입니다. 그 첫째는 거짓 선지자에 관한 15-20절에서, 외모 때문에 속는 위험을 경고하기 위한 장면입니다. 상냥하고 공손한 사람들이 양의 옷을 입고 우리에게 옵니다. 그러나 속에는 노략질하는 이리입니다. 우리의 판단이 너무도 피상적이기 때문에 우리는 그런 사람들에게 얼마나 쉽게 속아 넘어갑니까? 주님은 "외모로 판단하지 말고 공의롭게 판단하라"(요 7:24)고 하셨습니다. 하나님은 외모로 판단하시지 않고 마음으로 심판하신다고 말씀하셨습니다. 이것이 첫째 경고입니다.

우리들이 두 개의 문 앞에 서 있을 때, 어떤 사람이 우리에게 말을 걸려고 와서 유쾌하고 호감을 사고 기독교인인 것처럼 보인다고 그 사람이 반드시 기독교인이라고 생각해서는 안 됩니다. 그를 외모로 판단해서는 안 됩니다. 우리는 다른 기준 곧 "그들의 열매로 그들을 알리라"를 적용해야 합니다.

둘째 장면은 "주여 주여" 하는 자마다 천국에 들어간다고 생각하는 사람에 대한 것입니다. 이 장면은 신념의 관점에서 혹은 우리의 열심과 열정과 활동의 관점에서 우리들을 속이는 위험에 대해서 경고하기 위한 것입니다. "그 날에 많은 사람이 나더러 이르되 주여 주여 우리가 주의 이름으로 선지자 노릇하며 주의 이름으로 귀신을 쫓아내며 주의 이름으로 많은 권능을 행하지 아니하였나이까 하리니." 그들은 이런 것들에 의지하고 있습니다. 그러나 그들은 완전히 잘못되어 있습니다. 주님은 그들과 아무 관계도 없습니다. 주님은 그들을 아셨던 적이 없었습니다. 그들은 자기 자신을 속이며 현혹하고 있었던 것입니다.

마지막 셋째 장면은 우리 주님의 주요 관심사는 구원의 유익과 복만을 찾아 구하고 원하며 그것들을 표면상으로 가지는 것으로 안심하는 위험성에 대해서 경고하신 것입니다.

이 말씀은 교인들에게, 기독교인이라고 주장하는 사람들, 그리스도의 제자임을 고백하며 구원에서 오는 유익과 복을 구하는 사람들에게 하신 말씀입니다. 다시 말씀드리면 거짓 신앙고백과 진정한 신앙고백의 차이, 기독교인과 외견상의 기독교인의 차이, 참으로 거듭나서 하나님의 아들이 된 사람과 다만 그렇게 생각하고 있는 사람과의 차이를 보여주기 위한 것임을 알게 됩니다.

이 차이를 나타내기 위해서 주님은 하나의 대조물로 제시하십니다. 이 장면에는 일종의 이중 대조인 두 사람과 두 집이 있습니다. 그들은 같은 소원을 가지고 있었습니다. 그들 두 사람은 모두 집을, 곧 가족과 함께 편안하고 즐겁게 살아갈 집을 세우려고 했습니다. 그들은 같은 것을 원했고, 같은 것을 생각했고, 같은 것에 관심을 가졌습니다. 이 점에는 전혀 차이가 없습니다. 뿐만 아니라 그들은 같은 장소에 집을 세우려고 했습니다. 사실 그들은 같은 장소에 그들의 집을 세웠습니다. 왜냐하면 두 집이 정확히 같은 시험과 같은 시련을 받은 점을 주님은 분명히 지적하셨기 때문입니다. 두 집은 서로 매우 가까이에 있어서 정확히 같은 상태 아래에 있었다는 인상을 강하게 받습니다. 이것은 극히 중요한 점입니다.

그러나 한 걸음 더 나가서 두 사람은 분명히 같은 종류의 집을 좋아하고 설계했다고 말할 수 있습니다.

이것은 기초 이외에는 두 집에서 다른 차이점이 없었음을 주님이 밝히셨다는 사실로부터 추론하는 바입니다. 외면이나 표면적으로 볼 때 다른 점은 없었습니다. 문이나 창, 굴뚝은 같은 위치에 있었습니다. 두 집은 같은 설계, 같은 모양이었습니다.

즉 두 집은 땅 밑에 있는 단 하나의 차이점을 제외하고는 분명히 같았습니다. 그러므로 두 사람이 함께 같은 종류의 집을 좋아했다고 결론지을 수 있습니다. 두 사람이 각각 집을 좋아한 것만은 아닙니다. 그들은 같은 종류의 집을 원했습니다. 두 사람의 생각은 꼭 같았습니다. 그들에게는 많은 공통점이 있었던 것입니다.

이상으로 우리는 부수적으로 두 집의 유사점을 살펴보았습니다. 두 집의 외면만을 검토한다면 두 집은 완전히 같게 보였습니다. 더 나아가서 우리는 이 두 집이 모두 같은 시련을 받은 사실을 기억해야 합니다. 그러므로 여기까지는 이 두 사람과 두 집을 보고 우리는 닮은 점 외에는 아무것도 발견하지 못할 것입니다. 그러나 이 장면의 요점은 두 집의 상이점과 불일치점을 보여주는데 있음을 아는 것입니다.

과연 주님은 그 다른 점이 근본적이며 매우 중요하다는 것을 보여주시는데 관심을 가지십니다. 그러므로 그 다른 점에 주의를 집중할 때 이 문제를 두 가지로 나누어, 두 사람의 다른 점과 두 집의 다른 점으로 다시 한번 구분할 수 있겠습니다. 자세한 관점으로 들어가기 전에 먼저 일반적인 다른 점을 살펴보겠습니다.

첫째 요점은 그 차이가 분명하지 않다는 점입니다. 우리는 이 점을 부단히 상기해야 합니다. 왜냐하면 마귀가 그 교묘한 계책으로 우리를 자주 함정에 빠뜨리려고 하는 것이 바로 이 점이기 때문입니다. 우리는 진정한 기독교인과 거짓 기독교인의 차이가 분명하다는 생각에 집착하고 있습니다. 그러나 극히 미묘하며 구별하기 어렵다는 것이 주님이 말씀하시려는 요점입니다. 그 차이는 두 사람의 경우에서나 두 집의 경우에서도 명백하지 않습니다. 만일 이 점을 강조하지 않는다면 우리는 산상설교에서 주님 가르침의 전 목적을 놓치게 됩니다.

주님은 이 미묘한 요소를 어느 곳에서나 강조하셨습니다. 양의 옷을 입고 오는 사람들, 곧 거짓 선지자를 묘사한 첫째 장면에서도 그러했습니다. 앞에서 살펴본 대로 거짓 선지자를 구별하기 곤란한 것은 겉으로는 그들이 너무나도 참된 선지자와 같다는 점입니다. 거짓 선지자라고 반드시 하나님이 없다든가, 성경은 인간의 사상의 산물에 지나지 않는다든가, 기적이나 초자연적인 것을 모두 부정하는 사람은 아닙니다. 거짓 선지자는 여러분이 세심한 주의를 가지고 성령께서만이 주시는 분별력을 가지고 검사할 때만 발견될 수 있습니다. 그의 상태는 다른 사람을 속일 뿐 아니라 자기 자신도 속일 정도입니다.

이것은 둘째 장면에 있어서도 똑같습니다. 그리고 여기서도 그렇습니다. 차이가 분명하지 않은 것입니다. 분별하기가 어렵습니다. 그럼에도 보는 눈을 가진 사람에게는 완전히 구별됩니다.

두 집, 두 사람의 차이는 시험이 와서 창수가 나고 바람이 불 때에만 알 수 있다고 여러분이 해석한다면 이 해석은 잘못되었을 뿐 아니라 아무런 가치도 없습니다. 그때에는 이것에 무언가 조치를 취하기에는 이미 너무 늦은 것입니다. 주님의 목적은 우리가 이 둘의 차이를 찾아낼 수 있으며, 이렇게 함으로써 우리가 아직 시간이 있을 때 잘못된 입장이 미치는 결과에 대해서 우리 자신을 지킬 수 있게 하시기 위함입니다. 만일 우리가 성령이 주시는 안약을 눈에 바르고(계 3:18), 거룩하신 자에게서 기름부음을 받고(요일 2:20), 분별력을 주는 기름부음을 받게 되면 두 사람과 두 집의 차이점을 구별할 수 있게 될 것입니다.

먼저 두 사람의 차이점을 살펴보겠습니다. 이 지점에서 누가복음 6장 마지막의 기록은 특히 도움이 될 것입니다. 거기서 그 지혜로운 사람은 땅을 깊이 파고 자기 집의 주추를 반석 위에 놓았습니다. 반면에 어리석은 사람은 전혀 파지 않고 기초를 닦는 수고도 하지 않았습니다. 여기서 두 사람의 차이점을 찾기 위해서는 어리석은 사람을 상세히 분석해 보면 좋을 것입니다. 지혜로운 사람은 어리석은 사람과 아주 정반대입니다. 그리고 물론 이 사람을 이해하는 열쇠는 '어리석다'는 말입니다. 이 말은 어떤 특정적 전망, 어떤 인간에 대한 특정한 유형을 서술해 주고 있습니다.

그러면 어리석은 사람의 특징은 무엇입니까? 첫째로 그는 성미가 급하다는 것입니다. 어리석은 사람은 무슨 일이나 즉시 하려고 합니다. 그들은 기다리는 시간도 가지지를 않습니다. 이것에 대해서 성경은 얼마나 자주 경고하고 있습니까? 성경은, 경건하고 의로운 사람은 "다급하게 되지 아니하리로다"(사 28:16)라고 말씀해줍니다. 이런 사람은 결코 당황하거나 동요하거나 성미가 급하지 않습니다. 이런 사람은 하나님을 알고 있고, 하나님의 작정과 목적과 계획이 영원하고 불변하는 것을 알고 있습니다. 그러나 어리석은 사람은 참을성이 없습니다. 그는 시간을 잡지 않습니다. 그는 언제나 지름길이나 조급한 결과에 관심을 가집니다.

이것이 그의 심성과 행동의 중요한 특징이 되고 있습니다. 우리는 모두 일상생활에서, 그리고 기독교를 떠나서라도 이런 종류의 사람들을 잘 알고 있습니다. "나는 집을 가져야겠는데 주추를 닦을 시간도 없습니다."라고 말하는 유형의 사람입니다. 그는 언제나 성미가 급한 것입니다.

이와 동시에 그는 이런 심성을 갖고 있으므로 집 구조나 가옥 건축을 규제하는 법칙에 주의를 기울이지 않습니다. 가옥 건축은 중대한 사항입니다. 집을 세우려는 사람은 그저 머리 위에 적당한 지붕을 만들면 된다는 관점에서만 생각해서는 안 됩니다. 만족할 만한 튼튼한 건축물을 지으려면 건축의 일정한 법칙을 지켜야 함을 알아야 합니다. 사람들이 건축가와 상담하는 것도 이 때문입니다. 건축가는 설계도나 설계명세서를 작성하고 견적서를 만듭니다. 지혜로운 사람은 일하는데 바른 방법을 알려고 하는 사람입니다. 그래서 지시 사항에 귀를 기울이고 가르침을 받으려고 합니다. 그러나 어리석은 사람은 그런 일에 관심을 가지지 않습니다. 집을 갖고 싶어 하지만 법칙이나 규칙들에 관해서는 아무 생각도 하지를 않습니다. "그저 집을 세워보자."라고 말할 뿐입니다. 그는 지도나 가르침을 얕보고 할 수 있는 대로 "빨리 끝내고 싶다."라고 말하며 조급해합니다. 이것이 일상생활 중에서나 영적인 생활에 있어서 어리석은 사람의 전형적인 심성인 것입니다.

어리석은 사람은 성미가 너무 급해서 지시 사항에 귀를 기울이지 않을 뿐더러 그것을 불필요하다고까지 생각합니다. 그의 의견에 따르면 자기의 생각만이 최고인 것입니다. 그는 다른 사람으로부터 배울 것이 하나도 없습니다. "만사가 오케이다.", "이런 사소한 일을 그렇게까지 조심하든가 주의할 필요는 없다.", "어쨌든 집을 짓자"는 것이 그의 슬로건(표어)입니다. 과거에 어떤 일이 있었는지는 조금도 개의치 않고 자기 자신의 충동과 생각만을 따르는 것입니다. 즉 그들은 무엇이나 알고 있다고 생각해서 자기 자신의 의견에 만족하고, 언제나 그것을 실천에 옮기며 서두르는 것입니다.

끝으로, 어리석은 사람은 사물을 철저하게 생각하지 않는 심성을 가집니다. 그는 잠시 멈춰 서서 여러 가지로 일어날 수 있는 가능성이나 우발적인 일을 생각하고 판정하는 일을 하지 않습니다. 주추 없이 모래 위에 집을 세운 어리석은 사람은 잠시 일을 멈추고 생각하거나, 다음과 같이 자문자답을 해보지도 않습니다. "어떤 일이 일어날까? 저렇게 아름답게 보이던 개천이 호우나 눈 때문에 갑자기 급격한 창수가 나서 혹시 떠내려가지나 않을까?"라고 말입니다. 그는 잠시 멈추어 서서 이 같은 생각을 해보지 않습니다. 그는 다만 그 특정한 장소에 아주 쾌적한 집을 가지고 싶었던 것뿐입니다. 그래서 이런 일을 조금도 염두에 두지 않고 집을 세운 것입니다. 가령 누군가가 와서 다음과 같이 말했다고 합시다. "이것 봐, 그런 식으로 모래 위에 집을 세운다면 아무 소용도 없어. 그 장소에 어떤 일이 생길지 모르는가? 시냇가에 어떤 사태가 일어날지 자네는 모르고 있어. 나는 이 시냇물이 폭포처럼 된 것을 본 일이 있네. 아주 튼튼하게 지은 집을 넘어뜨리는 강풍이 이곳을 습격한 일을 나는 알고 있네. 깊이 파는 것이 좋을 거야. 바위가 보일 때까지 깊이 파게." 그러나 이 어리석은 사람은 이런 조언을 모두 물리치고 어디까지나 자기가 제일 좋다고 생각한 것을 그대로 밀고 나갈 것입니다.

영적인 의미로 말하면 그는 교회사에서 교훈을 배우는데 무관심한 것입니다. 그는 성경이 말한 것에 대해서 무관심합니다. 그가 무언가를 하려고 합니다. 그리고 자기의 방법으로 그것이 될 수 있을 줄로 생각합니다. 그래서 그는 나가서 그렇게 행동을 합니다. 그는 설계도와 설계명세서를 참고하지 않습니다. 그는 장래를 예상하든가 건축 중에 있는 그 집에 머지않아 불가피하게 엄습해 올 어떤 시련이 있을 것을 직시하지 않습니다.

지혜로운 사람은 물론 이것과 완전히 대조됩니다. 그는 한 가지 큰 소망을 가지고 있습니다. 그것은 영구성이 있는 집을 세우는 것입니다. 그러므로 그는 우선 다음과 같이 말합니다. "나는 이 일에 대해서 그렇게 많이 알고 있지 못하다. 나는 이런 일의 전문가도 아니다. 그러니 잘 알고 있는 사람과 상의하는 것이 현명하겠다. 나는 설계도나 설계명세서를 입수하고 싶다. 나는 지도와 가르침을 원한다. 집을 속히 지으려면 지을 수 있음을 알고 있다. 그러나 나는 오래 살 수 있는 집이 필요하다. 나의 건축관과 내 집을 시험해 볼 여러 가지 일들이 일어날지 모른다." 이것이 지혜의 진수입니다. 지혜로운 사람은 할 수 있는 모든 일을 알고자 노력합니다. 그는 자기 자신을 억제하고 자기의 기분이나 감정이나 열심에 떠 밀려감을 허용하지 않는 사람입니다. 그는 지식, 진리, 이해를 구합니다. 그래서 잠언의 권고에 응할 마음의 준비가 되어 있습니다. 잠언은 지혜를 구하고 바라라고 우리에게 강요합니다. 왜냐하면 "이는 지혜를 얻는 것이 은을 얻는 것보다 낫고 그 이익이 정금보다 나음"(잠 3:14)이기 때문입니다. 그는 위험을 무릅쓰려 하지 않으며 성급하게 뛰어들지도 않습니다. 행동하기 전에 먼저 깊이 생각합니다.

여기서 두 집의 차이점에 주의를 기울여 보겠습니다. 첫째는 검토할 시기가 이미 지나가버렸다는 것입니다. 집을 세우고 끝났을 때는 이미 때가 늦었다는 것입니다. 검토의 시기는 맨 처음 착수할 때입니다. 이 두 사람이 집터나 위치를 조사하고 계획하고 선택할 때, 그들과 그들의 공사가 검토되어야 한다는 것입니다. 날림으로 공사하는 목수를 감시할 때는 초기 단계이고, 기초를 놓는 일을 감시할 때도 초기 단계여야 합니다. 그 집이 완성된 후에는 무의미합니다.

기초 없이 지은 집이 기초 있는 집보다 훌륭하게 보일지는 모릅니다. 그러나 궁극적으로 집에 있어 제일 중요한 것은 기초입니다. 이것은 성경에서 자주 강조되고 있는 진리입니다. 기초가 대수롭지 않고 하찮게 보이는 이유는 눈에 보이지 않기 때문입니다. 그러나 주추는 무엇보다도 가장 중요하고 긴요한 것입니다. 기초가 나쁘면 다른 모든 것이 나쁠 것은 필연적인 것입니다. 이것이야말로 바울이 다음과 같이 말씀할 때의 저 위대한 논증 그것이 아니겠습니까? "이 닦아둔 것 외에 능히 다른 터를 닦아 둘 자가 없으니 이 터는 곧 예수 그리스도라"(고전 3:11). 가장 중요한 원리적인 기초는 다른 무엇보다 중요한 것입니다. 두 집의 이 차이점이 심각하게 중요한 또 한 가지 이유는 후일 시련의 시기가 왔을 때 분명하게 나타납니다. 시련은 조만간 확실히 다가옵니다.

이 진리를 우리의 일상생활에 적용하는 문제로 머뭇거릴 수는 없습니다. 그러나 이 시련은 우리가 이 세상에 있는 것과 같이 확실히 우리 한 사람, 한 사람에게 다가옵니다. 그러므로 우리는 이 시련에 직면해야 합니다. 이것들에 대한 시련은 변할 수 없고, 피할 수도 없는 일이기 때문입니다. 이런 점에 비추어 볼 때 집에서 기초 이상 중요한 것은 없다고 하겠습니다.

　주님이 이 두 사람과 두 집의 차이점을 이처럼 사실적이며 극적으로 묘사하신 이유는 이 차이점이 영적 영역에 있어서도 매우 중요하기 때문입니다. 지금까지 말해온 것은 모두 기독교인과 거짓 기독교인의 차이점을 분석하는 수단이 됩니다.

　청교도들이 '거짓 신앙 고백자'라고 일컫은 사람들에 대해서 오늘 우리가 거의 귀를 기울이지 않는 것은 의미 있는 일이 아니겠습니까? 영국교회의 역사를 보십시오. 여러분은 청교도 시대나 복음적 신앙의 각성 시대와 같은 위대한 때에는 사람들이 이 문제에 크게 주의를 기울인 사실을 발견할 것입니다. 이것은 윗필드나 웨슬리나 기타 사람들이, 개심자들을 그들 사회의 교인으로 받아들이기에 앞서 그들을 시험해 본 태도에서도 보게 됩니다. 같은 일을 스코틀랜드 교회의 저 위대한 시대와 웨일즈 장로교회의 초기 백여 년간의 이야기에서도 볼 수 있습니다. 참으로 이것은 어느 시대에서나 교회를 '성도들의 집회'라고 생각하는 모든 사람들에게서 가장 현저한 특징이 되어 왔습니다.

　그렇다면 우리는 어떤 모양으로 이 분별력을 구사해야 하겠습니까? 이미 우리가 사용한 것과 완전히 같은 기교를 사용해 보겠습니다. 기독교인과 거짓 기독교인에 대해서 첫째로 해야 할 말은 양자 간에는 어느 정도의 공통점이 있다는 것입니다. 집을 세운 두 건축자와 두 집 사이에 몇 가지 유사점이 있는 것같이, 이 두 종류의 사람에게도 유사점이 있습니다. 첫째는 양자가 같은 장소에 있는 것을 발견하게 된다는 점입니다. 두 사람은 같은 장소에 집을 세웠습니다. 그들은 서로 가까이, 시내 가까이에 있으려고 생각했습니다. 신앙의 영역에 있어서도 이와 완전히 같습니다. 진정한 기독교인과 거짓 기독교인도 대체로 같은 영역에서 보게 됩니다. 여러분은 흔히 이 두 사람이 교회 안에서 함께 교인된 것을 보게 됩니다.

그들은 앉아서 똑같은 복음을 듣습니다. 그리고 두 사람은 모두 이렇게 하는 것을 기뻐하는 것 같습니다. 그들은 얼핏 보면 똑같은 장소에 있고 동일한 견해를 가지며 동일한 활동에 관심을 갖고 있습니다. 가짜로 속고 있는 사람은 교회밖에 있는 것이 아니라 안에 있습니다. 그는 교회와 관계를 가지는 것을 기뻐하고 활발한 교인일지도 모릅니다. 이 두 종류의 사람은 표면상으로는 이 장면 중의 집을 지은 두 사람과 두 집이 흡사한 것 같이 서로 비슷합니다.

그러나 그들은 같은 장소에서 발견될 뿐만이 아닙니다. 이미 살펴본 대로 이 두 사람은 외견상으로 같은 욕구를 갖고 있습니다. 이것을 영적인 면에 적용한다면, 이름뿐인 기독교인도 진정한 기독교인과 같은 욕구를 가지고 있다는 것에 난점이 있다는 것입니다.

그 욕구란 어떤 것입니까? 그는 죄에서 용서함을 구하고, 자기 죄가 용서된 것을 믿고 싶어 합니다. 그는 평안을 원합니다. 우선 그가 집회에 출석한 것은 그의 삶에서 불안을 느끼기 때문입니다. 그는 불행하고 만족이 없었습니다. 그래서 집회에 출석해서 복음을 듣기 시작했습니다. 내적인 평안과 '고요한 마음'을 구하는 것은 참된 기독교인들뿐이라고 생각하는 것은 큰 잘못입니다.

오늘의 세계는 평안에 굶주려 이것을 찾고 있습니다. 많은 사람들이 평안을 구해서 기독교의 울타리 안으로 찾아옵니다. 그것은 다른 사람들이 여러 종교로 향하는 것과 바로 같은 것입니다.

이 같은 일은 위로나 위안을 구하는데 있어서도 같습니다. 인생은 괴롭고 힘들고 모두 지쳐서 슬픔에 잠기기 쉽습니다. 그래서 이 세상은 위로를 동경하고 있습니다. 그 결과 많은 사람들이 말하자면 마취제를 먹기 위해 교회에 찾아옵니다. 그들은 예배 자리에 앉아있지만, 말씀에는 귀를 기울이지도 않습니다. 그들은 이 건물의 분위기에는 마음을 진정시켜 주는 것이 있다고 말합니다. 그들은 위로나 위안을 동경하고 있습니다. 진정한 기독교인과 거짓 기독교인이 이것을 함께 나누어 받고 있습니다.

이것은 여러 가지 문제나 난국에서 벗어나는 길을 찾으려는 우리의 소원에도 적용됩니다. 인도에 관심을 가지는 것은 참된 기독교인만이 아닙니다.

인생에서 큰 실패를 경험하고, 그 결과 불행하게 된 비신자들도 있습니다. 그들은 "나는 항상 잘못된 일을 하는 것 같다. 나는 여러 가지를 애써서 하려고 하지만 내가 결정한 일은 항상 잘못되어 있다."라고 말합니다. 그럴 때 갑자기 그들은 누군가가 이끌어 주겠다는 말과 함께 틀림없이 인도해 주겠다는 사람이 있어서 그가 말하는 대로 하면 결코 잘못되지 않는다는 말을 듣게 됩니다. 그래서 그들은 그 교훈에 몹시 탐내는 듯 뛰어듭니다.

우리는 이런 사람들을 비난해서는 안 됩니다. 우리는 누구나 인도, 그것도 절대로 틀림이 없는 인도를 갈망하는 경향을 잘 알고 있습니다. 이리하여 그들은 실패에 종지부를 찍고, 언제나 바른 일을 행하고 바른 결정을 내릴 수 있기를 원하고 있습니다. '거짓 신앙 고백자'도 진정한 기독교인만큼이나 이것을 구하고 있는 것입니다.

이상과 같이 그는 좋은 삶을 살아보고 싶어 할지 모릅니다. 보다 좋은 삶을 살기 위해 반드시 진정한 기독교인이 될 필요는 없습니다. 그리스도 영역 밖에서도 보다 좋은 삶을 사는데 매우 관심을 가지고 있는 극히 도덕적이며 윤리적인 사람들이 있습니다. 그들이 철학 서적을 읽고 각종 윤리 체계를 연구하는 것도 이 때문입니다. 그들은 선하며 도덕적인 생활을 살고 싶어 합니다. 에머슨 (Emerson)의 교훈은 지금도 인기가 있습니다. 우리는 이 기준들만으로 이 두 사람을 식별하기를 바랄 수는 없습니다.

우리는 한 걸음 더 나가서 감히 다음과 같이 말할 수 있겠습니다. 즉 '거짓 신앙

고백자'도 영적 힘에 크게 관심을 가지고 그것을 구할 가능성이 있다는 것입니다.

다시 한 번 사도행전 8장에 있는 사마리아의 마술사 시몬의 이야기를 읽어봅시다. 이 사람은 빌립이 기적을 행하는 것을 보고 감명을 받았습니다. 그도 같은 유형의 비슷한 일을 해왔지만 이렇게 쉽고, 강한 힘으로는 못했습니다. 그래서 그는 기독교인에 가담했습니다. 그는 베드로와 요한이 사람들에게 안수함으로 성령의 은사를 주는 것을 보았습니다. 그래서 시몬은 탐심을 일으켜 이 능력을 소유하기 위해 사도들에게 돈을 내놓았습니다. 그는 그 능력을 갖고 싶어 했습니다.

현대의 그의 영적인 자손들도 이와 같이 영적인 능력을 탐내고 구하는 일이 있습니다. 영적인 능력으로 설교하는 사람을 보고 그는 "나도 이와 같이 되었으면." 하고 말합니다. 그래서 강단에 서서 위대한 힘을 강력히 발휘하고 있는 자기의 모습을 그려봅니다. 그리고 이것은 그의 육적인 성품에 강하게 호소합니다. 영적 진리에는 맹목적이면서도 영적인 힘을 소유하고 싶어 하는 사람들의 사례가 많습니다.

마지막으로 '거짓 신앙 고백자'도 또한 천국에 들어가기를 구하고 있습니다. 그도 천국과 지옥을 믿으며 멸망으로 들어가기를 원하지 않습니다. 그가 천국에 들어가고 싶어 하는 것은 매우 분명합니다. 여러분은 그런 사람들을 만난 적이 없습니까? 교회 밖에서도 그와 같은 사람들을 많이 볼 수 있습니다. 그래서 자기는 언제나 하나님을 믿어왔다고 하는 것입니다. 이것이 분명히 교회밖에 있는 사람들에 대하여 사실이라면 기독교적 관심의 영역과 테두리 안에 있는 명목상의 기독교인에 대해서는 얼마나 더 사실이겠습니까?

그러므로 우리는 이 양자 간에 기묘하고 유사점이 있음을 발견합니다. 그들은 같은 일을 믿고, 같은 것을 구하는 것처럼 보입니다. 그들은 또한 같은 것을 요구할 뿐 아니라, 같은 것을 가지고 있는 것처럼 보이는 점에서도 비슷합니다.

이것은 참으로 놀라운 사실입니다. 그러나 앞의 두 장면도 이 첫 장면과 똑같이 이 진리를 강조했습니다. '거짓 신앙 고백자'는 자기가 안전한 줄로 믿습니다. 그리스도의 이름으로 마귀를 쫓아내고, 많은 기사를 행한 그 사람들은 자기들의 구원에 대해 안심하고 있었습니다. 이것에 대해서는 조금도 의심하지 않았습니다.

그들은 자기네가 용서함 받을 줄로 생각했습니다. 그들은 평안하며, 종교에서 오는 위로를 즐기는 것처럼 보였습니다. 영력을 가지고, 보다 나은 생활을 하는 것처럼 보였던 것입니다. 그들은 "주여 주여" 하고 말했습니다. 그리고 영원토록 주님과 함께 지내기를 바라고 있었습니다. 하지만 주님은 그들에게 "내가 너희를 도무지 알지 못하니 불법을 행하는 자들아 내게서 떠나가라"라고 말씀하셨습니다.

여러분도 거짓 평안, 거짓 위로, 거짓 안도감을 가질 수 있습니다. 사탄도 놀라운 평안, 위로, 안도감을 줄 수 있습니다. 텔레파시와 기타 여러 종류의 신비적, 마술적 현상과 그밖에 각종 작용도 이렇게 할 수 있습니다. 기독교인의 생활을 거의 모두 위조할 수 있는 여러 가지 세력이 존재하는 것입니다.

앞의 문단에서 이미 살펴본 대로 이 사람들도 어떤 종류의 영적 힘을 가질 수 있었습니다. 이 점에는 의문의 여지가 없습니다. 그들은 '귀신을 쫓아내고', '많은 기사'를 행할 힘을 가질 수 있었습니다. 가룟 유다가 "멸망의 자식"(요 17:12)이긴 했지만 다른 열한 제자들과 명백한 차이는 없었습니다.

그러므로 주님의 가르침에 의하면 참된 것과 거짓된 것의 유사점은 이런 것까지도 포함될 수 있고 이런 정도로까지 확대될 수 있는 것입니다. 이 비유와 기독교 신앙고백의 영역 안에 이들 두 사람과 두 집에는 이같이 많은 유사점이 있습니다. 그러나 주님은 한 가지 매우 중요한 차이점이 있다고 말씀하셨습니다. 그것은 표면상으로는 분명하지 않지만, 여러분이 찾아보면 완전히 명료하고 잘못될 수가 없는 차이점입니다. 만일 여러분이 지금까지의 분석을 적용하는 노력을 아끼지 않는다면 이것에 실패하지 않을 것입니다.

어리석은 사람을 분석할 때 기준의 성격이 어떤 것인지 이미 지적한 바 있습니다. 우리에게 필요한 것은 그것들을 자기 자신에 적용하는 것일 뿐입니다. 경고에 귀를 기울이지 않는 성급한 심성, 설계도나 설계명세서에 무관심한 이 심성, 집에 무엇이 필요하고 무엇이 가장 좋은가를 안다고 생각하여 치달려 가는 이 심성을 우리 자신에게 적용해 보아야 합니다. 다만 집을 세우는 데만 열중하는 이 심성을 이 기준들에 비추어서 우리 자신을 점검해 보아야 합니다. 그럴 때 비로소 우리가 어떤 부류에 속하는가를 분명히 알 수 있을 것입니다.

저는 이것을 하나의 질문형식으로 요약해 봅니다. 여러분의 최고의 소원은 무엇입니까? 여러분은 기독교인의 생명과 구원에서 오는 이익이나 복만을 얻는 데 열중하고 있습니까? 아니면 더욱 깊고 보다 심원한 욕구를 갖고 있습니까? 인간의 육적 결과를 얻는데 열중하고 있습니까? 아니면 하나님을 알고 점차 주 예수 그리스도를 닮을 것을 열망하고 있습니까? 여러분은 의에 주리고 목마르고 있습니까?

58장

반석이냐, 모래냐

"24 그러므로 누구든지 나의 이 말을 듣고 행하는 자는 그 집을 반석 위에 지은 지혜로운 사람 같으리니 25 비가 내리고 창수가 나고 바람이 불어 그 집에 부딪치되 무너지지 아니하나니 이는 주추를 반석 위에 놓은 까닭이요 26 나의 이 말을 듣고 행하지 아니하는 자는 그 집을 모래 위에 지은 어리석은 사람 같으리니 27 비가 내리고 창수가 나고 바람이 불어 그 집에 부딪치매 무너져 그 무너짐이 심하니라" 마 7:24-27

지금까지는 주로 두 사람과 두 집 현상에 대한 기계적이고 무의식적인 면을 취급했습니다. 이 같은 장면을 살필 때는 그 의미를 발견하는데 치중해야 합니다. 그런 후 그 의미를 영적인 상태에 대해 적용할 수 있어야 합니다. 앞에서는 적용하는 방법을 말씀드렸지만 이제는 좀 더 상세하게 말씀드리겠습니다.

이름뿐인 기독교인이거나 거짓 기독교인의 특징은 무엇일까요? 총괄적 특징과 개별적 특징으로 구분할 수 있는데 먼저 총괄적 특징은 모래 위에 세운 어리석은 사람에게서 본 어리석고, 성급하고, 표면적인 것입니다. 그는 교리라든가 성경 이해의 필요성을 너무 믿지 않습니다. 그들은 별 어려움을 겪지 않고 기독교를 즐기고 싶어 하며, 교리라든가 정의라고 하는 것으로 번거로워하고 싶지 않습니다.

또한 매우 조급해서 지도나 경험이나 인도를 받아들이지 않습니다. 대체로 다양하고 참된 지식을 참을 수 없어 합니다. 주님에 의하면 이것이 그들의 주요한 특징인데 주로 심성에 관련되어 있습니다. 그 사람 됨됨이의 지수는 그의 일반적 심성에서 잘 표현해 준다고 말할 수 있습니다. 이것을 무시하고 그의 행동만을 세밀히 주시하는 것은 잘못된 것입니다. 그러면 이제 개별적인 특징을 살펴보겠습니다.

'거짓된 신앙 고백자'의 특징은 자기 자신을 기쁘게 하는데 열중한다는 것입니다. 그의 모든 행동을 분석하고 그의 발언에 귀를 기울여 보면 자아가 그의 생활의 중심을 점령하고 있으며, 그의 사고방식과 행동의 모든 것을 지배하고 있습니다. 그는 교회의 테두리 안에서 자주 어떤 종류의 복을 손에 넣으려고 애씁니다. 그래서 그는 이 점에서 교회밖에 있는 사람과는 다릅니다.

교회밖에 있는 사람은 신앙을 가졌다고 주장하지 않습니다. 이 사람은 어떤 종류의 복이 기독교 안에 제공되고 있는 사실을 발견한 사람입니다. "나는 무엇을 얻을 수 있을까? 그것이 나에게 무엇을 줄 것인가? 그것에 열중하면 나에게 어떤 이익이 생길까?" 등등의 관점에서 출발합니다. 이런 유형의 동기가 그에게 활기를 띠게 하는 것입니다. 그의 태도가 이러하므로 그는 복음의 가르침 전체에 직면하거나 하나님의 뜻 전체를 알려고 하지 않습니다.

이 점을 조금 더 자세히 생각해 보겠습니다. 성급하게 모래 위에 기초 없이 집을 세우는 사람의 문제점은 그가 설계나 가옥 건축의 수첩을 참고한다든가 건축가에게 가는 것을 좋아하지 않으며, 설계도나 설계명세서가 필요 없다고 생각하는 것입니다. 이런 사소한 것은 모두 그에게는 쓸모없는 큰 소동으로 보였습니다. 그래서 그는 그와 같은 것에 전혀 무관심했습니다. 이것은 거짓 신자에 대해서도 똑같습니다. 그는 참으로 하나님의 말씀을 연구하는 수고를 하려고 들지를 않습니다. 그는 성경을 진실하게 배우려는 사람이 아닙니다. 그가 성경의 문법이나 구조에 어느 정도의 관심을 가질지는 모릅니다. 그러나 성경말씀을 알려는 진정한 관심을 갖고 있지 않습니다.

두 번째 개별적 특징은 자기가 좋아하는 것을 골라내어, 자기에게 호감이 드는 것에 주의를 집중합니다. 예를 들면, 그는 하나님의 사랑의 교리는 좋아하지만 하나님의 공의의 교리는 좋아하지 않습니다. 거룩하신 하나님, 공의로우신 하나님이라는 개념을 좋아하지 않습니다. 그는 성경에서 하나님의 사랑을 잘 나타낸 몇몇 위대한 구절들을 알고 있습니다. 그리고 그곳을 자주 읽으므로 외울 수도 있습니다. 그는 요한복음 3장 16절을 잘 알고 있는 줄로 생각합니다. 그러나 그마저도 적절하게 읽지를 않습니다. 그는 그 일부분을 강조하지만 "멸망하지 않고"란 관념을 좋아하지 않습니다. 그는 요한복음 3장을 끝까지 읽지를 않습니다. "하나님의 진노가 그 위에 머물러 있느니라"(36절). 그는 이것을 믿지 아니하고 좋아하지도 않습니다. 그러나 하나님의 사랑이나 용서에는 관심을 가집니다.

환언하면, 그는 자기 마음의 위로와 기쁨과 평안한 느낌을 주는 것이면 무엇에나 관심을 가집니다. 그래서 그들은 의식적이든 무의식적이든 성경을 읽을 때 몇몇 구절들을 뽑고 선택하기를 좋아합니다. 이렇게 하는 사람들이 많습니다. 금세기 초에 이와 같은 일이 크게 유행한 일도 있습니다. 바울 사도의 서신을 결코 읽지 않는 사람들도 있었습니다.

그들은 복음서만을 읽었습니다. 그리고 이 복음서마저도 다 읽지를 않았습니다. 기분에 거슬리는 곳이 있다고 느꼈기 때문입니다. 남은 것은 산상설교뿐이었습니다. 그러나 여기서도 그들은 같은 모양으로 팔복의 말씀을 읽지 않고 "원수를 사랑하라…" 부분만 읽었습니다.

자기네는 되돌려 치는 것을 좋게 생각하지 않으며, 다른 편 뺨을 돌려대는 것에 찬성한다고 말하며, 유화주의자요, 이상주의자라고 했습니다. 이것이 전형적인 거짓 신자입니다. 자기를 기쁘게 하는 것을 발췌하고 뽑아내고 그 외의 것들은 무시했던 것입니다.

여러분은 이것을 모래 위에 집을 세운 사람의 장면에서 확실히 보게 됩니다. 이것은 영적 영역에 있어서도 똑같은 것입니다. 우리는 부단히 하나님의 말씀의 빛에 비추어 자기 검토를 해야 합니다. 하나님의 말씀을 읽을 때 하나님의 말씀에 의해 자기가 검토를 받는 식으로 읽지 않는다면 성경을 바로 읽는 것이 아닙니다.

거짓 신자들의 일관된 특징은, 죄의 본성과 죄의 결과를 하나님의 성결하신 빛에 비추어 철저하고 정직하게 대면하지 않는다는 것입니다. 그들의 문제점은 자신이 비참한 느낌을 갖고 싶지 않으며, 자기 자신에 대한 불만감과 불쾌감을 느끼고 싶지 않다는 것에 있습니다. 그가 어떤 희생을 치르고라도 피하려 하는 것은 불행하거나 불쾌한 기분이 되는 것입니다. 그는 자기를 불쾌하게 하는 사람이나 그와 같은 성구를 좋아하지 않습니다. 그래서 성구를 고르고 뽑아내기를 좋아합니다. 그는 항상 안위와 위로와 행복감을 추구합니다. 그리고 성경의 죄론을 바로 보지를 않습니다. 죄의 교리가 그의 마음을 불안하게 하고 마음의 평온을 어지럽히기 때문입니다.

그는 그렇게 함으로써 성경의 중요한 메시지 부분을 회피하고 있습니다. 성경은 무엇보다 우선 죄의 결과에 대한 굉장한 해설서이며 그것의 생생한 묘사입니다. 성경이 구약의 그 모든 역사를 기록하고 있는 것도 이 때문입니다.

예를 들면 구약의 가장 위대한 영웅의 한 사람인 다윗이 중한 죄에 빠져 간음과 살인을 범한 이야기를 기록하고 있습니다. 왜 그렇게 했습니까? 죄의 결과를 우리에게 명심시키고, 또 우리의 마음속에 우리를 넘어뜨리는 힘이 존재해 있고, 우리는 모두 나면서부터 거짓되고 더럽고 타락한 상태에 있음을 가르치기 위한 것입니다. 거짓 신자는 그런 가르침을 좋아하지 않습니다. 그는 이것을 싫어하는 나머지 성경이 개별적인 죄와 하나하나의 죄들을 구별하는 것에 반대합니다. 저는 이전에는 예배에 참석하다가 지금은 나오지 않는 한 사람을 알고 있습니다. 그가 나오지 않는 중요한 이유는 설교자가 끊임없이 죄에 대해서 말하는 것을 싫어했기 때문입니다. 그는 죄들에 대한 설교는 반대하지 않았습니다. 왜냐하면 자기가 절대로 완전하지 못하다는 것을 인정했기 때문입니다. 그러나 설교 자가 인간의 본성 그것이 더러워져 타락했다고 말했을 때, 이 말은 지나치다고 생각했습니다. 자기는 그처럼은 나쁘지 않았다고 생각했던 것입니다. 그러나 성경은 우리의 죄성에 대해서 다음과 같이 말씀해 줍니다.

"내가 죄악 중에 출생하였음이여 어머니가 죄 중에서 나를 잉태하였나이다"(시 51:5). 우리는 모두 "본질상 진노의 자녀"이었습니다(엡 2:3). 진실을 말한다면 "내 속 곧 내 육신에 선한 것이 거하지 아니하는 줄을 아노니"인 것입니다(롬 7:18). 거듭나서 새 성품을 부여받는 이외에 우리에게 충분한 것은 아무것도 없습니다. 성경이 이렇게 말씀하고 있습니다. 이름뿐이고 형식적인 기독교인은 이렇게 죄의 교리를 미워하고 피합니다.

궁극적으로 그에게 문제 되는 것은 하나님을 진정으로 알고자 하지 않는다는 것입니다. 하나님의 복은 원하지만, 하나님을 원하지 않습니다. 하나님을 섬기고 자기의 모든 재주를 바쳐 하나님을 예배하겠다는 진정한 소원이 그에게는 없습니다. 그는 다만 하나님이 자기에게 주시리라고 생각하는 몇 가지를 탐할 뿐입니다.

요컨대 그의 진정한 문제점은 '의에 주리고 목마름'이라는 말의 의미를 모른다는 것입니다. 그는 의에 관심이 없습니다. 그는 성결에 관심이 없습니다. 그는 그리스도를 닮고 싶어 하지를 않습니다. 그는 다만 유쾌해지기를 바랄 뿐입니다. 그는 성급하게 집을 세우려는 사람과 같습니다. 그래서 안락의자에 앉아 기분 좋게 되기를 바라고 있습니다. 그는 이 세상에서와 앞으로 올 세상에서 만사가 자기에게 형편 좋게 되기를 원하고 있습니다. 그러나 이것을 자기 나름의 조건과 자기 나름의 방식으로 원하고 있습니다. 그는 참을성이 없습니다. 만족할 만한 영구성이 있는 건물을 가지고 싶다면 이것으로는 충분하지 못하다고 경고하는 모든 가르침이나 지도를 그는 좋아하지 않습니다.

그러나 진정한 기독교인의 특징은 "하늘에 계신 우리 아버지의 뜻대로 행한다."는 것입니다. 주님은 "나더러 주여 주여 하는 자마다 다 천국에 들어갈 것이 아니요 다만 하늘에 계신 내 아버지의 뜻대로 행하는 자라야 들어가리라", 또 "나의 이 말을 듣고 행하는 자를 지혜로운 사람에 비교할 수 있으리라."고 말씀하십니다. 무슨 뜻입니까? 예수님은 여기서 진정한 기독교인이란 산상설교를 듣고 그것을 실천하고 그것으로 인해 자기가 기독교인이라고 말하는 사람이라고는 말씀하지 않았습니다.

우리는 먼저 이 설교를 전체로서 파악해야 할 것을 강조한 바 있는데 그래서 팔복의 메시지에서 출발해야 합니다. 최초의 말씀은 "심령이 가난한 자는 복이 있나니"입니다. 우리가 지금부터 죽을 때까지 애를 써도 결코 우리 자신을 '심령이 가난하게' 할 수 없습니다. 그리고 결코 우리 자신을 팔복의 어느 하나에 일치시킬 수도 없습니다. 이것은 절대로 불가능합니다. 그러므로 이것은 행위에 의한 의인일 리가 없습니다.

다음으로 5장 마지막의 저 위대한 정점을 봅시다. "그러므로 하늘에 계신 너희 아버지의 온전하심과 같이 너희도 온전하라." 이것 역시 인간의 힘으로는 전혀 불가능한 것입니다. 이것 역시 이 성구가 행위에 의한 의인을 가리키고 있지 않다는 것을 더욱 증명하고 있습니다. 그렇지 않다면 이 성구는 신약성경의 메시지 전체와 모순될 것입니다. 우리가 하지 못한 것을 하나님은 독생자를 세상에 보내심으로 우리를 위해 이룩해 주신 것이라고 신약성경은 말씀하고 있습니다(롬 8:3). "사람으로는 할 수 없으나 하나님으로서는 다 하실 수 있느니라"(마 19:26). 의롭다 하심을 얻은 것은 율법의 행위에 의하지 않고 믿음으로 되는 것입니다.

또한 이것은 죄를 짓지 않는 완전주의를 가리키는 것도 아닙니다. 산상설교 마지막 장면들을 읽고 다음과 같은 의미로 받아들이는 사람이 많습니다. 즉 천국에 들어갈 수 있도록 허락되었거나, 혹은 천국에 들어갈 수 있는 사람이란 산상설교를 읽고 항상 어디서나 그것을 하나도 남김없이 실행할 수 있는 사람뿐이라고 말입니다. 이것 역시 불가능한 일입니다. 만일 여기의 가르침이 이런 것이라고 한다면 이 세상에는 기독교인이 단 한 사람도 없었을 것이며, 이후에도 없을 것입니다. 왜냐하면 "모든 사람이 죄를 범하였으매 하나님의 영광에 이르지 못하기" 때문입니다(롬 3:23).

우리는 모두 실패했습니다. "만일 우리가 죄가 없다고 말하면 스스로 속이고 또 진리가 우리 속에 있지 아니할 것이요"(요일 1:8). 그러므로 여기서 주장하고 있는 것은 죄를 짓지 않는다는 완전주의일 리가 없는 것입니다. 야고보서에 "행함이 없는 믿음은 죽은 것이니라"(약 2:26) 이것은 신앙에 대한 완벽한 정의입니다. 행함이 없는 믿음은 믿음이 아닙니다. 죽은 믿음입니다.

신앙생활은 결코 안이한 생활이 아닙니다. 신앙은 언제나 실제적입니다. 신앙과 지적 동의의 차이를 볼 때, 지적 동의는 '주여 주여'라고 말하는 데서 끝나고 아버지의 뜻대로 행하지를 않습니다. 환언하면, 내가 주 예수 그리스도를 향해서 '주여 주여'라고 말한다고 해도 주 예수를 나의 구주로 믿고 자진해서 주님의 종이 되지 않는 한 무의미한 것입니다. 주님을 순종하지 않는 한 나의 말은 무익한 말이 되고, 나는 진실로 '주여 주여'라고 하지 않는 것이 됩니다. 행함이 없는 믿음은 죽은 것입니다.

이것을 다르게 표현하면 참 믿음은 언제나 그 사람의 생활에서 나타난다는 것입니다. 이것은 그 사람 전체에 나타나며, 또 그 사람의 행동에서도 나타납니다. 거듭 강조하거니와, 믿음은 그의 말이나 행동에서는 물론 그 사람 전체에 나타납니다. 사람의 외모나 태도가 그의 말과 행동과 모순되어서는 안 됩니다. 산상설교에서 기독교인에 대해 첫 번째로 말씀한 것은 기독교인은 심령이 가난해야 한다는 것입니다. 그리고 그가 실제로 심령이 가난하다면 결코 교만하여 자기만족에 빠진 인간으로는 보이지 않는다는 것입니다. 기독교인에 대해서 말하는 또한 가지는 자기의 죄 때문에 애통하며 온유하다는 것입니다. 온유한 사람은 결코 자기에게 만족해 보이는 사람이 아닙니다.

우리는 지금 기독교인이 무엇인가를 말하거나 행하기 전에 그가 우선 어떤 모양으로 보이는가를 논하고 있습니다. 참 믿음은 항상 그 사람의 언동은 물론 그 사람의 전체 외관과 다른 사람에게 주는 전체 인상에서 나타나는 것입니다. '주여 주여' 하여 하나님께로부터 은혜 받은 것 같은 인상을 주는 사람을 자주 보게 됩니다. 그는 언제나 자기의 일만 생각하고 언제나 자신으로 만족하고 자신에 넘쳐있습니다.

그들은 바울이 고린도교회에 다음과 같이 말씀한 뜻을 알지 못합니다. "내가 너희 가운데 거할 때에 약하고 두려워하고 심히 떨었노라"(고전 2:3). 바울은 경외감을 가지고 복음을 전했습니다. 왜냐하면 그것은 하나님의 말씀이고, 그가 그것에 적당하지 않다는 것과 사태의 중대함을 충분히 자각했기 때문입니다. 믿음은 사람의 행동에서 나타남은 물론 그의 태도 전체에도 나타남을 잊어서는 안 됩니다.

믿음은 언제나 전 인격에 나타납니다. 이것을 요한일서 1장의 성구로 요약할 수 있습니다. 이렇게 기록되어 있습니다. "만일 우리가 하나님과 사귐이 있다 하고 어둠에 행하면 거짓말을 하고 진리를 행하지 아니함이거니와"(1:6), "그를 아노라 하고 그의 계명을 지키지 아니하는 자는 거짓말하는 자요 진리가 그 속에 있지 아니하되"(2:4). 산상설교를 우리에게 적용할 수는 없으며 주님 당시의 제자들과 앞으로 임할 미래의 나라의 유대인들에게만 적용된다고 주장하는 사람들이 무엇에서 잘못되었는지, 우리는 이제 볼 수 있습니다. 그들은 이것이 당연히 그래야만 한다고 말합니다. 그렇지 않다면 우리는 은혜 아래 있는 것이 아니고 율법 아래 있는 것이라고 말입니다. 그러나 지금 인용한 요한일서에서는 '은혜

아래서'라고 되어 있습니다. 그리고 요한은 이것을 특히 다음과 같이 표현했습니다. 즉 "만일 누구든지 내가 그를 알고 있다. 이것이 여러분의 신앙이요, 그리스도의 은혜와 죄의 값없는 용서를 믿는 것이라고 말하면서 그 훈계를 지키지 않는다면 그는 거짓말하는 자입니다."

이것은 주님께서 여기서 천국에 들어갈 사람에 대해서 말씀하신 것을 반복한 것에 지나지 않습니다. 즉 "나더러 주여 주여 하는 자마다 다 천국에 들어갈 것이 아니요 다만 하늘에 계신 내 아버지의 뜻대로 행하는 자라야 들어가리라"고 말입니다. 이것이 신약성경 전체의 메시지입니다. "그(주님)가 우리를 대신하여 자신을 주심은 모든 불법에서 우리를 속량하시고 우리를 깨끗하게 하사 선한 일을 열심히 하는 자기 백성이 되게 하려 하심이라"고 바울은 디도서(2:14)에서 말씀했습니다. 우리는 '거룩하게 되기 위해' 구원받게 된 것입니다(살전 4:7).

주님은 우리를 자신의 것으로 준비하시기 위해 거룩하게 구별하셨습니다. 그리고 "주를 향하여 이 소망을 가진 자마다 그의 깨끗하심과 같이 자기를 깨끗하게 하느니라"(요일 3:3), 이것이 성결의 교리입니다.

여기서 조금 더 자세히 적용해 보겠습니다. 산상설교를 실천에 옮기는 것에는 어떤 뜻이 포함됩니까? 내가 '지혜로운' 사람인가, '어리석은' 사람인가를 어떻게 알 수 있습니까? 최선의 기준은 이것입니다. 즉 "여러분은 이 산상설교에 반발을 느낍니까? 여러분은 산상설교를 싫어합니까? 산상설교에 관한 설교를 듣는 것에 반대합니까?" 만일 그렇다면 여러분은 '어리석은' 사람입니다. 어리석은 사람은 산상설교가 그 전체로써 제시될 때에 이 설교를 싫어합니다. 여러분은 산상설교가 불가능한 것을 여러분에게 강요한다고 느끼십니까? 여러분은 표준을 보고 귀찮게 여기십니까? 여러분은 절대로 불가능하다고 말씀하십니까? "이것은 기분 나쁘다. 이 설교는 기분 나쁘다. 이 설교는 만사가 가망 없다고 한다."라고 말씀하십니까? 이것이 산상설교에 대한 여러분의 반응입니까? 이것은 항상 거짓 신자의 반응입니다. 거짓 신자는 산상설교에 참을성이 없습니다. 거짓 신자는 자기 검토를 불쾌하게 생각합니다. 그것은 자기 검토가 그를 불안하게 만들기 때문입니다. 참된 기독교인은 전혀 다릅니다. 참 기독교인은 산상설교를 불쾌하게 느끼지 않습니다. 그는 산상설교의 정죄에 대하여 반발을 느끼지 않습니다. 그는 산상설교를 반대하고 자기변호를 하지 않습니다.

이것을 다음과 같이 말할 수 있습니다. "우리는 무익한 말로 우리 자신을 무심코, 은연중에 드러내는 것에 대해 알고 있다. 우리는 그 사람의 반응에 의해서 그의 사람됨을 알게 되는 때가 허다하다. 우리는 너무 교묘하고 영리하므로 우리가 다시 한번 생각하고 곰곰이 생각해 보면 전보다 더욱 신중하고 조심해서 말하게 된다. 우리의 있는 그대로의 모습을 알아내는 것은 우리의 본능적인 대답, 우리의 즉각적 반응이다. 만일 산상설교에 대한 우리의 반응이 분개심이라면 그리고 산상설교가 가혹하고 까다로우며 어느 것도 실행 불가능하다고 느끼며 우리가 생각한 유형의 멋진 기독교가 아니라고 느낀다면, 우리는 진정한 신자가 아니다."라고 말입니다.

이 지점에서 거짓 신자의 또 하나의 특징은 산상설교를 들어도 모두 잊어버리게 된다는 것입니다. 그는 잘 잊는 청취자요, 말씀을 들어도 곧 잊어버리는 사람입니다. 그는 잠시 흥미를 느끼지만 바로 그의 마음에서 사라지고 맙니다. 거짓 신앙 고백자들의 또 한 가지 특징은 그들이 대체로 산상설교를 칭찬하고 그 교훈을 찬미할지는 몰라도 산상설교를 실천하지를 않습니다. 혹은 산상설교의 어떤 부분을 시인하고 또 어떤 부분은 무시해버립니다. 그러므로 산상설교는 단순히 "네 원수를 사랑하라."고만 말한다고 생각하는 사람들이 많습니다. 그들은 나머지 다른 전부를 아는 것 같지는 않습니다. 그러나 우리는 산상설교를 전체로서 취해야 합니다. 곧 5, 6, 7장과 팔복의 말씀, 율법, 교훈 일체를 받아들여야 합니다. 전부가 하나의 설교이기 때문입니다.

여기서 참 신자의 적극적인 특징에 눈을 돌려봅시다. 참 신자는 산상설교의 교훈에 정면으로 대하며 그 전체를 대하는 사람입니다. 참 신자는 한두 구절을 선택하든가 이 구절 저 구절을 골라내지 않습니다. 성경의 모든 구절에 귀를 기울입니다. 참 신자는 조급하지 않습니다. 그는 시간을 내어 성경을 읽습니다. 그는 기분에 맞는 몇몇 시편에 뛰어들어, 잠 오지 않는 밤에 수면제로서 사용하지를 않습니다. 그는 하나님의 말씀의 전체가 자기를 검토하고 탐사하게끔 합니다. 이 검토를 불쾌하게 생각하기는커녕 그는 "무릇 징계가 당시에는 즐거워 보이지 않고 슬퍼 보이나 후에 그로 말미암아 연단 받은 자들은 의와 평강의 열매를 맺느니라"(히 12:11)의 의미를 압니다. 다시 말하면 참된 기독교인은 하나님의 말씀 앞에 겸손합니다. 그는 하나님의 말씀과 비판 아래서 겸손합니다. 그는 자기의 철저한 실패와 완전히 무가치함을 인정하고 고백합니다.

이와 같이 산상설교에 대해서 바른 태도를 취하는 사람은 자기를 낮춘 후에 이 설교에 자기를 복종시키며 심령이 가난하며 자기 죄 때문에 애통하는 사람이 되며, 자기가 얼마나 무가치한가를 알기 때문에 온유하게 됩니다. 그에 대한 하나님 말씀의 결과 때문에 팔복의 말씀에 일치합니다. 그리고 이 때문에 자기 앞에 설정된 이 생활방식에 일치하려고 소원하게 됩니다. 그는 의에 주리고 목마릅니다. 그리고 이것은 그의 생애의 중요한 일이 되어버립니다. 그는 자기의 현재 상태에 만족하지 않습니다. 그는 말합니다. "아, 나도 허드슨 테일러나 브레이너드, 칼빈 같은 사람처럼 되고 싶다. 주님을 위해 일체를 희생하고 견디어 나간 저 사람들처럼 되며, 바울처럼 될 수 있다면! 아, 복되신 우리 주님처럼 될 수 있다면!"이라고 말입니다. 정직하게 그렇게 말할 수 있는 사람은 반석 위에 집을 세우는 사람입니다. 그는 점차 팔복의 말씀에 일치되고 있습니다. 이 기준의 본질을 관찰하십시오. 그것은 여러분이 죄가 있는가, 완전한가를 묻지 않습니다. 그것은 여러분이 무엇이 되려고 하는가, 무엇이 되기를 원하고 있는가를 묻고 있습니다.

참 신자는 율법에 관한 우리 주님의 교훈을 받아들이는 사람임은 물론입니다. 주님이 5장에서 몇 가지 점에 관해서 옛 율법을 영적으로 해석하신 것을 기억하실 것입니다.

참 신자는 이것을 받아들여 바르고 옳다고 생각합니다. 그는 다만 간음을 하나의 행위로서 범하지 않는 것에 만족하지 않습니다. 그는 정욕을 품고 여자를 보려고 하지를 않습니다. 그는 "이것은 바르다. 인간은 행동뿐 아니라 마음이 깨끗해야 한다. 나는 이처럼 깨끗하게 되고 싶다."라고 말합니다. 그는 이처럼 율법에 관한 주님의 교훈을 전부 받아들이는 것입니다.

마찬가지로 그는 은밀히 구제하는 것에 대하여 주님의 교훈을 받아들입니다. 그는 자기의 선행을 선전하지 않습니다. 그리고 자기가 선전하지 않는다는 사실에 대해서도 사람의 주의를 끌려고 하지 않습니다. 실상 그의 왼손은 오른손이 하는 것을 알지 못합니다. 그는 또한 기도에 대한 교훈과 이 세상 물건들에 애착해서는 안 된다는 교훈과 '성한' 눈을 가져야 한다는 교훈을 기억하고 있습니다. 그는 우리가 일용할 양식에 대하여 염려하지 말고, 참새를 먹이시며, 자기 자녀들을 분명코 등한히 하지 않으실 우리 아버지께 이 모든 것을 일임해야 할 것을 기억합니다. 그는 형제를 비난하거나 정죄할 것이 아니라 형제의 눈에서 티를 빼기 전에 먼저 자신의 눈 속에 있는 들보를 빼야 한다는 교훈을 기억합니다. 그는 다른 사람들이 우리에게 해주기를 바라는 대로 우리도 다른 사람에게 그대로 해야 할 것을 되새깁니다. 그는 성경의 가르침을 모두 그대로 받아들입니다.

그러나 그뿐만이 아닙니다. 그는 그 교훈을 철저하게 실천할 수 없는 자기를 슬퍼합니다. 그는 실천하기를 바라고 구하며 시도합니다. 그러나 부족한 자기를 자각합니다. 그렇지만 그는 다음의 가르침을 믿습니다. 그래서 구하고 찾고 문을 두드립니다. 그는 성령으로 말미암아 이것들이 가능하게 된다고 하는 성경말씀을 믿습니다. 그리고 그리스도가 이 설교에서 이렇게 말씀한 것을 기억합니다. "구하라 주실 것이요, 찾으라 찾아낼 것이요, 문을 두드리라 열릴 것이니."이리하여 그는 그것을 얻을 때까지 밀고 나갑니다. 이것이 '행한다는' 뜻입니다. 그것은 이런 것들을 행하는 것과 주 예수 그리스도를 닮는 것이 그 사람의 최고의 소원임을 의미합니다. 그것은 그가 죄의 용서를 구하며 지옥으로부터 피해서 천국에 가는 것만을 원하는 사람이 아님을 의미합니다. 어떤 의미에서 그는 이생과 이 세상에서 적극적 성결을 원합니다. 그는 의롭게 되기를 소원합니다. 그는 마음으로부터 찰스 웨슬리의 찬송을 부릅니다.

오! 나의 하나님을 찬양할 마음을

죄로부터 해방된 마음을

당신의 피를 항상 느끼는 마음을

나를 위해 아낌없이 흘려주소서.

이것이 반석 위에 집을 세우는 사람입니다. 그는 성결을 원하고 기도하며, 성결을 추구하는 사람입니다. 그는 성결하기 위해 최선을 다합니다. 그리스도를 아는 것이야말로 그의 최고 소원이기 때문입니다. 용서받을 뿐 아니라 천국에 가는 것과 그리스도를 자기의 형제로 삼으며, 그리스도를 자기의 친구로 삼으며, 지금 빛 가운데서 그리스도와 함께 동행하고, 천국의 기쁨을 지상에서 미리 즐기는 사람이 반석 위에 집을 세우는 사람입니다. 그는 하나님을 위하여 하나님을 사랑하는 사람입니다. 그의 최고 의욕과 관심사는 하나님의 이름과 하나님의 영광이 점점 커지고 온 세계 위에 펼쳐지는 일입니다.

이상과 같이 이 주제의 상세한 점들을 말씀드렸습니다. 이것은 산상설교를 실천한다는 뜻이며, 웨스트민스터 소요리문답서의 "인간의 제일 되는 목적은 하나님을 영화롭게 하고 영원토록 그를 즐거워하는 것"에 동의하는 것입니다.

여러분은 완전히 도달하지 못할 것을 알지만 여러분의 소원과 노력은 이것을 목표로 하고 그렇게 할 수 있도록 하나님이 여러분에게 주신 성령을 끊임없이 의지하고 있음을 압니다. 이것이 교리입니다. 그리고 이상의 소극적 및 적극적 기준에 직면할 수 있는 사람은 복되며, 자기 집이 반석 위에 세워지고 있음을 확신할 수 있습니다.

한편 이런 기준에 만족하게 대답할 수 없는 사람에게는 오직 한 가지 결론만이 있을 것입니다. 즉 지금까지 모래 위에 집을 짓고 있는데, 그 집은 심판 날에 무너질 것은 확실합니다. 그렇지만 그전에도 무너질 가능성은 충분히 있습니다. 전쟁이 일어나거나 또는 핵폭탄이 떨어질 때든가, 혹은 금전이나 소유물과 재산을 잃을 때든가, 그때 그는 아무것도 없는 자기를 보게 될 것입니다.

그러므로 이 사실을 인정하며, 1초라도 지체하지 말고 즉시 하나님께 고백하시기 바랍니다. 이것을 하나님께 고백하고 "하나님의 능하신 손아래에서"(벧전 5:6) 스스로 낮추십시오. 이 사실을 인정하고 하나님의 사랑과 긍휼히 여기심에 온몸을 던지십시오. 그리고 하나님께 마침내, 나는 깨끗하고 의롭게 되기를 소원한다고 고백하십시오.

하나님이 여러분에게 성령을 주시고, 그리스도가 여러분을 위해 해주신 완전한 사역을 계시해 주시도록 기도하십시오. 그리스도를 따르십시오. 그러면 주님께서 여러분을 참된 성결로 인도하실 것입니다. "이것이 없이는 아무도 주를 보지 못하리라."

59장

시련과 믿음의 시금석

"24 그러므로 누구든지 나의 이 말을 듣고 행하는 자는 그 집을 반석 위에 지은 지혜로운 사람 같으리니 25 비가 내리고 창수가 나고 바람이 불어 그 집에 부딪치되 무너지지 아니하나니 이는 주추를 반석 위에 놓은 까닭이요 26 나의 이 말을 듣고 행하지 아니하는 자는 그 집을 모래 위에 지은 어리석은 사람 같으리니 27 비가 내리고 창수가 나고 바람이 불어 그 집에 부딪치매 무너져 그 무너짐이 심하니라" 마 7:24-27

이제는 이미 앞에서 살펴본 바 있는 두 가지 장면에 대해서 마지막으로 몇 가지를 더 고찰해 보겠습니다. 여기의 가르침도 자기기만이라는 무섭고 미묘한 위험에 대해서 우리에게 경고하기 위한 것입니다.

신약성경이 경고에 대해서 지면을 얼마나 많이 할애했는지를 보면 아주 놀랍습니다. 그런데 우리는 경고를 주의 깊게 보고 마음에 간직하는 일에 얼마나 더딥니까? 신약성경에는 경박하고 피상적인 신앙과 다만 '주여 주여'라고만 말하고 그 이상은 하지 않는 경향에 대한 경고와, 행실이나 우리 자신의 활동을 의지하는 위험에 대한 경고가 끊임없이 반복되고 있습니다.

우리는 이미 앞의 장에서 이것을 매우 강하게 상기한 바 있습니다. 이런 경고는 신약성경 전체에 걸쳐서 보게 되고, 주님 자신의 교훈과 그 후 사도들의 교훈에서도 자주 보게 됩니다. 이와 동시에 신약성경 중에는 감정을 의지하는 위험, 특히 그릇된 감정을 의지하는 위험에 대한 경고도 포함되어 있습니다. 사랑이라는 주제에 관한 신약성경의 설명이상으로 생래적 인간의 지성에 놀라움을 주는 것은 또 없습니다. 이러저러한 이유로 우리는 사랑을 다만 정서나 기분의 문제로 생각하는 경향이 있습니다. 이것을 단지 감정으로 간주하는 경향이 있는 것입니다. 그래서 신약성경의 사랑 복음과 반항하는 죄인에 대한 하나님의 사랑 선언에 대한 우리의 생각에까지 연장되는 경향이 있습니다.

사랑에 대해서 많이 말씀하고 있는 요한일서의 서신과 고린도전서 13장을 잠깐 생각해 봅시다. 여기서 사랑은 매우 실제적이라는 사실을 여러분은 발견하게 될 것입니다. 주님은 다양한 방법으로 얼마나 자주 말씀하셨습니까? "나의 계명을 가지고 지키는 자라야 나를 사랑하는 자니"(요 14:21)라고 말입니다. 이것이야말로 여기서 가르치고 있는 정확한 교훈입니다.

산상설교의 끝에 있는 경고는 오로지 단 한 가지 "나더러 주여 주여 하는 자마다 다 천국에 들어갈 것이 아니요 다만 하늘에 계신 내 아버지의 뜻대로 행하는 자라야 들어가리라"를 강조하기 위한 것입니다. 여기서 다시 한번 강조되고 있는 것은 막연하고 일반적인 기분을 가지고 있기만 하면 그것으로 좋다고 생각하는 유혹에 빠지는 위험에서 우리를 구하기 위함입니다.

이 계명을 지키지 않으면 우리가 주님의 사랑을 아무리 입으로 떠들어대도 소용이 없다고 주님은 말씀하십니다. "나를 진정으로 사랑하는 자는 내가 말한 것을 행한다."라고 말씀하고 계십니다. 순종을 기분이나 감정으로 대신하는 것만큼 큰 잘못은 없습니다. 이것이 이 최후의 위대한 경고의 말씀에서 매우 힘 있게 강조되었습니다. 그리고 하늘에 계신 우리 아버지의 뜻을 행한다는 의미를 앞서 자세히 고찰한 것도 이 때문입니다.

지혜로운 사람은 이 말씀을 듣고 행하는 사람입니다. 하지만 우리는 주님이 그의 교훈을 왜 이같이 특별한 방법으로 가르치고 계신가를 고찰해 봐야합니다. 이 장면들에는 각기 심판이라는 뜻과 의미가 들어있습니다. 주님은 "좁은 문으로 들어가라 멸망으로 인도하는 문은 크고 그 길이 넓어"라고 말씀하십니다. 곧 심판이 나오는데 이 심판은 이와 똑같이 다음 장면들에서도 찾아 볼 수 있습니다.

거기서 주님은 참된 기독교인을 좋은 나무에 비유하고, 거짓 기독교인을 쓸모 없는 나무에 비유하셨습니다. 주님은 "아름다운 열매를 맺지 아니하는 나무마다 찍혀 불에 던져지느니라"고 말씀하셨습니다. 그 다음 장면에서 "그 날에 많은 사람이 나더러 이르되 주여 주여 우리가 주의 이름으로(이런저런 여러 가지 일들을) 행하지 아니하였나이까 하리니 그 때에 내가 그들에게 밝히 말하되 내가 너희를 도무지 알지 못하니 불법을 행하는 자들아 내게서 떠나가라 하리라." 그리고 최후의 두 집과 두 사람의 장면에서도 시험하는 날이 올 때 그 하나는 무너지되 "그 무너짐이 심하니라"고 말씀하셨습니다. 그러므로 우리는 이 심판이라는 큰 문제를 고찰해 보지 않을 수 없습니다.

이 심판이 산상설교 끝의 장면들에서 현저하게 나타나 있을 뿐 아니라 "비판을 받지 아니하려거든 비판하지 말라"는 1절에서 시작되는 7장 전체의 뜻과 의미임을 우리는 살펴본 바 있습니다. 이 최후의 권면에서 일관되게 있는 것은 무서운 심판입니다. 이 말씀을 "다른 것은 그만두고라도 거짓 신앙은 아무 소용이 없다."라고 표현할 수도 있습니다. 거짓된 것이 항상 잘못된 것처럼, 거짓 신앙은 당연히 잘못입니다. 그러나 잘못이라는 점을 제쳐놓고라도 거짓 신앙은 결국 아무런 가치도 없습니다. 최후에는 무(無)로 인도되고 마는 것이기 때문입니다. 일시적인 만족을 줄 수는 있겠지만 진정한 시험에는 견딜 수 없습니다. 이것이 여기서 강조되고 있는 사항입니다.

넓은 길은 참으로 안전한 듯 보입니다. 못되고 악한 나무도 대체로 건전하게 보입니다. 열매를 시험해 보기까지는 그 열매가 좋을 것으로 생각될지 모르나 나중에 그렇지 않은 것이 발견되는 것입니다. 이와 같이 어리석은 사람이 모래 위에 세운 집도 완벽하게 보입니다. 그리고 튼튼하고 오래갈 것처럼 생각됩니다. 그러나 이런 것들은 결국 시험에 견디지 못합니다. 이 점에 대해서는 이론의 여지가 있을 수 없습니다. "그것이 우리에게 도움이 가장 필요할 때에 도움이 되고 우리에게 어떤 가치가 있을 것인가."라고 말입니다.

폭풍과 홍수가 밀려오기 시작하고 집이 갑자기 무너진다면 그 집이 아무리 호화롭고 편해도 무가치한 것입니다. 그것이야말로 우리가 '미련한 자의 낙원'에서 사는 격입니다. 햇빛이 비치고, 어떤 의미에서 그 집의 보호가 필요하지 않을 때, 그리고 천막 한 장으로라도 충분히 만족할 수 있을 것 같은 때에는 그 집은 참으로 훌륭하게 보였습니다. 그러나 우리는 폭풍우나 태풍에 견딜 수 있는 집이 필요합니다. 성경은 이 사실을 중시하고 있습니다.

성경에는 불경건한 사람들의 외면적 성공이나 부귀를 묘사한 실로 놀라운 장면이 몇 가지 있습니다. 그들은 만사가 잘 되어갈 때에는 '푸르게 빛나는 월계관'처럼 크게 기염을 토합니다. 그러나 어려움에 부닥치고 그의 번영이 모두 가버렸을 때, 그는 의지할 만한 것을 하나도 가지지 못하게 되는 것을 성경은 보여줍니다. 성경은 기독교인이 아닌 사람의 완전한 어리석음을 묘사하고 있습니다. 다른 것은 제쳐놓고라도 그가 가장 필요를 통감할 때에 그에게 도움이 될 수 없는 것들을 위해 살고, 그런 것들을 의지하고 있으니 얼마나 어리석은 사람입니까? 주님이 묘사한 저 어리석은 부자를 보십시오.

그는 창고에 물건이 가득 차 있으므로 더 큰 창고를 지으려고 생각했습니다. 그 때 하나님은 갑자기 그에게 "어리석은 자여 오늘 밤에 네 영혼을 도로 찾으리니 그러면 네 준비한 것이 누구의 것이 되겠느냐"(눅 12:20)라고 말씀하셨습니다.

성경은 이런 교훈으로 가득 차 있습니다. 그러나 가짜가 무가치하다는 이 교훈은 성경에 한정된 것만은 아닙니다. 인간의 오랜 경험이 이것을 확인하고 확정해주고 있습니다. 이것을 우리는 이 특정 장면에 비추어 배울 수 있습니다. 우리가 이 세상에서 세우는 모든 것, 우리가 의뢰하는 모든 것, 우리가 준비하는 모든 것과 우리의 전 인생관이 머지않아 시험을 당할 것이라고 주님은 말씀하십니다. 주님은 이 시험을 비가 내리고 창수가 나고 바람이 부는 형태로 묘사하셨습니다.

시험은 보편적인 것으로서 누구에게, 어디서나 옵니다. 슬기로운 사람이나 어리석은 사람에게나 똑같이 일어날 것입니다. 사람이 기독교인이 되자 즉시 모든 곤란이 사라지고, 이야기의 끝은 "그래서 그 후 모두 행복하게 살았습니다."라고 한 곳은 성경 어디에도 없습니다. 이 집에도 다른 집에도 똑같이 "비가 내리고 창수가 나고 바람이 불어"옵니다. 전 인류가 이런 시험을 당하게 되어 있습니다.

저는 이 장면에서 여러 가지 자세한 것으로 주님이 정확하게 무엇을 말씀하려 하셨는가? 하는 문제가 매우 흥미롭습니다. 어떤 사람들은 이것들이 앞으로 올 심판 날만을 지적한 것이라고 가르칩니다. 그러나 이것은 이 장면을 적절히 이해하지 못한 것입니다. 심판 날에 될 일도 포함하고 있음은 분명하나 주님이 여기서 말씀하신 것은 사후에 무덤에서 일어나는 일들은 물론이요 이 세상 생활에도 적용됩니다.

물론 어떤 묘사에서도 세부를 너무 지나치게 강조하는 것은 위험한 일입니다. 그러나 주님은 아무 목적도 없이 비와 창수와 바람을 구별한 것은 아닙니다. 어떤 명확한 내용을 전하려 하신 것이 분명합니다. 이런 표현으로 무엇이 상징되어 있는지 발견할 수 있습니다.

예를 들어, 비를 생각해 봅시다. 주님이 말씀하시는 이 비는 머지않아 우리 모두에게 부딪치게 됩니다. 그때 우리는 지혜로운 사람 편이든 어리석은 사람 편이든 어딘가에 서게 됩니다. 앞서 본 것처럼 우리는 산상설교의 교훈을 실행하려 최선을 다하든가, 하지 않든가 둘 중의 하나입니다. 우리는 기독교인이든가, 아니면 "기독교인이라고 생각하게끔 우리 자신을 속이며, 복음에서 우리가 좋아하는 것들을 뽑아내서는 이것으로 충분하다. 여러분은 이 같은 일을 너무 지나치게 생각할 필요는 없다. 편협한 자들이 되어선 안 된다. 대충 믿으면 그만이

다."라고 말하든가, 둘 중의 하나입니다. 그래서 주님은 우리가 그릇된 위치에 서 있다면 우리의 가상된 신앙은 도움이 되지 못할 것을 가르치고 계십니다.

주님은 '비'를 무슨 뜻으로 말씀하셨습니까? 주님은 질병, 손실, 실망 등등 여러분의 삶에서 잘못되어 가고 있는 것, 열심히 쌓아 올리고 있던 것이 갑자기 부서지는 것, 혹은 다른 사람에게 무너뜨림을 당하거나 어떤 심각한 낙심을 당하거나, 여러분의 처지가 돌연히 악화되는 것, 혹은 압도적인 슬픔이나 사별과 같은 일들을 두고 하신 말씀으로 생각됩니다. 이 같은 일이 조만간 우리 모두에게 일어날 것입니다.

인생은 피할 수 없는 일들이 있습니다. 이것을 어떤 방법으로 피하려 해도 결국은 부닥치게 되어 있습니다. 젊어 건강과 활력이 왕성한 사람들이 나이가 들어 이 방에서 저 방으로 옮겨가는 일에, 아니 이 의자에서 저편 의자로 옮겨 앉는데도 곤란을 느끼는 자기를 상상하기는 지극히 어려운 일입니다. 그러나 이 일은 반드시 일어나는 것입니다. 나이가 들고 건강과 활동력이 사라지고 질병이 찾아옵니다. 하지만 이런 것들은 주님이 여기서 말씀하신 것처럼 피할 수 없는 것들입니다. 그래서 이런 것들이 닥쳐올 때 이것이 우리에게 시험이 되는 것입니다. 몇 주간, 수개월간을 같은 방에서 지내는 것은 작은 시련이 아닙니다. 그리고 이 시험은 사람을 밑에서부터 시험합니다. 이처럼 여기의 비는 이런 유형의 일들을 포함하며, 우리의 깊은 곳에까지 탐사하고 시험하는 시험을 여러 가지 포함하고 있습니다. 그러나 비만 내린 것이 아닙니다. "창수가 나고 … 그 집에 부딪치매 무너져 그 무너짐이 심하니라"라고 주님은 말씀하십니다. 이것은 대체로 이 세상을 표현한 것입니다.

성경적인 의미의 이 세상은, 이 세속적인 생활방식을 의미하는 것입니다. 우리가 좋아하든 아니하든, 신자이든 거짓 신자이든 간에 이 세상은 밀어닥쳐 우리의 집에 부딪치며, 그 큰 물결이 우리에게 엄습해 옵니다. 우리는 모두 이 세상에서 크게 곤란을 느낍니다. "육신의 정욕과 안목의 정욕과 이생의 자랑"(요일 2:16) 때문입니다. 우리 각자가 이 세상에서 집을 세우는 것이 확실한 것처럼 머지않아 이 세상이 닥쳐와 우리의 집을 시험하고 건드려 봅니다. 이 세상은 교묘하게 모든 곳에 스며 들어옵니다. 때로는 강력한 힘을 가지고 들어옵니다. 그리고 때로는 고요하게 뜻하지 않는 사이에 범람해서 손해를 입힙니다.

우리는 집이 흔들리는 것이 어떤 느낌인지 조금은 알고 있습니다. 기독교인이 신앙을 버리고 싶어 한다는 뜻이 아니요, 이 세상의 힘이 너무 강하기 때문에 때로 자기의 기초가 견디기 어렵다고 생각한다는 의미입니다. 젊은 시절에는 그리스도에 대한 신앙을 가지고 있습니다. 그러나 중년이 되었을 때는 자기의 장래와 자기의 생애, 인생으로서 자기의 위치를 생각하기 시작합니다. 그래서 망설이고 주저하기 시작합니다. 연령적으로 활력 저하의 단계가 시작되어, 일종의 이완이 따라 오는 것입니다. 이 세상이 여러분의 집을 덮치고 시험한다는 뜻이 이와 같습니다.

다음에는 바람이 옵니다. "비가 내리고 창수가 나고 바람이 불어." 바람이 분다는 것은 무슨 뜻입니까? 저는 이 바람을 사탄의 공격으로 해석하는 사람들의 의견에 찬성하고 싶습니다. 마귀는 우리를 공격하기 위해 여러 가지 많은 방법을 갖고 있습니다. 하나님 말씀에 의하면 "이것은 이상한 일이 아니니라 사탄도 자기를 광명의 천사로 가장하나니"(고후 11:14)라고 했습니다. 사탄은 이 세상을 통하여 우리를 유혹합니다. 그러나 때로는 자신이 직접으로 공격합니다. 사탄은 의심과 부인을 가지고 우리에게 대들지도 모릅니다. 혹은 더럽고 사악하고 신성모독의 생각으로 우리를 공격합니다.

경건한 사람들의 생애를 읽어보면 그들도 이와 같은 공격에서 열외가 아니었음을 발견하실 것입니다. 사탄은 맹렬한 공격을 가해서 우리의 집을 덮치려고 합니다. 역대의 성도들도 어떤 형태의 공격으로부터 고통을 당했습니다. 사도 바울은 에베소서 6장에서 이것을 견딜 수 있는 유일한 길은 하나님의 무기로 완전무장하는 길뿐이라고 했습니다(엡 6:11-17). 여기서도 주님께서 보호하시는 이 견고한 토대 이외의 아무것도 우리의 집을 공격해서 견디게 할 수 없다고 말씀하십니다.

이상의 세 가지가 우리 모두에게 찾아옵니다. 그러나 이것이 마지막이 아닙니다. 최후로 죽음이 확실히 닥쳐오는 것입니다. 어떤 사람은 비를 피하고, 어떤 사람은 홍수를 피하고, 어떤 사람은 바람과 폭풍을 피해야 하게 되어 있습니다. 그러나 우리는 모두 죽음의 사실에 마주쳐 직면하게 되어 있습니다. 죽음은 우리 각자에게 어떤 형태로든 찾아와서는 우리가 쌓아 올린 기초를 모두 시험합니다. 죽음은 얼마나 비참한 것입니까? 우리는 죽음을 경험한 일이 없으므로 죽음에 대해서는 아무것도 모릅니다. 물론 죽음에 직면한 사람들을 가끔 보았고, 그와 같은 사람이 죽음에 대해 말하는 것을 들어본 일은 있을 것입니다.

우리 모두는 돌발적으로든 혹은 서서히 마주쳐 오든 죽음에 직면하게끔 되어 있습니다. 여러분이 지금 이 세상을 벗어나 지금까지 알고 있던 모든 것을 뒤에 남겨두고 장막이 덮인 저편 땅으로 건너고 있다는 것을 자각하면서 죽음의 순간을 통과하는 것은 두려운 일임이 틀림없습니다. 죽음이라는 강력한 사실과 그 순간처럼 그 사람의 기초를 깊이 시험하는 것은 없습니다.

실제 문제는 "어떻게 해야 우리가 이 같은 사태에 견딜 수 있는가?" 하는 것입니다. 복음전도의 최고 임무는 사람들에게 이 같은 사태에 대처할 수 있도록 준비하게 하는 것이라고 할 수 있겠습니다. 여러분의 인생관이 어떠하며 여러분의 기분이 어떤가는 중요한 것이 아닙니다. 제가 지금까지 열거한 이상의 기준에 견딜 수 없다면 여러분은 완전한 실패자입니다. 그 사람의 은사나 직업이 무엇이든 간에 그의 성격이 아무리 고상하고 선량하든 간에 그 사람의 인생관이나 인생철학이 확실히 다가올 이런 것에 대비하지 않는다면 그 사람은 어리석은 사람이요, 그가 가지고 있는 모든 것은 머지않아 그가 도움을 가장 필요로 하는 바로 그 때에 기대에 어긋나 발밑에서 허물어지고 말 것입니다. 우리는 이미 이 시험들의 일부를 경험해 왔습니다.

여기에 우리가 자문자답해야 할 질문이 있습니다. "우리가 하나님을 가장 필요로 할 때에 우리는 하나님을 항상 발견하는가? 이런 시험이 와서 우리가 하나님께로 향할 때 하나님이 거기 계신 것을 우리는 아는가? 우리는 동요하고 놀라 당황하는가? 우리는 하나님의 임재를 두려워하는가? 아니면 어린아이가 아버지를 대하는 것처럼 하나님을 향하며, 하나님이 거기 계신 것을 언제나 발견하는가? 이같이 위험한 경우와 순간에 하나님의 가까우심과 임재를 의식하는가? 우리는 하나님께 대해 요지부동의 깊은 신뢰감과 아울러 하나님은 결코 나를 두고 떠나시거나 버리시지 않는다는 확신을 가지고 있는가? 어떤 경우에도, 심지어 환난 중에서도 하나님을 기뻐할 수 있는가? 지금 이 순간 우리의 세계관은 어떤가? 이 세상에 대한 우리의 태도는 어떠한가? 이러한 생활 가운데 우리는 어떤 생활방식을 원하는가? 그리고 거기 대해서 조금이라도 망설이거나 의심이 있는가? 그리고 조금이라도 불확실한 것이 남아 있는가? 하나님과 그리스도를 중심에 두지 않는 이 세상 생활방식이 완전히 무익한 것을 아직 발견하지 못했는가? 죽음이란 우리에게 어떤 의미를 가지는가? 죽음을 생각할 때 소름이 끼치는가? 죽음을 두려워한 나머지 우리의 생각에서 죽음을 쫓아내려고 언제나 안간힘을 다하고 있는가?"

성경은, 우리가 진정한 기독교인이라면 이 모든 점에서 어떻게 되어야 할 것인가를 분명히 보여주고 있습니다. 시편 37편 37절은 이렇게 말씀하고 있습니다. "온전한 사람을 살피고 정직한 자를 볼지어다 모든 화평한 자의 미래는 평안이로다." 선인(善人), 곧 기독교인 된 사람의 죽음만큼 이 세상에서 경이로운 것은 없습니다. "그를 볼지어다"라고 성경은 말씀합니다.

시편 기자가 이것을 쓸 때는 이미 노인이 된 때였습니다. 그는 "나는 이전에 젊었지만 지금은 늙었다."라고 했습니다(25절). 그리고 다음 말은 그의 경험이요, 젊은 사람들에 대한 충고입니다. "온전한 사람을 살피고 정직한 자를 볼지어다 모든 화평한 자의 미래는 평안이로다." 이 세상에서 즐거운 시간을 보내는 것 같은 사람이 많습니다. 그러나 그의 종말은 그렇게 평안치가 못합니다. 가련한 사람들! 그들은 종말을 위해 준비하지 않았던 것입니다. 그는 지금 자기가 세상을 떠나고 있다는 것을 느끼지 못합니다. 그는 무엇이나 움켜쥐고 있으며 그의 죽음은 편안하지가 않습니다.

다음으로 시편 112편 7절에 귀를 기울입시다. "그는 흉한 소문을 두려워하지 아니함이여 여호와를 의뢰하고 그의 마음을 굳게 정하였도다." 그는 전염병을 두려워하지 않으며 전쟁이 일어나도 두려워하지 않으며 불길한 소식도 두려워하지를 않습니다. 그는 "내일 아침은 무엇을 할까?"라고 말하지도 않습니다.

그렇습니다. "여호와를 의뢰하고 그의 마음을 굳게 정하였도다"인 것입니다. 또 이사야 28장 16절에 나오는 장엄한 성구를 봅시다. "그것을 믿는 이는 다급하게 되지 아니하리로다." 다른 번역을 보면 "믿는 이는 낭패하지 않는다.", "믿는 자는 불시에 습격을 받아도 당하지 않는다."란 뜻입니다.

왜 그렇습니까? 그는 거기까지 주의를 기울여 왔고 준비를 해왔기 때문입니다. 그래서 어떤 일이 생기든 기초를 가지고 있습니다. 그는 조급하지 않습니다. 그는 결코 서두르지 않습니다.

주님은 이것을 씨 뿌리는 비유에서 완벽하게 가르치셨습니다. 거짓 신자는 "그 안에 뿌리가 없다."라고 했습니다. 그는 잠깐 동안은 견뎠습니다. 그러나 박해가 오면 끝장나고 맙니다. "가시떨기에 뿌려졌다는 것은 말씀을 들으나 세상의 염려와 재물의 유혹에 말씀이 막혀 결실하지 못하는 자요"(마 13:22). 그밖에 이 주제에 관한 성경의 가르침은 끝이 없습니다. 이것을 성경에서 적극적으로 가르쳤고 기독교인의 경험으로 확인되었습니다.

초대 기독교인들은 박해를 받을 때, 아니 죽임을 당하려고 하는 그 때에도 자기들이 주님 때문에 고통을 받게 된다고 인정받게 됨을 하나님께 감사했습니다. 초대교회의 순교자들이나 신앙 고백자들이 투기장에서 사자 앞에 던짐을 받으면서도 하나님을 찬양했다는 훌륭한 기록들을 보아서 알고 있습니다.

바울이 감방에서 빌립보 사람들에게 편지를 썼을 때에 불평하기는커녕 자신이 감방에 있게 된 것을 하나님께 감사했습니다. 왜냐하면 복음을 전하는 기회가 되었기 때문입니다. 그는 거짓 친구의 배신행위까지도 참았습니다. 그는 매우 행복했고, 이와 같은 가운데서도 침착하게 일했습니다. 그리고 죽음의 얼굴을 보면서도 감사하게 되었습니다. 왜냐하면 "그리스도와 함께 있는 것이 훨씬 더 좋은 일"이기 때문입니다(빌 1:12-23). 그는 고린도 교인들에게 "우리가 잠시 받는 환난의 경한 것이 지극히 크고 영원한 영광의 중한 것을 우리에게 이루게 함이니"(고후 4:17)라고 했습니다.

고린도후서 4장을 읽어보십시오. 그가 당한 시련과 박해의 목록을 보십시오. 이 모든 것들에도 불구하고 그는 이렇게 말할 수 있었습니다. 그리고 말년에 죽음에 다시 직면하여 죽음이 오고 있음을 자각하고는 "나의 떠날 시각이 가까웠도다 내가 선한 싸움을 싸우고 나의 달려갈 길을 마치고 믿음을 지켰으니"(딤후 4:6-7)라고 했습니다. 얼마나 훌륭하게 죽음을 맞이하고 있습니까?

기독교인들은 이런 경험을 그들의 생애 중에서 반복하고 있습니다. 순교자들이나 신앙 고백자들의 이야기를 읽어보십시오. 웃는 얼굴로 화형대에 나가 불길이 금방 삼키려 할 때 화형대에서 전도한 사람들의 이야기를 읽어보십시오. 이것은 역사에서도 가장 영광스러운 이야기입니다. 또 언약교과 사람들의 이야기와 위대한 청교도나 그 밖의 많은 사람들의 이야기를 읽어보십시오.

그러므로 예수님 교훈의 요지는 다음과 같습니다. 즉 "이와 같은 훌륭한 경험을 한 사람들은 주님이 산상설교에서 말씀하신 이런 일들을 실천한 사람들뿐이다."라고 말입니다.

거짓 기독교인들은 그들에게 도움이 필요할 때, 그가 자기의 신앙이라고 생각한 그것이 도움이 되지 못한 것을 발견하게 될 것입니다. 그가 그것을 가장 필요로 하는 그 때에 그의 신앙이 그를 저버리는 것입니다. 이 점에는 의문의 여지가 없습니다.

인생의 시련을 성공적으로, 영광스럽게 맞이할 수 있었던 사람들의 생애의 한 가지 공통된 요소는 예외 없이 산상설교를 실천해 온 사람들이라는 것입니다. 이것이 '완전한' 사람, '의로운' 사람, '선한' 사람, 곧 '기독교인'의 비결입니다. 그러므로 바울이 직면한 것같이 이런 일들에 직면하기를 여러분도 원한다면 바울이 살았던 대로 살아야 합니다. 그러나 우리가 이생에서 당하는 이런 모든 것 이외에도 마지막 심판 날이 확실히 다가오고 있습니다.

이것은 성경의 교훈에서 끊임없이 볼 수 있는 주제입니다. "그 날에 많은 사람이 나더러 이르되." 성경은 '그 날'에 대해 많은 것을 말씀하고 있습니다. 어떤 사람들은 복음의 선교 방법과 교회 설립 방법에 대해서 바울과 의견을 달리하였습니다. 바울은 요컨대 이렇게 말씀했습니다. "나는 너희와 다투지 않겠다. 그 날이 공적을 밝힐 것이다"(고전 3:13), "우리가 다 반드시 그리스도의 심판대 앞에 나타나게 되어 각각 선악 간에 그 몸으로 행한 것을 따라 받으려 함이라"(고후 5:10). 이 말씀이 성경의 여러 곳에 언급되었습니다.

마태복음 25장에서 열 처녀 비유와, 달란트 비유와 모든 나라에 대한 비유를 읽어보십시오. 만물이 최후심판석의 주님 앞에 서게 됩니다. 여기에 더하여 베드로전서 4장 17절을 기억하십시오. "하나님의 집에서 심판을 시작할 때가 되었나니." 요한계시록은 임박해 오는 심판에 대한 아주 굉장한 고시가 아니고 무엇이겠습니까? 그날에 이 책이 펼쳐져 모든 사람이 심판을 받게 될 것입니다. 모든 사람이 머지않아 심판을 받을 것입니다.

성경은 이 교훈으로 가득 차 있습니다. 그리고 심판 날이 오는 것은 확실하다고 말씀하고 있습니다. 그 심판은 마음을 살피고 속으로 파고든다고 말씀합니다. 모든 것이 그리스도에게 알려지게 됩니다. 이 사람들은 "우리가 이러 저러한 일들을 하지 않았습니까?"라고 말했습니다. 그러나 주님은 "내가 너희를 도무지 알지 못하노라"고 했습니다. 주님은 그동안 내내 그들을 눈여겨보셨습니다. 그들은 주님께 속하여 있지 않았고 주님은 그것을 언제나 알고 계셨습니다.

그 때에는 모든 것이 주님에게 알려진바 됩니다. "지으신 것이 하나도 그 앞에 나타나지 않음이 없고 우리의 결산을 받으실 이의 눈 앞에 만물이 벌거벗은 것 같이 드러나느니라"(히 4:13). 주님은 "마음의 생각과 뜻을 판단"하시는 분이십니다(12절).

무엇이든지 주님의 눈에서 숨겨질 수 있는 것은 없습니다. 더구나 이 심판은 최종적이라는 것입니다. 또 한 번의 기회가 있다는 교훈은 성경에 없습니다. 그러면 우리가 이런 일들을 어떻게 해야 확실히 할 수 있겠습니까? 내가 어떻게 해야 여기 이 땅 위의 삶을 평안과 확신과 자신을 가지고 살 수 있겠습니까? 내 집을 반석 위에 세우고 있음을 내가 어떻게 해야 확실히 할 수 있겠습니까? 나는 이런 일을 어떻게 실천에 옮길 수 있습니까? 이것이야말로 이 세상 최대의 질문이라 하겠습니다. 이런 것들을 매일 생각하는 것 이상으로 중요한 것은 없다고 하겠습니다.

저는 오해의 위험을 무릅쓰고 이것을 다음과 같이 표현해 보겠습니다. "기계적인 신앙생활보다 기독교인의 생활에 있어 더 위험한 것은 없다."라고 말입니다. 저는 사람들이 참으로 입담 좋게 "아침에 조용한 시간"을 갖는다는 말을 자주 듣습니다. 그들은 Quiet time 곧 고요한 시간이라고까지도 말하지 않고 그저 Q.T.라고 약자로만 부릅니다. 이런 태도는 그 진의를 이해할 때 아주 치명적인 것입니다.

곧 기독교인이 아침 처음 시간 일상생활을 시작하기 전에 성경의 일정 분량을 읽고, 그 다음 기도를 드리는 것은 기독교인에게 유익한 것이라는 가르침을 받은 것을 의미하는 것입니다. 그들은 이렇게 '조용한 시간'을 지키고 밖으로 나갑니다. 이렇게 하는 것은 물론 좋은 일입니다. 그러나 만일 그것이 순전히 기계적으로 되어버린다면 사람의 영적생활에 매우 위험한 것이 되기 쉽습니다.

그러므로 우리는 다음과 같이 해야 한다고 말하고 싶습니다. 물론 성경을 읽고, 기도하십시오. 그러나 결코 기계적인 의미로는 하지 마십시오. 그렇게 하라고 명령받았거나 그것이 '습관적인 것'이기 때문만은 아닙니다.

성경은 하나님의 말씀이며, 하나님은 성경을 통해서 말씀하시기 때문에 그렇게 해야 하는 것입니다. 그러나 성경을 읽고 기도하신 다음에는 조용히 묵상하십시오. 그리고 묵상 가운데서 산상설교의 실제 교훈을 상기하십시오.

여러분이 산상설교대로 살고 있는가, 실로 그렇게 살려고 노력하고 있는가, 스스로 물어보십시오. 우리는 우리 자신을 향해서는 충분할 정도로 말하지를 않습니다. 이것이 문제점입니다.

다른 사람들에게는 말을 많이 하면서 자기 자신에게는 충분히 하지를 않습니다. 다음과 같이 말해야 합니다. "우리 주님은 요컨대 이렇게 말씀하셨다. 나는 이 산상설교를 너에게 말하고 있다. 그러나 내가 말한 것을 네가 실천하지 않으면 이 설교는 네게 아무 소용이 없다."라고 말입니다.

여러분은 산상설교로 자신을 시험해 보십시오. 이 설교의 마지막에 있는 장면들을 기억하십시오. 각자 자신을 향해서 물으십시오. "그렇다. 나는 지금 여기 있다. 나는 젊다. 그러나 나는 언젠가는 죽지 않으면 안 된다. 나는 그 준비가 되어 있는가?" 여러분이 돌연히 건강을 상실하거나 아름다운 용모가 추해지고, 돈과 재산을 잃게 되면 여러분은 어떻게 될 것입니까? 여러분이 어떤 병으로 말미암아 추해지면 여러분은 어떻게 되겠습니까? 여러분은 어디에 있으며 무엇에 신뢰를 두려고 하십니까? 죽음 너머에 있는 심판을 피할 수 없다는 사실을 여러분은 주시해 본 일이 있습니까? 이렇게 묻는 것만이 안전한 유일한 길입니다.

그저 성경을 읽고, 기도하는 것만으로는 충분하지 않습니다. 우리는 배운 것을 적용해야 합니다. 우리 스스로 이것에 직면해야 하며 이것을 우리 앞에 간직해야 합니다. 자기 활동을 의뢰해서는 안 됩니다. "나는 기독교 사역에 매우 활동적이므로 나는 틀림이 없다."라고 말해서는 안 됩니다.

여러분은 그것을 주님을 위해서 하는 것이라고 생각하겠지만 아닐지도 모르겠다고 주님은 말씀하십니다. 이런 것을 하나씩 하나씩 직면해 보십시오. 그리고 이런 것들로 여러분의 생활방식을 시험해 보십시오. 그리고 여러분이 산상설교의 교훈을 생활의 최전방에, 그리고 생활중 심에 항상 두고 있음을 확실히 하십시오. 여러분 최고의 소원은 주님을 더욱 잘 알며 주님의 계명을 지키며 주님의 영광을 위해 사는 것이라고 정직하게 말할 수 있는가를 확실히 하십시오.

이 세상이 아무리 유혹하더라도 이렇게 말하십시오. "아니다. 나는 살아있는 한 사람의 영혼으로서 주님과 얼굴을 마주 대해야 할 때가 올 것을 알고 있다. 어떤 희생을 치루더라도 이것이 가장 중요하다. 이것을 위해서는 다른 모든 것은 뒤로 미루지 않으면 안 된다." 강력한 산상설교의 끝에서 주님이 이 장면을 묘사하신 목적은 모두 여기 있다고 생각합니다.

즉 우리는 자기망상이라는 이 분별하기 어려운 위험성에 대해서 경고를 받고 여기서 깨어나야 하겠고, 날마다 주님 앞에서 주님의 교훈에 비추어 우리 자신을 검토함으로써 그 위험성을 피해야 하겠다는 것입니다. 우리 모두 이렇게 할 수 있도록 주님께서 은혜 내려주시기를 간절히 원합니다.

60장

결 론

"28 예수께서 이 말씀을 마치시매 무리들이 그의 가르치심에 놀라니 29 이는 그 가르치시는 것이 권위 있는 자와 같고 그들의 서기관들과 같지 아니함일러라" 마 7:28-29

마태복음 7장 마지막 두 절에는 이 유명한 산상설교가 청중에게 어떤 결과를 가져왔는지 잘 나타나 있습니다. 동시에 이 두 절은 산상설교를 읽고 생각하는 사람들에게 이 설교가 항상 어떤 결과를 가져오는가를 우리에게 생각하게 하는 기회를 제공해 줍니다.

이 두 절은 산상설교를 고찰하는데 매우 중요한 구절입니다. 복음서 기자가 산상설교가 가져오는 결과를 기록하는 일에 성령의 인도를 받은 이유는 바로 이 때문임을 의심하지 않습니다. 왜냐하면 우리는 여기서 산상설교 자체보다도 산상설교를 설교한 분에게 주의를 돌리게 되기 때문입니다. 산상설교를 고찰하고 나서, 그것을 전달하고 설교하신 분을 바라보라는 말을 듣게 되는 것입니다.

지금까지 우리는 산상설교의 교훈을 자세히 고찰하는 일에 많은 시간을 소비했습니다. 그리고 특히 마지막 몇 장에서는 주님이 청중을 향해서 하신 절박한 호소의 말씀을 고찰했습니다. 주님은 그들에게 이 설교를 실천에 옮기라고 하셨습니다. 주님은 자기기만에 대해서 엄하게 경고하셨으며 이 설교를 실천에 옮기지 않으면 하나님 나라 밖에 있다는 것과 머지않아 심판 날이 올 때 우리가 의뢰하여 온 모든 것이 돌연 사라져버릴 것을 엄히 경고하셨습니다. 그러나 많은 사람들이 묻고 싶은 질문은, "우리는 왜 산상설교를 실천해야 하는가? 우리는 왜 이 무서운 경고를 귀담아 들어야 하는가? 우리가 이런 생활유형에 맞춰 살지 않는다면 머지않아 하나님과 얼굴을 마주대고 만나게 될 때 소망이 없음을 우리는 왜 믿어야 하는가?" 하는 것입니다.

이 질문들에 대한 참된 해답을 이 마지막 두 절에서 찾아볼 수 있습니다. 동시에 이것이 우리가 취급하려는 주제입니다. 그 해답은 이상의 말씀을 발설하신 분, 이 교훈을 주신 그분 자신입니다.

다시 말하면, 산상설교를 전체로 고찰함에서 각 부분을 배우고 나서 우리는 그 화법의 아름다움과 설교 구성의 완벽함과 인상적인 장면과 사람의 눈을 끄는 여러 실례와 균형미를 제시하는 그 제시법의 관점에서만 주의를 집중해서는 안 됩니다. 한걸음 더 나가서, 다음과 같이 말할 수도 있습니다. 산상설교를 고찰할 때에 우리는 도덕적, 윤리적, 영적 가르침에서 멈추어서는 안 되겠다는 것입니다. 이런 것들도 훌륭하고 중요하지만 이것을 넘어 말씀하신 분에게까지 가지 않으면 안 되는 것입니다. 이렇게 말하는 데는 두 가지 이유가 있습니다. 첫째는 산상설교의 권위는 궁극적으로 말씀하신 그분에게서 온 것이라는 점입니다. 신약성경을 이처럼 독특한 책이 되게 하고 주님의 교훈에 특이성을 주는 것도 이것입니다.

유사 이래 다른 모든 교사들에게 있어 중요한 것은 그들의 교훈이었습니다. 그러나 여기의 경우는 교사이신 그분이 그의 가르친 내용보다 더욱 중요하다는 것입니다. 가르치는 사람과 그의 가르침을 구별하고 분리할 수 없다는 말에는 일리가 있습니다. 그러나 만일 그 중 어느 하나에 우월성을 부여해야 한다면, 우리는 언제나 가르치는 분을 우위에 두어야 합니다. 그러므로 산상설교 말미에 오는 이 두 절은 우리의 주의를 이 사실에 돌리게 하고 있습니다.

누군가가 "왜 나는 이 설교에 주의를 기울여야 하는가? 왜 나는 이것을 실천에 옮겨야 하는가? 왜 나는 이 설교가 이생에서 가장 중요하다고 믿어야 하는가?"라고 묻는다면 그 해답은 그것을 말한 그분 때문이라는 것입니다. 이것이 산상설교의 권위요, 이것이 이 산상설교 배후에 있는 보증입니다. 다시 말해서 우리가 이 설교를 한 분에 대해서 의심을 갖게 된다면 산상설교관에 영향을 미치게 될 것이 분명합니다. 우리가 만일 주님의 특이성과 신성과 여기서 하나님이 육신을 입으시고 말씀하신다는 사실을 의심한다면, 이 설교에 대한 우리의 태도는 기초에서부터 위협을 받게 됩니다. 그러나 반대로 말씀하신 분이 바로 하나님의 독생자라는 것을 분명히 믿는다면 이 말씀들은 경외와 엄숙함과 권위를 갖게 될 것입니다. 우리는 이 교훈 전체를 하나님 자신으로부터 온 말씀으로 알고 진실함으로 받아들여야 합니다.

이상으로 이 문제를 고찰해야 할 중요한 이유를 말씀드렸습니다. 산상설교의 모든 표현의 배후에 있는 궁극적 보증은 여기서 찾아야 합니다. 그러므로 산상설교를 읽을 때 만일 그 가르침에 반대하든가 혹은 어느 사항을 잘 설명해서 모면해 보려고 하는 유혹을 받는다면 우리는 지금 하나님의 아들의 말씀을 배우고 있다는 것을 기억해야 합니다.

권위와 보증은 말씀하신 분으로부터, 복되신 주님 자신으로부터 오는 것입니다. 주님은 이 설교에서 자신에게 주의를 환기하고 계십니다. 주님은 우리의 주의를 주님 자신에게 모으기 위한 기준을 반복해 말씀하셨습니다. 세상에서 복음으로 통하는 것 가운데 참 복음과 다른 것이 많은 것은 이 점에서입니다. 어떤 사람들은 신약성경의 교훈과 주님 자신 사이에 선을 그으려는 경향이 있습니다. 그러나 이것은 본질적으로 잘못입니다. 주님은 항상 자신에게 주의를 환기시키고 계십니다. 그리고 이것이 산상설교에서 풍부하게 예증된 것을 볼 수 있습니다. 그러므로 교리를 희생하고, 신학을 희생해서 산상설교의 교훈을 강조하는 사람들의 문제점은 궁극적으로 그들이 이것을 깨닫지 못했다는데 있습니다. 산상설교가 좋다고 말하며 이 설교는 실제적이며 실생활에 적용되고 사회질서의 기반이 되기 때문에 이것을 속죄나 그리스도의 죽음에 관한 교훈과 서신들의 고차원적인 교리 전체와 대립시키는 사람들이 있습니다. 그런 사람들에 대해서는 이미 자주 언급한 바 있습니다. 그런 사람들에게 문제 되는 것은 그들이 지금까지 산상설교를 바르게 읽은 적이 한 번도 없다는데 있습니다. 만일 읽었다면 산상설교가 끊임없이 이분에게 집중되고 있음을 발견했을 것이기 때문입니다.

산상설교는 이미 거듭 살펴본 대로 일종의 기초적 진술이며, 다른 것은 모두 여기서 나옵니다. 산상설교는 교리로 가득 차 있습니다. 산상설교가 도덕적, 윤리적 가르침 이외 아무것도 아니라는 관념은 이 설교의 가르침과는 전혀 관계가 없으며, 특히 여기 이 마지막 두 절에서 강조된 점과는 완전히 상관이 없는 관념입니다.

그리고 어떤 의미로는, 산상설교에서 주님이 그렇게 하시기 위해 취한 방법 이상으로 괄목할 만한 것도 없습니다. 그러므로 산상설교를 살펴보고 나서, 우리는 주님께서 주신 모든 교훈이 주님께 초점을 맞춘 것을 발견합니다.

산상설교에서 특별한 방법으로 주님을 보게 됩니다. 이 설교의 고찰도 항상 우리를 이런 상태로 이끌어야 합니다. 여기 이 두 절에는 이렇게 하는데 매우 훌륭한 방법이 들어 있습니다. 여기서는 주님을 눈앞에 보면서 그 설교에 귀를 기울일 크고 높은 특권을 받은 사람들의 반응을 보게 됩니다. 그리고 그들의 반응은 경악 그 자체였음을 알게 됩니다. "예수께서 이 말씀을 마치시매 무리들이 그 가르치심에 놀라니 이는 그 가르치시는 것이 권위 있는 자와 같고 그들의 서기관들과 같지 아니함일러라"(마 7:28-29).

이 장면을 재현시켜 보겠습니다. 왜냐하면 주님을 바라보는 것 이상 우리에게 큰 즐거움은 없기 때문입니다. 만일 우리가 주님에 대해서 바른 입장에 있지 않다면 다른 모든 가르침은 무가치합니다. 모든 교훈과 신학과 또 성경의 핵심은 본질적으로 말해서 우리로 하여금 주님을 아는 지식으로, 주님과의 친교로 이끌기 위한 것입니다. 그러므로 우리는 복되신 주님을 응시합니다. 그리고 이 장면을 마음에 그려보아야 합니다. 여기에 큰 무리가 모여 있습니다. 주님께서 처음에 가르치시기 위해 앉으셨을 때는 주님과 제자들뿐이었으나 뒤에 가서 큰 무리가 모여들었던 것이 분명합니다.

여기 이 많은 사람들 앞에 앉아 있던 이 젊은 분은 갈릴리 나사렛이라는 작은 동네 출신의 목수로서 한 사람의 직공이요, 평범하고 보잘것없는 사람이었습니다. 그는 학교 교육도 받지 못했습니다.

그는 바리새파 사람도 율법학자도 아니었습니다. 가말리엘이라든가 그 밖의 위대한 권위자나 교사의 발 앞에 앉아서 교육을 받은 일도 없습니다. 얼핏 보면 그는 매우 평범한 사람으로 평범한 생활을 한 사람입니다. 그런데 갑자기 그가 일찍이 없었던 사명을 띠고 이 시골에 나타나 이렇게 여기 앉아서, 우리가 지금까지 고찰한 이것들을 가르치고 설명하고 말하기 시작했습니다.

사람들이 놀란 것도 무리가 아닙니다. 모두가 예기하지 못한 일이었고, 어느 면에서 보든 너무 이례적이었고, 그들이 알고 있던 것과는 너무도 다른 것이었습니다. 이런 사실이나 세부에 대해 너무 익숙해있는 우리가 이런 일이 실제로 약 이천여 년 전에 일어났고, 또 주님 당시 사람들에게 어떤 결과를 미쳤는가를 깨닫기는 얼마나 어려운 일이겠습니까? 이 갈릴리 출신의 목수가 앉아서 율법을 가르치고 설명하고 그리고 이처럼 일찍이 없었던 모양으로 말씀하실 때 그들이 대경실색하는 모습을 상상해 보십시오. 그들은 너무 놀라서 아무 말도 할 수 없을 정도로 아연실색했습니다.

여기서 찾아내야 할 것은, 도대체 무엇이 그들을 놀라게 했는가 하는 것입니다. 그 첫째 원인은 주님이 말씀하실 때의 권위입니다. 이 분은 율법학자와 다르게 권위 있게 말씀하셨습니다. 주님이 가르치신 방법은 율법학자와 같지 않았습니다. 기억하시다시피 율법학자의 교훈의 특징은 언제나 권위자들의 말을 인용하는 것뿐이었고, 결코 그들의 독자적인 생각은 입 밖에도 내지 못하였습니다. 그들은 율법 그 자체의 전문가라기보다 오히려 율법이 최초로 모세에게 주어진 이래로 제창되어 온 여러 가지 율법의 해설과 해석의 전문가였습니다.

그들은 이런 해석에 관해서 언제나 대가의 의견을 번갈아 인용했습니다. 그 실례로서 사건 심리 중 법정에서 자주 행해지는 일을 생각하기만 하면 되겠습니다. 이때는 여러 가지 권위자로부터 인용의 말이 있게 됩니다. 한 권위자는 이렇게 말했고 또 다른 권위자는 저렇게 말을 했다고 하는 것입니다. 각종 교본이 제시되고 그 해석이 제시됩니다. 이것이 율법학자들의 방법이요 습관이었습니다. 그러므로 그들은 언제나 의논을 했습니다. 그러나 가장 중요한 특징은 끝없는 인용의 연속이었습니다.

이것은 오늘에도 여전히 성행하고 있습니다. 각종 저작으로부터 일련의 인용 이외는 아무것도 아닌 것 같은 설교를 읽고 듣는 일들이 있습니다. 이런 유형의 일이 학식이나 교양이 깊다는 인상을 줄지는 모릅니다. 율법학자나 바리새인들은 자기의 학식을 크게 자랑했습니다. 그들은 우리 주님을 일소에 붙이고 "이 사람은 배우지 아니하였거늘 어떻게 글을 아느냐"(요 7:15, 마 13:5이하)라고 했습니다.

이런 사실은 주님의 방법에는 두드러진 특징이나 인용을 볼 수 없었다는 점을 지적하고 있는 것입니다. 환언하면, 주님의 놀라운 점은 주님의 독창성에 있었던 것입니다. 주님은 항상 "나는 너희에게 이르노니"라고 말씀하셨습니다. "누구누구는 이렇게 말했다"가 아니라 "나는 너희에게 이르노니"였던 것입니다. 주님의 교훈에는 신선함이 있었습니다. 주님의 방법은 달랐습니다. 교훈에 대한 주님의 태도도 달랐습니다. 그것은 사상과 표현 방법의 독창성을 특징으로 했습니다. 주님이 말씀하신 내용은 물론, 그 방법도 독창적이었던 것입니다. 그러나 가장 놀라운 일은 물론, 주님이 말씀하실 때의 그 확신과 확실함이었습니다. 이것은 맨 처음 저 위대한 팔복을 말씀하셨을 때 이미 나타났습니다.

주님은 "심령이 가난한 자는 복이 있나니 천국이 그들의 것임이요"란 말씀으로 시작하셨습니다. 이 말씀에는 어떤 의심이나 어떤 의문도 있을 수 없습니다. 이것은 단순한 가정이나 가능성만이 아닙니다.

주님이 말씀하실 때 이 놀라운 확신과 권위는 이처럼 맨 처음부터 나타나 있었습니다. 그러면서도 주님의 그 권위 이상으로 이 사람들을 놀라게 한 것은 그 내용, 특히 자신에 대해 말씀하신 내용이라고 생각됩니다. 그것이 그들을 경악하게 했고 놀라게 한 것은 틀림없습니다. 주님이 말씀하신 내용, 특히 무엇보다도 자신의 교훈에 대해 말씀하신 내용을 다시 한번 생각해 보십시오. 주님은 자신의 교훈, 그리고 자신의 교훈에 대한 자기의 태도에 사람들의 주의를 환기시키고 계십니다.

예를 들면, 마태복음 5장에서 주님이 "옛 사람에게 말한바 … 그러나 나는 너희에게 이르노니"를 얼마나 많이 말씀하셨는가를 보십시오. 주님은 바리새인들이나 그들의 권위자들의 교훈을 정정하시는 일을 서슴지 않으셨습니다. 아시다시피 '옛 사람들'이란 어떤 바리새인들 그리고 모세율법에 대한 그들의 해석을 나타내는 것임을 이미 살펴보았습니다. 주님은 이것을 제쳐놓고 정정하는 일을 서슴지 않았습니다. 학교도 가보지 못한 목수가 "나는 너희에게 이르노니"란 말을 하다니!

주님은 이처럼 자신과 자기의 교훈에 대한 권위를 주장하시는 것입니다. 주님은 이 구절에서 자신이 그리고 자신만이 모세를 통해서 주신 율법의 영적 해석을 줄 수 있다고 주장하시기를 주저하지 않으십니다. 주님의 논증을 모아보면 다음과 같습니다. 즉 사람들은 모세를 통해서 주신 율법의 영적 의도 및 내용을 완전히 알지 못했습니다. 그들은 율법을 오해하고 율법을 다만 외부에 나타나는 차원으로 격하시키고 있었습니다. 육체적 간음을 범하지 않는 한 그들은 문제가 없다고 생각했습니다. 하나님은 마음과 바람과 영에 관심을 가지심을 그들은 알지 못했습니다. 그러므로 주님은 율법의 오직 한 분 참된 해석자로서 그들 앞에 계신 것입니다. 자신의 해석만이 율법의 영적 의도를 분명히 나타낸다고 주님은 말씀하셨습니다. 주님은 자기를 율법 수여자로 보시며, 그렇게 말씀하시기를 주저하지 않으셨습니다. "나는 너희에게 이르노니"인 것입니다.

다음으로 산상설교의 끝 부분에서 주님이 이것을 다시 한 번 분명하게 표현하십니다. 주님은 "나의 이 말을 듣고 행하는 자는"이라고 말씀하십니다. 주님께서 자신의 이 말씀에 중요성을 덧붙이신 점을 주목하십시오. 자신의 일을 말씀하고 계십니다. 주님은 두 집의 무서운 장면을 사용했습니다. 주님은 이미 심판에 대해서 말씀을 끝내고, 모든 것을 "나의 이 말"이라는 한 마디로 표현하셨습니다. 주님은 요컨대 다음과 같이 말씀하신 것입니다. "나는 너희가 이 말에 귀를 기울이고 '나의 이 말'을 실천에 옮기기를 바란다. 너희는 내가 누구이며 따라서 내 말의 중요성을 충분히 알고 있느냐?"라고 말입니다.

이처럼 주님은 자신의 교훈에 관한 말씀에서 자신에 대해 놀랄만한 선언을 하고 계신 것입니다. 주님은 이처럼 특이한 권위를 주장하고 계십니다. 그러나 이상과 같은 추론이나 간접적 의미가 전부는 아닙니다. 주님은 자신을 간접적으로만 언급하신 것이 아닙니다. 마태복음 5장 11절에 주님은 팔복의 말씀을 바로 끝내시고 이렇게 말씀하십니다. "나로 말미암아 너희를 욕하고 박해하고 거짓으로 너희를 거슬러 모든 악한 말을 할 때에는 너희에게 복이 있나니." 이 말씀은 얼마나 놀라운 일입니까? 주님은 다음과 같이 말씀하시지를 않았습니다. "이 교훈 때문에 사람들이 너희를 욕하고 박해할 때에는 복이 있나니." 혹은 "이 높고 고상한 교훈을 실행하려는 소원 때문에 박해나 죽음을 당할 때에는 너희에게 복이 있나니"라고는 말씀하시지 않았습니다. 또 "하늘에 계신 너희 아버지 하나님의 이름을 위하여 이와 같이 고통을 당하면 너희들은 복이 있다."라고도 하시지 않았습니다. 그렇습니다. 주님은 "나를 위해"라고 하셨습니다.

윤리적, 도덕적, 사회적 교훈으로서의 산상설교에만 관심을 가지는 사람들은 얼마나 어리석은 것입니까? 그들이 좋아하는바 "다른 편 뺨을 돌리라"는 말씀과 기타 말씀을 하시기 전에, 주님은 우리가 여기서 주님을 위해 고통 받을 준비가 되어 있어야 하며, 주님을 위해 박해를 참을 것과 주님을 위해 죽을 준비마저 되어 있어야 한다고 말씀하고 계십니다. 이 같은 엄청난 주장이 산상설교 바로 처음 부분에 나옵니다.

다음으로 주님은 그 바로 뒤에 오는 "너희는 세상의 소금이다, 너희는 세상의 빛이다"라는 말씀으로 같은 일을 하고 계십니다. 그 의미를 아십니까? 요컨대 주님은 이렇게 말씀하신 것입니다. "내 제자가 되어 나를 따르는 너희들, 내 이름을 위해 박해를 참으며 필요하다면 나를 위해 죽음까지도 돌보지 않고 나에게 몸을 바쳐온 너희들, 내 말에 귀를 기울이고 나의 교훈을 그대로 전하고 온 세계에 전파하려는 너희들은 세상의 소금이요, 세상의 빛이다."라고 말입니다.

여기서 끌어내야 할 결론은 하나입니다. 즉 그들은 이렇게 해서 매우 특수하고 독특한 백성이 되며, 주님에 대한 관계 때문에 세상의 소금, 세상의 빛이 된다는 것입니다.

이것은 중생의 교리입니다. 그들은 다만 가르침을 듣고, 그것을 그대로 전하고, 그것으로 인해 소금과 빛의 활동을 하는 사람들만은 아닙니다. 그렇습니다. 그들은 소금과 빛이 되고 있습니다.

여기서 우리는 주님과 주님의 백성의 신비적인 교제와 결합의 교리를 봅니다. 주님은 그들 안에 살고, 그의 성품을 그들에게 나누어주십니다. 그러므로 주님이 세상의 빛인 것같이 이번에는 그들이 세상의 빛이 됩니다. 그러므로 이 말씀 역시 주님에 대한 놀라운 진술인 셈입니다. 주님은 여기서 주님 자신의 특이한 신성과 구세주 되심을 주장하고 계십니다. 주님은 자신이 오래 바라던 메시아

이심을 주장하셨던 것입니다.

주님의 상세한 가르침에 도달하기 전에 이 두 구절을 보면 우리도 이 사람들이 묻고자 한 대로 묻게 됩니다. "이렇게 말하는 이 사람은 누구인가? 자기를 위해 고난을 받으며, 우리가 그렇게 하면 하나님의 복을 받으리라고 말하는 이 나사렛 출신 목수는 누구인가? 나를 위해 불의와 박해를 당하면 '기뻐하고 즐거워하라 하늘에서 너희의 상이 큼이라'고 말하는 이 사람은 누구인가? 우리로 세상의 소금과 빛으로 만들 수 있다고 말하는 이 사람은 누구인가?"

예수님은 마태복음 5장 17절에서 이 질문에 이렇게 대답하셨습니다. "내가 율법이나 선지자를 폐하러 온 줄로 생각하지 말라 폐하러 온 것이 아니요 완전하게 하려 함이라." 여기서 "나는 왔다."는 이 이례적인 말씀을 살펴봅시다. 주님은 자기와 또 이 세상에서의 그의 생애가 다른 누구의 생애와도 다르다고 말씀하셨습니다. 주님은 "나는 태어났다. 따라서 이러 저러…"라고 말씀하시지 않습니다. 주님은 "나는 왔다."라고 말씀하셨습니다.

주님은 어디서 오셨습니까? 주님은 밖으로부터 이 세상에 오신 분입니다. 다만 태어나셨을 뿐 아니라 어딘 가로부터 이 세상에 오셨던 것입니다. 주님은 영원으로부터, 하늘로부터 오셨습니다. 주님은 아버지의 품에서 오셨습니다.

율법과 선지자는 주님이 오실 것을 예언했습니다. 예를 들면, 그들은 "의로운 해가 떠올라서 치료하는 광선을 비추리니"(말 4:2)라고 했습니다. 그들은 끊임없이 외부로부터 머지않아 오실 분의 일을 항상 말했습니다. 그리고 여기서 주님은 자신에 대해 "나는 왔다."라고 하셨습니다. 그러므로 그 때 앉아 듣고 있던 이 사람들이 "그의 말은 어떤 의미일까? 우리 자신과 조금도 다름없이 보이는 목수 이 사람은 누구일까?"라고 말한 것은 이상할 것이 하나도 없습니다.

주님은 항상 "나는 왔다."라고 말씀하셨습니다. 자기는 땅에 속한 사람이 아니요, 이생에, 이 세상에, 영광으로부터, 영원으로부터 왔다고 말씀하고 계십니다.

주님은 "나와 아버지는 하나이니라"(요 10:30)고 하셨습니다. 이것은 성육신을 지적하신 것입니다.

산상설교를 다만 하나의 사회적 선언으로 간주하고 그 속에서 윤리와 도덕 이외에 아무것도 보지 못한다면 그 얼마나 비극적인 어리석음입니까? 주님 자신에 대해서 하신 말씀에 "나는 왔다."에 귀를 기울여보십시오. 이분은 인간 교사의 한 사람이 아닙니다. 하나님의 아들입니다. 그러나 한 걸음 더 나가 주님은 율법이나 선지자를 폐하기 위함이 아니라 완전하게 하러 왔노라고 하셨습니다.

주님은 거룩한 하나님의 율법을 성취하고 지키기 위해서 오셨고, 동시에 자신이 메시아라는 뜻입니다. 주님은 여기서 자기는 죄가 없고 절대로 완전하다고 주장하십니다. 하나님은 율법을 모세에게 주셨습니다. 그러나 그것을 지킨 사람은 한 사람도 없었습니다. "온 세상으로 하나님의 심판 아래에 있게 하려 함이라"(롬 3:19), "의인은 없나니 하나도 없으며"(롬 3:10). 구약성경의 어느 성도도 율법대로 지킨 사람은 없습니다. 율법을 지키는데 성공한 사람도 없습니다. 그런데 여기에 "나는 이것을 지키련다. 나는 이 율법의 일점일획도 어기지 않고 이것을 성취하련다. 이것을 완전히 지키고 존중한다."라고 말씀하신 분이 있습니다.

여기에 죄가 없고 절대 완전하다고 주장하는 분이 있습니다. 그 뿐만이 아닙니다. 이 분은 바울이 다음과 같이 한 말을 자신이 주장하는 일에 주저하지 않으셨습니다. "그리스도는 모든 믿는 자에게 의를 이루기 위하여 율법의 마침이 되시니라"(롬 10:4). 환언하면 주님은 율법을 실행함으로써 그것을 성취하셨고, 자신의 생애에서 절대 완전하심으로 율법을 존중하셨습니다. 그렇습니다. 그러나 동시에 주님은 율법이 그 위반에 대해서 규정하고 있는 형벌까지도 짊어지셨습니다.

주님은 하나님의 율법의 모든 요구를 만족시키셨습니다. 주님은 자기와 다른 사람들을 위해 율법을 성취하셨던 것입니다. 뿐만 아니라, 주님은 자신이 예언을 성취하고 계신다고 주장하셨습니다. 자기는 구약성경의 모든 선지자들이 지적한 바로 그분이라고 주장하셨습니다. 구약성경의 그들은(모든 선지자들) 메시아에 대하여 예언하고 있었습니다. 주님은 자신이 그 메시아라고 말씀하셨습니다.

주님은 자기의 인격 안에서 모든 약속을 성취하는 분이십니다. 사도 바울은 이 것을 다시 다음과 같이 요약했습니다. "하나님의 약속은 얼마든지 그리스도 안에서 예가 되니 그런즉 그로 말미암아 우리가 아멘 하여 하나님께 영광을 돌리게 되느니라"(고후 1:20). 하나님의 약속은 모두 이분 안에서 성취되었습니다. 그런데 이분은 여기서 자기가 율법과 선지자의 성취라고 말씀하셨습니다. 구약성경의 모든 것이 이분을 지적하고 있으며 이분은 구약 전체의 중심이십니다. 이분이야말로 장차 오실 분이요, 대망의 메시아이십니다.

사람들이 산상설교에는 교리가 없다든가 신학적이 아니기 때문에 좋다고 말하는 이 설교에서 주님은 이렇게 말씀하고 계십니다. 사람들로 하여금 이와 같이 어리석게 말하게 하는 맹목 이상으로 더 비극적인 것이 또 어디 있겠습니까?

그리스도의 성육신, 그리스도의 인격, 그의 죽음의 교리가 모두 여기에 있습니다. 이것을 우리는 이 설교를 고찰할 때에 본 바 있으며 여기서 다시 한 번 보게 됩니다.

같은 방향을 표시하는 또 하나 중요한 구절은 7장 21절입니다. "나더러 주여 주여 하는 자마다 다 천국에 들어갈 것이 아니요." 주님은 사람들이 자기를 주라 부르리라고 말씀하심에 주저하지 않았습니다. 이것은 그가 여호와이며, 하나님이라는 뜻입니다. 주님은 여기서 매우 조용히 사람들이 머지않아 그에게 "주여 주여"라고 말할 것이라고 하십니다.

사람들은 어떤 의미에선 지금도 주님을 향해서 그렇게 말하고 있습니다. 그들은 저 큰 심판 날에도 그에게 "주여 주여"라고 말할 것입니다. 그러나 그들은 하늘에 계신 아버지에게가 아니라 '나'에게, 산 위 거기서 말씀하시는 이에게 말할 것이라는 사실이 강조되어 있습니다. 주님은 성경에서 영원하시고 절대하시고 찬양받으실 하나님께 사용되는 최고의 칭호를 자기 자신에게 돌리시기를 주저하지 않으십니다.

주님은 오히려 한 걸음 더 나가서 산상설교 마지막 부분에서 머지않아 자신이 세상의 심판주가 되실 것을 선언하셨습니다. "그 날에 많은 사람이 나더러 이르되 주여 주여"라고 하리라고 하셨습니다. 이 말씀이 반복된 것을 주목하십시오. "그 때에 내가 그들에게 밝히 말하되 내가 너희를 도무지 알지 못하니 불법을 행하는 자들아 내게서 떠나가라 하리라"(23절). 그렇습니다. 심판은 아들에게 위임되었습니다. 그 때 아들이 전 인류의 심판자가 될 것입니다. 중요한 것은 주님과 우리의 관계이며, 주님이 우리를 아는 것이며, 우리에 대한 주님의 관심사라고 주장하십니다.

일찍이 누군가 잘 표현한 대로 이 산에 앉아서 가르치신 분이야말로 마지막 날에 영광의 보좌에 앉으실 분입니다. 세계 모든 민족이 이분 앞에 나올 것이며, 이분이 그들에게 심판을 선포할 것입니다. 이 세상에서 발설된 말 중 이보다 더 놀랍고 경악스러운 말이 또 있겠습니까?

이 장면을 또 한 번 재현해 보겠습니다. 얼핏 보기에 평범한 이분, 목수인 이분이 앉아서 다음과 같이 말씀하신 것을 보십시오. "내가 지금 여기 앉아있는 것처럼 장차 나는 영원의 영광 보좌에 앉겠고 온 세계 모든 민족, 모든 사람이 내 앞에 나타나겠고, 나는 심판을 선고하리라." 이분이야말로 영원의 심판자이신 것입니다.

이상으로 주님께서 말씀하신 이 유명한 산상설교 중에서 자신에 대해서 하신 중요한 내용을 하나로 모아 보았습니다. 그러므로 우리가 지금 이 주제를 마무리하는 이 시점에서 저는 단순하나마 의미심장한 질문을 다음과 같이 드리고 싶습니다. "이상 모든 것에 대해 여러분의 반응은 어떠합니까?"

이 무리들이 "그의 가르치심에 놀라니 이는 그 가르치시는 것이 권위 있는 자와 같고 그들의 서기관들과 같지 아니함일러라"(29절)라고 기록하고 있습니다. 그러나 그들의 반응이 그 이상 나아갔다고는 말씀하지 않고 있습니다. 그들은 다만 주님이 가르치신 모양과 그 교훈 내용과 특히 주님 자신에 대해 말한 것을 듣고 놀라 아연실색했다고만 말하고 있습니다.

주님이 말씀하실 때 우리의 반응은 이분이야말로 우리가 지금까지 고찰해 온 그대로 하나님의 아들, 성육신하신 하나님의 아들 바로 그분이라는 것을 인정해야 합니다. 가장 먼저 해야 할 반응으로서 우리는 다시 한 번 복음의 중심 진리, 곧 하나님의 독생자가 이 유한한 세상에 들어오셨다는 사실을 인정해야 합니다. 여기서 우리는 한낱 철학이나 인생관에는 관심이 없으며 말씀하시는 이가 육신을 입으시고 지상에 오신 전능하신 하나님의 아들이었다는 사실에 관심을 가집니다.

"주님은 왜 오셨습니까? 주님은 왜 이 설교를 하셨습니까?" 다만 하나의 율법을 주시기 위해 오신 것은 아닙니다. 다만 처세술을 가르치고 계신 것이 아닙니다. 그리고 이미 살펴온 대로 모세율법을 지킬 수 있었던 사람은 한 사람도 없었습니다.

그러면 산상설교는 무엇이겠습니까? 다음과 같습니다. 이 설교에서 주님은 구원 문제에 있어 인간의 노력이나 생래적 능력을 신뢰하는 것을 모두 단번에 영원히 정죄하고 있습니다.

다시 말하면 우리는 모두 하나님의 영광에 이르지 못하였다고, 우리가 지금부터 죽기까지 아무리 큰 노력과 수고를 기울여도 의로워지거나 하나님 앞에 서지는 못하리라는 것입니다.

바리새인들은 율법의 참 뜻을 격하시키고 있었으나 율법 그 자체는 영적인 것이라고 주님은 말씀하십니다. 주님은 후에 바울이 깨닫고 다음과 같이 말씀한 것을 여기서 말씀하고 계십니다. "전에 율법을 깨닫지 못했을 때에는 내가 살았더니 계명이 이르매 죄는 살아나고 나는 죽었도다"(롬 7:9-10). 환언하면, 주님은 우리가 모두 하나님의 눈에 저주받은 죄인들이며, 우리 자신을 구할 수 없다고 말씀하십니다.

주님은 한 걸음 더 나아가서, 우리는 모두 신생, 새 성품, 새 생명이 필요하다고 말씀하십니다. 우리는 태어난 그대로의 생활을 할 수는 없습니다. 우리는 새롭게 되지 않으면 안 됩니다. 그리고 주님이 산상설교에서 말씀하고 계신 것은 자신이 이 새로운 생명을 주시기 위해 이 땅에 오셨다는 것입니다.

그렇습니다. 우리는 주님과 맺어짐으로 땅의 소금이 되고 세상의 빛이 되는 것입니다. 주님은 다만 교훈의 개요를 설명하기 위해 오신 것이 아닙니다. 주님은 그의 교훈을 실천하시기 위해 오셨습니다.

예수님은 산상설교를 팔복에서 시작하시면서 자기 백성에 대한 설명을 하셨습니다. 그들이 대체로 어떤 사람들이 될 것인가를 말씀하신 후 계속해서 그들의 행동이 어떻게 될 것인가를 자세히 설명하셨습니다.

산상설교는 기독교 백성, 곧 성령을 받은 백성의 묘사입니다. 생래적 인간이 하나님과 바른 관계에 들어가려고 노력하는 모습을 묘사하신 것이 아니요, 하나님께서 자기 백성을 새롭게 하려는 모습을 묘사한 것입니다. 주님은 성령의 은사를 우리에게 주셨습니다. 이것이 아브라함에게 약속하셨던 것, 곧 '아버지의 약속'(행 1:4)하신 것이었습니다.

이 약속을 받은 후 우리는 비로소 산상설교의 생활방식에 일치하는 백성이 됩니다. 팔복은 산상설교를 실천하고 있는 모든 사람에게, 기독교인이 된 모든 사람에게 적용되는 것입니다. 그렇다고 우리가 죄가 없다거나 완전하다는 뜻이 아닙니다. 우리의 생활방식의 일반적인 방향을 보면 그것은 다음에 일치한다는 의미입니다. 혹은 요한일서에 다음과 같이 말씀한 대로 "하나님께로부터 난 자마다 죄를 짓지 아니하나니"(요일 3:9, 5:18)인 것입니다. 이 같은 차이가 있습니다.

사람을 그 사람의 생활 전반에서 보십시오. 신자를 살펴보면 그는 산상설교에 일치합니다. 신자는 그렇게 살고 싶어 하고, 그렇게 하기 위해 최선을 다합니다. 신자는 자기의 부족한 것을 자각하고 있지만 성령으로 충만해지기를 기도합니다.

기독교인은 의에 주리고 목마릅니다. 기독교인은 하나님의 여러 약속이 그의 일상생활에서 실천되어 간다는 복된 약속을 체험하게 됩니다.

이상으로 산상설교에 대한 참된 반응을 말씀드렸습니다. 이분은 하나님의 아들이었음과 자신이 산상설교에서 새로운 인류를 창조하기 위해 왔다고 말씀하신 목적을 우리는 깨닫습니다. 주님은 "많은 형제 중에서 맏아들이"(롬 8:29) 되시며, "마지막 아담"(고전 15:45)이십니다. 주님은 하나님의 새 사람이시며, 주님께 속한 사람은 모두 주님과 같은 사람이 됩니다.

이것은 참으로 놀라운 교리이며, 참으로 경악스럽고 경탄스런 교리입니다. 그러나 하나님께 무한 감사드리는 것 이것이 진리임을 우리는 알고 있습니다. "우리는 형제를 사랑함으로 사망에서 옮겨 생명으로 들어간 줄을 알거니와"(요일 3:14). 우리는 이분에게 속해 있음을 알고 있습니다. 의에 주리고 목마르고 있기 때문입니다.

주님이 지금 우리를 다루고 계시며, 주님의 영이 우리 안에서 역사하시며, 우리의 부족함과 불완전함을 우리에게 분명하게 보이시며(계시), 간절함과 열망을 우리 속에 만들어 주심을 우리는 의식하고 있습니다. "너희 안에서 행하시는 이는 하나님이시니 자기의 기쁘신 뜻을 위하여 너희에게 소원을 두고 행하게 하시나니"(빌 2:13).

더구나 시련이나 문제나 시험에 가득 찬 이생에서 아니, 참으로 이 원자력 시대에, 인생의 불확실한 여러 가지 문제와 죽음과 최후의 심판이라는 확실한 사실의 한복판에서, 우리는 사도 바울과 함께 "이로 말미암아 내가 또 이 고난을 받되 부끄러워하지 아니함은 내가 믿는 자를 내가 알고 또한 나의 의탁한 것을 그 날까지 그가 능히 지키실 줄을 확신함이라"(딤후 1:12)라고 말할 수가 있습니다.

이 몸의 소망 무언가 우리 주 예수뿐일세

우리 주 예수 밖에는 믿을 이 아주 없도다

주 나의 반석이시니 그 위에 내가 서리라

그 위에 내가 서리라.

"이 닦아 둔 것 외에 능히 다른 터를 닦아 둘 자가 없으니 이 터는 곧 예수 그리스도라"(고전 3:11). "그러나 하나님의 견고한 터는 섰으니 인침이 있어 일렀으되 주께서 자기 백성을 아신다 하며 또 주의 이름을 부르는 자마다 불의에서 떠날지어다 하였느니라"(딤후 2:19).

산상설교(상)

개정판 발행일	2024년 3월 31일 1쇄

저 자	마틴 로이드 존스
역 자	문창수 · 안광현
펴낸이	방주석
내는곳	베드로서원
주 소	경기도 고양시 일산동구 고봉로 776-92
전 화	031)976-8970
팩 스	031)976-8971
이메일	peterhouse@daum.net
등 록	(제59호)2010년 1월 18일 / 창립일 : 1988년 6월 3일

ISBN 978-89-7419-338-6 03230
       978-89-7419-339-3 (세트)

책값은 뒷 표지에 있습니다.

베드로서원은 말씀과 성령 안에서 기도로 시작하며
영혼과 삶이 풍요로워지는 책을 만드는 데 힘쓰고 있으며,
문서선교 사역의 현장에서 최선을 다하겠습니다.

나의 힘이신 여호와여 내가 주를 사랑하나이다(시 18:1)